公路工程施工组织设计范本

主　编　王建华　刘俊才　栗　夏
副主编　刘漫杰　倪铭辰　张应涛

中国建设科技出版社

北　京

图书在版编目（CIP）数据

公路工程施工组织设计范本/王建华，刘俊才，栗夏主编．--北京：中国建设科技出版社，2024.10.
ISBN 978-7-5160-4291-5

Ⅰ.U415.2

中国国家版本馆CIP数据核字第20247BR860号

公路工程施工组织设计范本
GONGLU GONGCHENG SHIGONG ZUZHI SHEJI FANBEN
主　编　王建华　刘俊才　栗　夏
副主编　刘漫杰　倪铭辰　张应涛

出版发行：中国建设科技出版社
地　　址：北京市西城区白纸坊东街2号院6号楼
邮　　编：100054
经　　销：全国各地新华书店
印　　刷：北京雁林吉兆印刷有限公司
开　　本：889mm×1194mm　1/16
印　　张：19.5
字　　数：580千字
版　　次：2024年10月第1版
印　　次：2024年10月第1次
定　　价：98.00元

本社网址：www.jccbs.com，微信公众号：zgjskjcbs
请选用正版图书，采购、销售盗版图书属违法行为
版权专有，盗版必究。本社法律顾问：北京天驰君泰律师事务所，张杰律师
举报信箱：zhangjie@tiantailaw.com　　举报电话：(010) 63567684

本书如有印装质量问题，由我社事业发展中心负责调换，联系电话：(010) 63567692

前　言

公路工程在施工过程中，施工组织方案的优劣不仅直接影响工程的质量，对工期及施工过程中的人员安全也有重要影响。施工组织是项目建设和指导工程施工的重要技术经济文件。

编制施工组织设计方案时，应综合考虑拟建工程的各种具体施工条件，发挥优势，避免弊端，制订合理的施工方案及确定施工顺序、施工方法和劳动组织合理布局，制订施工进度计划，为论证拟建项目设计方案的经济合理性、技术效益和项目实施的可行性提供依据，为施工单位编制基本建设计划和施工企业编制施工作业计划、实施施工准备计划提供依据。拟建项目的设计与施工、技术与经济、前方与后方、施工企业的各项施工安排，可以与具体项目的施工组织更紧密地结合起来。它可以更好地协调直接参与施工单位与合作单位、阶段与阶段、过程之间的关系。

本书以范本的形式介绍编制依据及原则，工程概况，施工质量、安全环保、工期总目标，总体施工部署及规划，施工总体进度计划，各主要工程项目的施工方案、施工工艺和方法，冬雨期和特殊时期施工安排，主要危险源辨识、应急预案及施工风险防范，质量保证措施，工期保证措施，安全保证措施，环境保护和绿色施工措施，文明施工保证措施十三个方面的内容，涵盖公路工程建设中的主要施工内容，对于制订合理的施工方案有一定的借鉴作用。希望能够为各单位在结合自身项目特点的基础上制定施工组织设计提供一些新思路。

本书具体编写分工如下：
王建华编写了第1章至第5章；
刘俊才编写了第6章6.1节至6.3节；
栗夏编写了第6章6.4.1节至6.4.10节；
刘漫杰编写了第6章6.5节、6.9节；
倪铭辰编写了第9章9.1至9.5节；
张应涛编写了第6章6.7.3节至6.7.9节；
李鸽编写了第6章6.7.1节；
陈志强编写了第6章6.4.11节至6.4.14节；
徐晨曦编写了第6章6.8节；
葛光辉编写了第7、第8章；
宋星霖编写了第6章6.6节；
张永编写了第10、第11章；
倪亮编写了第6章6.7.2节；
刘倩雯编写了第9章9.6节至9.7节；
蔡鹏编写了第12、第13章。

由于时间仓促、编者水平有限，书中难免存在不足之处，恳请广大读者给予批评指正。

编　者
2024年7月

目 录

1 编制依据及原则 ··· 1
   1.1 编制依据 ··· 1
   1.2 编制原则 ··· 2

2 工程概况 ·· 3
   2.1 项目概况 ··· 3
   2.2 气象条件 ··· 3
   2.3 水文条件 ··· 4
   2.4 地形地貌 ··· 4
   2.5 地质条件 ··· 4
   2.6 工程技术标准参数 ··· 4
   2.7 主要工程量 ·· 4
   2.8 重难点分析及应对措施 ··· 5

3 施工质量、安全环保、工期总目标 ··· 6
   3.1 质量目标 ··· 6
   3.2 安全环保目标 ··· 6
   3.3 工期目标（计划开竣工日期） ··· 6
   3.4 创新目标 ··· 6

4 总体施工部署及规划 ·· 8
   4.1 项目经营管理模式 ··· 8
   4.2 组织结构设置 ··· 8
   4.3 施工总体思路 ··· 8
   4.4 施工任务划分 ··· 9
   4.5 临时设施、驻地规划布置 ·· 11
   4.6 施工便道方案及标准 ·· 16
   4.7 临时用水方案 ··· 16
   4.8 临时用电方案 ··· 16
   4.9 人员配置计划 ··· 17
   4.10 材料供应计划 ·· 18
   4.11 机械设备配备计划 ··· 19
   4.12 资金计划 ·· 19
   4.13 测量计划 ·· 19
   4.14 试验检测计划 ·· 20

5 施工总体进度计划 … 28
5.1 计划开工日期、完工日期、竣工验收日期 … 28
5.2 各分项、分部及单位工程进度计划 … 28
5.3 关键线路控制性工程进度计划 … 28
5.4 临时工程建设计划 … 29
5.5 首开工点 … 29

6 各主要工程项目的施工方案、施工工艺和方法 … 31
6.1 测量方案 … 31
6.2 试验检测方案 … 35
6.3 路基工程 … 35
6.4 桥涵工程 … 60
6.5 隧道工程 … 102
6.6 路面施工 … 125
6.7 交通安全工程 … 135
6.8 绿化工程 … 189
6.9 机电工程 … 207

7 冬雨期和特殊时期施工安排 … 210
7.1 冬季施工安排 … 210
7.2 雨期施工安排 … 214

8 主要危险源辨识、应急预案及施工风险防范 … 215
8.1 主要危险源辨识 … 215
8.2 应急预案 … 216

9 质量保证措施 … 222
9.1 质量管理组织机构 … 222
9.2 质量保证体系 … 226
9.3 质量管理制度 … 227
9.4 质量检查与验收 … 230
9.5 质量控制措施 … 231
9.6 创优措施 … 251
9.7 质量管理措施 … 252

10 工期保证措施 … 261
10.1 进度管理组织机构 … 261
10.2 关键线路、关键节点工期保证措施 … 262
10.3 工期保证措施 … 262
10.4 技术措施 … 263
10.5 劳动力措施 … 264
10.6 材料措施 … 266

- 10.7 机械设备措施 ··· 266
- 10.8 经济措施 ··· 266
- 10.9 资金措施 ··· 267
- 10.10 加强对外协调 ·· 267
- 10.11 其他措施 ··· 267

11 安全保证措施 ·· 269
- 11.1 安全管理组织机构 ·· 269
- 11.2 安全保证体系 ·· 269
- 11.3 安全管理制度 ·· 269
- 11.4 安全保证措施 ·· 272
- 11.5 安全培训教育 ·· 288
- 11.6 职业健康措施 ·· 289

12 环境保护和绿色施工措施 ··· 292
- 12.1 环境保护和绿色施工组织机构 ·· 292
- 12.2 环境保护和绿色施工体系 ·· 292
- 12.3 环境保护和绿色施工制度 ·· 293
- 12.4 环境保护和绿色施工措施 ·· 293
- 12.5 水土保持保证措施 ·· 295
- 12.6 绿色施工措施 ·· 295

13 文明施工保证措施 ··· 299
- 13.1 文明施工组织机构 ·· 299
- 13.2 文明施工保证体系 ·· 299
- 13.3 文明施工措施 ·· 300

1 编制依据及原则

1.1 编制依据

1.1.1 相关法律、法规、规范性文件

(1)《中华人民共和国安全生产法》
(2)《中华人民共和国环境保护法》
(3)《中华人民共和国消防法》
(4)《建设工程安全生产管理条例》
(5)《建设工程质量管理条例》
(6)《生产安全事故报告和调查处理条例》
(7)《〈生产安全事故报告和调查处理条例〉罚款处罚暂行规定》
(8)《公路水运建设工程质量安全督查办法》
(9)《公路建设监督管理办法》
(10)《特种设备安全监察条例》
(11)《建筑施工企业安全生产管理机构设置及专职安全生产管理人员配备办法》
(12)《国务院安委会办公室关于进一步加强安全生产应急预案管理工作的通知》
(13)《危险性较大的分部分项工程安全管理规定》
(14)《住房城乡建设部办公厅关于实施〈危险性较大的分部分项工程安全管理规定〉有关问题的通知》
(15)《住房和城乡建设部办公厅关于印发危险性较大的分部分项工程专项施工方案编制指南的通知》

1.1.2 标准、规范、规程

(1)《公路路基施工技术规范》(JTG/T 3610—2019)
(2)《公路桥涵施工技术规范》(JTG/T 3650—2020)
(3)《公路工程施工安全技术规范》(JTG F90—2015)
(4)《施工现场临时用电安全技术规范》(JGJ 46—2005)
(5)《公路工程质量检验评定标准 第一册 土建工程》(JTG F80/1—2017)
(6)《公路隧道施工技术规范》(JTG/T 3660—2020)
(7)《混凝土结构工程施工规范》(GB 50666—2011)
(8)《建筑施工组织设计规范》(GB/T 50502—2009)
(9)《混凝土结构工程施工质量验收规范》(GB 50204—2015)
(10)《工程测量通用规范》(GB 55018—2021)
(11)《组合钢模板技术规范》(GB/T 50214—2013)
(12)《公路桥梁钢结构防腐涂装技术条件》(JT/T 722—2008)
(13)《桥梁用结构钢》(GB/T 714—2015)
(14)《公路交通安全设施施工技术规范》(JTG/T 3671—2021)

(15)《公路钢结构桥梁设计规范》(JTG D64—2015)
(16)《施工脚手架通用规范》(GB 55023—2022)
(17)《钢结构通用规范》(GB 55006—2021)
(18)《混凝土结构通用规范》(GB 55008—2021)
(19)《公路装配式混凝土桥梁施工技术规范》(JTG/T 3654—2022)
(20)《公路沥青路面施工技术规范》(JTG F40—2004)
(21)《公路水泥混凝土路面施工技术细则》(JTG/T F30—2014)

1.1.3　设计图纸（略）

1.1.4　项目前期资料

(1) 项目前期策划书；
(2) 现场调查资料；
(3) 招标文件。

1.1.5　工程所在地、集团、局相关文件（略）

1.1.6　施工现场踏勘

施工现场踏勘所取得的有关工程地质、地形、水文、气象、地材供应情况、交通运输，以及当地民风民俗、自然环境、水土资源状况等调查资料。

1.2　编制原则

(1) 遵循相关管理文件、项目管理手册及有关规定，符合公路工程管理体系有效运行要求。
(2) 遵循招标文件、合同文件条款，在编制施工组织计划表及附图表时，严格按照有关文件的规定，做到统一标准、规范编制。
(3) 遵循设计文件和规范标书编制原则。在编写主要项目施工方案时严格按照设计要求，执行现行施工规范和验收标准，科学组织施工，确保工程的质量、进度。
(4) 坚持实事求是，一切从实际出发的原则。在制订施工方案时，根据本单位施工能力、经济实力、技术水平，坚持科学组织，合理安排，均衡生产，平行作业，尽量平抑施工高峰期。确保高速度、高质量、高效率完成项目建设。
(5) 坚持施工全过程严格管理的原则。在工序施工中，严格执行监理工程师的指令，尊重其意见，严格管理。
(6) 坚持积极推广实用"四新"技术的原则。在各项工序施工中，积极采用能够提高或保证工程质量、加快或保证施工进度、降低成本的新技术、新设备、新工艺、新材料，发挥科技在施工中的先导作用。
(7) 坚持专业化作业与综合管理相结合的原则。在施工组织方面，以专业作业队为作业主体，充分发挥专业人员和专业设备的优势，同时采取综合管理手段，合理调配，以达到整体优化的目的。

2 工程概况

2.1 项目概况

2.1.1 项目简介

该施工标段起点位于××××处，与××××相接，路线向××延伸，经过××××，至×××到达标段终点，与×××路线起点相接。

该施工标段长×××km（桩号），桥梁×××座，互通式立体交叉×××处，隧道×××座，分别为×××。

标段范围主要城镇：×××。

标段范围主要公路：×××。

2.1.2 工程信息表

项目信息表见表2-1-1。

表2-1-1 工程信息表

工程名称	×××
工程地址	×××
建设单位	×××
设计单位	×××
监理单位	×××
监督单位	×××
施工单位	×××
合同额/工期	×××

2.1.3 地理位置

项目位于×××，包括桥梁、隧道、路基、路面、交安、绿化工程，标段长×××km（桩号），起点为×××，桩号为×××，终点为×××，桩号×××。其中路基挖方为×××万m^3，填方为×××万m^3，沥青路面×××万m^2，特大桥×××m/×××座、大桥×××m/×××座、中小桥×××m/×××座（含地方改路、天桥），涵洞×××道。中隧道×××m/×××座，长隧道×××m/×××座。

可附注项目总平面图。

2.2 气象条件

项目区域属×××气候，属于×××区，其主要特点是×××，××。春季干旱有风沙，夏季炎热多雨，秋季凉爽，冬季干冷多风，雨雪情况为×××。历年平均气温在×××~×××℃。

2.3　水文条件

勘察期间测得地下水位埋深×××m，受地形影响情况。根据设计文件可附水文地质统计表。

2.4　地形地貌

项目区主要经过×××。四周地势情况，根据设计文件可附地质构造统计表。

2.5　地质条件

项目地质条件情况，主要涉及的特殊地质，如弱膨胀土、湿陷性黄土、不稳定斜坡、崩塌、堆积体等的情况。

2.6　工程技术标准参数

起点至×××，采用××车道×××公路标准设计，设计速度采用×××km/h，路基宽×××m；桥梁路段采用×××车道×××公路标准设计，设计速度采用×××km/h；桥涵设计洪水频率为特大桥×××，大、中、小桥、涵洞×××。主要技术标准见表2-6-1。

表2-6-1　主要技术标准

序号	项目	单位	技术标准
1	公路等级		高速公路、一级公路、二级公路、三级公路、四级公路
2	设计时速	km/h	×××
3	路基宽度	m	×××
4	涉及洪水频率	m	×××
5	设计荷载		×××

2.7　主要工程量

主要工程量见表2-7-1。

表2-7-1　主要工程量

序号	项目名称	单位	数量
1	路基挖方	万m³	×××
2	路基填方	万m³	×××
3	涵洞	道	×××
4	特大桥	m/座	×××
5	大桥	m/座	×××
6	中、小桥	m/座	×××
7	空心板	片	×××
8	箱梁	片	×××
9	T梁	片	×××

续表

序号	项目名称	单位	数量
10	隧道	m/座	×××
11	混凝土	万 m³	×××
12	钢筋	万 t	×××
13	水泥稳定碎石	万 m³/万 t	×××
14	沥青混凝土	万 m³/万 t	×××

2.8 重难点分析及应对措施

根据项目特点制定重难点、关键工程应对措施，公路工程中常见重难点、关键工程应对措施见表 2-8-1，仅供参考。

表 2-8-1 常见重难点、关键工程应对措施

序号	施工重难点及关键工程分析	具体应对措施
1	沿线地质情况复杂，存在岩溶、尾矿、采空区等不良地质，不可控因素多	(1) 充分熟悉地勘资料，了解设计意图； (2) 施工前编制专项施工方案，报监理工程师审批，严格按照审批方案组织施工； (3) 优先选择有经验的施工班组，提前做好技术交底及岗前安全培训等工作； (4) 制订应急预案，施工过程关注天气变化，加强监控
2	线路穿越地方国道、省道、高速公路、地方铁路，手续办理复杂，协调难度大	(1) 建立征拆协调小组，定人定岗定责，加大协调力度； (2) 提前着手办理相关手续； (3) 选择优秀的作业班组，协调完成后尽快完成施工，减少干扰
3	主线上跨承台有大体积混凝土、预应力混凝土连续箱梁施工	(1) 采用高效、科学的管理模式，发挥公司管理优势，建立健全管理制度和体系，全面策划，科学组织； (2) 统一制订施工组织方案，科学安排施工顺序，加强与气象部门的沟通，提前做好预案，尽量减少影响； (3) 合理组织专业化作业队，确保工程有序推进，在有效施工期内合理安排工序，流水作业，提高工作效率； (4) 选派经验丰富的施工作业队，保证施工安全、质量； (5) 现浇梁分段浇筑，严格按照设计施工
4	主线上跨上部预应力混凝土变截面箱梁体系转换施工	(1) 在1、2号主墩设置临时固结装置，墩顶现浇段与主墩临时固结； (2) 箱梁各跨张拉、压浆完毕，满足强度要求后解除临时固结，使梁体达到设计受力模式，完成体系转换
5	征拆工作量大	(1) 成立专门的征拆部门，由征拆经验丰富的人员组成，项目书记牵头负责，积极主动地配合业主单位做好相关协调工作； (2) 集中力量攻破难点、关键点及阻碍点，做到稳扎稳打，快速推进征迁进度
6	路基填筑材料料源及运输	(1) 项目经理部积极协助业主单位进行弃土场地征用； (2) 专人负责，加强地方协调； (3) 寻找多个弃土场地，提高便道修筑质量，做好充分准备
7	纵向便道无法及时修通	(1) 及时与地方政府沟通，利用地方道路多点位横向打通进入施工区域的便道，快速进行路基的半幅施工，利用半幅路基作为纵向便道； (2) 加强涵洞作业队和路基作业队的配合，及时完成线内涵洞的施工； (3) 邻近地方道路的软基先行施工
8	高边坡	(1) 优化施工方案，做到挖一级防护一级，做好永久截水沟和临时排水沟，同时加强边坡位移观测，发现问题及时处理； (2) 现场发现地质与设计不符时，及时沟通，采用最快最有效的方式进行处理

3 施工质量、安全环保、工期总目标

3.1 质量目标

(1) 杜绝一般及以上质量事故的发生,杜绝工程质量重大缺陷,降低质量通病发生频率,工程质量等级达到合格标准。
(2) 检验批次验收合格:主控项目一次验收合格率100%,一般项目验收合格。
(3) 单位工程一次验收合格率100%,项目竣工验收评分95分以上。
(4) 未发生工程质量事故。
(5) 分部分项工程合格率100%,单位工程竣工验收合格率100%,竣工验收质量评定为优良。总体工程达到优良工程标准。
(6) 其他质量目标:争创优质工程。

3.2 安全环保目标

(1) 杜绝发生一般及以上生产安全责任事故。
(2) 杜绝发生一般及以上突发环境事件。
(3) 杜绝发生被主管部门通报或因生态环境保护问题被惩戒、环保信用评价降级等造成负面影响的事件。
(4) 杜绝发生职业病危害事故。

3.3 工期目标(计划开竣工日期)

以项目合同文件为依据制定工期目标(计划开竣工日期)。

3.4 创新目标

全面落实绿色建造理念,各分部分项工程贯彻"五节一环保"(节材、节水、节能、节地、节时、保护环境)的各项要求,争创×××工程建设绿色建造(施工)示范工程。

以"平安工地"建设为引领,大力提升安全生产管理水平、有效防范各类生产安全事故的发生,使该项目获评××省工程建设安全文明工地。

施工全过程按照交通运输部关于"品质工程"创建的相关要求,全面落实,精细化施工,争创×××工程建设优质工程奖、国家优质工程奖。

3.4.1 科研方向及创新点

科研方向及创新点见表3-4-1。

表 3-4-1 科研方向及创新点

序号	课题	计划实施时间	负责人
1	×××	××××	×××
2	×××	×××	×××

3.4.2 科研成果目标

科研成果目标见表 3-4-2。

表 3-4-2 科研成果目标

创优类别	具体分项	基础成果项目	数量（个）
质量创优	省级质量管理小组	×××	×××
	国家级质量管理小组	×××	×××
	实体质量	×××	×××
科技创优	施工工法	×××	×××
		×××	×××
	专利	×××	×××
		×××	×××
	科技论文	×××	×××
		×××	×××
	微创新	×××	×××
		×××	×××
	科技成果	×××	×××
		×××	×××
BIM 技术应用	省级 BIM 技术应用	×××	×××
	国家级 BIM 技术应用	×××	×××
成果总数			×××

注：BIM 指建筑信息模型。

3.4.3 "四新"技术应用目标

"四新"技术应用目标见表 3-4-3。

表 3-4-3 "四新"技术应用目标

序号	"四新"技术应用项目	应用情况	备注
1	×××	×××	
2	×××	×××	
3	×××	×××	

4 总体施工部署及规划

4.1 项目经营管理模式

项目执行"扩大劳务分包模式＋专业分包模式",采用固定单价分包,路基、路面、桥涵、隧道等工程采用扩大劳务分包模式,交安机电工程、绿化工程等专业工程采用专业分包模式。

4.2 组织结构设置

为确保高质量、按期、安全地实现项目各项施工目标,在项目上建立一个实力强的施工项目管理机构,在公司的统一管理下,完善项目部的各项管理制度,严格按照施工项目法进行工程的施工和管理。按照公司、项目部两级管理体制认真落实生产、质量、安全各级责任人。项目经理部组织机构框图如图4-2-1所示。

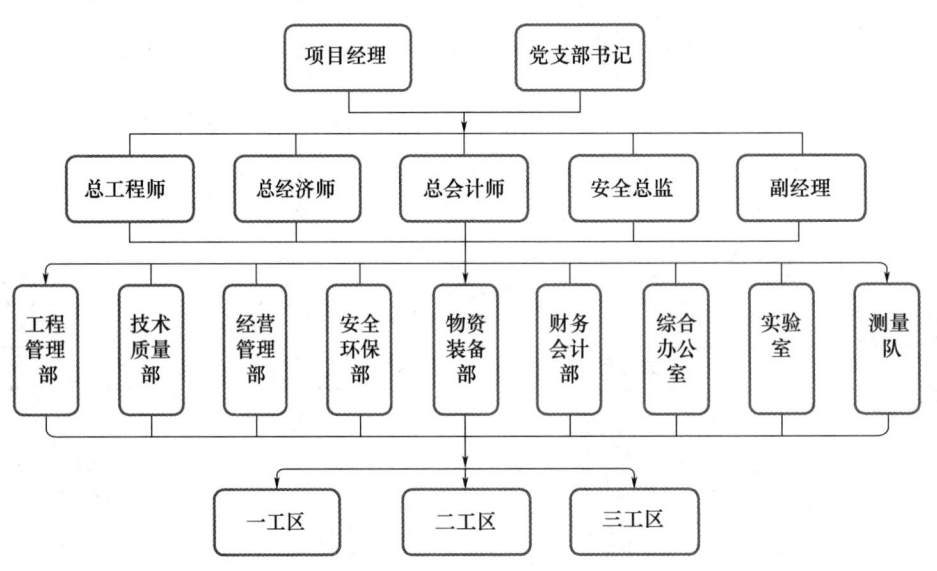

图 4-2-1 项目经理部组织机构框图

4.3 施工总体思路

4.3.1 总体施工原则

(1)坚持"总体布局、全面开工,分段突击、快速推进,均衡生产、确保重点"的原则。
(2)运用平行、交叉、流水等科学手段组织施工;工期安排遵循"技术领先、合理可行、留有余地"的原则。
(3)本着先进性与适用性相结合的原则,采用成熟可靠的技术,加强工序控制,确保优质、安全、快速、高效建成工程,并以先进可靠的施工方法和工艺控制投资,降低成本。

（4）坚持"高标准、高质量、科研先行"的原则，以"可靠、精良"为要求，配置与选择施工设备、施工技术、施工工艺，关键特殊工序遵循先试验、后实施的做法，做到安全可靠。

（5）遵循"重视环境、保护环境"的原则，做到不扰民，不污染环境。

（6）选择优良的施工队伍、投入精干的管理人员，通过科学严格的管理，按期、优质、高效建成，服务社会。

4.3.2 总体施工顺序

标段根据设计情况进行分段。施工组织以分段梁板预制安装为中心，涵洞、桥梁下部构造施工为先，路基施工按照架梁顺序稳步推进，路基防护绿化同步实施，尽早形成梁板安装通道，为路面工程连续施工创造条件。

4.4 施工任务划分

根据设计工程量，计划共选择×××支劳务队伍，其中路基工程队×××支；地基处理队×××支；路面工程队×××支；桥梁工程队×××支；制架梁及桥面系队×××支；钢箱梁队×××支；隧道工程队×××支；混凝土拌和运输工程队×××支；钢筋集中加工工程队×××支；交安机电工程队×××支；绿化及环保工程队×××支；临时设施工程队×××支。举例见表4-4-1。

表4-4-1 工区任务划分表

序号	工区名称	里程段落	主要结构物	主要工程数量	主要施工内容	段内场站设置	备注
1	一工区	K0+355.461（起点）～K9+040（鸡冠山隧道进口）	（1）特大桥3450m/2座、立交桥127.2m/1座、匝道桥1774.61/4座、天桥297m/3座；（2）涵洞/通道：34道；（3）路基挖方：260.5万m³；（4）路基填方：208.05万m³	混凝土总量：35.45万m³	（1）路基：挖填土石方、涵洞、通道、防排水、防护工程；（2）路面：中央分隔带防水、路面附属工程施工；（3）桥梁：桩基、上下部结构施工；（4）交安：护栏、隔离栅、标志牌、标线施工；（5）绿化：施工段落内绿化；（6）互通：大崔沟枢纽、平陌互通及平陌互通收费站；（7）其他工程：段落内改河、改沟、改渠、临时工程；（8）机电：段落内机电工程	工区驻地1处、混凝土拌和站1处、水稳站1处、梁场1处、钢筋加工场2处、小构件预制场1处	负责一、二工区的水稳填筑，负责一、二工区制架梁，总计931片，本工区沥青由三工区供应
2							
3				钢筋：5.75万t			
4				水稳：13.26万m³			
5				沥青：5.71万m³			
				梁板数量：867片			
6	二工区	K9+040（鸡冠山隧道进口）～K12+500（荟萃山隧道出口）	（1）大桥247.2m/1座；（2）涵洞：2道；（3）路基挖方：11.0万m³；（4）路基填方：8.94万m³	混凝土总量：23.8万m³	（1）路基：路基挖填土石方、涵洞、通道、防排水、防护工程；（2）隧道：边仰坡、明洞、洞门、开挖支护、仰拱、填充、底板、调平层、二次衬砌、衬砌钢筋、防排水、电缆槽及盖板、中心水沟及盖板、基层、面板、人行横洞、车行横洞、预留预埋等；（3）桥梁：桩基、上下部结构施工；（4）交安：护栏、隔离栅、标志牌、标线施工；（5）绿化：段落内绿化；（6）其他工程：段落内改河、改沟、改渠、临时工程等；（7）机电：段落内机电工程	工区驻地1处、混凝土拌和站1处、钢筋加工场3处	沥青由三工区供应，水稳由一工区填筑
7				钢筋：1.22万t			
8				水稳：1.25万m³			
9				沥青：0.19万m³			
10				梁板数量：64片			

续表

序号	工区名称	里程段落	主要结构物	主要工程数量	主要施工内容	段内场站设置	备注
11	三工区	K12+500（荟萃山隧道出口）～K22+000（标尾）	（1）特大桥2576m/2座、立交桥1472.9m/2座、匝道桥3047.62m/11座；拼宽桥82.08m/2座；天桥2座；（2）涵洞：24道；（3）路基挖方：171.4万m³；（4）路基填方：135.7万m³	混凝土总量：26.38万m³	（1）路基：路基挖填土石方，涵洞、通道、防排水、防护；（2）路面：工区内所有水稳、标段所有沥青面层拌和运输、摊铺碾压，中央分隔带防水、路面附属工程施工；（3）桥梁：桩基、上下部结构施工，二工区、三工区梁板预制安装及桥面系；（4）交安：护栏、隔离栅、标志牌、标线施工；（5）绿化：段落内绿化工程；（6）其他工程：段落内改河、改沟、改渠、临时工程等；（7）苌庄枢纽施工；（8）机电：段落内机电工程	工区驻地1处、梁场1处、水稳拌和站1处、沥青拌和站1处、混凝土拌和站2处、钢筋加工场1处、小构件预制场1处、实验室1处	供应全标段沥青，负责三工区的水稳填筑，负责本工区制架梁，总计1093片
12				钢筋：4.16万t			
13				水稳：8.69万m³			
14				沥青：4.45万m³			
15				梁板数量：1093片			

4.4.1 路基工程

划分总体原则为×××段×××家、×××段×××家，地基处理×××家。详细划分如下。

路基×××队：主要工程量×××，主要工作内容：主线挖土方、挖石方、填土方、填石方、对应段落涵洞、通道、防排水、防护工程，特殊地基处理（除桩类软基处理和注浆处理）、纵向便道建设及本施工区段内便道维护。

地基处理：根据设计确定主要工程量。

4.4.2 路面工程

路面×××队：起止桩号为×××～×××，主要工作内容：主线及×××互通、×××互通所有水稳拌和运输、摊铺碾压、拌和站建设、路面附属工程施工及本施工区段内便道维护。

路面×××队：起止桩号为×××～×××，主要工作内容：主线及××互通、×××所有水稳拌和运输、摊铺碾压、拌和站建设及路面附属工程施工；全线沥青混凝土面层拌和运输、摊铺碾压、拌和站建设、中央分隔带防水及本施工区段内便道维护。

4.4.3 桥涵工程

桥梁×××队：根据设计工程量进行划分，×××高速立交桥、×××匝道大桥、×××互通主线跨×××匝道桥、×××互通×××匝道大桥等，共×××座桥；管段内纵向便道维护。

桥梁×××队：根据设计工程量进行划分，共×××座桥；管段内纵向便道维护。

制架梁及桥面系×××队：共×××片梁板（30m箱梁×××片、40mT梁×××片）预制架设、连续段现浇以及所属桥梁附属工程施工（除钢箱梁）。

4.4.4 隧道工程

隧道×××队：×××隧道（左线×××m，右线×××m），主要工作内容包含弃渣场便道修筑维护、隧道开挖、支护、防水、二次衬砌、仰拱、混凝土路面等除混凝土及喷浆料拌和运输外的全部工程。

隧道×××队：×××隧道（左线×××m，右线×××m）和隧道进出口路基，主要工作内容包含弃渣场便道修筑维护、隧道开挖、支护、防水、二次衬砌、仰拱、混凝土路面等除混凝土及喷浆料拌和运输外的全部工程。

4.4.5 混凝土拌和运输

拌和站×××队：起止桩号范围内混凝土拌和运输，混凝土方量约×××万 m³。
拌和站×××队：起止桩号范围内混凝土拌和运输，混凝土方量约×××万 m³。

4.4.6 钢筋集中加工运输

钢筋集中加工×××队：起止桩号范围内桥梁桩基及下部结构钢筋集中加工。

4.4.7 交安机电工程

设置劳务队伍×××支，采用专业分包模式。

4.4.8 绿化工程

设置劳务队伍×××支，采用专业分包模式。

4.4.9 临时设施工程

项目部及实验室临建×××支队伍，×××号、×××号拌和站临建及×××号梁场场地平整、围挡改路×××支队伍，×××号、×××号拌和站彩钢棚及×××号、×××号钢筋加工场临建×××支队伍，×××号拌和站，×××隧道洞口钢筋加工场、小型预制构件厂临建及×××工区驻地临建×××支队伍，×××号钢筋加工场、×××号梁场、×××号拌和站及×××工区实验室临建×××支队伍，×××号水稳站临建×××支队伍，×××号水稳站及沥青站临建×××支队伍，临时电力建设×××支，安全标识标牌×××支。

4.5 临时设施、驻地规划布置

4.5.1 经理部、工区驻地、作业队伍驻地

4.5.1.1 项目经理部

项目经理部驻地位于×××，占地面积×××m²，设置在×××位置，靠近主线建设。主办公楼采用×××式房×的形式，其余均采用×××形式建设。设置办公室×××间，分别为项目经理室、党支部书记室、总工程师室、副经理室、安全总监室、总经济师室、总会计师室、工程管理部、测量队、安全环保部、财务会计部、综合办公室、物资装备部、经营管理部、资料室、党群活动室、招待室、业主办公室；规划生活区宿舍×××间（含招待室×××间），男厕、女厕、洗漱间、活动室、门卫室、厨房、小餐厅各×××间。规划活动室×××间、会议室×××间、监控室×××间、档案室×××间。院内设景观花园绿化，围墙采用砖墙砌筑，大门为×××m自动伸缩门，院内设旗台、停车场、"五牌一图"标示牌及企业文化宣传牌。用水采用自来水，用电采用×××变压器供电，网络采用×××光纤。

可附项目经理部及实验室平面布置图。

4.5.1.2 工区驻地

项目共设置×××个工区，一工区起止桩号×××，长度×××km，工区驻地设置在×××线路×××侧×××m处，驻地租用地方×××层办公楼，占地面积约×××m²，建筑面积×××m²，×

×××层作为办公区,×××层作为住宿区,可满足工区的员工工作及生活需求。

二工区起止桩号×××,长度×××km,工区驻地设置在×××线路×××侧×××处,工区驻地采用×××房建设,可满足工区的员工工作及生活需求。

可附工区驻地分布图。

4.5.1.3 施工队伍驻地

施工队伍驻地建设结合项目实际情况、满足生产需求,施工队伍的驻地规划整齐、统一,驻地选址周边无安全隐患,避开滑坡、塌方、泥石流、崩塌、落石、洪水、雪崩等危险区域。施工队伍驻地生活用房标准为人均 $4m^2$(宿舍人居 $2m^2$、食堂人均 $1m^2$、浴室人均 $0.3m^2$、厕所人均 $0.2m^2$)。

4.5.2 工地实验室规划

项目地处×××区,根据工程特性及工程结构类型,结合项目的工程特点及拌和站设置情况,实验室按照"×××个主实验室,×××拌和站设置功能室"的原则建设。

(1)主实验室按照标准设置各个功能室,满足全线的试验检测工作。
(2)×××号拌和站内设置混凝土室、力学室、养护室、外检室。
(3)×××号拌和站各设立一个养护室、力学室。
(4)×××号拌和站因靠近主实验室,仅设立试块成型室。

主实验室选址应与项目部靠近,位于主线桩号×××侧×××m处,占地面积××× m^2,建筑面积约××× m^2,包括土工室、集料室、石料室、无机结合料室、水泥室、水泥混凝土室、力学室、沥青室、沥青混合料室、化学室、标准养护室、样品室、留样室、外检室、储藏室、资料室、办公室。配置项目试验检测工作所需的全部仪器。可附主实验室平面布置图。主实验室功能室面积见表4-5-1。

表 4-5-1 主实验室功能室面积

名称	规范推荐使用面积(m^2)	项目标准化推荐面积(m^2)	功能室实际面积(m^2)
土工室	≥20	≥×××	×××
集料室	≥15	≥×××	×××
无机结合料室	≥20	≥×××	×××
石料室	≥20	≥×××	×××
水泥室	≥20	≥×××	×××
水泥混凝土室	≥25	≥×××	×××
力学室	≥25	≥×××	×××
沥青室	≥20	≥×××	×××
沥青混合料室	≥25	≥×××	×××
化学室	≥12	≥×××	×××
样品室	≥15	≥×××	×××
留样室	≥12	≥×××	×××
外检室	≥15	≥×××	×××
储藏室	≥12	≥×××	×××
标准养护室	≥30	≥×××	×××
资料室	≥15	≥×××	×××
办公室	≥$6m^2$/人	≥××× m^2/人	×××

×××号拌和站内设置水泥混凝土室、力学室、留样室、养护室、外检室办公室,建筑面积约××× m^2。配备万能材料试验机(WAW-1000B,WAW-300B,WAW-100B)、2000kN压力机、钢筋弯

曲试验机、电动钢筋标距仪、振动台、智能恒温恒湿设备、回弹仪、钢筋保护层测定仪、灌砂筒、坍落度筒等。×××号拌和站功能室面积见表4-5-2。

表4-5-2　×××号拌和站功能室面积

名称	规范推荐使用面积（m²）	项目公司标准化推荐面积（m²）	功能室实际面积（m²）
水泥混凝土室	≥25	≥×××	×××
力学室	≥25	≥×××	×××
留样室	≥12	≥×××	×××
外检室	≥15	≥×××	×××
养护室	≥30	≥×××	×××
办公室	≥6m²/人	≥×××m²/人	×××

×××号拌和站配备办公室、标准养护室、力学室，建筑面积约×××m²。力学室设置一台2000kN的压力机。×××号拌和站功能室面积见表4-5-3。

表4-5-3　×××号拌和站功能室面积

名称	规范推荐使用面积（m²）	项目公司标准化推荐面积（m²）	2号、3号拌和站功能室实际面积（m²）
力学室	≥25	≥×××	×××
标准养护室	≥30	≥×××	×××
办公室	≥6m²/人	≥×××m²/人	×××

×××号拌和站配备办公室、试块成型室，建筑面积约×××m²。4号拌和站功能室面积见表4-5-4。

表4-5-4　4号拌和站功能室面积

名称	规范推荐使用面积（m²）	项目公司标准化推荐面积（m²）	功能室实际面积（m²）
成型室	25	×××	×××
办公室	6m²/人	×××m²/人	×××

4.5.3　大型设施布置

根据现场踏勘，结合工程特性，项目设拌和站×××座、钢筋加工厂×××座、梁场×××座、水稳站×××座、沥青站×××座、隧道拱架加工场×××座。主要临时场站布置举例见表4-5-5。

表4-5-5　临时场站布置

序号	场站名称	位置	供应范围	占地面积（亩）	主要工程量	主要设备配置情况	日需求量	产量	备注
1	1号混凝土拌和站	K7+100左侧1500m	K0+338～K9+040	31.64	35.5万m³	1HZS120，1HZS180，15.5m（9m）×50m×3m料仓8个	1400m³（高峰期）	210m³/h	含一工区驻地
2	2号混凝土拌和站	K9+300左侧2242m	K9+040～K11+400	12.63	15.9万m³	2HZS90，12m×40m（15m）×3m料仓6个	800m³（高峰期）	126m³/h	
3	3号混凝土拌和站	K14+100左侧3466m	K11+400～K16+961	14.9	18.0万m³	1HZS90，1HZS120，14m×52m（30m）×3m料仓6个	1200m³（高峰期）	147m³/h	
4	4号混凝土拌和站	K19+300左侧3457m	K16+961～K22+000	28.3	16.2万m³	1HZS90，1HZS120，14m×65m×3m料仓6个	1290m³（高峰期）	147m³/h	

续表

序号	场站名称	位置	供应范围	占地面积（亩）	主要工程量	主要设备配置情况	日需求量	产量	备注
5	1号水稳站	K2+400左侧980m	K0+338～K9+040	31.64	14.51万 m³	800型	6000t	640t/h	
6	2号水稳站	K19+750右侧612m	K9+040～K22+000	105.5	8.69万 m³	800型	6000t	640t/h	
7	沥青站	K19+750右侧500m	K0+338～K22+000		10.4万 m³	5000型	3000t	380t/h	
8	1号梁场	K6+000左侧80m	K0+338～K10+400	59.18（含1号小型预制构件场）	931片梁（30m箱梁159片、40mT梁772片）	100t龙门吊2套，10t龙门吊2套。制梁台座42个，场内双层最多可存放梁板96片	3	3	路基上设置存梁区
9	2号梁场	K19+000左侧50m	K12+490～K22+000	77.4（含2号小型预制构件场）	1093片梁（30m箱梁284片、40mT梁640片、空心板171片）	100t龙门吊2套，10t龙门吊2套。制梁台座28个，场内双层最多可存放箱梁86片	3	3	路基上设置存梁区。2号梁场钢筋由3号钢筋加工场加工
10	1号钢筋加工场	K5+500右侧782m	K0+338～K6+487	4.5	2.1万 t	1套滚焊机、1套数控设备、2套10t龙门吊	—	—	
11	2号钢筋加工场	K7+300左侧300m	K6+487～K9+040	15.7	2.3万 t	1套滚焊机、1套数控设备、2套10t龙门吊	—	—	
12	3号钢筋加工场	K19+000左侧184m	K12+49～K22+000	19.08	4.2万 t	2套滚焊机、1套数控设备、3套10t桁吊	—	—	同时加工2号梁场钢筋
13	1号梁场钢筋场	K6+000左侧80m	K0+338～K10+400	1.6	1.5万 t	1套10t龙门吊、1套数控设备	—	—	
14	1号隧道钢筋加工场	K9+000	鸡冠山隧道	1.6	0.34万 t	1套10t龙门吊、1套数控设备	—	—	
15	2号隧道钢筋加工场	K10+420	荟萃山隧道进口	1.2	0.38万 t	1套10t龙门吊、1套数控设备	—	—	
16	3号隧道钢筋加工场	K12+520左侧50m	荟萃山隧道出口	1.6	0.38万 t	1套10t龙门吊、1套数控设备	—	—	

注：1亩≈666.67m²，下同。

4.5.3.1 拌和站

×××号混凝土拌和站位于×××村，紧邻×××，交通便利。目前，场内有××层面积为×××m²的彩钢棚，×××栋×××层和×××栋×××层的彩钢板房，共×××间；砖房×××栋，有×××间房；部分场地已混凝土硬化。拌和站占地约×××m²。拌和站配备×××台×××型拌和机（一台强制式搅拌机、一台振动搅拌机），主要供应×××大桥，以及涵洞、通道、防护工程、×××号梁场的混凝土使用，供应混凝土约×××万 m³。场内安装×××变压器×××台，场区内配备×××组×××发电机，以备停电时使用，拌和站用水采用×××取水，场地硬化采用×××cm厚强度等级混凝土。

可附×××号拌和站位置图。

4.5.3.2 预制场

项目拟建设梁场×××处，×××号预制梁场位于×××左侧×××m，占地×××m²，负责起

止桩号路段内×××片T梁、×××片箱梁的预制任务。梁场设置×××个台座，其中箱梁台座××
×个，T梁台座×××个。存梁区设置×××个存梁台座，存梁×××片。

可附预制场平面布置图。

4.5.3.3　钢筋加工场

项目设置×××个钢筋加工场，各场区均按交通运输部"两区三场"、《×××省高速公路施工标准化管理指南》等标准化文件相关要求进行建设。

可附钢筋加工场平面布置图。

4.5.3.4　水稳站

项目根据路线长度及控制性工程划分，设置水稳站×××座，沥青站×××座。×××号水稳站位于×××侧×××m左右，紧邻×××公路，交通便利，对应主线桩号×××处，水稳站占地面积约×××m^2。×××号水稳站位于×××，对应主线桩号×××处，厂区占地约×××m^2，沥青站与×××号水稳站合建。

（1）×××号水稳站负责×××路段约×××万t水稳料铺设，建设×××条×××型水稳拌和料生产线，配备×××个集料斗。×××号水稳站负责×××段约×××万t水稳料铺设，建设一条×××型水稳拌和料生产线，与沥青站共用，配备×××个集料斗。

稳定土拌和机设有自动计量系统、配料系统、水泥存储及供给系统、水供给系统、拌和系统、混合料输送系统以及混合料存储系统，配料系统配备×××个集料斗，配料仓之间设置高度100cm的隔板，防止串料，上方设置全封闭料棚。

（2）沥青站与×××号水稳站合建，供应×××段约×××万t沥青混合料，×××号沥青拌和站需配置一台×××型沥青拌和机。

沥青拌和机配料系统配备×××个集料斗，配料仓之间设置高度100cm的隔板，防止串料，上方设置全封闭料棚。

储料仓和拌和机采用全封闭式彩钢棚，以减少噪声污染，减少扬尘。

（3）×××号水稳、沥青拌和站共设置×××个储料仓，其中沥青站设×××个料仓，水稳站设×××个料仓。储料仓面积×××m^2，可存约×××m^3料。

可附水稳和沥青拌和站平面布置图。

4.5.3.5　沥青站

项目设置沥青站×××座，对应主线×××右侧×××m处，厂区占地约×××m^2，沥青站与×××号水稳站合建。拌和站储料区采取全封闭彩钢棚，并延伸至储料仓前20m上料斗处。储料区与×××号水稳站共设×××个储料仓，总面积为×××m^2。料仓隔墙共长×××m，采用×××cm厚波纹钢板，高度×××m。料仓前设置×××cm×××cm排水沟，并采用铸铁钢板箅子铺盖，确保料仓内不积水。

4.5.3.6　小型预制构件场

×××号小型构件预制场位于×××号水稳站西侧，占地面积约×××m^2，负责标段小型预制构件生产加工，预制场采用封闭式管理，包含几个基本功能区：生产区、养护区、模洗区、成品存放区、运输通道。各功能区设明确界线标识，办公区与生产区分开设置，确保生产与生活互不干扰。

可附小型预制构件厂平面布置图。

4.5.4　火工品储藏室布置

火工品储藏室布置依据安全、方便的原则，满足地方公安局治安大队的要求。炸药库、雷管库、看守房均采用砖砌房屋。炸药库具体位置在当地公安部门指导下确定。炸药库作业人员，应根据需要穿防静电的鞋和工作服，或设置易于导除人体静电的设施，如安装接地栏杆等。

可附炸药库平面布置图。

4.6 施工便道方案及标准

4.6.1 便道总体布置原则

可以利用地方道路、新建便道组成本标段施工便道网。项目拟新建便道×××km，利用地方道路×××段×××km。全线设置钢便桥×××座，总长度×××m。便道路基宽度不小于5m，路面宽度不小于4m，重点区域进出场主要便道路面宽4.5m、路基宽6.5m，设计行车速度不小于×××km/h；视地形条件和视距要求，不大于×××m设置1处错车道，错车道路基宽度不小于6.5m，路面宽度不小于6m，长度不小于20m。便道陡坡处视地形情况适当加宽并设置相关指示、警告标志，急弯处设置凸面镜、警示灯。便桥结构按照实际情况专门设计，同时应满足排洪要求。特大桥、隧道洞口、拌和站、钢筋加工场和预制场及陡坡路段等大型作业区进出便道路基层采用20cm厚碎石基层，面层采用25cm厚且强度不小于C25的混凝土路面，并按照规定设置伸缩缝和施工缝。

便道路面最低标准为：采用15cm碎石基层，面层采用10cm厚泥结碎石铺筑。

高边坡路段施工便道，外侧每2m设置一个防撞墩，防撞墩长60cm、高50cm、宽40cm，防撞墩采用钢筋混凝土浇筑而成，防撞墩上张贴反光标识，通往重要结构物如隧道洞口处便道设置波形护栏。部分位置为防止雨水冲刷出现坍塌，增加挡墙支护。

可附便道总体规划布置图。

4.6.2 便道标准

（1）路面路基宽度：新建便道路面宽4.0m、路基宽5.0m，重点区域进出场主要便道路面宽4.5m，路基宽6.5m。

（2）错车道设置：新建便道或既有道路加宽结合地形条件，选择有利地形设置错车道。原则上不大于300m设一处错车道，错车道路面宽度6m，长度不小于20m。

（3）纵坡坡度：最大纵坡坡度小于10%。

（4）平面曲线：一般最小曲线半径为20m，极困难条件下为15m。

（5）路基或路堑：便道填筑前，应清除地表腐殖土及含水量较大的素土，用15cm厚碎石基层，其面层为10cm泥结碎石面层；挖方路堑便道应根据地质情况确定路堑边坡坡度，清除边坡危石，路面用泥结碎石找平，路堑两侧根据需要设置排水边沟。

（6）面层：重点区域特殊路段即陡坡转弯处，桥梁位置、隧道进出口、场站进出便道，面层采用20cm厚C20水泥混凝土；根据施工现场实际情况判别调整。

（7）排水：路面排水设置2%横向排水坡；便道两侧设置0.3m×0.3m M7.5浆砌片石排水沟，沟底纵坡不小于0.1%，保证排水畅通。排水沟根据实际情况接入现有沟渠，防止冲刷水田、房屋等。

（8）部分地形复杂，边坡不稳定区域便道，靠近山一侧设置浆砌片石防护，临边设置防撞墩。

4.7 临时用水方案

生活用水尽量接驳地方自来水，无接驳条件的，采用自打井取水，消毒后使用。大临场站及施工用水均采用打井取水方式。

4.8 临时用电方案

临时用电按审批后的临时用电方案实施，部分采用集中供电方式，部分采用分散供电的方式。综合场站,桥梁、隧道等采用集中供电方式,部分涵洞工程采用分散供电方式,部分小桥涵及路基附属工程采用自发电方式。集中供电变压器型号及分布见表4-8-1。

表4-8-1 集中供电变压器型号及分布

编号	安装位置	设置里程	变压器容量（kV·A）	数量	架线长度（km）	供电范围
×××	×××	×××	×××	×××	×××	×××
	合计			×××	×××	

可附临时用电平面布置图。

4.9 人员配置计划

4.9.1 管理人员配备计划

管理人员配备计划见表4-9-1。

表4-9-1 管理人员配备计划

序号	部室	岗位	数量（名）	备注
1	班子成员	项目经理	1	
2		项目党支部书记	1	
3		项目总工程师	1	
4		项目总经济师	1	
5		项目总会计师	1	
6		安全总监	1	
7		项目副经理	×	
小计			×	
8	工程管理部	部长	1	
9		副部长	×	
10		工区长	×	
11		技术员	×	
12		档案管理员（资料员）	×	
13		劳资专员	×	
14	技术质量部	部长	1	
15		部员	×	
16	测量队	测量队长	1	
17		副队长	×	
18		测量员	×	
19	实验室	主任	1	
20		副主任	×	
21		试验检测师	×	
22		试验员	×	
23		资料员	×	
24	安全环保部	部长	1	
25		部员	×	

续表

序号	部室	岗位	数量（名）	备注
26	经营管理部	部长	1	
27		部员	×	
28	物资装备部	部长	1	
29		部员	×	
30		机械专员	×	
31		电工	×	
32	综合办公室	部长	1	
33		部员	×	
34	财务会计部	出纳	1	
35		会计	1	
合计			×	

4.9.2 施工人员及资源配备计划

施工人员及资源配备计划见表4-9-2。

表4-9-2 施工人员及资源配备计划

专业队	工程量	人员配置
×××队	×××	班组长×人，技术员×人，工人×人，混凝土工×人，安全员×人，测量员×人，电工×人，钢筋工、模板工、杂工等×人。合计×××人。

4.10 材料供应计划

4.10.1 物资采购权限划分

1. 甲供物资

项目甲供物资包括×××，以××方式支付。

2. 公司集中采购物资

初步统计，项目由公司集中采购的物资包括×××等。

4.10.2 物资采购供应方案

（1）主要材料及专用材料包括钢材、工角槽、型管、中板材、声测管、碎石、中砂、水泥、高效减水剂、粉煤灰、钢绞线、锚夹具、金属波纹管、支座、孔道压浆料、支座砂浆、中空注浆锚杆、速凝剂、锚固剂、隧道防排水材料、路基土工材料、伸缩缝等由公司招标采购。无特殊原因，必须采用公开招标方式。

（2）周转材料包括钢模板、脚手架、木模板、木方等，由分包商采购或租赁，费用列入分包单价中，项目做好质量监督和期量管理。如确有特殊情况，需要由项目部进行集中采购的要按时上报采购计划，经项目会议研究同意后，书面向公司提出采购申请，经公司同意后方可进行采购。

（3）辅助材料及小型机具由分包商自购或执行代签代付模式。

（4）材料管理方式及供应计划可参考表4-10-1。

表 4-10-1 材料管理方式及供应计划

序号	物资名称	规格型号	单位	暂估数量	采购平台	采购方式	包件划分	税率（％）	备注
×	钢材	综合	t	—	××	××	×	×	××

注：以上材料拟通过汽运方式进场。

4.11 机械设备配备计划

机械设备配备计划见表 4-11-1。

表 4-11-1 机械设备配备计划

专业队	名称	工期	机械配置	模板配置
×××队	工程量	×××至×××	旋挖钻×××台，冲击钻×××台，×××挖机×××台，××装载机×××台，×××T汽车起重机×××台，自卸车×××台，电焊机×××台，料斗、导管×××套等	

4.12 资金计划

项目资金通过项目每月的产值计量及预付款等形式获得。

4.13 测量计划

4.13.1 测量人员配备计划

测量人员配备计划见表 4-13-1。

表 4-13-1 测量人员配备计划

序号	人员	配备数量（名）	职称	备注
1	测量队长	1	工程师	
2	副队长	×××	工程师	
3	测量员	×××	测量员	

4.13.2 测量仪器设备配备计划

测量仪器设备配备计划见表 4-13-2。

表 4-13-2 测量仪器设备配备计划

名称	单位	数量	规格型号	主要性能指标	备注
全站仪	套	×××	×××	×××	
全球定位系统（GPS）	套	×××	×××	×××	
水准仪	台	×××	×××	×××	
钢尺	把	×××	×××m	×××	
塔尺	把	×××	×××m	×××	

4.14 试验检测计划

4.14.1 检测人员配备计划

检测人员配备计划见表 4-14-1。

表 4-14-1 检测人员配备计划

序号	姓名	性别	出生年月	学历和专业	职称	检测人员证书编号	从事试验检测年限
1	×××	×××	×××	×××	×××	×××	×××年

4.14.2 检测仪器配备计划

检测仪器配备计划见表 4-14-2。

表 4-14-2 检测仪器配备计划

设备编号	设备名称	型号规格	生产厂家	量程或规格	准确度	备注
×××	×××	×××	×××	×××	×××	

4.14.3 检测计划

4.14.3.1 路基工程检测计划

1. 路基填料试验

路基填料试验项目及频率见表 4-14-3。

表 4-14-3 路基填料试验项目及频率

试验项目	土质填料	石质（土石）填料	水稳填料
天然含水量	酒精燃烧法：填筑前必测	烘干法：必要时测	烘干法：必要时测
颗粒组成	筛析法：每处料源至少测 1 次，每 5000m³ 测一次	筛析法：每处料源至少测 1 次，每 5000m³ 测一次	筛析法：每处料源至少测 1 次，材质变化时必测
液塑限	联合测定法：每处料源至少测 1 次，每 5000m³ 测一次	联合测定法：必要时测	联合测定法：每处料源至少测 1 次，材质变化时必测
击实试验	重型击实：每处料源至少测 1 次，每 5000m³ 测一次	重型击实：每 5000m³ 测一次	重型击实：每处料源至少测 1 次，材质变化时必测
加州承载比（CBR）	室内承载比：每处料源至少测 1 次，每 5000m³ 测一次	室内承载比：必要时测	室内承载比：必要时测
有机质	化学分析：有疑义时测	—	—
易溶盐	化学分析：有疑义时测	化学分析：有疑义时测	—
膨胀、湿陷、崩解	特种试验：有疑义时测	特种试验：有疑义时测	—
无侧限强度	—	—	特种试验：有疑义时测

2. 路基施工质量检测

路基施工质量检测项目及频率见表 4-14-4。

4 总体施工部署及规划

表 4-14-4 路基施工质量检测项目及频率

名称	检测项目	检查方法	检测频率
原地表清理	清淤深度	轻型动力触探	每5m一个断面，每断面5～9点
	原地面压实度	灌砂法	施工过程中每一压实层每1000m²至少检验2点
路基土石方	土方路基压实度	灌砂法、环刀法、密实度仪法	施工过程中每一压实层每1000m²至少检验2点
	石方（土石混填）路基压实度	工艺记录和沉降差法	每一压实层均检验，精密水准仪每50m测一个断面，每个断面测5点
	回弹弯沉	贝克曼梁法	路床顶面：每车道2点/20m（上路堤顶面参照进行）
桥涵台背回填	回填压实度	灌砂法	每侧每层测3点（左、中、右）
	回弹弯沉	贝克曼梁法	台背顶部每侧至少测3点
砌体工程	岩石：密度、吸水率、单轴抗压强度	依据《公路工程岩石试验规程》（JTG 3432—2024）	石料确认前或改变料场时检验
	砂浆：稠度、分层度	依据《建筑砂浆基本性能试验方法标准》（JGJ/T 70—2009）	必要时测
	砂浆：抗压强度	依据《公路工程水泥及水泥混凝土试验规程》（JTG 3420—2020）	重要及主体砌筑物每工作班制取2组，一般次要砌筑物制取1组试件

4.14.3.2 常用材料试验项目及频率

1. 水泥

水泥检验要求见表 4-14-5。

表 4-14-5 水泥检验要求

序号	检验项目	检验要求			试验检测规程	评定标准	备注
		质量证明文件检查	抽样试验检测				
1	比表面积	√	√	√	同一厂家、同批号、同品种、同强度等级、同出场日期且连续进场的散装水泥以500t为一批（袋装水泥以200t为一批），不足上述数量也按一批计	《通用硅酸盐水泥》（GB 175—2023）及设计文件要求	
2	凝结时间	√	√	√	《水泥密度测定方法》（GB/T 208—2014）、《水泥比表面积测定方法 勃氏法》（GB/T 8074—2008）、《水泥标准稠度用水量、凝结时间、安定性检验方法》（GB/T 1346—2011）、《水泥胶砂强度检验方法（ISO法）》（GB/T 17671—2021）		
3	标准稠度用水量	√	√	√			
4	安定性	√	√	√			
5	胶砂强度	√	√	√	每厂家、每编号检查供应商提供的质量证明文件	发生下列情况之一时，检验一次：（1）任何新选料源；（2）连续使用同厂家、同品种的达六个月		
6	烧失量	√	√				
7	游离氧化钙	√	√				
8	氧化镁	√	√				
9	三氧化硫	√	√				
10	氯离子含量	√	√				
11	碱含量	√	√				

注：烧失量、游离氧化钙、氧化镁、三氧化硫、氯离子含量、碱含量视情况需进行外委检测时由监理单位见证检验。

2. 粗集料

粗集料的检验要求见表 4-14-6。

表 4-14-6　粗集料的检验要求

序号	检验项目	检验批要求				备注
		抽样试验检测		试验检测规程	评定标准	
1	颗粒级配	√	√	连续使用同料源、同品种、同规格集料，以每400m³为一批，不足上述数量也按一批计	《公路工程集料试验规程》（JTG 3432—2024）	《公路桥涵施工技术规范》（JTG/T 3650—2020）
2	压碎值	√	√			
3	针片状颗粒含量	√	发生下列情况之一时，检验一次：(1)任何新选料源；(2)连续使用同料源、同品种、同规格粗集料达一年			
4	含泥量	√	√			
5	泥块含量	√				
6	堆积密度	√				
7	吸水率	√				
8	空隙率	√	√			
9	坚固性	√				
10	硫化物及硫酸盐含量	√				
11	表观密度	√	√			
12	碱集料反应	√				

注：吸水率、坚固性、硫化物及硫酸盐含量、碱集料反应视情况需进行外委检测时由监理单位见证检验。

3. 细集料

细集料的检验要求见表 4-14-7。

表 4-14-7　细集料的检验要求

序号	检验项目	检验批要求				备注
		抽样试验检测		试验检测规程	评定标准	
1	颗粒级配	√	√	连续使用同料源、同品种、同规格细集料，以每400m³为一批，不足上述数量也按一批计。亚甲蓝为机械砂必选项目	《公路工程集料试验规程》（JTG 3432—2024）	《公路桥涵施工技术规范》（JTG/T 3650—2020）
2	含泥量	√	√			
3	泥块含量	√	√			
4	云母含量	√				
5	有机物含量	√	发生下列情况之一时，检验一次：(1)任何新选料源；(2)连续使用同料源、同品种、同规格细集料达一年			
6	吸水率	√				
7	坚固性	√				
8	硫化物及硫酸盐含量	√				
9	空隙率	√	√			
10	碱集料反应	√				
11	表观密度	√	√			
12	堆积密度	√	√			
13	氯离子含量	√				
14	亚甲蓝	√	√			

注：云母含量、吸水率、有机物含量、坚固性、硫化物及硫酸盐含量、碱集料反应、氯离子含量视情况需进行外委检测时由监理单位见证检验。

4. 钢筋原材料

钢筋原材料的检验要求见表 4-14-8。

表 4-14-8 钢筋原材料的检验要求

序号	检验项目	检验要求				备注
		质量证明文件检查	抽样试验检测	试验检测规程	评定标准	
1	拉伸强度	每厂家、每编号检查供应商提供的质量证明文件	同厂家、同炉号、同级别、同规格、同截面、同一出厂时间每60t为一验收批次，不足60t按一批计算	《金属材料 拉伸试验 第1部分：室温试验方法》（GB/T 228.1—2021）《金属材料 弯曲试验方法》（GB/T 232—2010）《钢筋混凝土用钢 第2部分：热轧带肋钢筋》（GB/T 1499.2—2018）《钢筋混凝土用钢 第1部分：热轧光圆钢筋》（GB/T 1499.1—2017）《钢筋混凝土用钢材试验方法》（GB/T 28900—2012）	《钢筋混凝土用钢 第2部分：热轧带肋钢筋》（GB/T 1499.2—2018）《钢筋混凝土用钢 第1部分：热轧光圆钢筋》（GB/T 1499.1—2017）	

注：型式检验需进行外委检测时由监理单位见证检验。

5. 钢筋机械连接

钢筋机械连接的检验要求见表 4-14-9。

表 4-14-9 钢筋机械连接的检验要求

序号	检验项目	检验要求						备注
		质量证明文件检查		抽样试验检测		试验检测规程	评定标准	
1	拉伸试验	√	√	发生下列情况之一时，检验一次：（1）新厂家；（2）同一厂家使用一年进行检测；（3）按季度进行套筒检测（外委）	√	同一施工条件下采用同一批材料的同等级、同型式、同规格接头，以500个为一验收批次进行检验与验收，不足500个作为一个验收批次	《钢筋机械连接技术规程》（JGJ 107—2016）、《金属材料 拉伸试验 第1部分：室温试验方法》（GB/T 228.1—2021）	《钢筋机械连接技术规程》（JGJ 107—2016）
2	工艺试验	√	√					
3	型式检验	√	√					

注：型式检验需进行外委检测时由监理单位见证检验。

钢筋焊接的检验要求见表 4-14-10。

表 4-14-10 钢筋焊接的检验要求

序号	检验项目	检验要求					备注
			抽样检测项目		试验检测规程	评定标准	
1	拉伸	√		√	同一个工作班，同一焊工、同一钢筋级别、同一焊接参数，以300个接头为一验收批次，不足300个接头作为一个验收批次	《钢筋焊接接头试验方法标准》（JGJ/T 27—2014）、《钢筋焊接及验收规程》（JGJ 18—2012）	《钢筋焊接及验收规程》（JGJ 18—2012）
2	冷弯	同一焊工、同一钢筋级别、同一焊接参数		√			
3	工艺试验	√					

4.14.3.3 桥涵施工质量检测

桥涵施工质量检测项目及频率见表 4-14-11。

表 4-14-11 桥涵施工质量检测项目及频率

名称	检测项目	检查方法	检测频率
地基、基桩	地基承载力	轻型动力触探	结构物每侧测点不少于 3 个
	基桩成孔质量	依据《公路桥涵施工技术规范》（JTG/T 3650—2020）	每孔必测
	基桩完整性	超声波法	每桩必测
	基桩头钢筋位置	尺量	每桩必测
混凝土拌和性能	工作性（坍落度等）	坍落度法	每一工作班至少 2 次
	含气量	改良气压法	必要时测
	凝结时间	贯入阻力仪法	
结构混凝土	强度	标准养护试件强度	①一般体积的结构物（基础、墩台），每一单元制取 2 组；②连续浇筑大体积结构物混凝土时，每 80～200m³ 或每一工作班制取 2 组；③桥梁上部结构，主要构件长 16m 以下应制取 1 组，16～30m 制取 2 组，31～50m 制取 3 组，50m 以上不少于 5 组，小型构件每批或每一工作班制取 2 组；④基桩每根至少制取 2 组；桩长 20m 以上者不少于 3 组；桩径大、浇筑时间很长时，不少于 4 组；如换工作班时，每一工作班应制取 2 组；⑤构筑物（小桥涵、挡土墙）每座、每处或每一工作班制取不少于 2 组；当原材料和配合比相同，并由同一拌和站拌制时，可几座或几处合并制取 2 组；⑥每根墩柱不少于 3 组，分段浇筑的每段不少于 2 组，悬浇箱梁每一节段不少于 3 组
		回弹法	普查成品构件
		钻芯法	对构件有怀疑时检测
	钢筋位置及保护层厚度	电磁感应法	普查成品构件
	表观及内部缺陷	目测及裂缝观测	普查成品构件

4.14.3.4 隧道施工质量检测

1. 常用材料试验

隧道施工水泥路面常用材料试验项目及频率见表 4-14-12。

表 4-14-12 隧道施工水泥路面常用材料试验项目及频率

名称	检测项目	检测方法	检测频率
水泥	抗折强度、抗压强度、安定性	《水泥密度测定方法》（GB/T 208—2014）、《水泥比表面积测定方法 勃氏法》（GB/T 8074—2008）、《水泥标准稠度用水量、凝结时间、安定性检验方法》（GB/T 1346—2011）、《水泥胶砂强度检验方法（ISO法）》（GB/T 17671—2021）	机铺 1500t，小型机具 500t 一批
	凝结时间、标准稠度需水量、细度、比表面积		
	游离氧化钙、氧化镁、三氧化硫含量	依据《水泥化学分析方法》（GB/T 176—2017）	每标段不少于 3 次，进场前必测
	温度、水化热	温度计测温	冬、夏季随时检测
粉煤灰	活性指数、细度、烧失量	依据《用于水泥和混凝土中的粉煤灰》（GB/T 1596—2017）	机铺 1500t，小型机具 500t 一批
	需水量比、三氧化硫含量		每标段不少于 3 次，进场前必测

续表

名称	检测项目	检测方法	检测频率
粗集料	针片颗粒含量、颗粒级配、表观密度、堆积密度、空隙率	依据《公路工程集料试验规程》(JTG 3432—2024)	机铺 2500m³、小型机具 1500m³ 一批
	含泥量、泥块含量		1000m³ 一批
	坚固性、岩石抗压强度、压碎值指标		每种粗集料每标段不少于 2 次
	碱集料反应		怀疑有碱活性集料时进场前检测
	含水量		降雨或湿度变化时随时检测
细集料	级配、细度模数、表观密度、堆积密度、空隙率	依据《公路工程集料试验规程》(JTG 3432—2024)	1500m³ 一批
	含泥量、泥块含量		500m³ 一批
	坚固性		每种细集料每标段不少于 3 次
	云母、轻物质及有机质含量		目测有云母或杂质时测
	含水量		降雨或湿度变化时随时检测
	硫酸盐、氯盐含量		必要时实测，淡化海砂每标段 3 次

2. 质量检测

隧道施工质量检测项目及频率见表 4-14-13。

表 4-14-13　隧道施工质量检测项目及频率

名称	检测项目	检查方法	检测频率
喷锚衬砌施工质量检测	锚杆拉拔力	锚杆拉拔仪	不少于同类型锚杆总数的 3%，且不得少于 3 根
	喷射混凝土厚度	钻孔法	每 10m 检测 2 个断面，每个断面从拱顶起每隔 3m 钻孔
	喷射混凝土强度	标准养护试件强度	两车道每 10 延米，拱部和边墙各取一组试件，其他工程每喷 50～100m³ 混合料或者小于 50m³ 混合料的独立工程，不得少于 1 组
衬砌混凝土施工质量检测	钢筋保护层厚度	电磁感应法	普查成品构件
	衬砌厚度	电磁感应法	普查成品构件
	墙面平整度	2m 直尺	每 20m 每侧连续检查 5 尺
	衬砌背后密实度	地质雷达	普查成品构件
	衬砌混凝土强度	标准养护试件强度	每板衬砌不少于 4 组试件
		回弹法	普查成品构件
	衬砌混凝土抗渗	标准养护试件	每 200 延米制取 1 组试件
	表观及内部缺陷	目测及裂缝观测	普查成品构件
防排卷材质量检测	搭接长度	尺量	每 5 环抽查 3 处
	缝宽	尺量	每 5 环抽查 3 处
	焊缝密实性	充气法	每 20m 检查 1 处焊缝

隧道施工水泥路面施工质量检测项目及频率见表 4-14-14。

表 4-14-14　隧道施工水泥路面施工质量检测项目及频率

名称	检测项目	检查方法	检测频率
混凝土	工作性	坍落度法	每一工作班测 3 次
	含气量	改良气压法	每一工作班测 3 次
	坍落度损失	坍落度法	开工、气温高和有变化时随时测
	弯拉强度	现场取样制件，标准养护 28d 测定弯拉强度	每个工作班留 2～4 组试件，日进度低于 500m 时取 2 组；不低于 500m 时取 3 组；不低于 1000m 时取 4 组

续表

名称	检测项目	检查方法	检测频率
结构层	板厚度	施工跟踪测量	路面摊铺宽度内每100m左右各2处，连接摊铺每100m单边1处，参考芯样
	钻芯劈裂强度	钻芯法	每车道每3km钻取1个芯样，硬路肩为1个车道
	平整度	3m直尺	每200m测2处×5尺

4.14.3.5 路面基层

1. 常用材料试验

路面基层常用材料试验项目及频率见表4-14-15。

表4-14-15 路面基层常用材料试验项目及频率

名称	检测项目	检测方法	检测频率
土、砂砾、碎石等集料	含水量	烘干法、酒精燃烧法	每一工作班检测一次
	颗粒分析	筛分法	使用前检测一次，施工过程中每2000m²检测一次
	液塑限	联合测定法	使用前检测一次，施工过程中每2000m²检测一次
	压碎值	集料压碎值试验	使用前检测一次，品种变化时检测一次
	有机质和硫酸盐含量	化学分析	有怀疑时检测一次
石灰	有效氧化钙、氧化镁	石灰化学分析	材料每次进场时检测一次，以后每2个月检测一次
水泥	胶砂强度	ISO法	材料每次进场时检测一次
	终凝时间	维卡仪法	
粉煤灰	烧失量	烧失量试验	材料每次进场时检测一次

2. 施工质量检测

路面基层施工质量检测项目及频率见表4-14-16。

表4-14-16 路面基层施工质量检测项目及频率

名称	检测项目	检查方法	检测频率
无机结合料稳定材料	合成级配	筛分	每2000m²检测一次
	水泥及石灰剂量	化学滴定	每2000m²检测一次，至少6个样品
	无侧限抗压强度	取样制件试压	每一作业段或2000m² 6或9个试件
结构层	压实度	灌砂法	每一作业段或2000m² 6点
	厚度	开挖或钻芯	每200m每车道1点

4.14.3.6 沥青路面面层

1. 常用材料试验

沥青路面常用材料试验项目及频率见表4-14-17。

表4-14-17 沥青路面常用材料试验项目及频率

材料	试验项目	检测方法	进场验收频度	施工过程抽检频度
粗集料	外观（品种、含泥量等）、针片状颗粒含量	依据《公路工程集料试验规程》（JTG 3432—2024）	每批材料进场必检	随时检测
	压碎值、洛杉矶磨耗损失、颗粒组成（筛分）、磨光值、含水量		每批材料进场必检	必要时检测
	表观相对密度、吸水率、坚固性、软石含量、与沥青黏附性		每批材料进场必检	

续表

材料	试验项目	检测方法	进场验收频度	施工过程抽检频度
细集料	颗粒组成（筛分）	依据《公路工程集料试验规程》（JTG 3432—2024）	每批材料进场必检	随时检测
	砂当量、松方单位重、含水量		每批材料进场必检	必要时检测
	表观相对密度、含泥量、亚甲蓝值、棱角性		每批材料进场必检	
	坚固性		必要时检测	
矿粉	外观	目测无结团	每批材料进场必检	随时检查
	含水量、粒径小于0.075mm含量	依据《公路工程集料试验规程》（JTG 3432—2024）	每批材料进场必检	必要时检测
	表观密度、亲水系数、塑性指数、加热安定性		每批材料进场必检	
石油沥青	针入度、软化点、延度	依据《公路工程沥青及沥青混合料试验规程》（JTG E20—2011）	每批材料进场必检	随时检测
	含蜡量		每批材料进场必检	必要时检测
	闪点、溶解度、密度、老化试验		每批材料进场必检	
改性沥青	针入度、软化点、离析试验（成品改性沥青）		每批材料进场必检	随时检测
	低温延度、弹性恢复		每批材料进场必检	随时检测
	闪点、溶解度、老化试验		每批材料进场必检	

注：1."随时"是需要经常检查的项目，其检查频度可根据材料料源及质量波动情况由业主及监理单位确定。
2."必要时"是指施工各方任一个部门对其质量产生怀疑提出需要检查时，或是根据需要商定的检查频度。

2．施工质量检测

热拌沥青混合料路面施工质量检测项目及频率见表 4-14-18。

表 4-14-18　热拌沥青混合料路面施工质量检测项目及频率

名称	检测项目	检测方法	检测频率
混合料	沥青用量、矿料级配	抽提试验	每台拌和机每天1～2次
	空隙率、稳定度、流值	马歇尔试验	每台拌和机每天1～2次
	水稳定性	浸水马歇尔试验	必要时
	高温稳定性	车辙试验	必要时
厚度	总厚度、上面层厚度	挖坑或钻芯	每2000m² 1点
	压实度	钻芯或核子仪	每2000m² 1点
平整度	上面层、中下面层平整度	3m直尺	随时
渗水性能	沥青层层面上渗水系数	现场渗水试验	每1km不少于5点，每3处取平均值

5 施工总体进度计划

5.1 计划开工日期、完工日期、竣工验收日期

计划开工日期×××年×××月×××日（以发布开工令时间为准）；计划完工日期×××年×××月×××日，计划竣工验收日期×××年×××月×××日（以交工证书出具时间为准）。

可附整体横道图、整体网络图。

5.2 各分项、分部及单位工程进度计划

工程进度计划见表5-2-1。

表5-2-1 工程进度计划

序号	工作名称	工期（工日）	计划开始时间	计划完成时间
1	施工准备	×××	×××	×××
2	清表及便道	×××	×××	×××
3	路基工程	×××	×××	×××
4	底基层	×××	×××	×××
5	基层	×××	×××	×××
6	防排工程	×××	×××	×××
7	涵洞、通道	×××	×××	×××
8	桥梁下部	×××	×××	×××
9	梁板预制	×××	×××	×××
10	梁板安装	×××	×××	×××
11	桥面系	×××	×××	×××
12	隧道工程	×××	×××	×××
13	路面工程	×××	×××	×××
14	交安工程	×××	×××	×××
15	绿化工程	×××	×××	×××
16	房建工程	×××	×××	×××
17	机电工程	×××	×××	×××
18	竣工验收	×××	×××	×××

5.3 关键线路控制性工程进度计划

关键线路控制性工程进度计划见表5-3-1。

5 施工总体进度计划

表 5-3-1 关键线路控制性工程进度计划

序号	工程名称	节点工程计划开工、完工时间	工期（d）	备注
1	隧道	×××	×××	
2	桥梁	×××	×××	
3	路面	×××	×××	

5.4 临时工程建设计划

临时工程建设计划于×××年×××月开始，至×××年×××月结束，具体的建设计划举例见表 5-4-1。

表 5-4-1 临时工程建设计划

序号	项目	开始时间	结束时间	备注
1	项目经理部驻地	2022年3月	2022年6月	已完成
2	一工区驻地	2022年9月	2022年11月	
3	实验室	2022年3月	2022年6月	已完成
4	1号混凝土拌和站	2022年9月	2022年11月	
5	2号混凝土拌和站	2022年10月	2022年12月	
6	3号混凝土拌和站	2022年9月	2022年11月	
7	4号混凝土拌和站	2022年9月	2022年11月	
8	1号梁场	2023年8月	2023年10月	
9	2号梁场	2023年8月	2023年10月	
10	1号钢筋加工场	2022年10月	2022年12月	
11	2号钢筋加工场	2022年10月	2022年12月	
12	3号钢筋加工场	2022年10月	2022年12月	
13	1号小型预制构件厂	2023年4月	2023年5月	
14	2号小型预制构件厂	2023年4月	2023年5月	
15	1号水稳站	2024年4月	2024年6月	
16	2号水稳站及沥青站	2024年4月	2024年6月	
17	炸药库	2022年10月	2022年12月	
18	隧道钢拱架加工场	2022年10月	2022年12月	
19	隧道交通产品库房	2022年10月	2022年12月	

5.5 首开工点

5.5.1 路基首开工点（试验段）

为确保项目路基工程顺利进行，提高投入效率，保证工程质量，按照路基施工规范要求，通过对设计图纸认真研读以及现场实地考察，项目选取×××作为路基填筑试验段，试验段长度为×××m，填方量为约×××万 m³，利用×××内挖方作为填料。

5.5.2 特殊路基处理

为确保标段特殊路基处理工程顺利进行，选取××××为管桩首开工点。

5.5.3 桩基

根据项目桥梁分布情况,结合项目总体施工要求,选定×××部位为桩基先期开工点,为打通项目运梁通道打下坚实的基础。

5.5.4 隧道

根据设计图纸,结合项目实际情况以及总体工期计划,拟选择×××隧道进口、×××隧道出口作为前期开工点。

6 各主要工程项目的施工方案、施工工艺和方法

6.1 测量方案

6.1.1 施工测量基本原则

(1) 严格执行测量规范；遵守先整体后局部的工作程序，先确定平面控制网，后以控制网为依据，进行各局部轴线的定位放线。
(2) 必须严格审核测量原始数据的准确性，坚持测量放线与计算工作同步校核的工作方法。
(3) 定位工作执行自检、互检合格后再报检的工作制度。
(4) 测量方法要简捷，仪器使用要熟练，在满足工程需要的前提下，力争做到省工省时省费用。
(5) 明确为工程服务，按图施工，质量第一的宗旨。紧密配合施工，发扬团结协作、实事求是、认真负责的工作作风。

6.1.2 控制测量

6.1.2.1 控制点加密

按照《工程测量通用规范》（GB 55018—2021），加密控制点选择视觉空间良好、交通方便、地基稳定能长期保存的地方，并考虑埋设的控制点是否便于施工放样，相邻控制点是否能通视、距离是否太近；为了便于保护，应该对做好的控制点做明显测量标志并进行围护等。控制网的布设需合理，网形良好，网中的独立边构成了一定的几何图形，确保了观测效果的可靠性，便于有效地发现观测成果中的粗差性。

6.1.2.2 平面复测

1. 外业观测

(1) 工程平面复测采用瑞士徕卡 GPS 接收机，应按照设计交桩同等级精度进行施测。观测前根据卫星可见性预报表和交通情况编制观测调度计划，并且在观测中根据实际情况，调整了调度计划。
(2) GPS 外业观测采用快速静态定位方法每一测站观测 1h。
(3) 作业员每时段认真量测天线高 2 次，互差不超过 3mm，取平均值为最后天线高。
(4) 观测时记录内容包括观测者、观测日期、仪器号、天气、点号、点名、时段号、天线高、开关机时间、同步观测点号、卫星状况等，并记录其他特殊问题。

2. 基线解算

(1) 基线解算采用徕卡 LGO 专业 GPS 基线处理软件。
(2) 基线解算以网点的 WGS-84 坐标作为起算成果，根据基线解算顺序依次传递到其余各点。
(3) 基线解算时，开窗处理、删星、计算结果、同步环或重复基线均做记录。

3. 平差

平面控制网采用徕卡 LGO 专业 GPS 基线处理软件及科傻系统（COSA）V6.0 数据平差软件处理系统。

6.1.2.3 高程复测

(1) 高程复测采用徕卡水准仪，按四等水准测量的技术要求进行闭合水准观测，符合国家规范

《国家三、四等水准测量规范》(GB/T 12898—2009)要求。

(2) 项目沿线×等水准测量内业解算,进行分段平差计算,并根据《国家三、四等水准测量规范》(GB/T 12898—2009)进行平差解算,得出最终水准成果,整理汇编成果表、平差报告。

6.1.2.4 控制网(点)定期复测

为保证施工过程中使用的施工控制网(点)能确保施工要求的精度,并防止施工过程中的人为破坏,应定期对控制网(点)进行复核。

施工过程中,应对控制网(点)进行不定期的检测和定期复测,定期复测周期不应超过 6 个月。复测结果与原有结果有较小差异时应及时调整,如差异较大应立即向监理单位进行汇报以确定调整措施。每次调整数值后均应上报监理单位进行复核,调整数值在专业监理工程师签认后方可作为施工测量依据。

6.1.3 路基工程测量

1. 线路中边桩测量放样

根据设计图纸,把中线位置重新敷设到地面上,直线上中桩测设的间距一般不大于 20m,曲线上宜为 10m,不同线下基础之间过渡段范围应加密 5~10m。在曲线控制桩、百米桩和线路纵横向地形明显变化以及桥头、路基支挡及承载结构物起讫点等外应测设横断面。

2. 填方路段

每填一层恢复一次中线、边线并进行高程测设。达到路床设计高程后应准确放样路基中心线及两侧边线,并将路基顶设计高程准确测设到中心及两侧桩位上,按设计中线、宽度、坡度、高程控制并自检,自检合格并报监理工程师确认后,方可进行下一道工序施工。

(1) 清表后,根据坐标法和填挖宽度计算法,放样出路基填方的坡脚线,直线段每 20m 一个桩,曲线段视曲线半径分别为 10m 和 5m 一个桩,并注明填方高度。

(2) 施工过程中,每填筑一层,根据坐标法和填方宽度计算法,放样出路基填方的实际需要宽度,并在桩上标明填方深度。

(3) 每填筑到一定的高度,根据坐标法和填挖宽度计算法,放样出路基填方的实际需要宽度,根据此宽度再修整坡面。

3. 挖方路段

路基挖方段应按设计高程及边坡坡度计算并放出上口开槽线;每挖深一步恢复一次中线、边线并进行高程测设;高程点应布设在两侧护壁处或其他稳定可靠的部位。挖至路床底设计位置时,高程点应与附后的高级水准点联测。

6.1.4 桥梁施工测量

6.1.4.1 桥梁基础施工测量

首先应根据图纸提供的数据复核桩基坐标,经复核无误后,方可进行外业放样。将仪器架设在控制点上对中整平,后视另一个控制点,仪器设站后必须检核另一个控制点,此过程需要换手检查,检核出来的控制点满足限差后,方用于放样。放样基桩中心时先在地面上打一个木桩,再到木桩上精确放出中心点做上醒目的标记。由于中心桩在施工的过程中要被破坏,故需用钢尺将中心点引至护筒以外的地方并做好引桩点,以便随时检查基桩的中心偏位情况。桩基测量放样如图 6-1-1 所示。

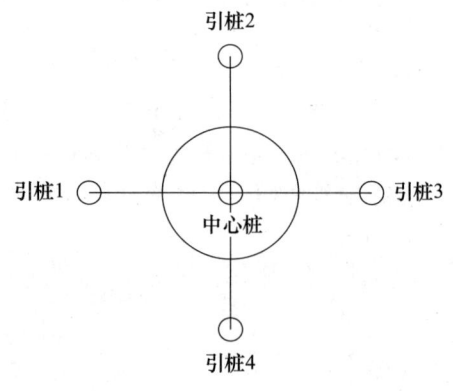

图 6-1-1 桩基测量放样

护筒埋设好，测量校核符合要求后，上报测量监理工程师，由测量监理工程师复核后，方可开钻。之后用水准仪将水准点引测至护筒顶口，并以书面形式跟现场技术人员进行交底签字，作为基桩施工控制依据。

桥梁桩基施工至设计标高后，开始桩基的竣工测量。用钢尺分出桩的几何中心，将全站仪、水准仪架设到高等级控制点或加密控制点上，用全站仪坐标法实测桩基的实际中心位置，用水准仪测出桩顶高程。

6.1.4.2 承台施工测量

承台施工的放样采用极坐标法放出承台的角点，用红色油漆做出标记，并用墨斗弹出承台的边线，弹出的墨线就是承台模板安装的重要定位依据。

模板安装完成后，须对模板进行校核，符合设计要求后用水准仪测量承台顶面标高，并在模板上做好相应的标记。最后放出立柱的预埋轴线点，以垫片焊接在承台钢筋上。

模板拆除完成后，须对施工完成的承台进行复核检测，检测项目：①标高检测承台4个角点和1个中心点；②偏位检测先放样承台结构轴线，再用钢尺量分出实际承台结构轴线，最后量取轴线之间的偏差值，满足设计及规范要求后方可进入下一道工序。

6.1.4.3 立柱施工放样

立柱施工测量主要进行墩身平面位置测量、垂直度的控制及墩身顶标高的控制。

立柱施工的放样采用极坐标法，根据立柱的设计坐标，对立柱进行放样。在放样出的点上用红色油漆标识出点位，并用墨斗弹出立柱的边线，弹出的墨线是立模时模板定位的依据。

在模板支设完成后用垂线法来实时监测模板垂直度，立柱垂直度偏差为 $0.3\%H$（H 为墩身高度），且不大于20mm。

在立柱施工完成后要对成品进行检测。检测项目包括：

（1）标高检测每个立柱顶至少3处的顶面高程。

（2）平面偏位检测，实放立柱中心坐标用钢尺量取四边与中心的距离是否满足设计及规范的要求，满足设计及规范要求后进行下一道工序的施工。

6.1.4.4 盖梁施工测量

盖梁施工的放样采用极坐标法，先用水准仪复核盖梁底模标高，满足设计要求后放出盖梁底模边线。在放样出的点上用红色油漆标识出点位，并用墨斗弹出盖梁的中心线，弹出的墨线是安装盖梁钢筋和模板的依据。在模板支设完成后用垂线法实时监测模板的垂直度，以保证盖梁成品的垂直度满足设计及规范要求。然后再放出支座垫石的预埋边点，以垫片焊接在钢筋上。以书面形式跟现场技术人员进行交底签字，作为盖梁施工控制依据。

盖梁施工完成后对盖梁进行检测，检测项目包括：

（1）标高检测在横向上测取两个端点的高程。

（2）偏位检测先进行桥梁分孔线放样，再用钢尺测量桥梁分孔线与盖梁中心线的间距是否符合设计要求。满足设计及规范要求后，方可进入下一道施工工序。

6.1.4.5 悬浇主梁施工测量

（1）箱梁梁顶各设置3个监控点，以箱梁中线为准布置，测点离节段前段15cm。

（2）悬臂每浇筑一段，在挂篮就位及立模板后，浇筑混凝土前后，张拉预应力前后，都应对每一节监控点进行测量。

（3）测量采用一控到底的原则控制质量，避免现场交接造成测量误差。

6.1.4.6 预制梁安装测量

（1）对预制场生产的每片板梁进行编号，进行截面尺寸和梁板高度的校核。

(2) 重新确定基座顶面标高（梁底标高）。

(3) 在安装好的基座上放线，安装导向装置，保证板梁定位满足设计和规范要求。

6.1.4.7 桥面系施工测量

采用坐标法和常规测设方法相结合的手段来测设。首先根据主线平面线形要素表用坐标法测设要素点位置（中线和边线），即测设直线和曲线的起讫点。然后用常规测设方法根据要素点位置，按照施工需要测设线上各点，直线用通视法、曲线用偏角法。标高测设必须按照纵断面图、横断面图来进行放样，必须充分考虑坡道线形是直线还是曲线（竖曲线），横坡是单向（超高）的还是双向的，横坡方向如何，路脊线的两侧是否对称等因素来选择标高点的位置和密度。标高点的选择还需结合结构工程的特点及施工工艺。

6.1.5 隧道施工测量

6.1.5.1 洞门施工测量

洞门施工时，应对洞门端墙轴线、洞门中线点、翼墙轴线进行轴线定位测量，提供施工依据并做好交底，施工过程中应加强洞门端、翼墙的坡率的控制以及基础墙顶标高的控制。洞门放样利用洞口点采用正倒镜极坐标法放样分中，并利用钢尺检查放样点间的位置关系进行复核。为便于施工，可将控制轴线进行外移、测量，外移距离根据现场施工情况进行确定，放样完成后应对施工队或作业工班进行交底，交底资料应包含测量点位、轴线及与施工结构物的几何尺寸关系。

6.1.5.2 洞内中线测量

洞内中线根据导线采用极坐标法进行放样，中线点放样完成后，可利用中线点按线路关系进行短距离的中线测量，利用穿线法、正倒镜分中法、偏角法等方法控制隧道开挖长度，一般情况下不在于100m，然后必须利用导线对中线进行复核和调整，再重新采用线路测量法进行下一段的中线控制。

6.1.5.3 开挖面测量

根据隧道施工情况，施工不同方案，采用不同的方法进行测量控制。当采用双侧壁法或交叉中隔壁（CRD）法施工时，应采用双导线法进行开挖面双中线控制，以保证开挖面中线及标高控制准确；当采用中隔壁（CD）法或台阶法及全断面法施工时，采用单导线法进行开挖面中线控制，开挖面测量的内容主要为中线测量、拱顶、隧底标高控制及隧道开挖轮廓线的控制。隧道掘进过程中，每个循环恢复开挖面中线、开挖面控制标高、开挖面轮廓线，保证掘进施工方向及标高准确。

掌子面的施工测量中应保证隧道轮廓线测量的精度和每个循环的控制到位，控制好隧道的超欠挖。

开挖面测量完成后，不需要进行书面交底，但应做好测量原始记录，对现场施工负责人进行口头交底并保护好测量标志标线。

6.1.5.4 隧道初支作业面测量

隧道初支作业面根据隧道施工方案不同采取不同的方法，当采用CD法、CRD法及双侧壁法施工时，对隧道轮廓线外侧的尺寸应加强控制，控制好隧道的内衬净空。

初支作业面的测量主要有中线控制测量（也可按边脚线进行控制）、隧顶标高控制及拱脚标高控制。

中线控制可采用极坐标法进行中线放样，也可采用隧道激光点投点法恢复隧道中线，若采用边线法进行控制，则在中线法基础上采用钢尺量距进行偏移定桩。

隧顶标高采用激光标高控制或水准高程控制均可，但激光标高应经常进行检查，复核无误后才可采用。拱脚（隧底）标高一般采用水准高程进行控制。

6.1.5.5 仰拱施工测量

仰拱施工测量主要为施工提供仰拱标高，进行短边墙边线控制及标高控制，施工时不能采用激光导向仪进行测量,只能通过经纬仪或全站仪进行中线测量并采用不同方法进行校核,精度满足要求后,方可交底。若采用正倒镜分中法进行测量,误差不得大于 5mm。否则需采用两次拨角法进行穿线。

标高控制采用水准仪进行测量并在模板或钢筋上做好标高控制线。

仰拱施工测量必须对作业队或工班进行书面技术交底,交底内容应包括测量桩点、结构尺寸及测量桩点关系大样图,测量记录,标高控制点及标高应上下标注,模板尺寸及净空及与测量桩点的关系;工班立模完成后应通知测量组对边墙立模进行检查,确保立模准确后,方可灌注混凝土。

6.1.5.6 隧道二次衬砌施工测量

隧道二次衬砌施工测量的精度直接影响到隧道的净空尺寸、外观质量及隧道线形控制,故隧道二次衬砌的施工应按精密测量的标准进行放样,所有桩点均按正倒镜极坐标法进行放样,并加强点位间的相对关系及与既有建构筑物关系的检查,确保测量准确。

隧道二次衬砌施工主要控制隧道中线及净空尺寸的准确性,采用台车法进行二次衬砌施工时,应采用全站仪恢复隧道中线,利用水准仪测量台车拱顶标高,台车就位后检查台车位置的准确性,在检查台车满足隧道净空尺寸要求后,方可进行二次衬砌混凝土的灌注施工。

6.1.5.7 隧道附属工程施工测量

对于隧道附属的车洞、人洞、设备孔洞及预埋件的施工测量,测量人员应熟悉图纸,做好车洞、人洞、设备孔洞及预埋件的测量工作,并将测量结果和交底资料交作业队及班组。保证附属工程结构尺寸和位置准确。

6.1.5.8 竣工测量

工程竣工后,为了检查主要结构物及线路、隧道位置是否符合设计要求,为机电设备安装、检修工程等提供测量控制点,进行竣工测量。竣工测量的主要内容有隧道贯通测量、线路中线、隧道净空断面和永久性高程点。

平面贯通测量:在隧道贯通面处,采用坐标法从两端测定贯通,并归算到贯通断面和中线上,求得横向贯通误差和纵向贯通误差。

高程贯通测量:隧道贯通后,用水准仪从两端测定贯通点的高程,其误差即为竖向贯通误差。

根据地下控制网平差和中线调整,采用全站仪进行隧道净空断面测量。

隧道贯通后地下导线则由支导线与另一端基线边联测成为附合导线,水准导线也变成了附合水准,当闭合差不超过限差规定时,进行平差计算。按导线点平差后的坐标值调整线路中线点,改点后再进行中线点的检测,直线夹角偏差值不大于±6″,高程亦用平差后的结果。将新结果作为净空测量、调整中线的起始数据,报监理工程师审查批准后使用。

6.2 试验检测方案

详见 4.14 检测计划。

6.3 路基工程

6.3.1 路基工程总体施工方案

路基挖填施工主要以大型机械设备施工为主,挖方按挖体状况确定方案,填方先做试验段,采取"三阶段、四区段、八流程"工序施工,合理利用现有便道及正线路基作为运输道路。雨期施工时,控制好路基纵横坡,设置临时排水沟,防止积水,"三阶段"为准备阶段—施工阶段—竣工阶段,"四区段"为填筑区—平整区—碾压区—检验区,"八流程"为:施工准备—基底处理—分层填筑—摊铺平整—洒水晾晒—碾压夯实—试验检测—路面修整。

6.3.2 施工准备

6.3.2.1 施工现场准备

（1）施工机械按施工需要配备齐全，保养维护完好，处于待命状态。

（2）修筑施工便道、便桥，保证其畅通，并在汽车运输路线上设置必要的标志。

（3）场地规划、驻地建设等临时工程，满足正常施工需要，并保证路基施工影响范围内的原有道路、结构物及农田水利设施的使用功能。

（4）熟悉施工现场环境，排查清施工区域内的地下管线（管道、电缆）、地下构筑物、危险建筑等的分布情况，并做好有效标记。

（5）施工场地清理、临时排水设施设置。

6.3.2.2 施工技术准备

（1）熟悉并审核图纸，熟悉各类路基断面形式、边坡坡率，复核路基顶设计高程、原地面高程、路基填挖高度等数据。在全面理解设计要求和设计交底的基础上进行现场调查和核对。

（2）编制切实可行的施工组织设计并按规定报批，对施工班组进行安全技术交底。

（3）建立健全质量、环保、安全管理体系和质量检测体系。

（4）进行各种开工用材料的检验、批复工作。

（5）完成测量仪器的检定，进行测量控制桩复核及加密工作，并报监理工程师审批。

（6）取土料源检测；路基试验段施工及各种施工参数确定。

6.3.3 一般路基的施工方案

6.3.3.1 路基挖方施工

挖方路基最好避开雨期施工，施工前应先对自然边坡的稳定性进行调查，设置临时排水设施，避免雨水冲刷坡面，影响边坡稳定。同时密切关注天气预报，做好边坡坡面的临时防护工作（如在坡面铺设防水塑料薄膜和修建临时排水沟），防止地表水冲刷坡面和下渗。遇到地下水集中出露时应做好引排水工作，切忌盲目封堵。路堑施工要做好开挖与防护工程施工的有机结合和进度协调，采用"分级开挖、分级防护"的原则，自上而下，开挖一级，防护一级。工序衔接紧凑，不应一挖到底或者超前开挖1~2级再回头做防护。

1. 土方开挖

（1）施工工艺流程。

土质路堑开挖施工工艺如图6-3-1所示。

（2）施工方法。

路堑开挖前先进行截水沟的开挖施工，同时根据土质情况做好截水沟的防渗处理。然后进行地面清表，拆除不允许保留的结构物，清除地表杂物，以免污染用于路基填方作业的土体。路堑开挖土方主要采用机械开挖，根据不同路基段的实际情况，选用不同的开挖方式。开挖时采用推土机或挖掘机按设计要求自上而下地进行开挖取土，在开挖过程中同时对边坡进行修整并做好临时排水工作，然后用装载机或挖掘机和自卸汽车配合将土方调运至填方路段，用于路基填筑。对非适用材料及多余的土方按设计要求堆放到指定的弃土位置。

2. 石方开挖

（1）施工工艺流程。

石质路堑施工工艺流程如图6-3-2所示。

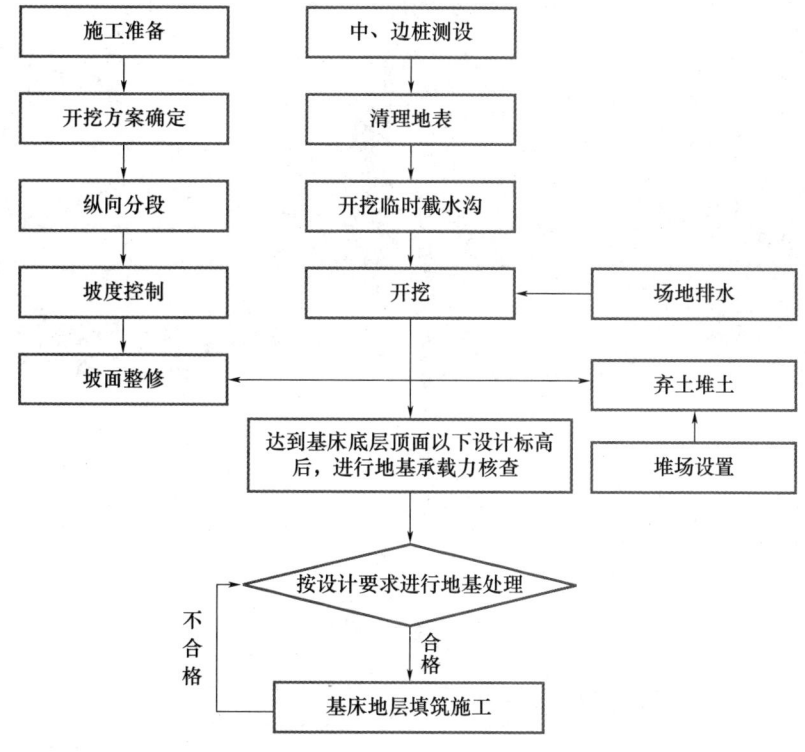

图 6-3-1 土质路堑开挖施工工艺

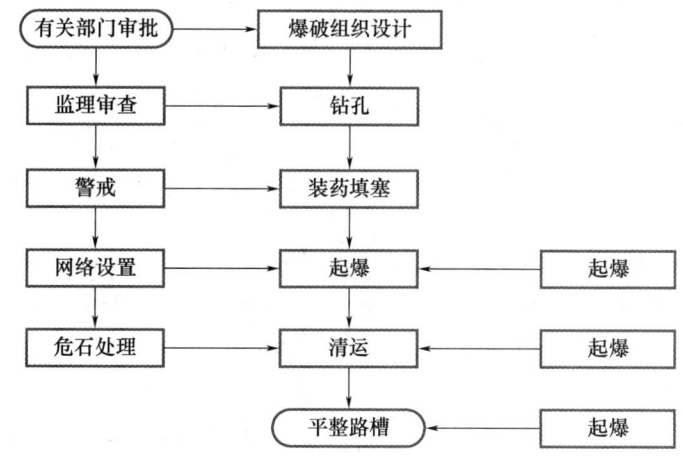

图 6-3-2 石质路堑施工工艺流程

(2) 施工方法。

岩石路堑开挖施工同样要先进行截水沟施工,然后进行岩石路堑开挖施工。岩石路堑开挖施工同样按设计要求自上而下进行开挖施工。岩石路堑开挖采用两种方式:一是机械松动施工,二是爆破施工。优先考虑机械松动施工,无法进行机械松动施工时,采用爆破施工方式,爆破施工采用松动爆破法。松动后的石块,用推土机清理堆积,然后由装载机和自卸汽车配合运至填方处或者弃土场。

机械松动施工主要采用松土器或破碎机(俗称镐头机或"啄木鸟")等机械设备将岩石翻碎或凿碎,然后由装载机和自卸汽车配合运走。

爆破施工采用松动爆破法,主要是以深孔爆破和边坡控制爆破(光面爆破和预裂爆破)相结合的方法进行爆破施工,深孔爆破主要针对边坡以内大量石方的开挖施工,边坡控制爆破主要用于路堑边坡坡面3m范围内的开挖施工,边坡控制爆破施工可以有效地控制边坡的开挖轮廓,使其达到坡面光

37

滑、平整和边坡稳定的目的。一般石质路基挖方如图 6-3-3 所示。

图 6-3-3　一般石质路基挖方图

3. 深挖路堑

（1）施工工艺流程。

深挖路堑开挖施工工艺流程如图 6-3-4 所示。

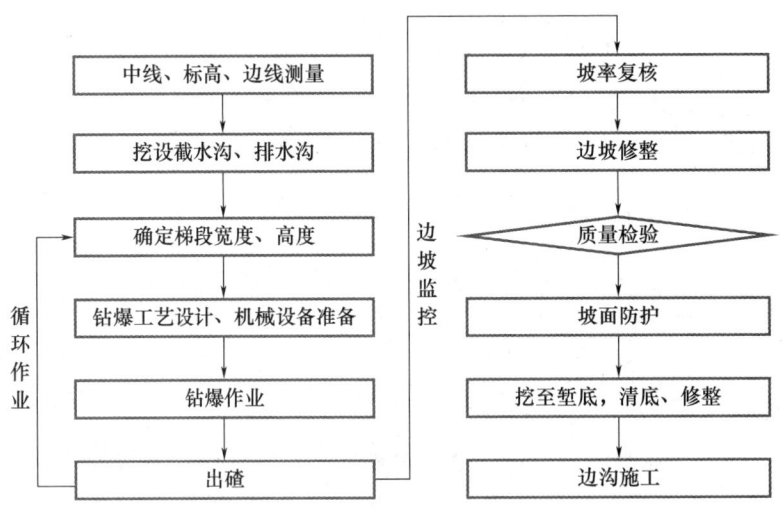

图 6-3-4　深挖路堑开挖施工工艺流程

（2）施工方法。

施工前详细复查深挖路堑地段的工程地质资料，包括土石界线、岩层风化厚度及破碎程度、岩层的构造特征等。根据现场考察及设计要求，深挖路堑开挖和相应的边坡防护工程的时间步骤协调一致，对深挖路堑边坡及时进行防护，防止边坡塌方和滑坡等事故的发生。开挖中发现有较大的地质变化时，应停止施工，重新进行工程地质补充勘探工作，并根据新的地质资料修正施工方案，报监理工程师审批后实施。

采用全断面分层纵挖法，施工机械可采用挖掘机配合自卸汽车作业或采用推土机、装载机配合自卸汽车作业。深挖路堑高边坡开挖时必须分级自上而下进行，防止出现掏底开挖。

在进行全断面开挖时，先将表面的土层开挖、清运后，再进行岩层爆破。开炸后石方及时清运，尽快开掘出一个工作平台，再从上至下进行爆破，采用深孔预留光爆层爆破法施工。

当石方开挖接近边坡面时进行光面（预裂）爆破，在进行光面爆破时，应自上而下进行，每爆破完成一级后，及时清理边坡平台。

深挖路堑开挖顺序如图 6-3-5 所示。

首先进行第（1）、第（2）部分的开挖，为石料运输开出一个施工平台，再从上至下按第（3）、第

(4)、第(5)、第(6)的顺序开挖，然后开挖第(7)、第(8)部分，为石料运输开出第二级施工平台，再从上至下开挖第(9)、第(10)、第(11)、第(12)部分，其中第(4)、第(6)、第(10)、第(12)部分需要进行光面爆破。

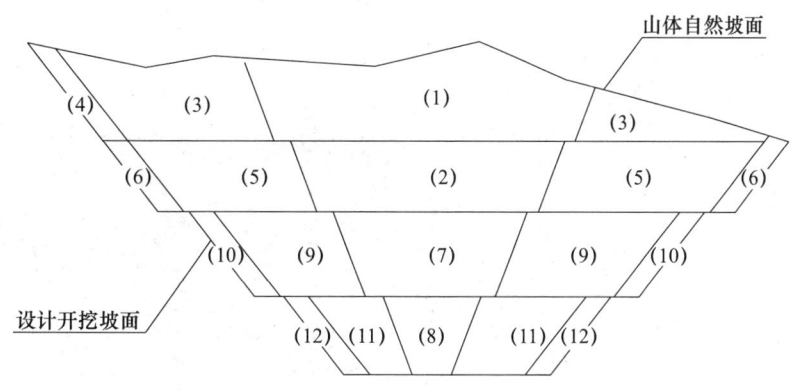

图 6-3-5　深挖路堑开挖顺序

边坡开挖必须坚持"分层开挖、分级防护"的施工程序；加固措施（设置防护网、挡土墙、拱形骨架、护面墙、锚杆框架等）必须完全达到设计要求后，方可开挖下一级。开挖施工避开雨期，坚决禁止"一挖到底"的方式施工。

高边坡建立单独的边坡变形监测和坡面监测分析系统，进行位移、沉降和爆破能量监测，及时发现问题，及时解决。建立数据内容管理（DCM）长期自动监测系统。

6.3.3.2　填方路基

1. 填土路基

填土路基施工采取分层填筑、分层压实的施工方法，按路基全宽水平分层，逐层向上填筑。按"三阶段、四区段、八流程"进行施工。主要施工工艺如图 6-3-6 所示。

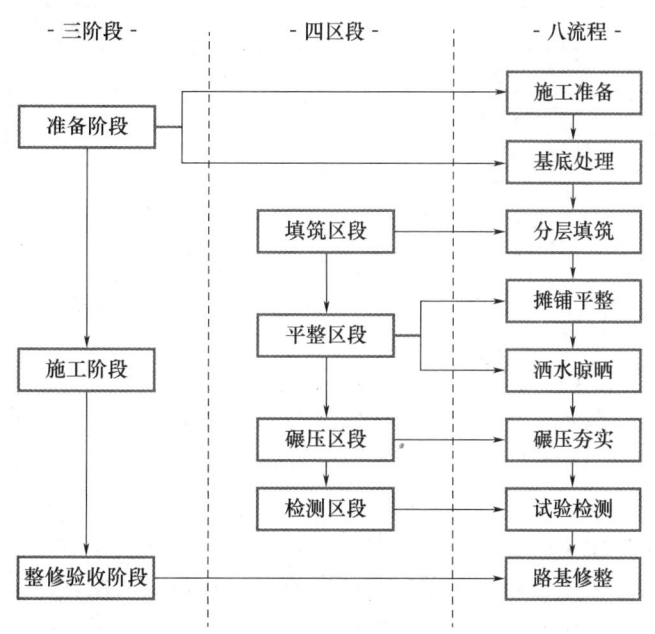

图 6-3-6　路基填筑施工工艺框图

(1) 施工前对路基边线进行测量放样，做好标记。
(2) 地基表层处理：路基填筑前先清除 20cm 厚的草皮、树根、腐殖土等，然后碾压密实，压实度（重型）不应小于 90%；当基底松散土层厚度大于 30cm 时，应翻挖再回填后分层压实。

（3）路基填筑方式为汽运填筑法。采取横断面全宽、纵向分段方式进行分层填筑。为保证路基的压实度，松铺厚度必须按试验段路基填土厚度的 90% 来控制，每层松铺厚度一般为 30~40cm。施工时在路肩位置竖立标尺杆，以控制摊铺厚度，每层填筑按松铺厚度一次到位，根据车箱容积和松铺厚度计算卸土间距，由专人指挥卸车。如地面有坡度，从低处开始进行分层填筑。填筑时应注意控制加载速率，以确保路基稳定。填土路基施工图如图 6-3-7 所示。

(a)

(b)

图 6-3-7　填土路基施工图

（4）路基填料必须符合设计要求且符合表 6-3-1 的规定，同一作业区用不同填料填筑时，各种填料要分层填筑，每一水平层的全宽采用同一种填料，不得混填，以避免路基左右侧沉降不均。当采用不同填料填筑时，尽量减少不同填料层数，每种填料厚度不得小于 50cm。填筑路基上路床 96 区 0~30cm 采用砂性土填筑。每一填筑层必须达到设计要求的平整度和路拱，以保证雨天路基填筑面不积水。路拱在第一层全断面填筑时设置完毕，第二层则开始均厚填筑。

表 6-3-1　路基压实度标准及填料最小承载比

项目分类		路面底面以下深度（cm）	填料最小承载比（%）	压实度（%）	填料最大粒径（cm）
填方路基	上路床	0~30	8	≥96	10
	下路床	30~80	5	≥96	10
	上路堤	80~150	4	≥94	15
	下路堤	150 以下	3	≥93	15
零填及路堑路床		0~30	8	≥96	10
		30~80	8	≥96	10

注：1. 当路床填料最小承载比达不到表中要求值时，可采用掺水泥或其他稳定材料的方法进行处理。
　　2. 表中所列压实度值以《公路土工试验规程》（JTG 3430—2020）重型击实试验法为准。
　　3. 为保证路肩的稳定，对于土路肩培土的压实度要求大于 93%。
　　4. 粗粒土（填石）填料的最大粒径，不超过压实层厚的 2/3。

为了确保边坡压实度与路基全断面一致，边坡两侧要各超宽填筑 50cm，在路基防护施工前，用人工配合挖掘机进行刷坡。每层路基填筑压实完毕均测量放出边线，撒上石灰线，以控制上层填土，确保路基侧面边坡的坡率。

（5）摊铺整平：采用推土机结合平地机的方式进行摊铺、整平，注意每层按要求设置路拱。推土机完成一个区段的推平后，采用平地机进行平整，平地机行驶路线从两侧纵向行驶，逐步向路基中心刮平，同时用人工配合填平凹坑，以保证压实质量。

（6）洒水或晾晒：路基填筑时，随时检测填料含水量。对于细粒土、黏砂土，碾压前控制填料含水量不超过试验段填筑试验中求得的最佳含水量的 ±2%。

当含水量较低时，进行人工加水，使填料含水量达到最佳含水量，误差不超过 ±2%，所需加水量按下式估算：

$$V = (W - W_0) Q / (1 + W_0)$$

式中：V——所需加水量（kg）；

W_0——土的含水量（%）；

W——最佳含水量（%）；

Q——需要加水的土的质量（kg）。

计算出所需加水量后，用水车将水均匀地浇洒于摊铺后的土面上，渗透6h，检测含水量，符合要求后进行下一步碾压工作。

当含水量超过规定值时，在路堤填料上用铧犁、旋耕犁翻晒，并适当减小填层松铺厚度，降低填料的含水量，使填料含水量始终控制在施工允许含水量的范围内，以保证最佳压实效果。

（7）碾压夯实：根据分层施工和不同的填料情况，选择合适的碾压机械，填土压实作业采用重型振动压路机，压路机激振力30～60t。碾压顺序为由两边向中间进退式碾压，曲线地段先内侧后外侧，横向接头重叠0.4～0.5m，前后相邻两区段重叠1.0～1.5m，每幅碾压宽度搭接1/3，做到无漏压、无死角，确保碾压均匀。根据填料种类、填土厚度和密实度标准，按试验段取得的数据控制压实遍数。先静压2～3遍，然后由慢至快，由弱至强振动碾压。一般情况下的振动压实遍数：路床表层6～8遍，路床底层5～6遍，路基本体4～5遍。

对边坡附近的压实，先利用推土机对路肩进行初步压实，压到路肩不发生滑坡，然后再利用压路机碾压。保持压路机外轮缘距离超填路基的边线30cm左右，以保证压路机的安全。对压路机不宜碾压的地方，采用小型打夯机具夯实。

（8）路基整修：路基按设计标高填筑完成后，进行修整和测量。恢复中线，每20m设一桩，进行水平标高测量，计算修整高度，施放路肩边桩，修筑路拱，并用平碾压路机碾压一遍，使路基面光洁无浮土，横向排水坡符合要求。对于细粒土边坡，依据路肩边线桩，用人工按设计坡率挂线刷去超填部分，进行整修压实。整修后的边坡达到转折处棱线明显，直线处平直，变化处圆顺，做到坡面平顺没有凹凸，压实密度合格。

（9）土方路基填筑检测标准见表6-3-2。

表6-3-2　土方路基填筑检测标准

项次	检查项目	规定值或允许偏差	检查方法和频率
1	弯沉值（0.01mm）	不大于设计验收弯沉值	按《公路工程质量检验评定标准 第一册 土建工程》（JTG F80/1—2017）附录J检查
2	纵断高程（mm）	+10，-15	水准仪：中线位置每200m测2点
3	中线偏差（mm）	50	全站仪：每200m测2点，弯道加HY，YH2点
4	宽度（mm）	满足设计要求	尺量：每200m测4点
5	平整度（mm）	≤15	3m直尺：每200m测2处×5尺
6	横坡（%）	±0.3	水准仪：每200m测2个断面
7	边坡坡度	不陡于设计坡度	尺量：每200m测4点

2. 填石路基

（1）施工工艺流程。

填石路基施工流程如图6-3-8所示。

（2）施工方法。

①填石路基逐层填筑时，应安排好石料运输路线，专人指挥，按水平分层，先低后高，先两侧后中央上料，并用大功率推土机推平。个别不平处人工找平，在整修过程中发现有超粒径的石块时应予以剔除，做到粗颗粒分布均匀，避免出现粗集料集中现象。

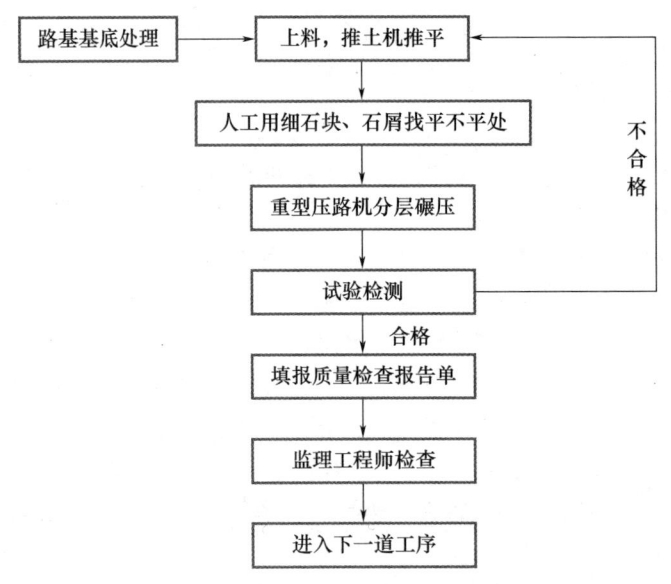

图 6-3-8 填石路基施工流程图

②当石块级配较差、粒径较大、填层较厚、石块间空隙较大时，可在每层表面的空隙处扫入石屑、石渣、中粗砂，再以压力将砂冲入下部，反复数次，使空隙填满。

③人工铺填石料时，应先铺填大块石料，大面向下、小面向上，摆放平稳，再用小石块找平、石屑塞缝，最后压实。

④填石路基应进行边坡码砌，边坡码砌石料强度要求不低于30MPa，码砌石块最小尺寸不小于30cm，石块须规则，填高小于5m的填石路基，边坡码砌厚度不小于1m；填高5～12m的填石路基，边坡码砌厚度不小于1.5m；填高大于12m的填石路基，边坡码砌厚度不小于2m。

⑤应分层填筑、分层压实。最后一层碎石料粒径应小于15cm，其中粒径小于0.05mm的细粒含量不应小于30%，当上层为细粒土时，应设置土工布作为隔离层。

⑥填石路基的填料如岩性相差较大，特别是当岩石强度相差较大时，应将不同岩性的填料分层或分段填筑。

⑦填石路基压实时应先两侧（靠路肩部分）后中间，压实路线对于轮碾应纵向互相平行，反复碾压。行与行之间应重叠40～50cm，前后相邻区段应重叠1.0～1.5m。填石路基施工图如图6-3-9所示。

(a)　　　　　　　　　　　　(b)

图 6-3-9 填石路基施工图

⑧石方路基填筑检测标准见表6-3-3。

表6-3-3 填石路基填筑检测标准

项次	检查项目		规定值或允许偏差 （高速公路、一级公路）	检查方法和频率
1	压实度		空隙率满足设计要求	密度法：每200m压实层测1处
			沉降差不大于试验路段确定的沉降差	精密水准仪：每50m检测1个断面，每个断面检测5点
2	纵断高程（mm）		+10，-20	水准仪：每200m测2点
3	弯沉值（0.01mm）		不大于设计值	按《公路工程质量检验评定标准 第一册 土建工程》（JTG F80/1—2017）附录J检查
4	中线偏差（mm）		≤50	全站仪：每200m测2点，弯道加HY，YH两点
5	宽度（mm）		满足设计要求	尺量：每200m测4点
6	平整度（mm）		≤20	3m直尺：每200m测2处×5尺
7	横坡（%）		±0.3	水准仪：每200m测2个断面
8	边坡	坡度	满足设计要求	每200m测4点
		平顺度	满足设计要求	

3. 高填方路基

（1）施工工艺流程。

施工工艺流程如图6-3-10所示。

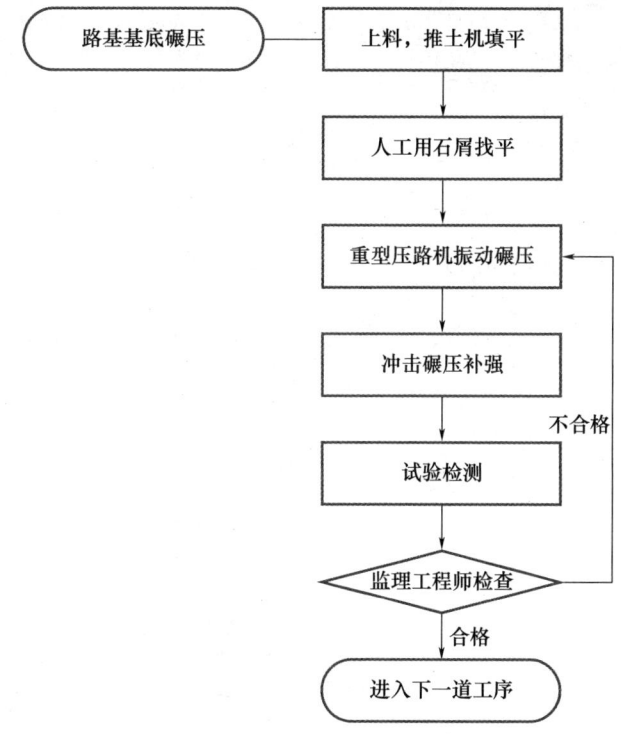

图6-3-10 高填方路基施工工艺流程

（2）施工方法。

对高填方路基段的基底进行严格处理。原地面坡度大于1∶5的要按设计要求开挖台阶，采用重型压路机将整平后的基底碾压密实，压实度要控制在93%以上，达到设计要求后再进行路基填筑。

①分层填筑、分层碾压。

在高填方路基施工过程中，在严格遵循分层填筑、分层压实原则的基础上，补强压实采用冲击式压路机和液压式压路机补压或者强夯。在桥涵台背及挡土墙 10m 范围内用液压式压路机,施工面纵向长度小于 100m 的补强压实路段采用液压式压路机,其他补强压实路段采用冲击式压路机。

②冲击碾压补强(图 6-3-11)。

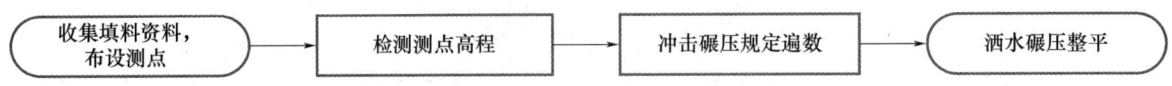

图 6-3-11 路基冲击碾压施工工艺流程

在正常碾压完的基础上,每隔 2m 对路基进行分层碾压补强,冲击碾压能量 30kJ,工作速度 10~15km/h,碾压遍数根据现场试验确定,每层碾压遍数按 20 遍计,每遍两次,要求碾压完成后,压实度不低于 96%,以达到显著减小路基施工后沉降和提高路基整体强度的效果。当路基中部铺设有钢塑土工格栅时,下一层冲击碾压距离格栅顶面不小于 4m,以防碾压过程中造成格栅损坏。对填土路基,冲碾后应对表层 30cm 厚范围内进行重新洒水整平碾压,压实度应符合要求。路基冲击碾压施工图 6-3-12 所示。

图 6-3-12 路基冲击碾压施工图

③液压高速夯实机补强。

液压高速夯实机施工工艺流程如图 6-3-13 所示。液压高速夯实机施工图如图 6-3-14 所示。

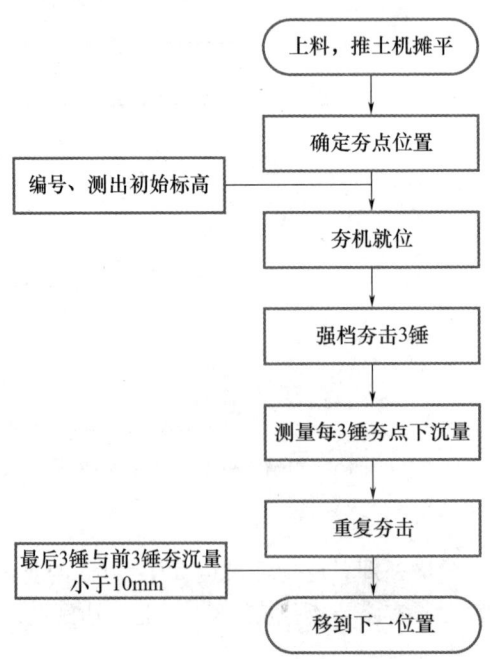

图 6-3-13 液压高速夯实机施工工艺流程

图 6-3-14 液压高速夯实机施工图

a. 场地平整。

路基在夯击前必须按设计要求的压实标准、平整度等进行检测，检测合格后，方可进行液压高速夯实点的布设。

b. 夯实点布置。

测量人员在经检测合格的路基段放出夯点，用白灰标识并编号，按照编号测出每一点初始的高程。按工艺试验段实施方案责任到人。认真学习技术规范及要求，及时向监理工程师报检，同意后才能进行下一步施工。作业点布置采用夯实机底座边缘接触型方式。

c. 液压高速夯实机按测量放样的位置就位，使夯锤对准点位。

d. 夯实机根据其夯实能分为强、中、弱三挡，将夯实机调至强挡夯击 3 锤，测量夯点的下沉量并记录，以强挡每 3 锤为一组累加并记录每 3 锤的沉降量。

e. 重复步骤 d，直至完成第 6 锤、第 9 锤、第 12 锤、第 15 锤液压高速夯实机夯实，累加并记录每 3 锤的沉降量。

f、单个夯点满足夯击标准要求后，移机到下一点位，采用扇形作业方法，每次作业左、中、右三点，再进行下一排三点施工。

g、液压高速夯实机作业点夯锤外缘距桥、涵结构物最小距离不小于 50cm。横向结构物顶部填土厚度不小于 2.0m 时方可进行夯实作业。高填方路基追密夯实范围为路基填筑宽度。

h. 经检测符合设计要求后，平整场地，进入下一道工序。

④铺设土工格栅。

为了保证路基的稳定性，在冲击碾压补强以后，在路床顶部铺设 2 层土工格栅（采用双向钢塑格栅，抗拉强度不低于 50kN/m，断裂延伸率不大于 3%），以保证路面结构的长期稳定性，格栅间距 0.3m，土工格栅应满铺且进行反包，其锚固长度不小于 2m。

⑤测量观测。

安排专职测量员每天进行高填方路基的宽度和高程的测量及放样，防止路基边坡欠填。路基的加宽和预留沉降加高量严格按照设计要求设置。施工过程中应严格控制填土速度，路基填筑时，派专人对路基填筑高度和沉降量进行观测并做好记录。当观测到沉降量在中心处大于 3cm、在路基边缘大于 1.5cm 时，停止填筑，待沉降稳定后再进行填筑。

6.3.4 特殊路基施工

6.3.4.1 桥、涵及结构物的台背回填

1. 施工工艺流程

台背回填施工工艺流程如图 6-3-15 所示。

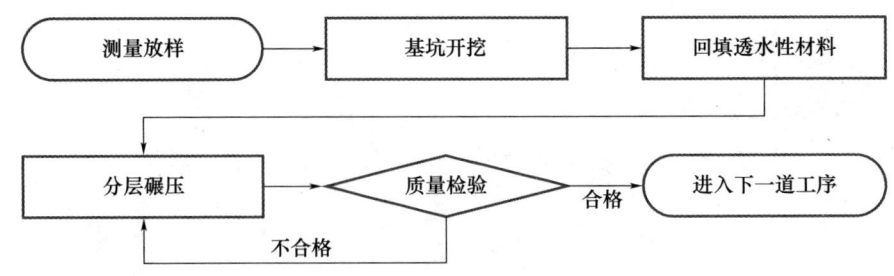

图 6-3-15 台背回填施工工艺流程

2. 施工方法

(1) 确定台背范围。

顺路线方向长度,桥梁底部距离基础内缘不小于 5m,顶部距台背不小于 2 倍的台背填高加 5m,涵洞底部距离基础内缘不小于 3m,顶部距台背不小于 2 倍的台背填高加 3m。

(2) 测量放样。

由测量人员对设计单位提供的导线点、水准点进行复测,复测合格并报监理工程师认可。根据施工要求,放出台背回填范围及标高范围,使用白灰洒出台背施工范围。

(3) 基坑台阶开挖。

台背回填前对已完成的路基结合部位必须挖台阶,台阶尺寸为 1∶2,且应形成 3% 的内倾斜度。为避免机械开挖不彻底,所有台阶均采用人工配合机械开挖方式,结构物 50cm 范围内使用人工进行开挖,避免机械对结构物造成破坏,使其满足设计要求。开挖完成后将开挖的土方及时清理出台背回填范围,然后对台阶进行压实度检测,对于达不到设计要求的采用小型压实机具进行穷实至满足要求为止。

(4) 回填透水性材料。

结构物台背回填应采用有级配的透水性材料分层填筑并夯压密实,台背回填采用透水性较好的石渣作为回填材料。对石渣母材的要求为饱水强度不低于 10MPa,石渣的含量不低于 70%,且粒径不大于 5cm。严禁使用风化岩或者石灰岩等软岩或者水溶性岩作为填料。所有材料进场前应进行严格的检验,不合格的填料坚决不予使用。

(5) 分层摊铺碾压。

台背回填应分层填筑,每层松铺厚度不宜超过 15cm。为防止每层填土厚度超厚和/或漏检,应在台背墙上用红色油漆做上每层压实后的厚度记号并标明层次,以便施工易于控制。采用机械辅以人工进行摊铺,使用压路机进行碾压,碾压顺序由两侧向中间碾压,然后再由中间向两侧碾压,特殊情况或者距台背结构物较远的部位可采用微振碾压,严禁使用强振碾压。碾压过程中出现的空洞、空隙部位由人工配合机械补充细料,再进行碾压。构造物台背回填施工图如图 6-3-16 所示。

(a)　　　　　　　　　　　(b)

图 6-3-16 构造物台背回填施工图

(6) 验收。

每层施工完成后报监理工程师进行检验,检验合格后,方可进行下一道工序的施工。

6.3.4.2 低填浅挖路基施工

1. 施工工艺流程

低填浅挖路基施工工艺如图 6-3-17 所示。

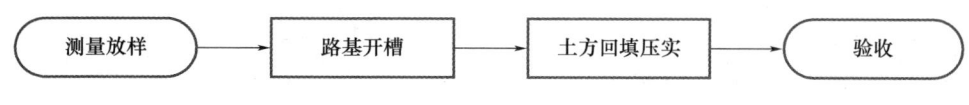

图 6-3-17 低填浅挖路基施工工艺流程

2. 施工方法

(1) 测量放样。

根据批复的导线点、水准点放样出路基每层填筑的宽度,并每侧超宽填筑 0.3m,保证路基边缘有足够的压实度。开挖至超挖标高,整平后按照填前压实的要求碾压至要求压实度的 90%(地底重型触探仪),自检合格后报监理工程师,经监理工程师检测合格后进行回填施工。

(2) 开槽。

没有渗沟的低填浅挖段落,按图纸上给出的处理宽度进行处理,一般为路基设计宽度。有渗沟的段落,路槽开挖时需考虑渗沟尺寸一并开挖。

(3) 回填压实。

低填浅挖路基填筑厚度按 30cm 一层回填,回填压实度要求不小于 90%(地底重型触探仪)。填料采用料场的砂砾土,用自卸汽车将符合要求的填料运至已开挖并报检的施工段落进行回填,填筑采用推土机铺料、平地机平整、重型压路机压实。

(4) 验收。

每层填筑达到设计要求经自检、监理工程师检测合格后,方可进行下一层的填筑。

6.3.4.3 路基填挖交界面施工

1. 施工工艺流程

路基填挖交界面施工工艺流程如图 6-3-18 所示。半填半挖路基断面如图 6-3-19 所示。

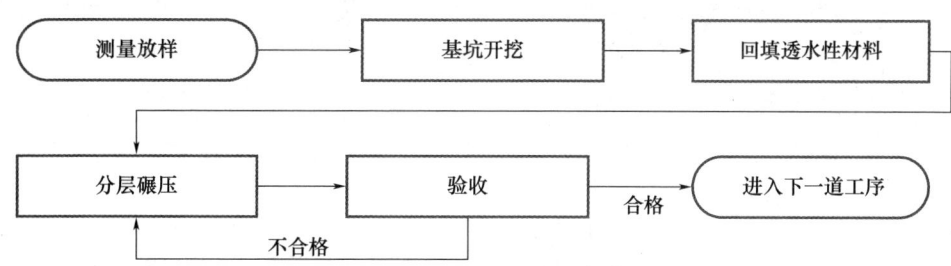

图 6-3-18 路基填挖交界面施工工艺流程

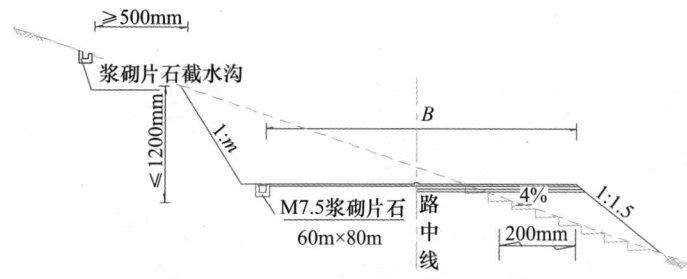

图 6-3-19 半填半挖路基断面

2. 施工方法

（1）表层处理。

施工前先进行原地面复测。路基开挖与填筑前进行人工砍树挖根、清理垃圾、有机物残渣，推土机推除耕植土及腐殖土，推土机场地平整。填方基底岩覆盖层较薄时要清除，较厚且稳定时要保留。施工时由设计、地勘、监理单位判断，做专项验收。场地清理完成后报请监理工程师检查，合格后进行下一步施工。

（2）台阶开挖。

从填方坡脚起向上设置向内侧倾斜4%的台阶，台阶宽度不小于3m，台阶高度根据实际情况确定。每层台阶都切入稳固土层，形成台阶工作面。石质山坡，清除原地面松散风化层，按设计开凿台阶。场地清理完成后，进行填前碾压，使其密实度达到规定要求（93%）。

（3）摊铺整平。

料的选择上应与挖方土层性质相匹配。当挖方为土质时，应采用级配较好的砂性土、碎石、砂砾，用自卸汽车运到现场进行填筑，用推土机进行整平。当挖方为岩质时，填方宜采用填石路基，而后采用推土机整平。

（4）碾压。

采用振动压路机进行碾压。碾压时由路基两侧向中间，由低向高分层进行碾压，横向接头一般重叠0.4~0.5m，做到无漏压、无死角，压实均匀；振动压路机运行速度2.0~4.0km/h，先慢后快，逐步加快。

（5）压实度检测。

当压路机碾压到一定的遍数之后，采用灌砂法或沉降差法进行压实质量检查，如果达到规定的压实标准，进行下一层填筑或整修下承层进行土工格栅铺设。

6.3.5 路基附属工程施工

6.3.5.1 喷播植草护坡

1. 施工工艺流程

喷播植草施工工艺流程如图6-3-20所示。

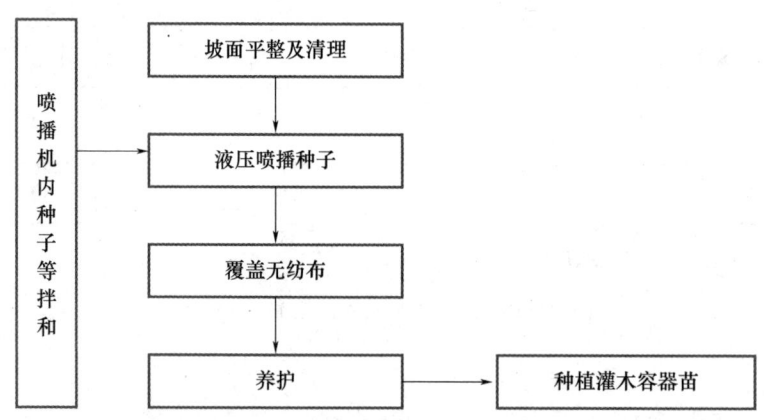

图6-3-20 喷播植草施工工艺流程

2. 施工方法

（1）坡面平整及清理。

坡面应顺直、圆滑、平整且稳定，将坡面不稳定的石块或杂物清除，不得有松石、危石。左右方喷洒，喷洒幅宽5~6m，幅高1m。喷下的种子泥浆应当具有较强的附着力及明显的颜色，不遗漏、不重复且均匀。

(2) 覆盖无纺布。

喷播后当天应及时覆盖无纺布,从上到下平整覆盖,坡顶延伸30cm用土压住;两幅相接叠加10cm,然后用竹筷或8号铁线做成的U形钉进行固定,固定间距100cm。待草长到5～6cm或2～3片叶时,揭去无纺布,揭布前应控水,揭布后及时补水,最好选在15点后揭布。无纺布撤下后,应组织人员及时收集,不得遗落在现场。

(3) 养护。

喷播1～2d后开始养护,养护初期应让坡面保持湿润状态,初期养护时间为45～60d。待草长到10cm以上时靠自然降水,但如果连续高温干旱时间超过5d,应安排浇水。初期注意拔除杂草;后期在开春和入冬前视草的长势进行施肥。

6.3.5.2 挂三维网喷播植草绿化防护

1. 施工工艺流程

喷挂三维网喷播植草绿化施工工艺流程如图6-3-21所示。

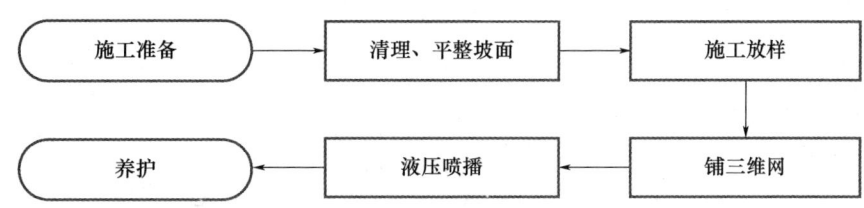

图6-3-21 喷挂三维网喷播植草绿化施工工艺流程

2. 施工方法

(1) 清理、平整坡面。

根据边坡坡率和基础高程等数据定点挂线,清刷浮土、渣石等杂物,填补坑槽夯实,使坡面平整、顺直、圆滑、稳定,不得有松石、危石,边坡开挖凸出或凹进均不应大于10cm,否则应进行坡面处理。将稻草切成5～10cm长拌和在种植土中,人工将坡面补平顺,对于直接挂三维网的边坡,要求培不少于15cm厚的耕植土于坡面上,平整好的坡面根据坡面的干湿情况,用水将坡面浇湿,浇水量以土壤不出现浮土和粉尘土为宜(或喷播泥浆),坡面覆土后要求起伏小于$5cm/m^2$,以保证喷混植草的施工质量,并辅以喷药,以抑制野草生长。

(2) 施工放样。

现场清理完成后,由测量组现场施工放样,放样前先行对放设的导线点进行复核,复核无误后,才能进行挂三维网喷播植草绿化施工的放样,以免造成因放样失误而引起的质量事故,分别在边坡坡脚、坡顶部适当位置定出四个点作为方向控制线,同时也是里程控制桩。

(3) 铺三维网。

a. 三维网垫沿坡面自上而下铺挂、整平,用木钉(或U形钉)固定网垫,木钉(或U形钉)交错排列,竖向间距50cm,横向间距70cm,间距应根据坡比、坡高进行调整,以确保网垫紧贴于坡面上,要求固定牢靠,不鼓包、不翘起,三维网平顺。

b. 坡脚三维网埋于填土内,坡顶必须采用埋压沟固定三维网,并确保地表水不会沿坡顶浸入坡体填土内造成三维网和填土剥离、失稳。

c. 铺设第二幅三维网时,与已铺好的第一幅三维网搭接10～15cm,搭接处用木钉(或U形钉)固定。三维网与构造物接触范围周边应将三维网卷边5～15cm,用木钉(或U形钉)压边,使三维网与周边构造物接触密合。网垫全部铺通、固定平整后,三维网上必须覆泥,以覆盖网包并确保覆土和网下填土形成一个整体,防止表面形成空壳。

d. 覆泥方式为:采用泥浆泵喷射(或人工倾倒)种植土添加营养泥调制成的泥浆,边喷射(倾倒）边人工撵压，使泥浆完全覆盖三维网。施工中应严格控制营养泥的稠度，过稀则喷后易流失，且失水收缩开裂，过干则不易撵入网包内。

（4）液压喷播。

采用液压喷播机将混有种子、肥料、土壤改良剂、种子黏结剂、保水剂和水的混合物均匀喷洒在坡面上，喷播施工时，应自上而下对坡面进行喷射，并尽可能保证喷出口与坡面垂直，距离保持在0.8~1m，并保持喷附面薄厚均匀，应做到经常对基材厚度进行有效管理。喷播完后，可视情况撒少许土，以覆盖网包为宜。

（5）养护。

喷播植草完成后应对基材混合物进行养护管理，覆盖无纺布（要求单位面积质量不低于2）并及时洒水养护，直至植草成坪。

6.3.5.3 拱形衬砌防护

1. 施工工艺流程

拱形衬砌防护施工工艺流程如图6-3-22所示。拱形衬砌防护施工图如图6-3-23所示。

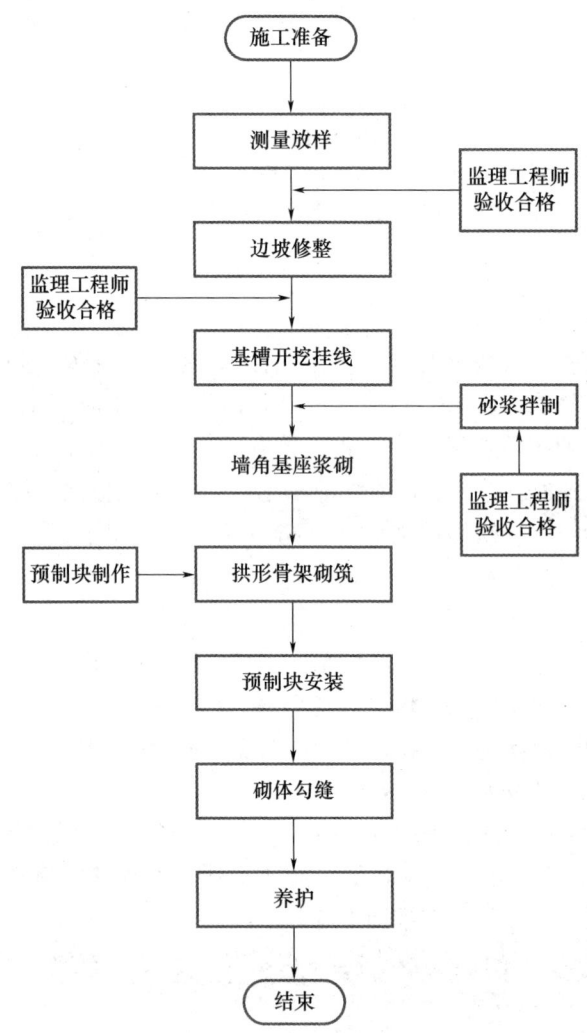

图6-3-22 拱形衬砌防护施工工艺流程

图 6-3-23 拱形衬砌防护施工图

2. 施工方法

(1) 测量放样。

衬砌拱工程分段施工，分段放样，根据路基中线及横坡放出衬砌拱坡角（顶）线，并确定其护脚基础顶面高程，根据该段边坡长度准确放出衬砌拱骨架位置及拱肋位置。线位设好以后报请监理工程师检测，符合要求后再进行下一道工序施工。

(2) 边坡整修。

边坡放样后，依据设计坡率采用挂线对设计坡面进行刷坡，残缺部位挖台阶分层填筑，施工前对坡体进行整平、夯实，达到路基压实标准。修整后的边坡经监理工程师验收合格后，方可进入下一道工序。

(3) 挂线找平、开挖沟槽。

按照设计骨架防护形式挂线成型，进行沟槽开挖，按照骨架各侧部深度开挖成型，开挖时要做到形式、尺寸准确，基底土质密实。在边坡高度方向上，每 2m（或 1.7m）设置一道防滑平台，尺寸为 50cm×50cm（适用于边坡坡率为 1:1.5、1:1.75 时）。人工开挖前根据测量放样确定的位置，上下拉通，同时严格控制好开挖的宽度和深度，不得超挖和欠挖，保证其骨架边线顺直，从上往下进行开挖，不得有松土留在沟槽中，并用人工拍打密实。一般根据其施工能力及天气情况确定开挖长度，不得将开挖好的沟槽长时间晾置。

(4) 墙脚（基座）浆砌、拱形骨架砌筑。

拌和砂浆→装载机运输→砂浆铺底→砌筑→抹面→养护。

骨架护坡砌筑时必须两面立杆挂线或样板挂线，外线应顺直整齐，逐层收坡，线内可大致顺适，砌筑过程中要经常对线杆进行复核校正，以保证砌体各部位符合设计图纸要求。砌筑时注意砌缝的互拉交错、交搭，禁止出现通缝、叠砌、贴砌和浮塞并及时进行覆盖，以防止烈日暴晒或暴雨冲走灰浆。衬砌拱施工时与路肩路面横向排水管铺设协调，各处接缝必须严格密封，不得透水。

(5) 预制块安装与砌体勾缝。

衬砌拱拦水眉带采用 6cm 厚 C30 混凝土预制块，要求高于砌体面 8cm 且直顺平整、弧形美观。砌筑完成后进行场地清理，并开始用沥青麻絮填充沉降缝和砌体砂浆抹面、勾缝施工，勾缝勾凸缝，缝深度控制在 1cm 左右，力求美观与质感。勾缝完成后进行护坡道流水槽施工，要求与拱形骨架连接紧密，泄水通畅。

(6) 养护。

施工完成后应及时进行洒水养护，用麻袋片覆盖养护，使砌体保持湿润，并避免碰撞和振动，洒水养护期应不少于 7d。如有松动或脱落之处必须及时进行修整。

6.3.5.4 预制空心六角块防护

1. 施工工艺流程

预制空心六角块防护施工工艺流程如图 6-3-24 所示。

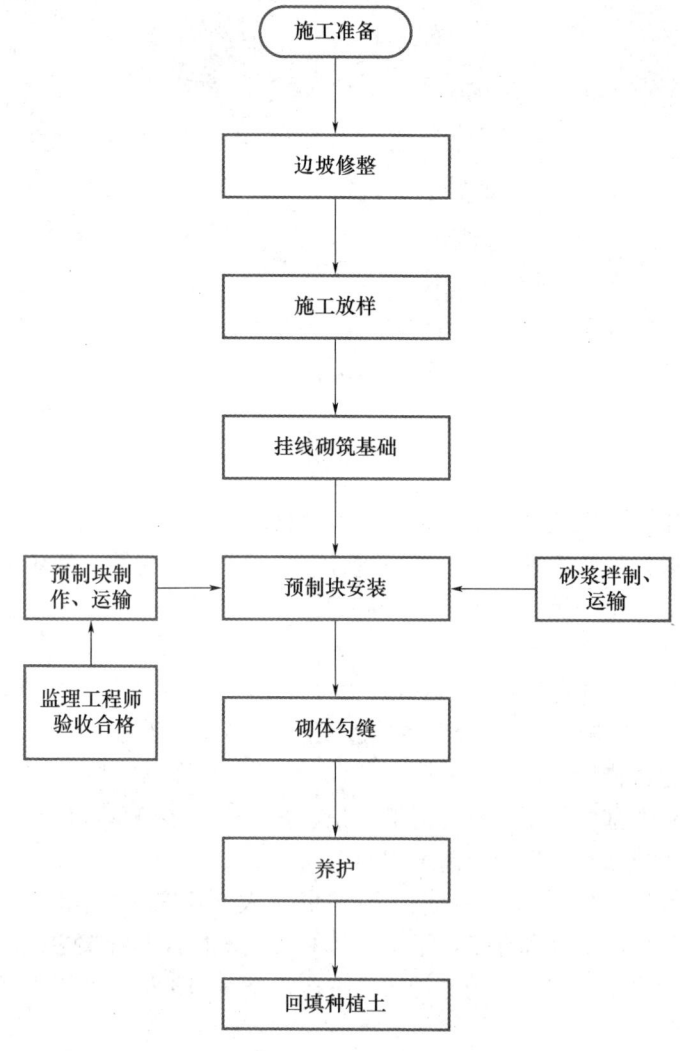

图 6-3-24 预制空心六角块防护施工工艺流程

2. 预制空心六角块防护施工方法

（1）路堤边坡防护在完成刷坡后由下往上分级砌筑，路堑边坡防护的砌筑在每级边坡完成后由下往上砌筑。

（2）砌筑前，坡面整平、拍实。不得有凹凸现象或在低洼处用小石子垫平以及护坡厚度不均等现象。

（3）砌筑石料表面干净、无风化、裂缝和其他缺陷，石料符合规范要求；砌筑时平铺卧砌，石料的大面朝下，坡脚坡顶等外露面选用较大的石块，并加以修整。

（4）混凝土预制块统一预制，场地建设按有关规定进行，护坡逐段成型后，方可进行砌筑安装。

（5）每个施工段落采用拌和机集中拌和砂浆，砂浆保持适宜的工作性和流动性，满足相关规范要求，随拌随用。

（6）砌筑时，砂浆饱满密实，采用座浆挤密法施工；做到接缝交错、坡面平整、勾缝严密、养护及时；砌筑骨架时，先砌筑衔接处，再砌筑其他部分骨架；两骨架衔接处处于同一高度，骨架底部和顶部以及两侧范围内，用浆砌片石或预制块镶边加固，骨架嵌入坡面，与坡面密贴。

（7）在进行路堤边坡铺砌时，铺砌层的砂砾垫层材料粒径一般不大于 50mm，含泥量不宜超过

55%。垫层与铺砌层配合铺砌，随铺随砌；铺砌时，分段施工按图纸要求设置伸缩缝、沉降缝，并做好泄水孔。

（8）护坡中下部按设计设置泄水孔，以排泄护坡背面的积水和减小渗透压力。泄水孔后设反滤层，在反滤层与土面交界处垫设一层土工布，以利于泄水孔排水顺畅。

（9）骨架防护砌筑完成后，及时种草或铺种草皮，骨架流水面与草皮表面平顺。

（10）勾缝前冲洗，砂浆嵌入缝中，与石料牢固结合，勾缝采用凹缝。砂浆终凝前，砌体覆盖。砂浆初凝后，及时进行养护。

6.3.5.5 浆砌片石护面墙

1. 施工工艺流程

浆砌片石护面墙施工工艺流程如图 6-3-25 所示。

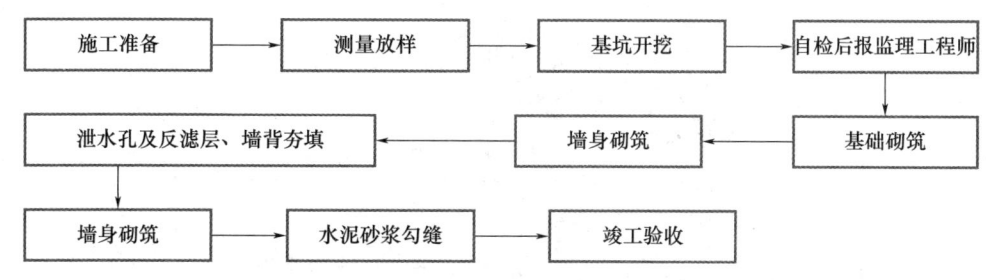

图 6-3-25 浆砌片石护面墙施工工艺流程

2. 施工方法

（1）测量放样。

路基填筑成型后，开始边坡的修整，并对坡面进行夯实处理。在确保路基边坡坡度准确、坡面平整后即可进行护坡的放样，放样严格按照设计图纸进行。

（2）基坑开挖。

基坑开挖采用人工机械组合开挖方式，开挖严格按照图纸进行。在基坑开挖完成后，清除基底松散结构，并进行洒水。

（3）砌筑、勾缝。

①施工时须挂线砌筑，并经常对其复核，以保证线形平顺、砌体平整。

②砌体与坡面紧密结合，砌筑片石咬口紧密、错缝砂浆饱满，不得有通缝、叠砌、贴砌和浮塞，砌体勾缝要牢固美观。

③根据设计图纸设置伸缩缝和沉降缝，按设计分段砌筑。

④砌缝宽度、错缝距离应符合规定，勾缝坚固、整齐，深度和形式符合要求。

（4）养护。

应在砂浆初凝后洒水覆盖养护 7~14d。养护期间应避免碰撞、振动或受压。特别是每个工作班结束时要求整体养护一遍，并用水渗透过的麻袋覆盖，在每个工作班开始砌筑前也应将砌体表层砂浆用水浸透，方可开始砌筑。

6.3.5.6 窗孔式护面墙防护

1. 施工工艺流程

窗孔式护面墙施工工艺流程如图 6-3-26 所示。

2. 窗孔式护面墙施工方法

（1）护坡放样。

路基填筑成型后，开始边坡的修整，并对坡面进行夯实处理。在确保路基边坡坡度准确、坡面平整后，即可进行护坡的放样，放样严格按照设计图纸进行。

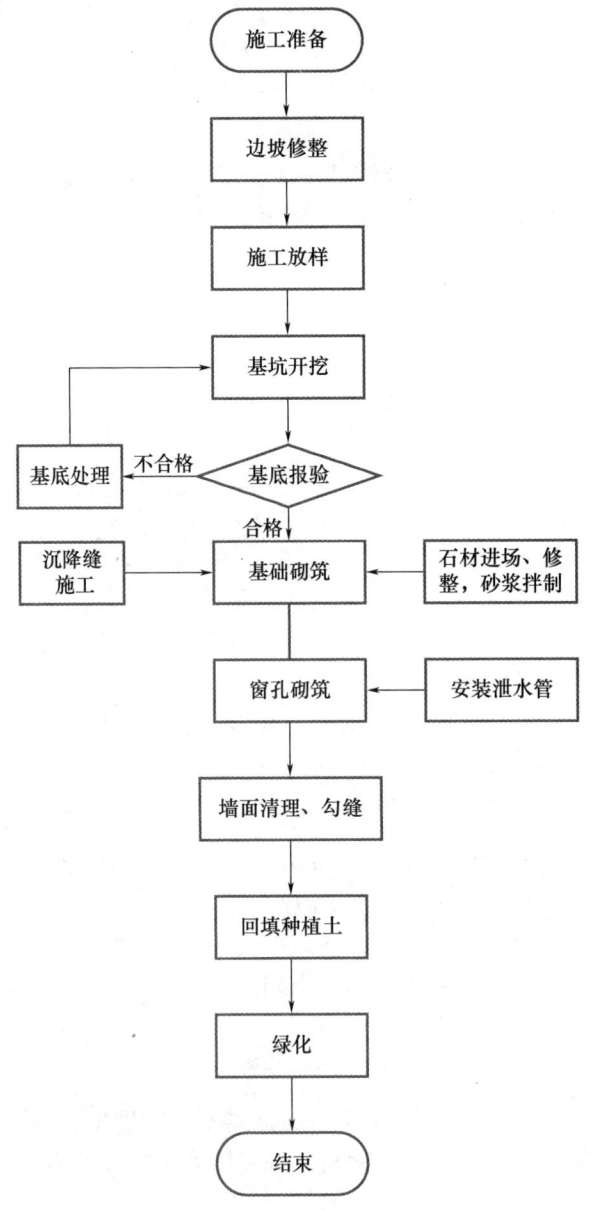

图 6-3-26　窗孔式护面墙施工工艺流程

（2）基坑开挖。

基坑开挖采用人工与机械组合开挖方式，并严格按照图纸进行。在道路条件方便、施工面较好的位置，采用单斗挖掘机开挖基坑，其他路段采用人工作业；土质基坑做好排水处理，基底在监理工程师验收达到设计承载力后，进行基础的施工。

（3）浆砌片石护坡砌筑。

①施工前须挂线砌筑，并经常对其复核，以保证线形平顺、砌筑平整。

②砌体与坡面紧密结合，砌筑片石咬口紧密、错缝砂浆饱满，不得有通缝、叠砌、贴砌和浮塞，砌体勾缝要牢固美观。

③根据设计图纸设置伸缩缝和沉降缝，按设计分段砌筑。

④砌缝宽度、错缝距离应符合规定，勾缝坚固、整齐，深度和形式符合要求。

⑤浆砌片石施工。将基底的表面清理干净，保持湿润，再进行上层结构的砌筑。砂浆采用砂浆搅拌机制备，严格控制水灰比，充分保证砂浆的和易性和黏结度。砌筑时分层错缝，坐浆挤密，镶填饱满，

并防止"层铺法"。两层片石砌体组成大致平整的工作层。每隔10～15m或在基础地质变化处设置伸缩缝或沉降缝,并按设计和规范的要求设置泄水孔。砌体应牢固、稳定、整齐、美观,同时保证砌体质量。

(4) 养护勾缝。

应在砂浆初凝后洒水覆盖7～14d。养护期间应避免碰撞、振动或受压。特别是每个工作班结束时要求整体养护一遍,并用水渗透过的麻袋覆盖,在每个工作班开始砌筑前也应将砌体表层砂浆用水浸透,方可开始砌筑。

对护坡外露面进行砂浆勾缝处理,勾缝拟采用凹缝形式,并在勾缝之前对横、竖缝内砂浆全部用水浸透,以防日后脱落。

窗孔式护面墙如图6-3-27所示。

图6-3-27 窗孔式护面墙

6.3.5.7 主动防护网

1. 施工工艺流程

主动防护网施工工艺流程如图6-3-28所示。

2. 施工工法

(1) 清除坡面防护区域内威胁施工安全的浮石,对不利于施工安装和影响系统安装后正常功能发挥的局部地形(局部堆积体和凸起体等)进行适当修整。

(2) 放线测量确定锚杆孔位(根据地形条件,孔间距可有0.3m的调整量),在孔间距允许的调整量范围内,尽可能在低凹处选定锚杆孔位;对非低凹处或不能使系统安装后尽可能地紧贴坡面的锚杆孔(一般连续悬空面积不得大于5m²,否则宜增设长度不小于0.5m的局部锚杆,该锚杆可采用直径不小于ϕ12的带弯钩的钢筋锚杆或直径不小于ϕ12的双股钢绳锚杆),应在每一孔位处凿一深度不小于锚杆外露环套长度的凹坑,一般口径20cm,深20cm。

(3) 按设计深度钻凿锚杆孔并清孔,孔深应大于设计锚杆长度30cm,孔径不小于ϕ90;当受凿岩设备限制时,构成每根锚杆的两股钢绳可分别锚入两个孔径不小于ϕ90的锚孔内,形成人字形锚杆,两股钢绳间夹角为15°～30°,以达到同样的锚固效果;当局部孔位处因地层松散或破碎而不能成孔时,可以采用断面尺

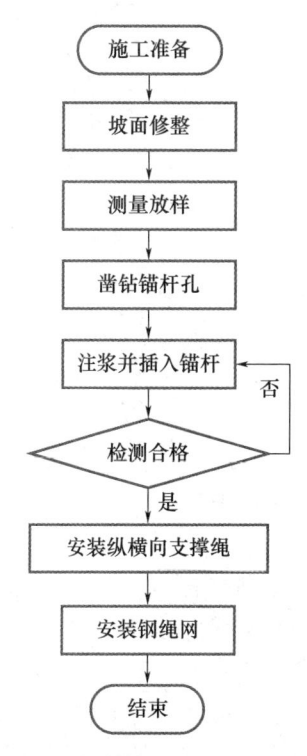

图6-3-28 主动防护网施工工艺流程

寸不小于 0.4m×0.4m 的 C15 混凝土基础置换不能成孔的岩土段。

（4）注浆并插入锚杆，采用强度等级不低于 M20 的水泥砂浆，宜用灰砂比 1∶1～1∶2、水灰比 0.45～0.50 的水泥砂浆或水灰比 0.45～0.50 的纯水泥浆，水泥宜用 42.5 普通硅酸盐水泥，优先选用粒径不大于 3mm 的中细砂，确保浆液饱满，在进入下一道工序前注浆体养护不少于 3d。锚杆抗拔力不小于 50kN。

（5）安装纵横向支撑绳，张拉紧后两端各用 2～4 个（支撑绳长度小于 15m 时为 2 个，大于 30m 时为 4 个，其间为 3 个）绳卡与锚杆外露环套固定连接。

（6）从上向下铺挂格栅网，格栅网间重叠宽度不小于 5cm，两张格栅网以及必要时格栅网与支撑绳间用 $\phi1.5$ 铁丝进行扎结，当坡度小于 45°时，扎结点间距一般不得大于 2m，当坡度大于 45°时，扎结点间距一般不得大于 1m（有条件时本工序可在前一工序前完成，即将格栅网置于支撑绳之下）。

（7）从上向下铺设钢绳网并缝合，缝合绳为 $\phi8$ 钢绳，每张钢绳网均用长 31m（或 27m）的缝合绳与四周支撑绳进行缝合并预张拉，缝合绳两端各用两个绳卡与网绳进行固定连接。

6.3.5.8 锚杆框架梁

1. 施工工艺流程

锚杆框架梁施工工艺流程如图 6-3-29 所示。

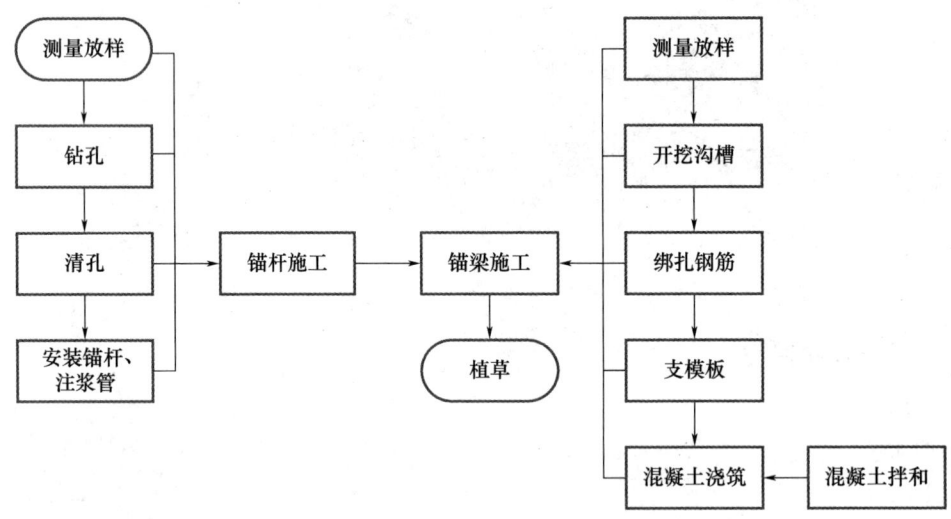

图 6-3-29 锚杆框架梁施工工艺流程

2. 施工方法

（1）测量放样。

根据设计要求，放出锚杆位置并用红色油漆做好标记。

（2）钻机就位。

根据设计孔径及岩土性质合理选择钻孔机具；钻机就位后应保持平稳，钻机立轴与锚杆倾角一致，并位于同一轴线上。

（3）钻孔。

孔轴应保持直线，孔位允许偏差为 ±50mm，深度允许偏差为不小于设计值。

（4）清孔。

钻孔结束后，应将粉尘、石渣清理干净。清孔可使用高压水或空气，但孔内不得有积水。

（5）制作安装锚杆。

锚杆应按设计下料，并除锈调直。锚杆为 $D32mm$（$D16mm$）HRB400 钢筋，长度为 4～12m。安放杆体时，应防止杆体扭压、弯曲，注浆管宜随锚杆一同放入钻孔，注浆管头部距孔底宜为 5～10cm，杆体放入角度应与钻孔角度一致，且位于孔位中心；若发现孔壁坍塌，应重新扫孔、清孔，直至顺利送入锚杆为止。

（6）注浆。

采用 M30 砂浆，JG250 型砂浆搅拌机拌浆，JYB-2 型注浆机注浆，注浆管随砂浆的注入逐渐拔出，灌浆压力不小于 0.2MPa。注浆完成之后，不得敲击、摇动锚杆。普通砂浆锚杆在 3d 内，早强砂浆锚杆在 12h 内，锚杆黏结用的水泥砂浆强度没达到 80％以上时，不得在杆体上悬挂重物。

（7）锚梁施工。

按设计进行框架刻槽施工，要求框架嵌入坡体 30cm（15cm）。刻槽完成后，槽内用水泥砂浆调平，再进行槽内钢筋施工，然后制模浇灌混凝土，四根竖肋及其所连的六根横梁组成一片框架，每片框架整体浇筑，一次完成，两片框架之间设置 2cm 伸缩缝，内用沥青麻絮嵌塞。锚杆框架梁施工如图 6-3-30 所示。

图 6-3-30　锚杆框架梁施工

6.3.5.9　混凝土挡土墙

1. 施工工艺流程

片石混凝土挡土墙施工工艺流程如图 6-3-31 所示。

2. 施工方法

（1）施工准备。

测量放线，定出桩位中心线及开挖边界线。清除挡土墙用地范围内的树桩、杂草、垃圾等所有障碍物，在基槽周围挖设排水沟，排除地表水。

（2）基槽开挖。

采用机械开挖，边开挖边测量，开挖至基底设计标高以上 10cm 时，重新进行测量放线，在确定开挖正确不偏位的情况下用人工进行基底清理，确保基底符合设计及相关规范要求。

（3）地基承载力检测。

通知实验室人员来现场测地基承载力，保证地基承载力达到设计要求，并通知监理工程师对已挖好的基坑进行验收，验收合格后进行下一道工序的施工。

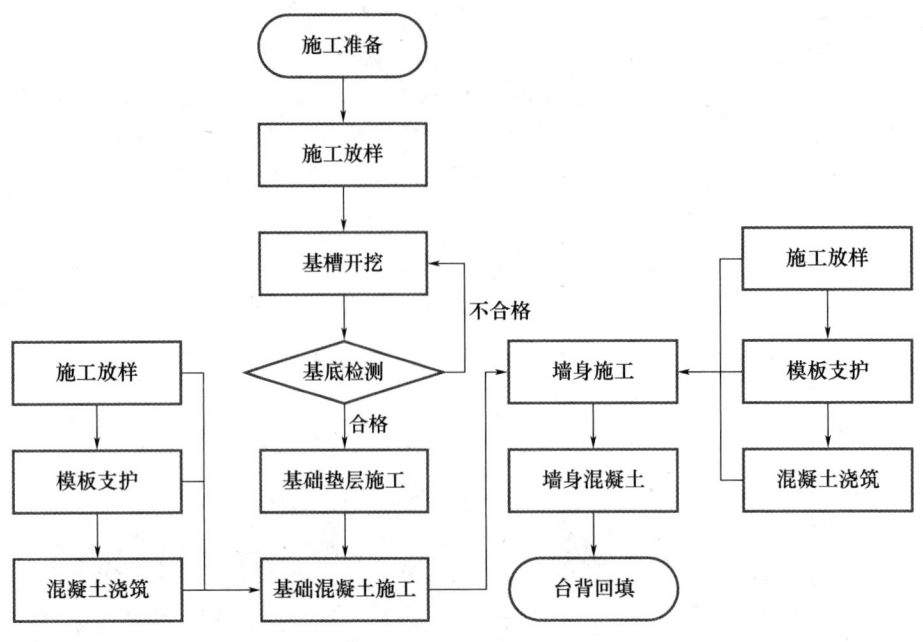

图 6-3-31　片石混凝土挡土墙施工工艺流程

(4) 基础施工。

地基承载力验收合格后,由测量人员对地基进行放样,设置基础模板并进行混凝土的浇筑,浇筑前确定混凝土的强度等级。在浇筑过程中采用插入式 50 型振动棒进行振捣,混凝土振捣密实,振捣过程中快插慢抽,无漏振、无蜂窝麻面等。混凝土浇筑完成后及时养护,防止由于内外温差过大而产生混凝土收缩开裂。

(5) 墙身施工。

基础混凝土强度达到设计强度的 70% 后,由测量人员放出墙身四个交点,确定墙身模板位置。待监理工程师验收合格后进行混凝土的浇筑,在浇筑过程中按照设计要求安装 ϕ100mm 的 PVC 管,透水管坡度为 4%。采用插入式 50 型振动棒进行振捣,混凝土振捣密实,振捣过程中快插慢抽,无漏振、无蜂窝麻面等。混凝土浇筑完成后及时养护,防止由于内外温差过大而产生混凝土收缩开裂。为了保证施工质量,墙身应分节进行浇筑,浇筑至最后一层墙身时注意预埋护栏钢筋。

(6) 台背回填。

参考路基构造物台背填土。

6.3.5.10　浆砌片石挡土墙

1. 施工工艺流程

浆砌片石挡土墙施工工艺流程如图 6-3-32 所示。

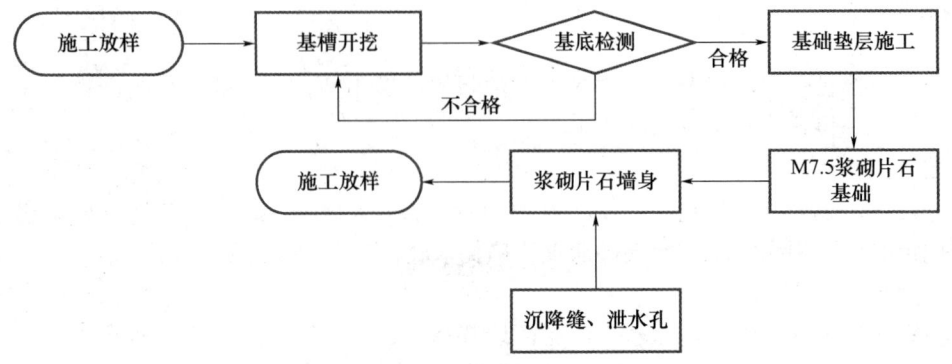

图 6-3-32　浆砌片石挡土墙施工工艺流程

2. 施工方法

（1）测量放线。

施前先进行测量放线，定出开挖中线及边线、起点及终点，并设立桩标，注明高程及开挖深度。清除挡土墙用地范围内的树桩、杂草、垃圾等所有障碍物，在基槽周围挖设排水沟，排除地表水。

（2）基坑开挖。

基坑主体开挖采用挖掘机与自卸载重汽车配合作业，并采用人工进行坑壁修整、坑底夯实。在软石、次坚石路段，采用手动风钻破碎或浅孔爆破法进行开挖施工。多余的土方用自卸汽车转运到填方路基段或弃土场。

（3）基底处理。

基坑开挖完成后，需对坑壁进行修整和对基底进行夯实处理，使基底承载力满足设计要求。根据设计图纸要求，在基底承载力不满足要求的软基地段需采取处理措施。

（4）浆砌片石或片石混凝土基础。

①基坑开挖后，应进行基底夯实和碾平。若其承载力达不到设计承载力要求，则应处理地基，满足设计承载力要求后才能进行基础的砌筑。

②砌筑基础的第一层砌块时，如基底为岩层，要先将基底表面清洗、湿润，再坐浆砌筑，如基底为土质，可直接坐浆砌筑。

③基底特殊处理地段，采用15号片石混凝土基础时，片石的含量为砌体体积的50%～60%，石块净距4～6cm，且使用前应冲洗干净。

（5）砌筑墙身。

①各砌层先砌外圈定位行列，然后砌里层，外圈定位行列和转角石应选择形状较为方正及尺寸较大的片石，并长短相间与里层砌块咬接，当用块石砌筑时，砌体里层平缝宽度不应大于30mm，竖缝宽度不大于40mm；当用片石砌筑时，砌缝宽度一般不大于40mm。砌体里层应砌筑整齐，分层应与外圈一致，应先铺一层适当厚度的砂浆再安放砌块和填塞砌缝。砌体外露面应进行勾缝，并在砌筑时靠外面预留深约20mm的空缝备作勾缝时用。

②砌体分层砌筑，以2～3层砌块组成一个砌筑层，砌体较长时可分段分层砌筑，但两相邻工作段的砌筑差不宜超过1.2m；分段位置尽量设在沉降缝或伸缩缝处，各段水平砌缝一致，竖直缝应相互错开。

③各砌层的砌块安放稳固，砌块间应砂浆饱满，黏结牢固，不得直接贴靠或脱空。砌筑时，底浆应铺满，竖直缝砂浆应先在已砌石块的侧面铺放一部分，然后将石块放好后填满捣实。

（6）泄水孔、沉降缝施工。

挡土墙每隔2～3m设置一个泄水孔，上下交错布置，孔内预埋ϕ5cmPVC管，视情况增加排数。最下排泄水孔底部应高出地面0.3m，若为没水墙，则应设于高出正常水位0.3m处。泄水孔的设置除保证美观外，还要做好反滤层，使其真正发挥功能。

沉降缝施工时要贯穿基础设置，沉降缝内采用沥青麻絮沿内、外、顶三侧填塞，内用泡沫板隔开墙体，宽度均为20mm，除特殊情况外，不得随意移动其位置，保证其外形美观。沉降缝应整齐垂直，上下贯通，不符合要求时必须进行处理。

6.3.6 特殊地质施工

6.3.6.1 崩塌

主要为高填深挖段落施工期间岩体开挖时产生的岩体碎块崩塌碎落，采用合理的支护方式，保持坡体稳定，防止运营后的边坡崩塌和碎落。

6.3.6.2 岩溶

路线工程地质调绘以及钻探、物探成果表明，灰岩存溶洞及不同程度的溶蚀现象，分布段落为×××（强发育）、×××（弱发育）、×××（中等发育）。

当路基范围内的溶洞洞顶埋深大于 20m，或溶洞顶板岩层完整性较好，基岩板厚度不小于 4m 且溶洞直径不大于 3m 时，可不做特殊处理。对于露出的岩溶路段，采用浆砌片石回填、浆砌片石砌补封闭等处理措施。

6.4 桥涵工程

6.4.1 桥涵工程施工总体方案

项目桥梁分布较为分散，桥梁共×××座，其中主线桥梁×××座、互通桥梁×××座、天桥×××座、线外桥×××座。为保证工期及资源配置的科学合理，进行多点同时施工，平行流水作业，在施工沿线合适位置，规划建设 1 号、2 号预制场，按照资源配置计划进场并投入生产，×××桥梁为项目架梁方向的控制性工程，施工工期较长，作为项目重点控制性工程，先行确定施工方案、资源配置投入及工期计划。桥梁工程一览表见表 6-4-1。

表 6-4-1 桥梁工程一览表

序号	中心桩号	桥梁名称	孔数（个）及孔径（m）	桥梁全长（m）
×	××	×××	×××	×××

6.4.2 施工准备

6.4.2.1 技术准备

技术准备是施工准备的核心，由于技术准备上的差错和隐患将造成生命、财产和经济的巨大损失，因此必须认真做好技术准备工作。技术准备的具体内容如下。

（1）熟悉设计文件、研究核对设计图纸。

全面领会设计意图，透彻了解桥梁的设计标准、结构和构造细节；检查核对设计图纸与其各组成部分之间有无矛盾或错误；几何尺寸、坐标、高程、说明等是否一致，技术要求是否正确等，发现问题及时与设计单位和监理工程师协商解决。

（2）进一步调查分析原始资料。

施工前应对施工现场进行实地勘察，尽可能多地获得有关原始数据的第一手资料，这对于正确选择施工方案、制定技术措施、合理安排施工顺序和施工进度计划以及编制切合实际的施工组织设计都是非常必要的。主要调查项目如下。

①自然条件的调查分析：地质、水文、气象、施工现场的地形地物、桥梁工程所在地区的国家水准基点和绝对标高等情况。

②技术经济条件的调查分析：施工现场的动迁、当地可利用的地方材料、砂石料场、水泥生产厂家及产品质量、地方能源和交通运输、地方劳动力和技术水平、当地生活物资供应、可提供的施工用水用电条件、设备租赁、当地消防治安、分包单位的力量和技术水平等状况。

（3）施工前的设计技术交底。

通常由建设单位主持，设计、监理、施工单位参加，对设计图纸的疑问、建议或变更在形成统一认识的基础上做好记录，形成设计技术交底纪要，由建设单位正式行文，参加单位共同会签盖章，作为施工合同的一个补充文本，与设计文件同时使用，是指导施工的依据，也是建设单位与施工单位进行工程结算的依据之一。

（4）确定施工方案，进行施工设计。

（5）编制施工组织设计。

6.4.2.2 劳动组织准备

建立施工组织结构，合理设置施工班组。施工力量集结进场和培训以及向施工班组和操作工人进行开工前的交底。同时建立健全各项管理制度。

6.4.2.3 物资准备

物资准备工作的内容主要包括工程材料的准备、构件和制品的加工准备、施工机具设备的准备，以及各种工具和备件的准备。

物资准备工作的程序一般为：根据施工预算、分部分项工程的施工方法和施工进度安排制订有关需要量的计划；与有关单位签订供货合同；拟订运输计划和运输方案；按施工平面图的要求，组织物资按计划时间进场，在指定地点按规定方式进行储存或堆放，以便随时提供给工程使用。

6.4.2.4 施工现场准备

（1）做好施工测量控制网的复测和加密工作。
（2）做好施工现场的补充钻探。
（3）做好"三通一平"，即路通、水通、电通和场地平整。
（4）备好施工临时设施。
（5）安装调试施工机具。
（6）原材料的试验和储存堆放。
（7）做好冬雨期施工安排。

6.4.3 基础工程（钻孔桩）施工工艺和方法

6.4.3.1 冲击钻钻孔桩施工

1. 施工工艺流程

冲击钻钻孔桩施工工艺流程如图 6-4-1 所示。

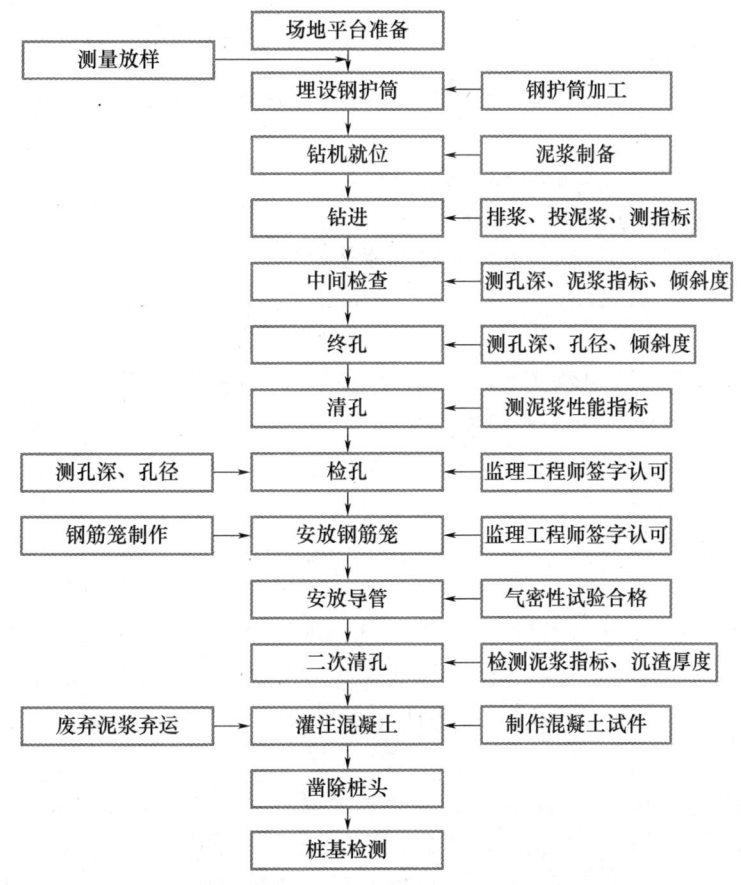

图 6-4-1 冲击钻钻孔桩施工工艺流程

2. 施工准备

钻孔前应先布置施工平台，平台须牢靠稳定，能承受工作时所有静、动荷载。

(1) 埋设护筒。

护筒能稳定孔壁、防止塌孔，还能隔离地表水、保护孔口地面、固定桩孔位置和起到钻头导向作用等。

护筒要求坚固耐用，不漏水，其内径宜比桩径大20～40cm。一般常用钢护筒在陆上与深水中均能使用。护筒高度宜高出地面0.3m或水面1.0～2.0m。当钻孔内有承压水时，应高于稳定后的承压水位2.0m以上；当处于潮水影响地区时，应高出最高施工水位1.5～2.0m，并应采取稳定护筒内水头的措施。

护筒埋置深度应根据设计要求或桩位的水文地质情况确定，一般情况埋置深度宜为2～4m，特殊情况下应加深以保证钻孔和灌注混凝土的顺利进行。护筒连接处要求筒内无突出物，应耐拉、压，护筒可采用挖坑埋设法，护筒底部和四周所填黏质土必须分层夯实。

护筒中心竖直线应与桩中心线重合，除设计另有规定外，平面允许误差为50mm，竖直线倾斜不大于1%，干处可实测定位，水域可依靠导向架定位。

(2) 泥浆制备。

钻孔泥浆由水、黏土（或膨润土）和添加剂按适当配合比配制而成，通过泥浆搅拌机或人工调和，贮存在泥浆池内，再用泥浆泵输入钻孔内。钻孔泥浆具有浮悬钻渣、冷却钻头、润滑钻具，增大静水压力，并在孔壁形成泥皮，隔断孔内外渗流，防止塌孔的作用。

钻孔泥浆的性能指标可根据钻孔方法、地质情况具体选用。对大直径或超长钻孔灌注桩，泥浆的选择应根据钻孔的工程地质情况、孔位、钻机性能、泥浆材料条件等确定。在地质复杂、覆盖层较厚、护筒下沉不到岩层的情况下，宜使用丙烯酰胺（PHP）泥浆。

3. 钻孔

钻机就位前，对主要机具及配套设备进行检修后开始安装就位，将钻锤徐徐放入护筒内。钻机底座和顶端保持平稳，防止产生位移和沉陷，钻机的起吊滑轮线、钻锥和桩孔中心三者保持在同一铅垂线上。

采用冲击成孔，泥浆护壁。钻进时，采用小冲程开孔，进入正常钻进状态后，采用4～5m中大冲程，最大冲程不超过6m，钻进过程中及时排渣。

每个孔绘制地质剖面图，并针对不同地质调整泥浆指标。钻孔中泥浆比重：砂黏土宜不大于1.3，大漂石、卵石层宜不大于1.4，岩石宜不大于1.2。入孔泥浆黏度一般地层为16～22Pa·s，松散易塌地层为19～28Pa·s。

注意地层变化，在地层变化处捞取渣样，判断地质类别，并与设计单位提供的地质剖面图相对照，做好相关记录，及时根据地质条件调整钻进工艺。

钻孔作业连续进行。因特殊情况必须停钻时，将钻锥提至孔外，以防埋钻，并在孔口加护盖，以策安全。

4. 检孔

钻进中须用检孔器检孔。检孔器用钢筋笼做成，其外径等于设计孔径，长度等于孔径的4倍。每钻进4～6m检孔一次，当检孔器不能沉到原来钻达的深度或发现吊检孔器的大绳的位置偏移护筒中心时，考虑可能发生了弯孔、斜孔或缩孔等情况，如不严重可调整钻机位置继续钻孔；严禁用强插检孔器方法进行检孔。成孔后检查孔深、孔径、倾斜度，合格后，方准进入下一道工序。

5. 清孔

钻孔桩成孔检测合格后进行第一次清孔。清孔采用循环换浆法，即让钻头在距孔底20～30cm处继续旋转，将相对密度较低的泥浆压入，把钻孔内的悬浮钻渣和相对密度较大的泥浆换出，从而达到清孔的目的。在第一次清孔泥浆达到要求后，放置钢筋骨架和钢导管。灌注混凝土之前，再次检查孔内泥浆性能指标和孔底沉淀厚度,如不满足规范要求进行第二次清孔,符合要求后,方可灌注水下混凝土。清孔后质量检查标准见表 6-4-2。

表 6-4-2 清孔后质量检查标准

检查项目	规定值或允许偏差
沉渣厚度	摩擦桩:对于桩径不大于 1.5m 的桩,沉渣厚度不大于 200mm;对桩径大于 1.5m 或桩长大于 40m 的桩,沉渣厚度不大于 300mm
	支承桩:沉渣厚度不大于 50mm
泥浆指标	相对密度为 1.03~1.10;黏度为 17~20Pa·s;含砂率小于 2%

6. 钢筋笼制作、安装

钢筋笼主筋接头采用双面搭接焊,每一截面上接头面积百分率不超过 50%,加强箍筋与主筋连接,全部焊接。钢筋笼的材料、加工、接头和安装,符合要求。钢筋骨架的保护层厚度由圆形 C30 细石混凝土垫块或耳朵形钢筋来保证,竖向每隔 2m 设一道,每一道沿圆周设 4 个,呈梅花形布置。制好的钢筋笼必须放在平整、干燥的场地上,每个加劲筋与地面接触处都垫上等高的方木,每个钢筋笼节段上都要挂上标示牌,写明墩号、桩号、节号。在运输的过程中避免使钢筋笼变形,必要时采用人工抬运。

钢筋笼采用汽车起重机吊装,并在孔口牢固定位,以免在灌注混凝土过程中发生浮笼现象。当灌注完毕的混凝土开始初凝时,取消钢筋笼竖向固定装置,使钢筋笼不影响混凝土的收缩,避免钢筋混凝土的黏结力受损。

7. 安装导管

导管采用 ϕ300mm 钢管,每节 2~3m,配 1~2 节 1~1.5m 的短管。导管吊装前先试拼,并进行水密性试验,试验压力不小于孔底静水压力的 1.5 倍。导管接口连接牢固,封闭严密,导管接头清洁无杂物,密封胶圈无破损老化,同时检查拼装后的垂直情况与密封性,根据桩孔的深度,确定导管的拼装长度,吊装时导管位于桩孔中央,并在浇筑前进行升降试验。导管组装后轴线偏差不宜超过桩孔深度的 0.5%,并不宜大于 10cm。符合要求后,在导管外壁用明显标记自下而上逐节编号,并标明尺度。

8. 灌注水下混凝土

二次清孔完成后,立即浇筑水下混凝土。计算首批封底混凝土量,使导管下口埋入混凝土不小于 1m 深,并不宜大于 3m。足够的冲击能量能够把桩底沉渣尽可能地冲开,是控制桩底沉渣,减少工后沉降的重要环节。

浇筑连续进行,中途停歇时间不超过 30min。混凝土的运输时间和距离尽量缩短,以迅速、不间断为原则,宜在 3h 以内完成,防止在运输中产生离析。在整个浇筑过程中及时提升导管,按规范要求控制导管的埋深。导管提升时保持轴线竖直和位置居中,逐步提升。如导管法兰卡挂在钢筋笼上,可转动导管,使其脱开钢筋骨架后移到钻孔中心。

考虑桩顶含有浮渣,灌注时水下混凝土的浇筑面按高出桩顶设计高程 100cm 控制,以保证桩顶混凝土的质量。

9. 泥浆清理

钻孔桩施工中会产生大量废弃的泥浆,为防止对周围环境造成不利影响,这些废弃的泥浆经处理后运往指定的废弃泥浆的堆放场地,并做妥善处理。

10. 质量检测

所有钻孔桩按设计要求采用低应变或超声波检测,对质量有疑问的桩,采用混凝土钻取芯样检验。

6.4.3.2 旋挖钻钻孔桩施工

施工工艺流程如图 6-4-2 所示。

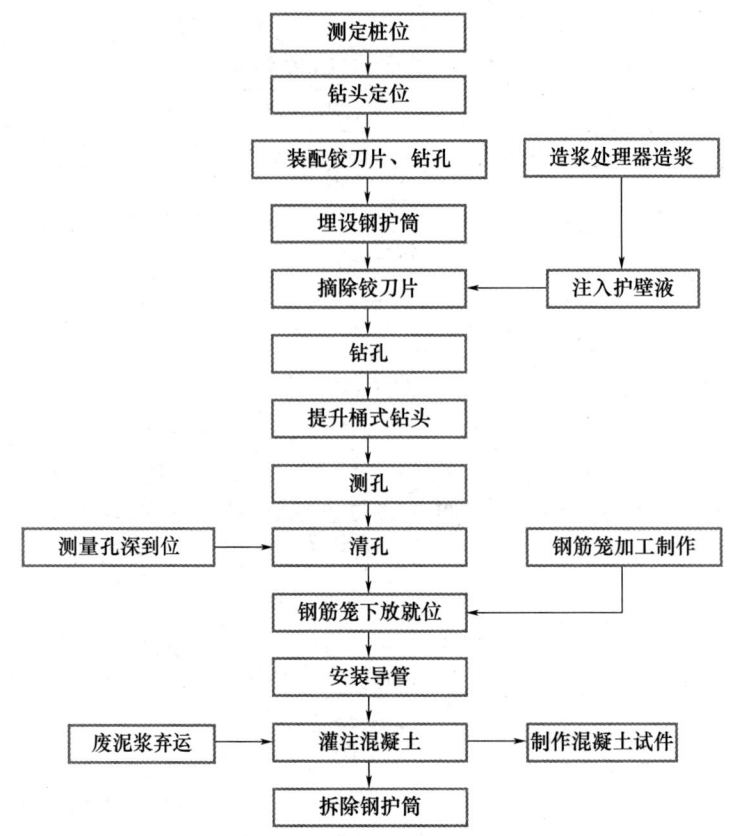

图 6-4-2 旋挖钻钻孔桩施工工艺流程

（1）施工准备。

场地准备，包括场地平整，测设桩位，设置桩位，设置护桩，以校核桩位的准确性。旋挖钻机由于成孔速度快，为防止停机待料，要做好施工计划，从技术、设备、材料等方面供给予以保障。

（2）钻孔。

护筒埋设完毕注入泥浆后开钻，先用低挡慢速钻进，钻至护筒以下 1m 后，再调为正常速度。钻进过程中根据不同的地质情况选用不同形式的钻头，土层中选用旋挖斗，有水时用旋挖斗掏渣；岩层中选用筒式勘岩钻。钻进过程中经常抽取渣样并检查泥浆指标，注意土层变化，以便及时针对不同地层调整钻速、钻进压力、泥浆比重。在砂土、软性土等易塌孔的土层中，采用低档慢速，同时提高孔内水头，加大泥浆比重。钻至设计标高并经岩样判别确认到位后，停止钻进。

（3）清孔。

根据不同地质条件，采用换浆法清孔或旋挖斗掏渣，同时注入净浆进行泥浆置换。清孔后及时用测绳测量孔深，用检孔器检测孔径、孔的倾斜度等各项指标。下放钢筋笼及灌注混凝土前重新测量孔深，检查是否有塌孔现象。遇塌孔或沉渣过厚时，及时用旋挖斗进行二次清孔。

（4）钢筋笼的制作和吊装就位、导管的设立、灌注水下混凝土等工艺参见冲击钻钻孔桩有关工艺。

（5）旋挖钻机作业注意事项。

钻进过程中要及时掌握钻孔深度，根据地质层变化及时调整钻进压力、钻进速度和泥浆稠度，以防钻进不利地层时塌孔。

钻进中随时注意地层变化，在地层变化处均留取渣样，判断地质类别，记入记录表中，并与设计单位提供的地质剖面图相对照。钻渣渣样编号保存，以便分析备查。

6.4.3.3 桩基施工质量预防措施

1. 钻（挖）孔灌注桩孔径不足预防措施

(1) 选用适当直径的钻头，钻头磨损严重时要及时焊补。

(2) 流塑性地基土变形造成缩孔时，宜上下反复扫孔，以扩大孔径。

(3) 泥浆指标在规范范围内，防止泥浆糊壁。

2. 钻（挖）孔灌注桩孔深不够预防措施

(1) 检查土样，与地质剖面图对照，防止误判。

(2) 根据钻进速度变化和钻进工作状态判定。

(3) 根据钻杆和钢丝绳的长度控制，并随时用测绳检查。

3. 钻孔灌注桩孔底沉渣过厚预防措施

(1) 选用合适的清孔方法，保证清孔后泥浆指标符合要求。

(2) 测量实际孔深与钻孔深度比较。

(3) 清孔、下钢筋笼、下导管应连续作业。

(4) 浇筑混凝土前，应再次检查沉渣厚度。不满足要求时，进行二次清孔。

4. 混凝土灌注过程中钢筋笼上浮预防措施

(1) 混凝土在接近钢筋笼骨架时，宜使导管保持较大的埋深，在钢筋笼底部 1m 左右范围内，减慢灌注速度，当混凝土上升到骨架底口 4m 以上时，再提升导管，使其底高于骨架底部 2m 以上即可恢复正常灌注速度。

(2) 坍落度不宜过小。

5. 钻（挖）孔灌注桩导管进水预防措施

(1) 首批混凝土储量要充足，导管底口距孔底的间距以 30～50cm 为宜，首批混凝土浇筑后导管应埋入混凝土 1m 以上。

(2) 导管接头要严密，灌注前要进行水密性、承压、抗拉试验。

(3) 导管提升平稳，测深准确。

6. 钻（挖）孔灌注桩卡管预防措施

(1) 隔水球胆直径应略小于导管直径，灌注前要做隔水球通过试验。

(2) 混凝土坍落度不宜过小，流动性差、夹有大粒径集料、粗集料集中的混凝土不允许灌注。

(3) 埋管不宜过深，加快灌注速度，避免混凝土在管内初凝。

7. 钻（挖）孔灌注桩埋管预防措施

(1) 严格控制埋管深度，一般不得超过 4～6m。

(2) 拔管前或停灌时间较长时，均应适当振捣，使导管周围的混凝土不致过早地初凝。

(3) 混凝土掺入缓凝剂，加快灌注速度。

(4) 导管接头螺栓事先应检查是否稳妥。

(5) 提升导管时不可猛拔。

8. 钻（挖）孔灌注桩断桩、夹泥预防措施

(1) 严格控制混凝土的坍落度、和易性。

(2) 应连续灌注，灌注时间不能过长，防止续灌的混凝土冲破顶层。

(3) 导管埋入混凝土深度不得小于 2m，导管不得漏水，导管第一节长度应大于 4m。

(4) 灌注时，经常精确测定已灌注混凝土面标高，防止误判导致导管埋深过小。

6.4.3.4 桩基溶洞处理

1. 溶洞分类

(1) 按溶洞的大小分。

①小型溶洞。

a. 单个高度不大于3m的溶洞。
b. 多个溶洞，单个溶洞高度都小于3m，不属无充填溶洞，且间隔距离大于3m。
②中型溶洞。
a. 单个溶洞高度大于3m且小于10m。
b. 串珠状溶洞，虽单个溶洞高度小于3m，但属于无充填溶洞。
c. 串珠状溶洞间距较小（层间厚度不大于2m，可视为单个溶洞），分布多个，其累加溶洞高度大于3m且小于10m。
③大型溶洞。
a. 单个溶洞高度不小于10m。
b. 多个溶洞虽单个高度小于10m，但属于多溶洞，间距较小，其累加溶洞高度达到10m以上。
④疑有溶洞。
虽该桩勘探结果未揭示有溶洞，但其同墩位相邻桩揭示出中型及以上溶洞。在钻机冲孔施工时，同样极有可能击穿紧邻溶洞而出现中型或大型溶洞。

(2) 按溶洞充填状态分。
①全充填溶洞：洞内完全以粉质黏土以及全风化层充填，从可塑到硬塑状态，夹风化灰岩碎块。
②半充填溶洞：洞内一半左右有充填物，顶部为空腔。
③无充填溶洞：洞内无充填物，即空洞。
按地质钻孔资料，该项目溶洞充填物主要以粉质黏土为主，从可塑到硬塑状态，夹风化灰岩碎块。

(3) 按是否漏水分。
①全漏水溶洞：严重漏水并与其他溶洞或地下河等连通。
②半漏水溶洞：溶洞洞壁存在裂隙，有渗漏水现象。
③不漏水溶洞：溶洞完整，无渗漏水现象。
按地质钻孔资料，该项目溶洞均为不漏水溶洞。

(4) 按溶洞垂向个数分。
①单层溶洞：桩基范围内仅有一层溶洞。
②多层溶洞：桩基范围内有多层溶洞，也叫串珠状溶洞。

(5) 按桩基离建（构）筑物的距离分。
①紧邻建（构）筑物的溶洞：桩基离需保护的建（构）筑物（含房屋、桥梁、路基挡土墙、路面、重要地下管线等）的距离在15m之内。
②邻近建（构）筑物的溶洞：桩基离需保护的建（构）筑物（含房屋、桥梁、路基挡土墙、路面、重要地下管线等）的距离在15～30m。
③远离建（构）筑物的溶洞：桩基离需保护的建（构）筑物（含房屋、桥梁、路基挡土墙、路面、重要地下管线等）的距离大于30m。

该项目为新建项目，经过对现场桩基位置及周边情况的调查，拟建项目桥梁两侧无既有建筑物和在建建筑物。

2. 溶洞处理方案
为了保证岩溶发育地区钻孔灌注桩施工过程中不漏浆，或漏浆但不发生塌孔，保证桩孔顺利成孔、成桩并满足承载力要求，施工时应根据地质钻孔柱状图来判别溶洞地层情况、空洞大小、溶洞充填物情况，根据不同的溶洞采取不同的处理方案。溶洞处理方法包括片石黏土回填法、钢护筒跟进法等。对于小溶洞和全充填的中型溶洞，采取片石黏土回填法施工；对于半充填或无充填的中大型溶洞、串珠状溶洞，采取片石黏土回填和钢护筒跟进相结合的方法。

(1) 片石黏土回填法。
当采用片石黏土回填法时，一般配合钢护筒跟进法使用，在钻孔过程中，孔内漏浆时采用此法处理；对于大型的半充填或无充填溶洞，也需要先进行回填。主要工艺为准备充足的小片石（片石直径10～20cm）、黏土（黏土做成球状或饼状，直径 15～20cm），根据溶洞的大小，回填片石和黏土的混合物，进行反复冲砸补漏。

①施工工序。

埋设护筒、冲孔桩机就位→冲孔至溶洞顶板面以上 1m→准备片石、黏土等回填材料→放慢钻进速度，在 40～50cm→阶段性扫孔→逐渐将溶洞顶板击穿后，孔内泥浆面下降→迅速补水，并同时回填片石、黏土等，回填至溶洞顶板面以上 1.0～1.5m 位置→每钻进 0.5m 就要向孔内补填块石和黏土，低冲程将回填物挤压密实，泥浆漏失现象全部消失后转入正常钻进→成孔。

②填料规格及比例。

片石材料规格：片石采用强度 30～60MPa 花岗岩或石灰岩，石块粒径以 15～30cm 为宜。黏土应选用优质黏土，含砂率小于 5%。为有效利用片石，片石与黏土的质量比例约为 3∶7。

(2) 钢护筒跟进法。

钢护筒跟进法是处理桩基多层溶洞和高大溶洞的重要手段之一，关系到桩基施工的顺利安全进行，通过钢护筒对孔壁形成预支护，使孔洞几乎不可能发生塌孔，即使发生塌孔，也被钢护筒支撑住，确保桩基的正常施工。其方案具体如下。

①钢护筒要求。

护筒采用厚 20mm、14mm、12mm、10mm 及 8mm 五种钢板加工而成，护筒内径及壁厚按以下原则选取。

a. 护筒壁厚。

桩径不大于 1.6m 时，护筒长度小于 10m，护筒壁厚采用 8mm；护筒长度不小于 10m 且小于 20m 时，护筒壁厚采用 10mm；护筒长度不小于 20m 时，护筒壁厚采用 12mm。桩径大于 1.6m 且不大于 2.0m，护筒长度小于 10m 时，护筒壁厚采用 10mm；护筒长度不小于 10m 且小于 20m 时，护筒壁厚采用 12mm；护筒长度不小于 20m 时，护筒壁厚采用 14mm。桩径大于 2.0m，护筒长度小于 10m 时，护筒壁厚采用 12mm；护筒长度不小于 10m 且小于 20m 时，护筒壁厚采用 14mm；护筒长度不小于 20m 时，护筒壁厚采用 20mm。

b. 护筒内径。

设置单层护筒时，护筒内径比桩径大 20cm。设置双层护筒时，外层护筒内径比桩径大 40cm，内层护筒内径比桩径大 20cm。

c. 护筒长度。

护筒长度根据施工需要，分阶段制作拼装，当地表覆盖层为粉砂、淤泥、卵石等不稳定土层时，设置外层护筒，穿过软弱覆盖层以下 2～3m 或基岩顶面；内层护筒埋置深度要求穿过溶洞至基岩面。

②钢护筒跟进方案。

a. 钢护筒跟进方案一（易塌土层）。

主要针对于小型溶洞（单个高度不大于 3m 的溶洞），且覆盖层存在易塌土层（砂层或淤泥层）的桩基溶洞。钢护筒跟进至易塌层（砂层或淤泥层）以下 2.5m，跟进钢护筒长度为 $h_1+2.5$m，直径为 $D+0.2$m，h_1 为地面至易塌土层底部的高度，此法一般用片石黏土回填法作为辅助方法。具体方案如图 6-4-3 所示。

b. 钢护筒跟进方案二（跟进至溶洞顶面或覆盖层底面）。

主要针对单个溶洞（串珠状溶洞，层间厚度不大于 2m，亦可视为单个溶洞），高度大于 3m 且小于 10m 的中型溶洞，溶洞内为全充填。若溶洞顶板厚度小于 1m，则钢护筒跟进至溶洞顶面；若溶洞顶板厚度不小于 1m，则钢护筒跟进至覆盖层底面，即溶洞顶板岩层顶面，钢护筒均不跟进溶洞内部，此法一般用片石黏土回填法作为辅助方法。具体方案如图 6-4-4 所示。

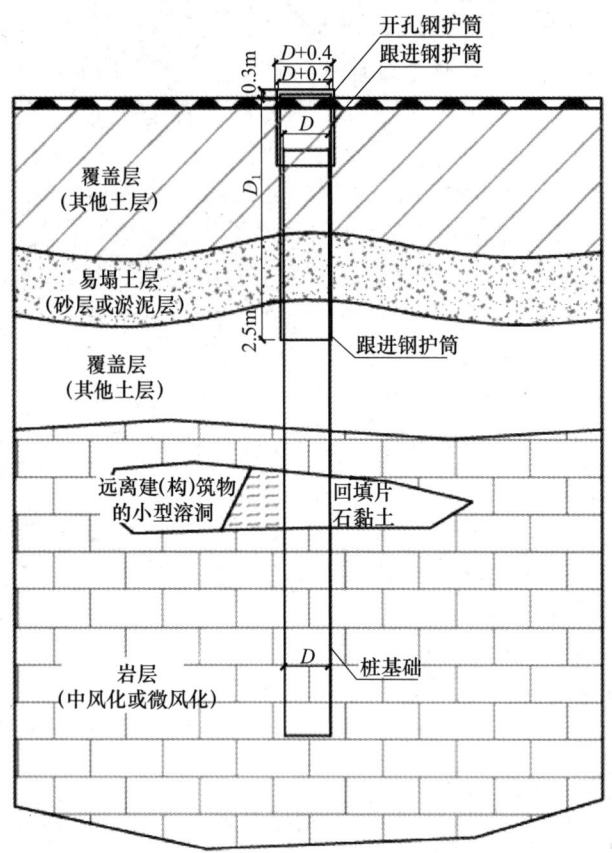

图 6-4-3 钢护筒跟进方案一（易塌土层）

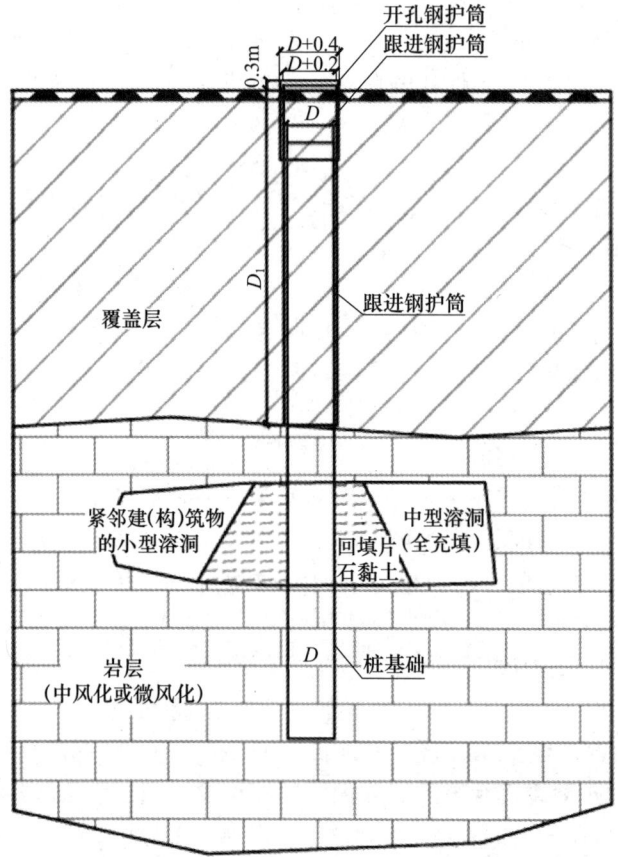

图 6-4-4 钢护筒跟进方案二（跟进至溶洞顶面或覆盖层底面）

c. 钢护筒跟进方案三（双层钢护筒跟进至溶洞底面）。

主要针对大型溶洞（单个溶洞高度不小于10m；或多个溶洞虽单个高度小于10m但属多溶洞间距较小，其累加溶洞高度达到10m以上），且溶洞顶板岩层厚度大于1.0m的桩基溶洞。大型溶洞在溶洞处理前需先进行预处理，在充填物达到一定强度以后再进行钢护筒跟进法处理。对于全充填溶洞，直接对溶洞充填物进行加固；如溶洞为空洞或半充填时，先进行回填，再采用此法加固回填物。双层钢护筒跟进，外钢护筒跟进至覆盖层底，外钢护筒长度为h_3，直径为$D+0.4$m；内钢护筒跟进至溶洞底部，内钢护筒长度为h_4，直径为$D+0.2$m。h_3为覆盖层厚度，h_4为地面至溶洞底部的高度，此法一般用片石黏土回填法作为辅助方法。具体方案如图6-4-5所示。

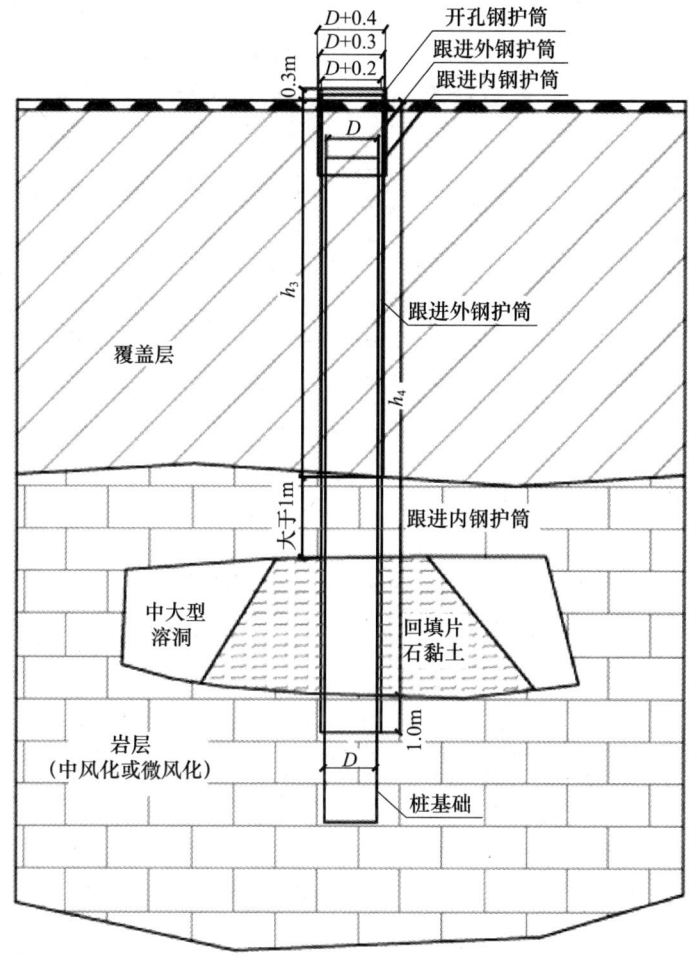

图6-4-5 钢护筒跟进方案三（双层钢护筒跟进至溶洞底面）

d. 钢护筒跟进方案四（双层钢护筒处理串珠状溶洞）。

主要针对中大型串珠状溶洞的桩基。当溶洞内为半充填或无充填时，在溶洞处理前先进行预处理，在充填物达到一定强度以后再进行钢护筒跟进法处理。采用双层钢护筒跟进，若第一层溶洞顶板厚度小于1m，则外钢护筒跟进至该溶洞层顶面；若第一层溶洞顶板厚度不小于1m，则外钢护筒跟进至覆盖层底面，外钢护筒长度为h_3，直径为$D+0.4$m；内钢护筒跟进至溶洞底部，内钢护筒长度为h_4，直径为$D+0.2$m。h_3为覆盖层厚度，h_4为地面至溶洞底部的高度。

此法一般用片石黏土回填法作为辅助方法。具体方案如图6-4-6所示。

（3）溶洞处理方法选择。

对于复杂溶洞地区，考虑技术、经济等因素，对于同一个桩，可能同时采用几种溶洞处理方法，以达到既经济又安全的目的。项目溶洞的处理可参考表6-4-3～表6-4-5执行。

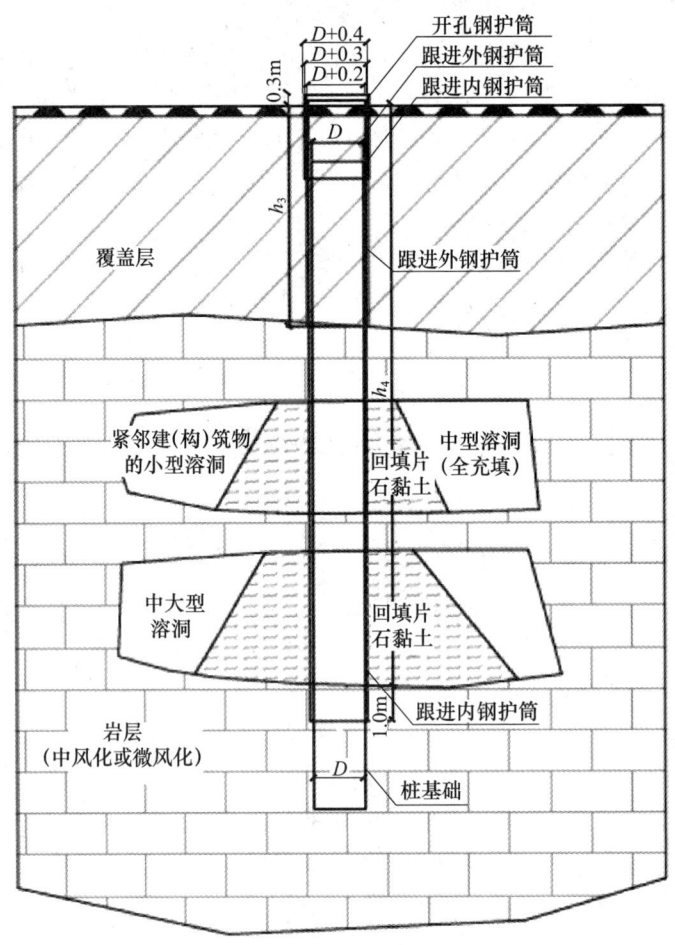

图 6-4-6 钢护筒跟进方案四（双层钢护筒处理串珠状溶洞）

表 6-4-3 小型溶洞处理方法选择表

序号	溶洞大小分类	溶洞充填情况	溶洞漏水情况	覆盖层是否存在易塌土层	主要处理方法	备注
1	小型溶洞	全充填、半充填或无充填	不漏水	否	片石黏土回填法	
2				是	钢护筒跟进至易塌层以下，片石黏土回填法	

表 6-4-4 中型溶洞处理方法选择表

序号	溶洞大小分类	具体溶洞形式	主要处理方法	辅助方法	备注
1	中型溶洞	串珠状溶洞	双层钢护筒处理串珠状溶洞	片石黏土回填法	若第一层溶洞顶板厚度小于1m，则外钢护筒跟进至该溶洞层顶面；若第一层溶洞顶板厚度不小于1m，则外钢护筒跟进至覆盖层底面
2		单个溶洞	单层钢护筒跟进至溶洞顶面或覆盖层底面		若溶洞顶板厚度小于1m，则钢护筒跟进至溶洞顶面；若溶洞顶板厚度不小于1m，则钢护筒跟进至覆盖层底面

表 6-4-5 大型溶洞处理方法选择表

序号	溶洞分类	具体溶洞形式	主要处理方法	辅助方法	备注
1	大型溶洞	串珠状溶洞	双层钢护筒跟进至溶洞底面	片石黏土回填法	外钢护筒跟进至覆盖层底，内钢护筒跟进至溶洞底部
2		单个溶洞	双层钢护筒跟进至溶洞底面		外钢护筒跟进至覆盖层底，内钢护筒跟进至溶洞底部

6.4.4 承台施工

钻孔桩施工结束并检验合格后进行承台基坑开挖，根据地质情况和工程特点进行放坡开挖或设置支护结构后开挖。基坑开挖好后，设置垫层，并在准确定位后绑扎钢筋、安装模板、浇筑混凝土。承台混凝土达到拆模条件后及时拆模，并进行基坑回填。

一般承台基坑采用挖掘机开挖，人工配合清土并确保基坑无积水；施工工艺流程如图 6-4-7 所示。

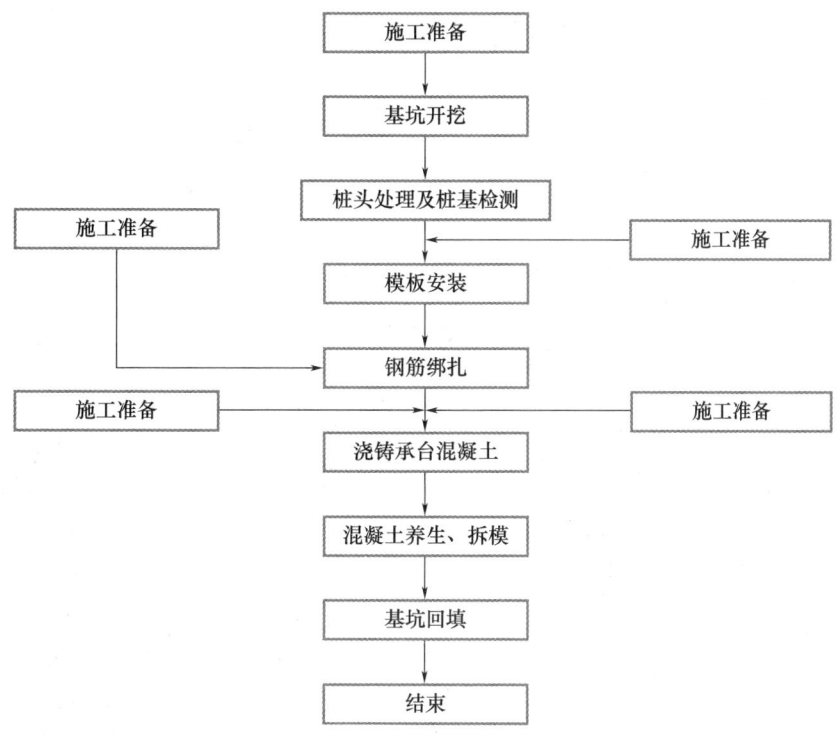

图 6-4-7　承台施工工艺流程

承台采用组合钢模板立模，混凝土拌和站集中拌制，混凝土罐车运输，泵送混凝土入模，分层浇筑成型。大体积承台施工时，在保证混凝土等级的前提下，采用水化热较低的水泥、适当的缓凝减水剂，减少水泥用量，降低水灰比，以减少水化热。预埋冷却水管，用循环水降低混凝土温度，进行人工导热。冷却在混凝土刚浇筑完时就开始进行，还有常见的投毛石法，均可以有效地控制因混凝土内外温差而引起的混凝土开裂。

可采用断续式水平支撑开挖承台基坑，组合钢模板立外模，一次性现浇混凝土，插入式振捣器捣固。

1. 测量放线

根据导线控制点测设出桩中心后，放出承台四周边桩（外移 50cm），用红色油漆做出标记，同时测出承台底至桩顶的高差。

2. 基坑开挖

桩基检测完毕无质量问题后，即可进行基坑开挖。基坑采用挖掘机开挖，人工配合施工，当开挖至离基底 200mm 时，停止机械开挖，改为人工开挖，以保证基底不被扰动。

（1）开挖防护采用断续式水平支撑，即两侧设水平挡土板，中间留出间隔，并在两侧同时对称立竖方木，再用木横撑上下顶紧。

（2）在基坑顶缘四周适当距离设截水沟，防止地表水流入坑内，冲刷坑壁，造成塌方破坏基坑。应在基坑边缘与荷载之间设置护道，基坑深度小于或等于 4m 时，护道的宽度应不小于 1m；基坑深度大于 4m 时，护道的宽度应按边坡稳定性计算的结果进行适当加宽，水文和地质条件较差时，采取加固措施。

（3）基坑开挖自上而下水平分层进行，每层 0.3m 左右，边挖边检查坑底宽度，不够时及时修整，每 3m 左右修一次坡，至设计标高后，再统一进行一次修坡清底，检查坑底宽和标高。施工时注意观察坑缘顶面上有无裂缝、坑壁有无松散坍落现象发生，并采取必要的措施，确保安全施工。

（4）地下水较丰富且水位较高时，采用井点降水法开挖基坑。

3. 浇筑素混凝土垫层

基坑开挖至比设计标高低 10cm 后，即开始浇筑一层 10cm 厚的素混凝土，作为承台钢筋及混凝土施工的底模，因此素混凝土必须平整。

4. 凿除伸入承台的超灌桩头混凝土

采用手工凿除和风动工具凿除的施工方法，首先使用风动工具将桩头清除至距设计桩顶 10～20cm 的位置，然后改为手工凿除直至设计桩顶标高，最后将桩身变形的钢筋整修复原。

5. 绑扎承台钢筋

钢筋制作在钢筋加工场内进行，然后将制作成型的钢筋运至现场进行绑扎。钢筋绑扎采用人工和电焊两种方法。特别注意桩身钢筋和承台钢筋的焊接。因承台为一次浇筑，故必须按照设计图绑扎好墩身钢筋或墩身接茬筋。承台钢筋安装检查项目见表 6-4-6。

表 6-4-6　承台钢筋安装检查项目

项次	检查项目		规定值或允许偏差	检验点数	检查方法
1	受力钢筋间距（mm）		±20	3	尺量，两端和中间各取一个断面，每个断面连续量取钢筋间距，取其平均值计 1 点
2	箍筋、横向水平钢筋、螺旋筋距（mm）		±10	5	尺量，连续量取 5 个间距，取其平均值计 1 点
3	钢筋骨架尺寸（mm）	长	±10	3	尺量，两端和中间各 1 处
		宽、高或直径	±5	3	
4	弯起钢筋位置（mm）		±20	30%	尺量
5	保护层厚度（mm）		±10	10	尺量，沿模板周边检查

6. 立模

（1）承台模板由专业模板厂生产制作。模板具备足够的强度、刚度和稳定性，现场技术人员、物资人员对进场的定型模板进行验收。

（2）承台模板进场后进行试拼，试拼后对其尺寸进行检查验收，合格后，方可投入使用。

（3）模板安装完成后，检查模板平面位置、顶部标高、节点连接等是否满足设计和规范要求，线形是否顺直，模板接缝是否严密，经自检合格后，方可报监理工程师检验，检验合格后进入下一道工序。

（4）模板安装质量标准见表 6-4-7。

表 6-4-7　模板安装质量标准

项目			允许偏差（mm）
表面平整度	钢模板		3
模内尺寸	墩、台		+5，-8
轴线偏位	墩、台、墙		10
垂直度	墩、台		$H/500$ 且不大于 20
模板相邻两表面高低差			2
预埋件	螺栓、锚筋等	位置	3
		外露长度	±5
预留孔洞	其他	位置	8
		孔径	+10，0

注：H 为构造物高度。

7. 浇筑混凝土

钢筋绑扎完毕经检查合格后，即开始浇筑混凝土。混凝土输送泵运输混凝土入模，捣固用插入式振捣器。浇筑与捣固从一端向另一端分层进行，每层厚40cm，振动棒插入下层混凝土5cm，并不得碰撞钢筋和模板。

8. 基坑回填

承台混凝土浇筑完毕并达到拆模条件时应及时拆模并进行基坑回填，基坑回填必须对称进行，填料符合设计和规范要求，采用振动夯和小型压路机压实，回填高度以低于承台顶面10cm为宜，待墩身混凝土施工露出地面线后再将整个基坑回填。

6.4.5 墩身施工工艺和方法

普通圆柱模板采用拼装式定型钢模，无中系梁墩混凝土浇筑一模到顶，有中系梁墩柱第一次浇筑至系梁底标高，浇筑系梁，之后浇筑至设计墩顶，混凝土采用吊车配合人工浇筑、插入式振动器捣固。

高墩（薄壁空心墩）采用液压爬模法施工，每个墩台配备施工电梯及塔式起重机1台，以满足现场施工需求，高墩混凝土采用地泵浇筑。

1. 施工工艺流程

普通墩墩身施工工艺流程如图6-4-8所示。高墩墩身爬模施工工艺流程如图6-4-9所示。

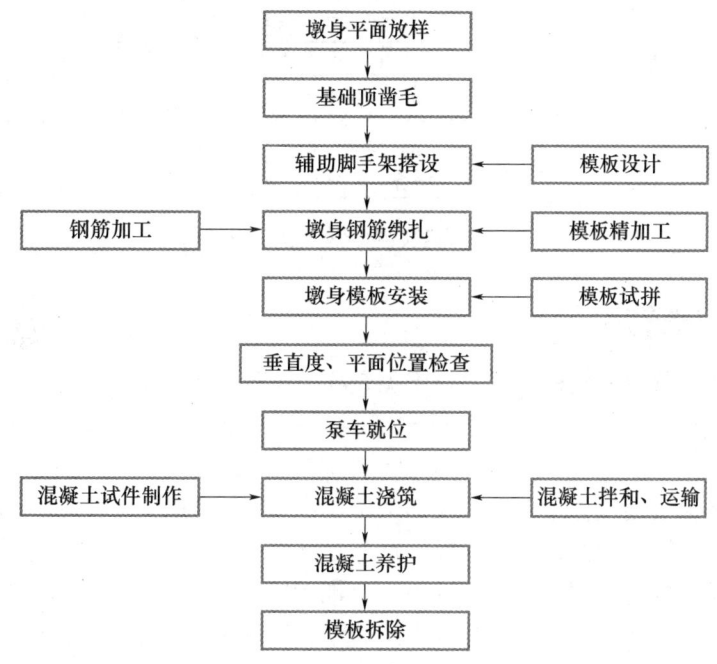

图 6-4-8 普通墩墩身施工工艺流程

2. 钢筋工程

钢筋在加工场加工成半成品，运至现场绑扎成型，吊车或塔吊整体吊装。

3. 模板工程

模板采用定制制钢模与吊车配合安装，安装完毕后，测量调整模板平面位置及垂直度，符合要求后用缆风绳固定。

4. 混凝土工程

混凝土由拌和站统一搅拌供料，罐车运至现场，泵送入模，采用串桶分层下料，分层厚度50cm，插入式振捣器振捣密实。拆模后通过涂刷养护剂或在模板下方加设喷淋装置养护，确保混凝土养护、强度等级符合设计及规范要求。

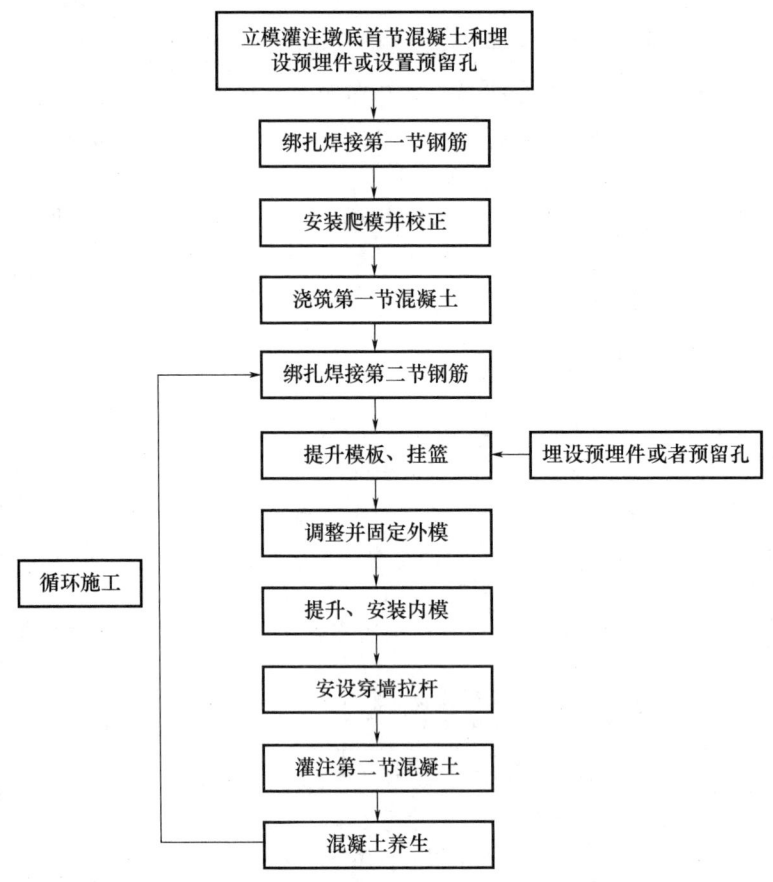

图 6-4-9 高墩墩身爬模施工工艺流程

6.4.6 盖梁施工工艺和方法

盖梁采用抱箍法进行施工，模板采用大块定型钢模。支架、抱箍在分项施工方案中进行详细设计和受力验算。

1. 盖梁支架搭设

盖梁底的设计标高减去支撑体系到抱箍顶面的施工高度，即为抱箍的顶面标高，抱箍吊装时先在施工脚手架上搭设脚手板，为紧固抱箍螺栓提供操作平台，并在地面上先把两片抱箍用高强度螺栓初步连接，在用螺栓把抱箍的孔位逐一连接好以后带上螺帽，螺帽的拧紧程度只是把螺帽拧到能看到外帽沿与螺杆相平即可，然后用木楔子卡入抱箍之间的缝隙临时楔紧，并在吊装过程中派专人扶持抱箍，防止吊装时抱箍由于晃动刮伤墩柱。然后用钢丝绳穿入抱箍的牛腿顶部用于固定工字钢的螺栓孔内，对称穿入后进行抱箍吊装，从墩柱上方把抱箍套在墩柱外侧，并且用人工在墩顶进行辅助定位，加快施工进度。

在进行抱箍紧固时，对每个高强度螺栓都平行施加预拉力，即把每侧的八个螺栓均匀地拧到相似的坚固程度，观察抱箍与墩柱的结合面，防止由于不均匀拧紧高强度螺栓引起墩柱受到偏压，造成施工隐患。同时也注意抱箍的各个板面及焊缝的情况，观察有无变形或开裂等情况。

用吊车在抱箍上架工字钢，并在两根工字钢之间装上横向拉结杆件，防止吊装及定位过程中发生横向失稳引发意外。共设四根拉杆，每根柱子前后侧各设一根，拉杆采用 $\phi 28mm$ 钢筋。支撑架在搭设后进行 1.2 倍堆载预压。

2. 模板安装

模板采用侧模包底模的形式。采用 16t 以上吊车在抱箍上安装工字钢横梁或贝雷片，上铺 15cm×

15cm方木，然后在上铺设已加工好的钢底模。底模铺设完毕后，须在测量组的配合下调整底模轴线偏位及高程，使其符合规范与设计要求。盖梁钢筋绑扎完成后，安装侧模，拉杆在底板下和盖梁顶各设置一道，模板调整采用倒链，待调整完毕经检验各项指标满足要求后进行混凝土的浇筑。

3. 钢筋加工安装

钢筋下料、成型在钢筋场地进行，安装根据现场情况，能一次性吊装就位的，在地面安装成型后，整体吊放就位安装，场地受限制的在底模上完成，钢筋的吊运采用16t吊车，大于25mm的钢筋接长采用镦粗直螺纹钢筋接头接长。采用塑料垫块控制保护层，数量根据实际情况确定。钢筋安装牢固，间距均匀，符合设计图纸及规范要求。

4. 混凝土浇筑

混凝土在拌和站拌和，混凝土罐车运输，吊车吊混凝土入模。对因场地受限无法采用吊车浇筑的，采用地泵输送入模。混凝土入模后及时振捣和连续浇筑，分批下料，采用水平分层浇筑的方法进行，水平分层厚度不大于30cm，浇筑顺序为先两端后中部，采用插入式振捣器振捣。

5. 混凝土养护及拆模

盖梁、台帽混凝土初凝后，覆盖土工布，派专人浇水养护以防止混凝土面出现收缩裂缝，养护时间为7d。待盖梁混凝土达到设计要求后，先拆除侧模板与端模板，后拆除底模板，拆除时注意保护混凝土不被破坏。

6.4.7 变截面悬浇箱梁施工工艺和方法

6.4.7.1 施工工艺流程

变截面预应力连续梁施工工艺流程如图6-4-10所示。

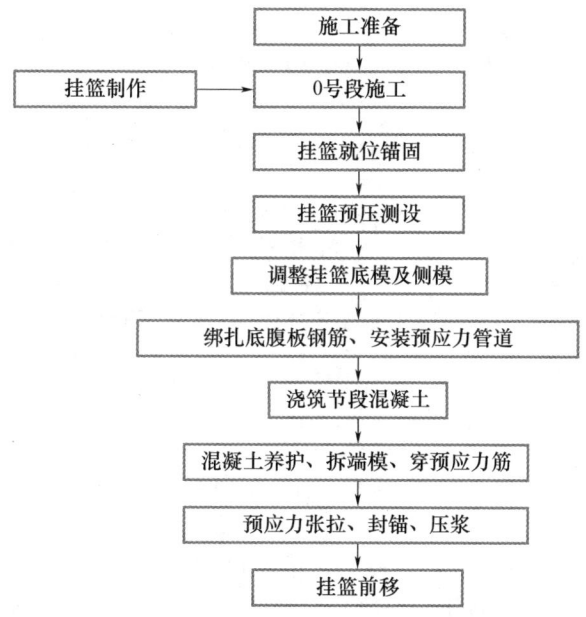

图6-4-10 变截面预应力连续梁施工工艺流程

6.4.7.2 主梁0号块施工

为了方便挂篮的安装，0号块采用一次浇筑的施工工艺，具体施工工序为：施工准备→测量放样→三角托架安装→底模安装→预压→侧模模板、支架安装→底板钢筋安装→横隔板、腹板钢筋和竖向预应力、纵向预应力管道安装→内模及支架安装→顶板钢筋及纵横向预应力管道安装→混凝土浇筑→养护→脱模→穿钢绞线束→张拉、压浆、封锚→拆除底模及三角托架。

1. 0号块支架设计和施工

0号块外托架共设计5片,分别设置在三道腹板正下方和底板中间,每片水平杆采用2I28工字钢,斜腿采用2I25工字钢。托架上横向安装2道I45a工字钢。

0号块墩间内托架共设计5片,分别设置在三道腹板正下方和底板中间,每片托架采用2I45a工字钢作为纵向承重梁,其上再安装5道横向2I45a工字钢,再在上面安装I14工字钢。

墩身浇筑时在墩身上预埋托架牛腿钢板,牛腿钢板采用18根$\phi 28mm$螺纹钢预埋,钢板内侧与墩身外表面齐平。

0号块外模采用挂篮外模,内模采用10cm×10cm方木+1.2mm厚竹胶板,方木间距30cm,方木背肋30cm。内模支架采用$\phi 48mm \times 3.5mm$钢管脚手架,托架与预埋钢板采用$\phi 14mm$钢棒连接。

2. 0号块支架安装

三角托架在加工场加工成型,然后采用塔吊吊至安装位置安装,并安装钢销棒。

3. 支架预压

(1) 支架预压目的。

检查支架的承载能力,减小和消除支架的非弹性变形,从而确保施工过程中支架的安全性和混凝土箱梁成型后的线形与质量。

(2) 试压。

在主墩墩旁搭设扇形托架,对托架进行预压,预压质量不少于支架需要承受全部荷载的1.2倍,浇筑梁体0号节段,待节段混凝土强度及弹性模量均达到设计值95%以上且混凝土龄期不小于7d后,张拉节段预应力钢束。

挂篮加载应分级进行。加载分级宜为悬臂浇筑最大节段质量的10%、50%、100%、120%。每级加载完毕6h后进行支架的变形观测,测点布置在边跨段的两段、$L/4$、$L/2$、$3L/4$(L为跨长),横桥向根据截面的结构形式,宜将测点布置在边跨截面的底、顶板中间位置和腹板中间位置。最终荷载预压完成后12h内,应进行观测,确定标高值,24h内无变化应视为稳定,可进行卸载。

(3) 卸载。

卸载分级宜为悬臂浇筑最大节段质量的100%、50%、10%、空载。

(4) 卸载后的观测。

卸载作业完成6h后,对测点进行观测。

(5) 对底模板标高的调整。

根据基于检测数据整理出来的试验结果报告对底模板标高进行微调,使之达到设计标高,并按设计单位提供的数据设置预拱度。

4. 钢筋工程

钢筋下料、成型在钢筋加工场地进行,通过拖车运至现场,吊车吊装,现场安装,钢筋分2次安装,先安装底板钢筋,再安装腹板、隔墙钢筋,内模安装后安装顶板钢筋,同时要注意预埋钢筋。

5. 混凝土工程

墩顶箱梁段(0号块)体积较大,浇筑混凝土前布设PVC塑料管,用于混凝土浇筑时的水循环,以减少水化热。混凝土采用泵送混凝土,混凝土振捣时,采用直径5cm的振捣棒,不得漏振和过振,混凝土的分层厚度30cm,采用一次浇筑完成。

6.4.7.3 箱梁悬浇施工

主桥箱梁采用挂篮悬臂浇筑施工,挂篮采用全封闭挂篮,在挂篮防护平台最底角设置管通,通过小型水泵将积水引至0号块泄水孔进行收集处理,防止污水落入渠中,挂篮具体形式根据现场实际情况进行设计,必须经涉铁路、公路相关部门认可后,方可施工。除墩顶0号块和边跨现浇段采用在托架上现浇外,其余分为梁段,均采用对称平衡悬臂逐段浇筑施工。挂篮在0号块上拼装,主桁在0号块上拼装,底篮在0号块下场地拼装后采用吊杆整体提升到位,翼板采用吊车吊装。

1. 挂篮构造

标段拟采用菱形挂篮进行悬浇段施工,计划挂篮满足14个"T"构施工。挂篮主要由主桁承重系统、底篮及悬吊系统、后锚及行走系统、模板系统等几个部分组成。

2. 挂篮试拼和预压

主桁→主桁中横梁→主桁前横梁→翼板及外侧模→底篮→内滑梁、内模→拉筋及内外螺杆→端模。

挂篮的加载试验:为确保悬浇段的施工监控数据准确,挂篮在0号块第一次使用前在0号块上对其进行加载试验,对已安装的挂篮主桁按设计荷载乘以安全系数进行试压,试压时分级加载,第一次加载后及时检查各杆件的连接情况和工作状况。试验结果整理出加载测试结果报告,其中弹性变形值及非弹性变形值,用来指导挂篮施工标高控制。

3. 挂篮施工

0号块施工后在其上进行挂篮拼装、预压,挂篮准备就绪后做后续工作,准备悬浇段混凝土施工。悬浇段施工顺序:挂篮前移就位→安装模板→绑扎钢筋→安装预应力管道→浇筑混凝土→强度达到90%后开始预应力张拉→移动调整挂篮、准备下一块施工。

6.4.7.4 边跨现浇段施工

当采用平衡托架施工法在墩身的两侧施工时安装预埋件,安装牛腿托架,一侧托架安装分配梁、铺设底模并完成模板系统,绑扎钢筋等,另一侧在混凝土浇筑过程中分阶段压载配重。该工法的主要特点是须在现浇段牛腿托架相反侧进行牛腿托架配重使整个墩身两侧保持平衡,相对于其他工法来说,平衡托架法从经济上考虑是比较理想的,工期较短。

托架采用整体托架,即墩身两侧托架上弦杆为一根整体杆件,两侧焊接斜杆,该托架整体性强,且不存在上弦杆与桥墩连接的问题,混凝土不会出现拉应力。现浇梁体通过托架承受,墩身所受弯矩通过沙袋配重托架平衡。

6.4.7.5 箱梁合龙段施工

1. 合龙段施工顺序

合龙段采用吊挂模板、劲性骨架通过压重方法进行施工,先边跨后中跨。压重采用在悬臂端加水箱实现,合龙在一天中气温较低、悬臂梁端变形稳定的夜间进行,采用平衡施工法尽快地完成合龙段混凝土的浇筑。劲性骨架焊接时在预埋件周边混凝土上覆盖湿布浇水降温,避免烧伤混凝土。合龙段混凝土达到设计强度的90%后方可进行合龙段预应力钢束张拉。

2. 支架模板系统

合龙段采用吊架施工,吊架由梁体、模梁、模架、吊杆、模板等组成,外侧模由挂篮外侧模板改制而成。

合龙施工采取的技术措施:合龙段两侧箱梁之间设置能够传递结构内力的临时连接构件,临时连接构件在一天中气温靠近设计温度时锁定,并将构件两端的钢板先用千斤顶进行预压,以减少构件自身的变形;注入合龙段混凝土并同时卸除压重质量,待混凝土强度达到设计强度90%且混凝土龄期不小7d后,张拉合龙段钢束。

6.4.7.6 预应力施工

1. 张拉主要设备及材料

张拉采用智能张拉设备。

(1) 预应力钢束:采用公称直径15.20mm、公称面积140mm^{2}的低松弛高强度钢绞线,抗拉强度标准值f_{pk}=1860MPa,其力学性能应符合相关规定。

(2) 预应力管道均采用钢波纹管、锚具及其配套的配件。

(3) 预应力钢材、锚具、波纹管等进场后,应检验出厂合格证和质量鉴定书,并按规范要求进行工地抽验,在使用时除去防护油等污物。

（4）钢绞线进场后，必须按有关规定对其强度、外形尺寸、物理及力学性能等进行严格试验。锚头进行裂缝探伤检验，夹片进行硬度检验，锚具进行锚具-钢绞线组装件的锚固性能试验，同时就实测的弹性模量和截面积对计算引伸量做修正。

2. 波纹管安装定位

（1）波纹管使用前必须经过检查，要求波纹管套结密实，无缝隙孔洞，在搬运过程中不得损坏；预留孔道的波纹管与普通钢筋同时进行安设，波纹管的连接采用大一号的同型波纹管做接头管套接，在套接部分，两端接头要各伸入套管内一半距离（套管长度宜为被连接管道内径的5～7倍），并将接头部分用胶带封好，胶带封粘不小于两圈，波纹管套接接头一定要用小锤敲平，以防在穿束时引起波纹管翻卷，严重时可能导致管道堵塞。

（2）预应力管道严格保证弯曲坐标及弯曲角度，用 $\phi 10mm$ 井字形定位架精确定位，定位架间距在直线段为80cm一道，曲线段为40cm一道。定位架与箱梁纵横向钢筋点焊连接，确保定位架与箱梁钢筋的整体性。

（3）管道的制作、安装及连接必须保证质量，在预应力管道附近对钢筋等施焊时，采取保护管道的措施，严禁因管道漏浆而造成预应力管道堵塞。锚具垫板必须与钢束轴线垂直，垫板孔中心与管道孔中心必须一致，安装千斤顶必须保证锚圈孔与垫板孔中心严格对中。锚垫板接头处一定要用胶带或其他东西塞好以防水泥浆渗进锚孔内；锚垫板位置的混凝土振捣时要特别注意混凝土质量，必须振捣密实，严禁翻砂。

（4）纵向预应力管道采用塑料波纹管，横梁预应力管道采用金属波纹管。箱梁在钢筋绑扎、混凝土浇筑过程中，严禁踩踏波纹管，尤其要注意保护顶板横向预应力扁管，防止其变形，影响穿束、张拉及灌浆，纵向预应力管道在混凝土浇筑过程中必须采用临时衬管，混凝土达到一定强度时抽拔衬管，以防孔道灌浆而影响穿束。

3. 预应力钢绞线安装

（1）钢绞线下料要求必须使用砂轮切割机，严禁使用电焊切断，钢束切割时两端2m范围内用钢丝绑扎，然后按设计图顺序号挂牌编号。

（2）钢绞线采用整束穿，穿束工作由人工进行。穿束时钢束的前端扎紧套上套筒并裹胶布，以便顺利通过孔道。

（3）钢束如与普通钢筋冲突，应遵循构造钢筋避让主筋、普通钢筋避让预应力钢束、横向及竖向钢束避让纵向钢束的原则。

4. 钢绞线的张拉

（1）在钢绞线编束之前，检查钢绞线表面是否带有洗涤剂、油渍等能降低钢绞线与混凝土黏结力的物质，如有必须将其表面清理干净。按照图纸的计算长度加上工作长度进行下料，然后按照设计股数进行编束，对每束进行编号，并使用扎丝每隔1.5m绑扎一道，防止钢绞线扭绞和交叉造成应力损失。编号的钢束应在张拉当天穿束。安装工作锚时，使钢绞线平行通过锚板的锚孔，使锚板与锚垫板在同一轴线上，决不可乱穿和交叉。安装钢束前仔细检查锚板喇叭孔内是否有水泥浆，如果有，必须清理干净，并用纱布等将锚板与锚垫板接触部位清理干净。在安装工作夹片前仔细检查锚板的锚孔和夹片是否干净，以免增大磨阻损失。每副夹片用O形胶圈套在一起，然后从钢绞线端头套入并用钢管打入锚板锥孔内。操作时务必使所有夹片露出的长度一致，以保证受力均匀。安装限位板时要注意正反面的位置，使限位板企口与锚板外径相对应，各孔与工作锚孔一一对应。安装千斤顶时使其前端企口对准限位板，使钢绞线在千斤顶内不发生扭绞、交叉。安装工具锚之前先清理锚板锥孔表面和工具锚夹片，并在其上涂一层蜡质润滑剂以保证张拉锚固后退锚顺利。工具锚与张拉端工作锚对正，不能使工作锚与工具锚之间的钢绞线扭绞、交叉。工具锚夹片要均匀打紧，不能松紧不一。

（2）箱梁混凝土达到设计强度的90%后，且弹性模量不应低于28d弹性模量的90%时，方可进行该梁段预应力钢束张拉。纵向预应力钢束在箱梁横断面保持对称张拉，纵向钢束张拉时两端应保持同步，严格按设计顺序、张拉控制应力及工艺进行。预应力张拉、千斤顶与油泵压力表应按有关规定配套及定期标定。箱梁内正弯矩钢束及墩顶连续段处的负弯矩钢束均采用两端同时张拉，锚下控制应力纵横向为 $0.75f_{pk}=1395\mathrm{MPa}$，竖向控制应力 $0.9f_{pk}=706.5\mathrm{MPa}$。

（3）箱梁双向预应力张拉次序为：先纵横向、后竖向。竖向预应力张拉可在下一段浇筑前完成，箱梁各合龙段预应力钢束及底板的张拉阶段与先后次序按照设计图纸的规定和要求进行。竖向预应力钢筋张拉工艺要求：竖向预应力钢筋在挂篮前移后滞后一个块件张拉，对张拉钢筋做明显标记，以避免漏张拉现象。竖向预应力钢筋采用二次张拉工艺，第一次张拉吨位为 568kN，第二次张拉为检查张拉，张拉吨位为 568kN，时间间隔 15~20d。

（4）施加预应力采用张拉吨位与钢束伸长量双控。钢束张拉时在初始张拉力（可取设计张拉吨位的 10%~15%）状态下做出标记，以便直接量测钢绞线的伸长量。当预应力钢束张拉至设计吨位时，实际伸长量与理论伸长量误差不应大于±6%，否则停工检查，分析原因，采取相应措施处理后方可继续张拉。钢束张拉时尽量避免滑丝、断丝现象。当出现滑丝、断丝时，其滑丝、断丝总数量不得大于该断面总数量的 1%，每一钢束的滑丝、断丝数量不得多于一根，否则应换束重新张拉。

（5）所有预应力钢材不准焊接，钢绞线使用前应认真做好检查，预应力张拉设备应经过有资质的相关部门标定后方可张拉。

（6）张拉采用数控张拉设备进行，钢绞线张拉过程如下：初张拉至初应力（15%σ_{con}）→做量测伸长量起始记号→张拉至初应力（30%σ_{con}）→做量测伸长量起始记号→张拉至设计应力（σ_{con}）→量测伸长量（δ_0）→持荷 5min 检查是否滑丝。

5. 孔道压浆

（1）预应力钢绞线张拉完成后，采用真空压浆技术对预应力钢绞线孔道进行压浆。其作用有二：一是保护预应力钢绞线，以免生锈；二是使预应力钢绞线与箱梁混凝土有效黏结，以控制超载时裂纹间距与宽度并减小梁端锚具的负荷。

（2）压浆顺序为：孔道湿润→安装稳定阀→一端压浆另一端冒出浓浆→关闭阀门→孔道稳压→压浆端关闭阀门；水泥浆配制由试验确定并经监理工程师认可，水泥浆自拌制至压入孔道的延续时间，一般在 30~45min，水泥浆在使用前和压注过程中应连续搅拌。水泥浆的水灰比限制在 0.26~0.28，初始流动度要求在 10~17s。压浆时，应从一端压向另一端，压降顺序宜先压注下层孔道，压浆要缓慢、均匀地进行，不得中断，压浆的最大压力宜为 0.5~0.7MPa，待出浆口流出浓浆与拌制的水泥浆一样后，保持压力 3min 关闭进浆阀门，压浆完成后进行封锚作业。压浆时，每一个工作班应留取不少于 3 组的试件。在孔道压浆的浆体强度达到要求后，用龙门吊移梁。

（3）箱梁张拉锚固后，及时进行预应力孔道压浆，压浆前对孔道进行清洗，然后用不含油的压缩空气将孔道内的所有积水吹出。孔道压浆采用 C50 水泥浆，水泥浆必须过筛，以防水泥结块及粗颗粒堵塞压浆嘴。同一孔道压浆作业必须一次完成，不得中断。

6.4.7.7 体系转换

1. 体系转换施工过程

体系转换施工主要包括滑动支座约束解除、临时固结拆除和后期预应力张拉等内容，中孔的合龙是梁体从单悬臂向连续梁的转换，本桥连续梁体系转换的施工流程为：边跨合龙→边跨预应力张拉压浆→拆除边跨支架→拆除挂篮，让梁体处于裸梁状态→拆除主墩临时固结→安装中跨临时刚性连接构造→张拉中跨临时钢束→用悬吊支架现浇中跨合龙段→待混凝土强度及弹性模量达到设计值后，张拉并锚固剩余预应力索→拆除悬吊支架，全联贯通、体系转换完成。

2. 体系转换注意事项

（1）在混凝土强度、弹性模量达到要求后进行边跨合龙段预应力束张拉，张拉、压浆结束后拆除边跨挂篮及支架，安装中跨合龙段劲性骨架，锁定悬臂，应确保临时刚接措施的刚度足够，随之按照设计要求张拉临时预应力束，保证劲性骨架及临时预应力束的施工质量，因为劲性骨架和临时预应力束锁定的好坏将决定合龙段的施工好坏。

(2) 滑动支座和现浇段的约束应及时解除，保证现浇段能随主梁温度变化自由伸缩。对活动支座还需保证解除临时固结后的结构稳定，需控制和采取措施限制单悬臂梁发生过大纵向水平位移。

(3) 临时固结的解除，凿除前应精确测量边跨合龙段新浇筑混凝土两侧结构标高，凿除过程中应及时监控、记录合龙段两侧结构标高的变化，均衡对称进行，确保逐渐均匀地释放。注意各梁段的高程变化，如有异常情况，应立即停止作业，找出原因，以确保施工安全。在凿除的过程中应注意避免损坏墩身、支座垫石及箱梁混凝土。凿除施工脚手架沿墩身搭设，周边按要求做防护网，作业人员在脚手平台上采用风镐凿除混凝土，由于本桥墩身高度较低，空压机放置于桥下，压力风以胶管引到工作面。凿至临时固结预埋钢筋位置时，采用氧气乙炔割除露出钢筋，并对梁底、墩顶的钢筋接头用环氧树脂砂浆封堵，进行防腐、防锈处理。

(4) 后期预应力束一般比较长，钢绞线下料、制束、穿束及张拉施工均比较麻烦，工序较多，应根据合龙段施工时间提前做好施工准备，确保成桥质量。

(5) 对体系转换后形成的超静定结构，需考虑钢束张拉、支座变形、温度变化等因素引起结构的次内力。当按设计要求需进行内力调整时，应以标高、反力等多因素控制，相互校核。如出入较大，应分析原因。

6.4.8 现浇箱梁施工

现浇箱梁统计见表 6-4-8。

表 6-4-8 现浇箱梁统计

序号	中心桩号	桥梁名称	现浇箱梁（m/联）	每联长度（m）	现浇箱梁高度（m）	桥梁宽度（m）	桥梁全长（m）
×××	×××	×××	1	×××	×××	×××	×××
			2	×××	×××		
			3	×××	×××		
			4	×××	×××		
			5	×××	×××		
			×	×××	×××		
			×	×××	×××		

采用盘扣式满堂支架法进行施工时，钢筋在加工成型后运输至现场，吊装至模板支撑架，人工绑扎成型；钢绞线现场下料成型后，吊装至模板支撑架上，人工穿束到位；混凝土由罐车运输至现场，汽车泵泵送入模，插入式振捣器振捣密实；混凝土养护至设计强度100%，张拉预应力钢绞线、压浆、封锚。压浆强度达到设计强度的80%后，拆除模板支撑架。施工工艺流程如图 6-4-11 所示。

1. 支架基础

清表后检测基底压实度，如基底压实度不小于96%，则填筑 20cm 级配碎石，再浇筑 25cmC20 混凝土作为支架基础；如基底压实度小于96%，则下挖 80cm 换填素土压实（压实度不小于96%），再填筑 20cm 级配碎石，浇筑 25cmC20 混凝土作为支架基础。

2. 支架设计

架体横向布置间距 900mm（1200mm），纵向布置间距 1200mm（1500mm），步距 150cm，主龙骨采用 14 号工字钢，顺桥面方向铺设，布置间距 900mm（1200mm），次龙骨采用 90mm×90mm 木方，横桥面方向铺设，间距 180mm，模板采用 15mm 厚木胶合板，翼板下支架横距 120cm，纵距 120cm，步距 150cm，满堂架上设间距 120cm 的 I14 工字钢作为下分配梁，2φ48mm 曲形钢管为中层分配梁，中层分配梁上铺设间距 180mm 的 90mm×90mm 方木及 0.9cm 厚木胶合板组合木模，详细设计在专项施工方案中进行细化。

6 各主要工程项目的施工方案、施工工艺和方法

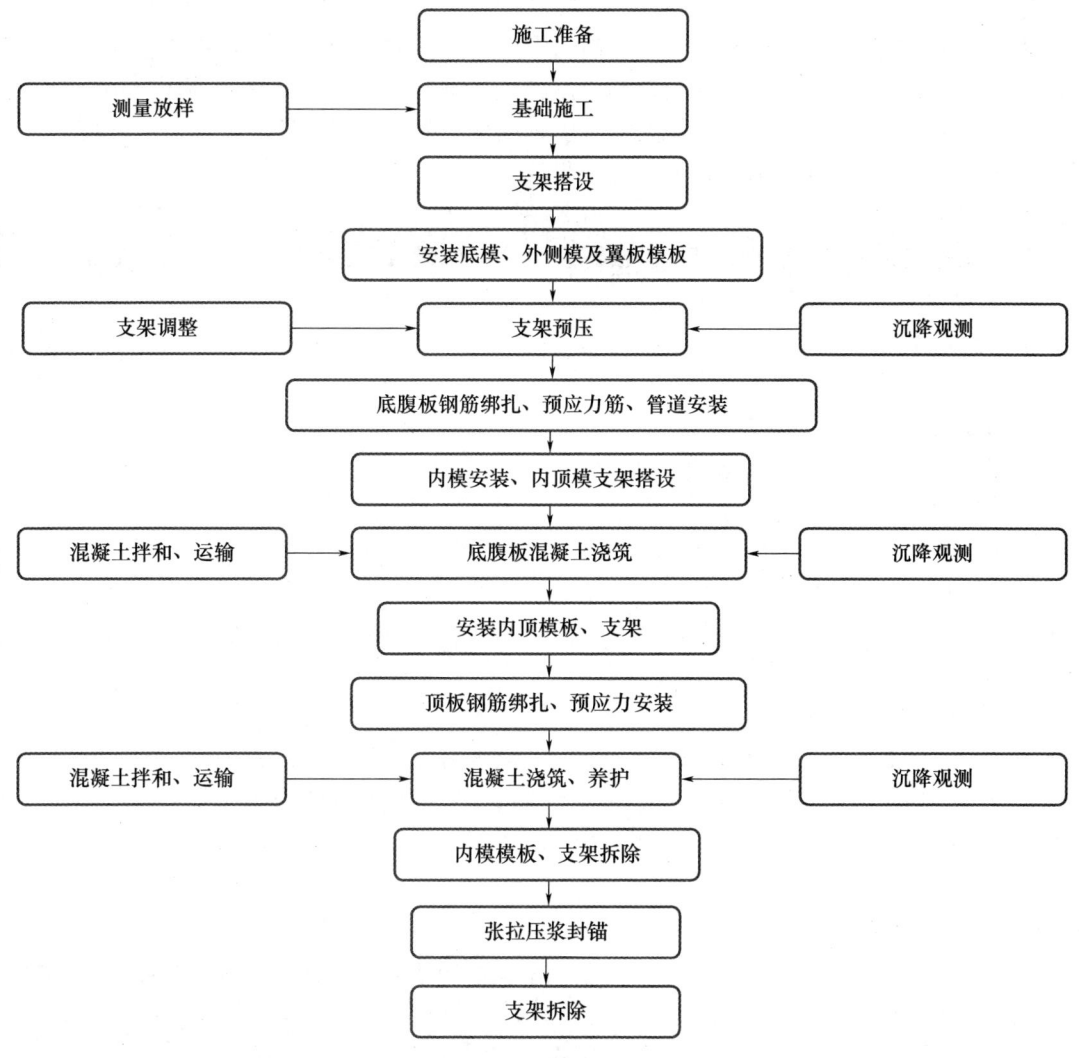

图 6-4-11 现浇箱梁施工工艺流程

3. 支座安装

支架搭设完成后，按设计要求安装支座，支座安装必须严格按设计要求进行，垫石顶面需按支座锚固套筒规格、数量预留栓孔。预留栓孔的直径和深度大于套筒直径和长度 50～60mm，中心偏差不超过 10mm。支座安装时，支承垫石顶面应凿毛，并用清水冲去垫石上面的杂物，待垫石表面干燥后，在锚固螺栓孔位置以外的支承垫石顶面涂满环氧砂浆调平层。支座就位后，对中并调整水平，用垫块将支座垫起，用环氧砂浆或强度等级较高的砂浆灌注套筒周围空隙及支座底板四周未填满环氧砂浆的位置，并且将砂浆捣实，完工后该将支座底板以外溢出的砂浆清理干净，砂浆硬化后再拆去支座垫块。

4. 底模、侧模及内模安装

箱梁底模、箱体内模采用 15mm 厚木胶合板，模板尺寸为 1220mm×2440mm，模板铺设在方木上。梁底模板铺设方向为纵向 2440mm，匝道桥悬挑弧形翼板处为横向 2440mm；箱梁底模长边顺桥向排布，箱梁翼板模板长边横桥向排布。

边腹板及翼板模板接缝背面设置竖向方木顶撑，保证接缝平顺不漏浆。

箱室内模由箱室内侧模板和箱室内顶模板组成，箱室内腹板侧模之间采用对拉螺栓加固、钢管支架进行支撑。内顶板底模板为了能够满足拆除箱室内支架及模板的要求，在每个箱室中间位置顶板上预留 100cm×60cm 孔洞（人孔），且纵向错开，四周预留钢筋。待预应力钢束张拉完毕、预应力孔道压浆完成后，焊接顶板钢筋，吊模封闭洞口。

5. 支架预压

为避免在混凝土施工时支架不均匀下沉，消除支架和地基的非弹性变形，用以检测支架的承载能力，测出支架和地基的弹性变形量，为设置预拱度提供依据，事先对支架进行预压。预压时，用沙袋按上部混凝土质量分布情况进行布载，最大加载质量按预压荷载为（钢筋混凝土荷载＋模板荷载＋人群机具荷载＋倾倒混凝土冲击荷载＋振捣混凝土荷载）×1.1。

6. 预拱度的设置

为了使梁在完成后达到规定的标高，模板调整时要考虑设置预拱度。设置预拱度通常要考虑以下因素。

(1) 梁自重产生的弹性变形。
(2) 垫块的压缩量。
(3) 支架在设计荷载下的挠度。
(4) 支架在设计荷载作用下的非弹性变形量。
(5) 支架在设计荷载作用下的弹性变形量。
(6) 支架基础受荷载后的非弹性变形和地基的弹性变形量。
(7) 预应力钢绞线张拉后引起的箱梁上拱度。

根据工程的施工方案，经预压卸载后，其中的非弹性变形应消除，在设置预拱度时只考虑弹性变形即可。

7. 底模、侧模调整

预压完成后，对底模、侧模在平面位置、高程方面进行详细检查，底模标高、预拱度及横向曲线根据预压数据通过铁垫块和调节杆调整，底模边线通过细致测量画线来调整，特别要对底模、侧模接缝处进行详细检查，避免边角混凝土表面出现蜂窝、麻面及表面漏砂现象，使拆模后的箱梁底板边线条光洁、均匀顺直。

8. 钢筋绑扎

底板、腹板钢筋一次绑扎成型，绑扎顺序为：先布置绑扎底板钢筋，再布置绑扎腹板钢筋，因底板钢筋保护层垫压力较大，箱梁受力主筋净保护层厚度不小于30mm，箍筋净保护层厚度不小于20mm，收缩、分布、防裂等表层钢筋净保护层厚度不小于20mm，按规范要求采用混凝土垫块。经详细检查合格后，立内模，然后绑扎顶板钢筋。波纹管按照图纸中的曲线要素和坐标，补充计算出安装定位坐标。由于箱梁内钢筋较密，施工时确保预应力钢束管道位置准确，波纹管的定位可采用井字形点焊成型，定位间距为直线段100cm、曲线段50cm，若普通钢筋与预应力钢束相碰，则适当挪动钢筋位置。经详细检查合格后，进行钢绞线穿束，立内模，然后绑扎顶板钢筋。

9. 预应力施工

钢绞线下料后，梳整编束，编束后的钢绞线顺直不扭转，按编号分类存放。钢绞线切断前的端头先用铁丝绑扎，切断后端面用胶布缠紧封头，以利于穿束。穿钢束前清除孔道内积水和杂物，并用风吹干。

10. 内模安装

内模采用骨架整体制作。骨架制作在专用的平台上进行。根据每片骨架所处的位置计算该骨架的外形尺寸，在大型钢板上进行放样，用墨斗线标记出骨架轮廓，根据每片骨架大样图进行角钢下料，并按照大样图施焊，保证骨架尺寸准确。然后安装内模面板，整体吊装。为方便浇筑底板混凝土，顶板预留活动天窗，天窗设置在1/4跨处。

11. 混凝土浇筑

箱梁混凝土浇筑采用整联整体浇筑，分两次浇筑：第一次浇筑底板、腹板，第二次浇筑顶板，箱梁混凝土浇筑按以下要求进行。

(1) 对混凝土配合比进行严格选定，并报监理工程师批准，施工前、施工过程中对商品混凝土站原材料、拌和过程施工配合比进行检验检查。

（2）每联箱梁从低到高进行浇筑，横向从中心向两侧对称浇筑，先浇筑中心位置腹梁，再依次浇筑斜腹梁。

（3）混凝土浇筑前征得监理工程师同意对支架、模板等进行一次全面详细的检查。

（4）落实混凝土供量，以防在浇筑过程中混凝土量不足。

（5）罐车数量能保证泵车用混凝土的连续。

（6）混凝土浇筑采用斜向分段、水平分层的方法进行，水平分层厚度在20~40cm。

（7）混凝土采用插入式振捣器振捣。

（8）混凝土浇筑过程中，技术人员、质检人员全过程旁站，对支架混凝土的各项指标随时检测，以此来保证混凝土浇筑顺利进行。

（9）顶板收面设置2m×2m方格网控制标高及平整度。

12．混凝土养护

养护工作从最早浇筑混凝土初凝后即开始，并特别注意对箱室内洒水、降温，消除因内外温差引起的混凝土表面裂纹。混凝土表面覆盖土工布、塑料薄膜等，以保证混凝土表面始终保持湿润。

13．预应力张拉

当混凝土强度达到设计混凝土强度时，方可进行预应力束的张拉。张拉前对张拉设备油表进行标定。

（1）开始张拉前将所有钢绞线尾端切割成一个平面或采用与钢绞线颜色反差较大的颜料标注出一个平面，在任何步骤下量测引伸量均测量该平面与锚垫板之间的距离，不得以油缸伸长值代替引伸量。

（2）预应力钢绞线张拉采用张拉力和伸长量"双控"，张拉力控制为主，以伸长量进行校核。伸长量实际值与理论值偏差保持在±6%以内。

（3）张拉程序：0→初力$0.20\sigma_{con}$→$0.4\sigma_{con}$→$1.0\sigma_{con}$（持荷5min）→锚固，预应力束的张拉工序严格遵循设计和施工规范。

（4）实测钢束伸长量与修正后的计算伸长量误差满足设计要求，否则查明原因并采取措施进行处理。

（5）检查千斤顶和锚具有无滑丝。一旦出现滑丝，查明原因并采取措施，待解决后，方可继续张拉；同时还需要检查钢绞线尾端标记是否在一个平面上，如平面发生了变化，说明有个别钢绞线出现了滑丝现象，必须采取措施及时进行处理，对同一张拉截面，断丝率不得大于1%。

（6）预应力钢束张拉完毕后进行封锚压浆，严禁碰撞锚头和钢束，钢绞线多余的长度用砂轮切割机进行切割，严禁电焊切割。预应力束张拉原则：预应力张拉保证箱梁内外模板的均衡受力。张拉时分步张拉预应力：先张拉外侧腹板的预应力，再张拉内侧腹板预应力；张拉时分级操作，每级之间稳压不少于5min，让箱梁有一个变形的过程。

14．管道压浆

管道压浆采用真空辅助压浆工艺，预应力管道采用塑料波纹管。

真空辅助压浆设备主要有灰浆搅拌机、压浆泵、真空泵、高压管、各种接头阀门、浆桶等。

15．模板及支架拆除

对于不承重侧模，当混凝土强度达到2.5MPa时可拆除；预应力束全部张拉完毕，且管道压浆的强度达到设计要求后，方可落架、拆除底模板。对于普通钢筋混凝土连续箱梁，达到设计强度要求后，方可落架、拆除模板。模板、支架拆除遵循先支后拆、后支先拆的原则，拆时严禁抛扔。在纵向对称均衡卸落，在横向同时一起卸落，连续梁宜从跨中向支座依次循环卸落，悬臂梁先卸挂梁及悬臂的支架，再卸无铰跨内的支架。墩台模板宜在上部结构施工前拆除。拆除模板、卸落支架时，不允许猛烈地敲打和强扭等。

模板、支架拆除后，维修整理，分类妥善存放。

6.4.9 桥梁预制施工

1. 钢筋与波纹管安装

在底模上标出主筋、箍筋、预埋件位置，直接将预先加工好的各种钢筋按各自位置依次进行绑扎，要复核主筋间距，使其准确。

孔道采用波纹管，按正确位置（纵、横、竖）将波纹管固定（用钢筋网以井字架焊接在竖向主筋上，间距0.5m），孔道终端保证与预埋支承垫板垂直。波纹管接长接头用套管搭接并用胶带纸缠绕紧密牢固。为避免波纹管在混凝土灌注中缩径，事先用废钢丝束或通长橡胶管穿入波纹管内，保证不瘪、不漏、不浮、不沉，有足够的刚性。

2. 模板

预制箱梁采用液压整体式箱梁模板。

3. 浇筑梁体混凝土

混凝土采用输送泵泵送。采用竖向水平分层（浇筑厚度30cm），纵向分段由一端向另一端推进，连续灌注，专人采用 ϕ3cm 振捣棒插入式振捣，同时开动附着式振捣器，振捣以混凝土面不显著下沉、表面泛浆、不再有气泡冒出为度，严禁漏振和过振。同时，避免振捣棒触击波纹管，以免碰瘪波纹管，难以进行预应力穿束施工。

4. 养护

采用自动喷淋设备洒水保湿养护。

5. 预应力张拉

（1）预应力下料穿束。

制束：在放线架内将钢绞线打开，先对钢丝进行逐根检查，剔除死弯和刻伤的钢丝，然后按各编号孔道长度加1200mm下料。下料长度按计算确定。

下料时，在每端离切口30～50mm处用铁丝绑扎，切割用砂轮锯，不得使用电弧。钢丝束制作在平台上进行，用带孔的梳板进行编扎，每长1.5m绑扎一道20号钢丝，两端部2.0m范围内间距为50cm，以保证各根钢束顺直。

（2）穿束。

将孔道内浇筑梁前预穿的废钢丝束或通长橡胶管抽出，清除孔道内的杂物，并用高压水冲洗，观察孔道有无串孔现象，再用高压风吹干孔道内水分，而后按编号穿入钢丝束。穿束时采用钢套牵引法，人工穿束，防止捅坏波纹管。

（3）预应力张拉。

①准备工作。

a. 千斤顶及相匹配的油泵经技术监督局标定后，保证良好的工作状态，保证误差不超过规定，方可使用。以相关的标定数据计算油表读数，作为控制张拉力的依据。伸长量要根据钢绞线的实测弹性模量及管道摩阻相关参数确定。

b. 检查钢绞线对应位置的根数是否正确、卡片安装是否齐平，所有的预应力锚具系统应检验合格，方可使用。

②张拉工艺。

a. 箱梁混凝土强度达到设计强度的90%且龄期不少于7d，方可张拉预应力钢束，张拉顺序为：$N_1 \rightarrow N_3 \rightarrow N_2 \rightarrow N_4$，预制梁钢束两端同时张拉，锚下控制应力为 $0.75f_{pk}=1395$MPa，按照 $0 \rightarrow 10\% \rightarrow 20\% \rightarrow 100\%$ 分级张拉。

b. 施加预应力应采用张拉力与引伸量双控。当预应力钢束张拉达到设计张拉力时，实际引伸量与理论引伸量的误差应控制在±6%以内。

③张拉要点。

a. 尽量减小预应力筋与孔道摩擦力,以免造成过大的应力损失或使构件出现裂缝、翘曲变形。

b. 应计算分批张拉的预应力损失值,分别加到其张拉的预应力筋控制应力正值内,但 σ_k 不能超过规定要求,否则应在全部张拉后进行第二次张拉,补足预应力损失。

c. 张拉时,两端千斤顶升降速度应大致相等。千斤顶就位后,先让预应力筋绷直,在预应力筋拉至规定的初应力时($10\%\sigma_k$)应停止,测延伸量,然后分级张拉至控制张拉力,持荷 2min 后,量测伸长值并锚固。

④滑丝、断丝和安全事故预防。

按规定每束钢绞线断丝或滑丝不超过 1 丝,每个断面断丝之和不超过该断面钢丝总数的 1%。为防止出现滑丝、断丝现象和确保施工安全,应注意以下几点。

a. 加强对设备、锚具、预应力钢束的检查。

b. 千斤顶和油表需按时进行核验,保证误差不超过规定值。

c. 锚具尺寸应正确,保证加工精度,锚环、夹片应逐个进行尺寸检查,有同符号误差的应配套使用。

d. 夹片应保证规定的硬度值,可防止夹片损伤钢绞线。

e. 锚具安装位置要准确,锚垫板承压面、锚环、限位板等的安装面必须与孔道中心线垂直,锚具中心线必须与孔道中心线重合。

f. 锚圈孔对正垫板凹槽,防止张拉时移位。

g. 锚具在使用前必须先消除杂物,刷去油污。

h. 千斤顶给油、回油工序应缓慢平稳开展,避免太快导致回油过猛。

⑤按安全规范进行操作。

a. 张拉现场应有明显标志,与该工作无关的人员严禁入内。

b. 张拉或锚固时,千斤顶后面不得站人,以防预应力筋拉断或锚具、工具夹片弹出伤人。

c. 油泵运转有不正常情况时,立即停止并进行检查。在有压情况下,不得随意拧动油泵或千斤顶各部位的螺丝。

d. 作业由专人负责指挥,操作时严禁碰撞预应力筋,在测量伸长量及拧螺母时,停止开动千斤顶。

e. 张拉时,钢绞线必须有足够长度,夹具应有足够的夹紧能力,防止锚具夹具不牢而滑出。

f. 千斤顶的限位板必须与锚环接触良好,位置正直对称。

g. 在高压油管的接头加防护套,以防喷油伤人。

h. 已张拉完而尚未压浆的梁,严禁剧烈震动,以防预应力筋裂断而酿成重大事故。

6. 孔道压浆

先割切锚外钢绞线,余留长度不超过 3cm。锚具外预应力筋间隙用环氧树脂胶浆或棉花和水泥浆填塞,冲洗孔道以排除孔道内粉渣等杂物,保证孔道畅通和湿润。

压浆:采用真空压浆工艺,由孔道一端压入浆液。

压浆按先下后上的顺序进行。压浆压力控制在 0.6~0.8MPa。由一端压入水泥浆,待另一端冒出浓浆后,关闭出浆口,进(压)浆端继续压浆,持压 1~2min,关闭进(压)浆阀门。待水泥浆初凝后,方准拆卸压浆阀。

7. 封端混凝土

将梁端冲洗干净,清除垫板、锚具及端面混凝土的污垢,并对端面混凝土凿毛。施工时设置端部钢筋网,可将部分箍筋点焊在支承垫板上。妥善固定封端模板,以免在浇筑混凝土时模板走动而影响梁长。立模后校核梁体全长。

浇筑封端混凝土时,务必加强捣实作业使锚具处的混凝土密实。封端混凝土浇筑后,待混凝土终凝后,带模浇水养护。

6.4.10 桥梁架设施工

6.4.10.1 施工工艺流程

桥梁架设施工工艺流程如图 6-4-12 所示。

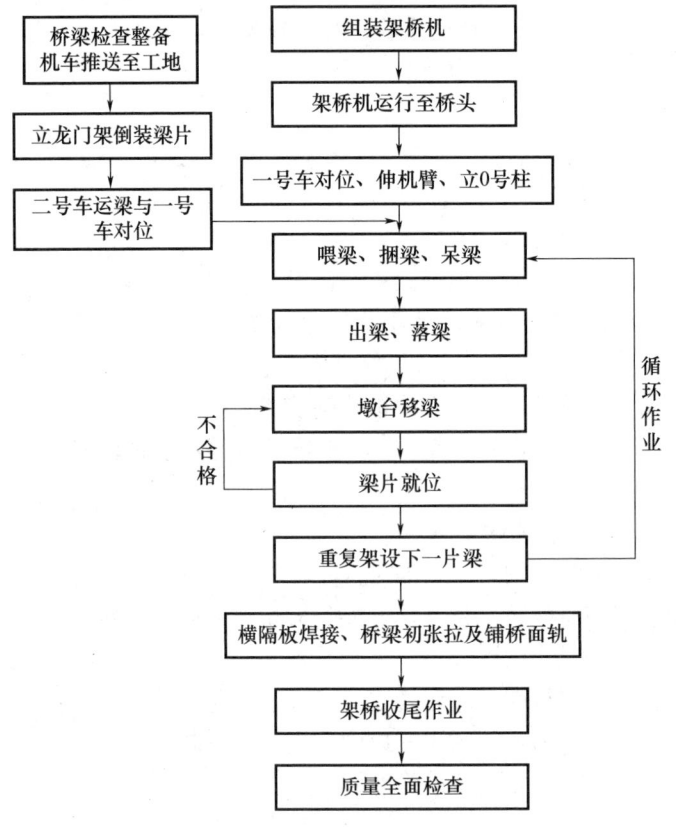

图 6-4-12 桥梁架设施工工艺流程

6.4.10.2 施工准备

1. 场地准备

(1) 场地清理及轨道铺设。

在轨道铺设前，先清理场地，进行必要的整平与夯实工作，使架桥机在纵、横向移动时不受任何阻碍。

(2) 检查 T 梁预埋件位置、尺寸等是否符合设计图纸要求，如不符合要求及时采取措施进行处理。

(3) 校正湿接缝处横梁及顶板横向连接钢筋位置。

(4) 凿除处理层、混凝土表面的水泥砂浆和松软层。

(5) 安装好临时支座和永久支座，并测量其标高，使其符合要求。

(6) 测量定位。

在梁片安装前，测量支座中心线并标出，然后在盖梁或台帽上准确地标出梁片位置及轮廓线，以便在梁片安装时能准确就位。

2. 架桥机拼装及试吊

(1) 架桥机组装在桥后路基上进行，组装前先铺设架桥机运行轨道及运梁轨道。

(2) 组装前后平车，搭设组拼前后主梁用临时枕木垛。前后平车，前、中、后支腿顶三点高差不能超过 2cm，以防架桥机挠度过大而影响架设。

(3) 以前平车为基点，前后对称在枕木垛上拼装主梁，主梁采用 A 字形桁架双梁结构，分节拼装，节段间采用销轴销接组合。

(4) 安装纵梁联系框架、起吊平车、边梁挂架、电控系统，整体拼装前（后和中）支腿、前（后和中）顶高等。

(5) 检查各部尺寸，调整主梁平顺度。

(6) 架桥机组装完成后，在拼装场地做吊梁试验。

吊梁试验前，主机先空载行走与制动，检查架桥机电控系统是否正常，对起吊平车的起吊、纵向移动及制动，前（后和中）支腿、前（后和中）顶高等升降做全面检查和试运行，测定空载时悬臂部分挠度值，然后按上述程序，荷载试吊，检查荷载时前、后、中支点最大工作反力，符合要求后，方可架梁。

3. 梁体运输

梁体采用运梁平车运输至施工现场。

(1) 运梁平车由专门的司机负责驾驶。

(2) 运梁平车运梁时设专人沿途监护，严禁非作业人员靠近。

(3) 运梁平车运梁慢速行驶，行驶速度不宜大于 5m/min，并及时纠偏。

(4) 运梁平车起落梁时，前后两吊点升降速度一致。

6.4.10.3 梁片安装

1. T 梁的安装操作程序

步骤一，两台运梁车将预制梁运送到架桥机尾部 [图 6-14-13 (a)]。

步骤二，前车起吊预制梁，前车和后运梁车一块将预制梁前移 [图 6-14-13 (b)]。

步骤三，后车起吊预制梁 [图 6-14-13 (c)]。

步骤四，前后两车携梁到位 [图 6-14-13 (d)]。

步骤五，两车落梁就位 [图 6-14-13 (e)]。

步骤六，架桥机准备过孔，先将两台车退到架桥机尾部并锚固 [图 6-14-13 (f)]。

步骤七，利用临时顶升装置，将架桥机前部顶起，利用后部的顶高支腿将架桥机调整为纵坡不大于 3‰ [图 6-14-13 (g)]。

步骤八，利用起吊天车将中支腿移到前部，天车再退到尾部锚固，同时利用顶升支腿将中支腿就位 [图 6-14-13 (h)]。

步骤九，安装运梁车上的支撑架 [图 6-14-13 (i)]。

步骤十，启动中支腿上行走、运梁车及辅助过孔装置，将架桥机主梁移动到前方盖梁上，并将导梁前支腿前斤顶支撑在前盖梁上。

步骤十一，启动前支腿吊挂装置，将前支腿移动到前盖梁上，通过导梁前支腿千斤顶，后顶高支腿千斤顶将主梁调平。

步骤十二，主梁继续过孔就位，架桥机具备架梁条件。

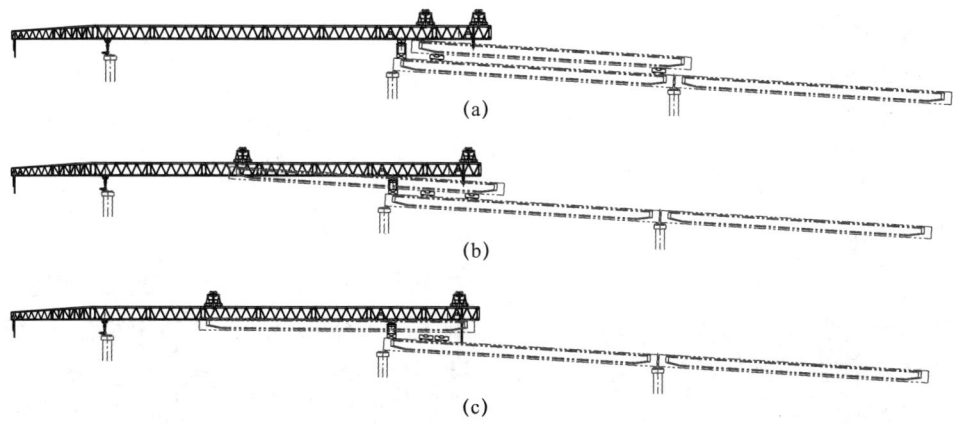

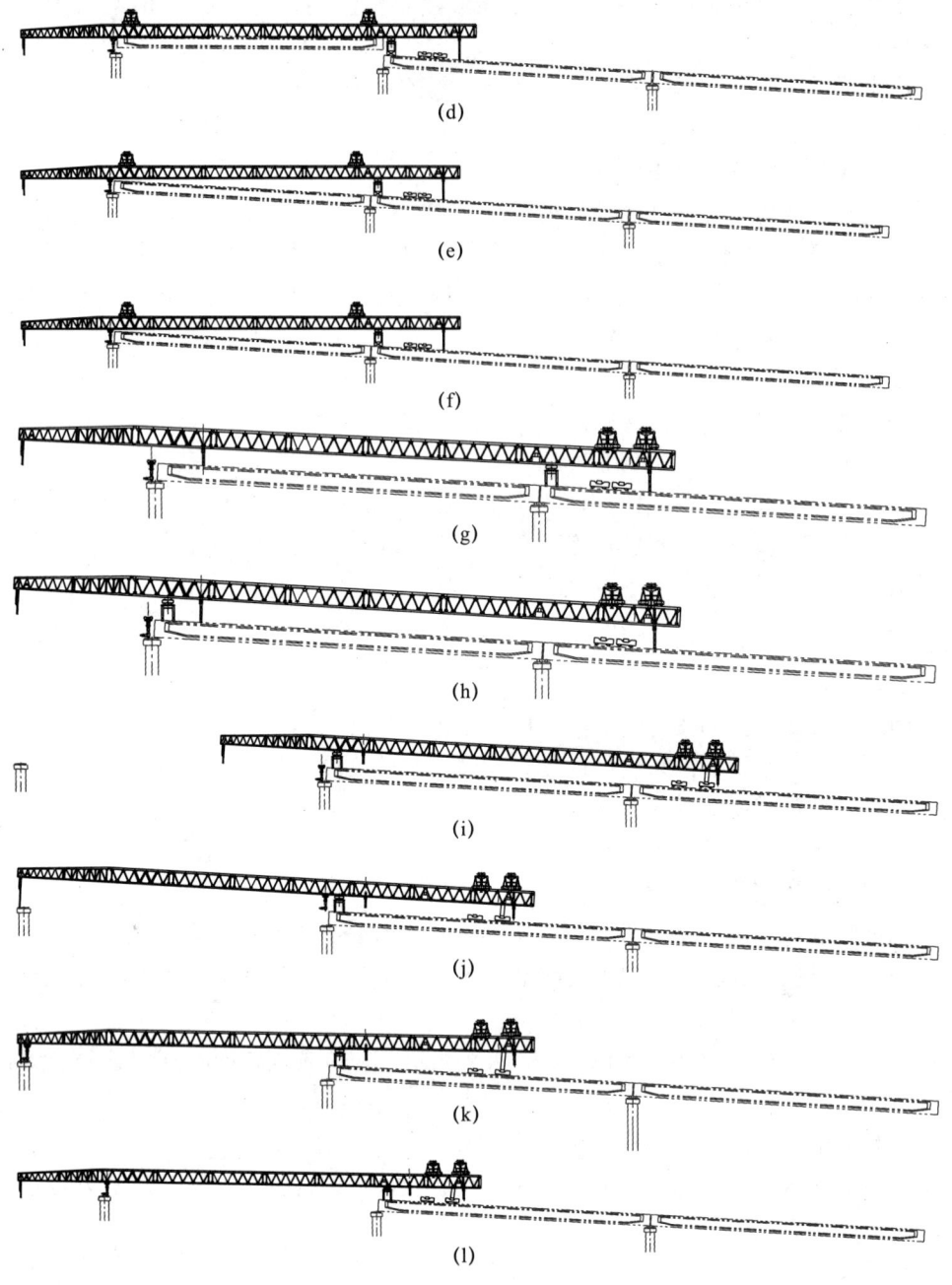

图 6-4-13 T梁安装示意图

2. 架桥机架设特殊梁跨

(1) 第一跨梁的架设。

①桥机架设第一跨梁时，中支腿一般在桥台上，此时中支腿横移方梁下的基础压实，以防止架桥机在架梁过程中出现下沉，造成事故。

②第一跨梁的架设，架桥机刚开始使用，一切还不熟悉，不要追求架梁速度，宁慢勿快，安全第一。

(2) 最后一跨梁的架设。

最后一跨桥，对面是桥台，架桥机前支腿在桥台上运行，所以高度降低，架桥机配备前支腿专门在桥台上使用的连接架，架设最后一跨时，可把前支腿框架整个拆下，把连接架和行走箱连接，再把连接架和前支腿托梁连接起来。

(3) 上坡桥的架设。

架桥机架设上坡桥时，架桥机拼好后，根据桥梁坡度调整前支腿和中支腿的高度。

架桥机纵移前，降低架桥机中支腿的高度，升高后托梁支撑管的高度，使架桥机主梁坡度小于2‰，调整架桥机前部行走小车位置，防止架桥机在走行过程中下滑。架桥机跨孔走到一半时，顶起顶高支腿，把后托梁支撑管放低，再次调整主梁坡度至小于1‰，再使架桥机导梁走行到位。然后使前支腿走到盖梁上，前支腿到位后，根据前支腿高度，调整中支腿高度，调平架桥机后，再使架桥机走行到位，然后架梁。

(4) 下坡桥的架设。

架桥机设下坡桥时和架设上坡桥相同。架桥机纵移前，升高架桥机中支腿的高度，降低后托梁支撑管的高度，使架桥机主梁坡度小于2‰，调整架桥机后部行走小车位置，防止架桥机在走行过程中下滑。架桥机跨孔走到一半时，顶起顶高支腿，把中支腿放低，再次调整主梁坡度至小于1‰，使架桥机导梁走行到位。然后将前支腿走到盖梁上，前支腿吊挂轮走行前，根据坡度调整好前支腿高度，可增大前支腿支撑架和支撑管的高度，高度过大时须有必要的联结撑。前支腿到位后，再使架桥机走行到位，然后架梁。

(5) 架桥机操作使用注意事项。

①前、中支腿的横向运行轨道敷设要求水平，并严格控制间距，两条轨道平行。架桥机行走前，检查架桥机轨道铺设情况，架桥机轨距误差不超过2mm，相邻轨道接头高差不大于1mm；轨道用道钉固定在枕木上，保证所有枕木处于受力状态，已经报废的枕木禁止使用；限位块安装牢固。

②斜交桥T梁混凝土梁安装时，架桥机前、中支腿行走箱位置要前后错开，其间距可根据斜交角度计算，以便支腿行走箱可在同一横向轨道上运行。

③架桥机拼装完毕后，检查每一个销轴联结是否牢固，并插开口销；检查螺栓情况，保证所有螺栓紧固；检查电气系统是否正常，接线是否正确，电机转向是否一致；检查液压系统是否正常，油泵运转是否正常，阀体动作是否灵活，是否有漏油现象。

3. 架桥机操作安全注意事项

(1) 架桥机属大型桥梁安装专用设备，架桥机作业分工明确，统一指挥，要设专职指挥员、专职操作员、专职电工和专职安全检查员。

(2) 架梁前，根据桥梁的桥型、梁型、盖梁尺寸进行认真分析，完成临时工程，并按照架梁施工方案进行组织，使架梁工作处于有序状态。

(3) 架梁所属各项施工辅助设施，事先设计，完工后经检查验收签证，确认合格后，方可使用。

4. 支座安装

(1) 所有支座符合规范和设计要求并经检验合格。

(2) 支座下设置的支座垫石混凝土强度符合设计要求，顶面要求标高准确、表面平整，其相对误差不得超出规范允许值，避免支座发生偏移、不均匀受力和脱空现象。

(3) 安装前将墩、台支座垫石处清理干净，用干硬性水泥砂浆抹平，并使其顶面标高符合设计要求。

5. 梁间接缝施工

(1) 预制梁在梁体安装完成并最后固定后，可进行梁与梁之间的接缝工作，梁间接缝施工，符合设计图纸及有关要求，梁的梁面在安装前进行凿毛处理。

(2) 对现浇横隔梁的操作平台可利用梁间缝隙搭架悬吊支架，以利操作。

(3) 支架的搭设稳定、牢固，在电焊影响范围内，采取防火及防止焊渣、火花下溅的措施。

(4) 接缝钢筋接头的处置：接缝钢筋的接头按设计要求进行焊接或绑接，当相接的横隔梁错位较大时，采取措施调正相接钢筋的位置，不得用重锤、敲击的办法强行调整钢筋位置。

(5) 拆模与修整：接缝砂浆、细石混凝土硬化后，所有底模均拆除，如发现有接缝不密实，用同强度等级砂浆填嵌修补（松散或接缝不实处先凿去后填嵌）。

6. 先简支后连续（结构）体系转换

先简支后连续结构的特点是：结构由预制梁板和现浇段共同组成，先预制安装，后现浇连续；结构在施工中存在由临时支座（简支）变成单排永久支座（连续）的转换过程；结构在体系转换后，在恒载与活载的作用下，受力特征为连续梁。

工艺流程顺序：浇筑支座垫石→安装墩顶永久支座及底模并设置盖梁顶临时支座→吊装梁就位，置于简支状态→浇筑墩顶现浇连续段及翼缘板、横隔板湿接缝混凝土→形成连续体→张拉墩顶现浇连续段负弯矩钢束（待墩顶现浇连续段混凝土强度达到设计强度的90%方能张拉钢束）→拆除临时支撑→转换完毕。

6.4.11 桥面及附属工程施工

6.4.11.1 桥面系工程施工

1. 施工顺序

桥面左、中、右线位放样→绑扎桥面铺装钢筋网→浇筑桥面铺装两侧混凝土标高控制带→全宽一次摊铺混凝土→充分振捣，收浆、抹面、拉毛→覆盖养护→检查验收。

2. 工序要点

采用自动整平机（或三辊轴）进行混凝土桥面铺装。

(1) 严格控制测量线位，直线5m一点、曲线2m一点放样左、中、右线位。

(2) 预埋件位置校正准确，位置标高准确。

(3) 严格控制桥面铺装混凝土带标高，采用自行式振动梁全断面一次铺装。

(4) 铺装层人工收浆拉毛后及时洒水或喷洒养护剂养护，防止表面龟裂。

3. 浇筑铺装混凝土的准备工作

(1) 浇筑铺装混凝土前使桥面板表面粗糙，清洗干净，按设计要求铺设纵向接缝钢筋网或桥面钢筋网，然后浇筑。

(2) 浇筑铺装混凝土前复测梁板面标高，如果铺装层的最小厚度不能满足设计要求，就需要调整设计标高，事先取得有关方面的同意。

4. 绑扎桥面钢筋网

(1) 清理梁顶面。

由测量人员对梁板顶面实测，以保证铺装层厚度，对梁板顶面凿毛处理，将表面浮浆凿除，以漏出新鲜混凝土为准，最后用水清洗干净。

(2) 钢筋绑扎。

按照设计间距，用墨线在梁板顶面弹出钢筋绑扎网格，布筋绑扎，可以加快绑扎速度、提高绑扎质量。

(3) 钢筋网支垫。

为保证铺装质量和桥面整洁，可采用钢筋头支垫。采取横向拉铺装顶面标高线的方式，在保证净保护层厚度的情况下，电焊工将支垫钢筋头焊在钢筋网上，间距以施工人员施工过程踩踏不变形为宜（一般按照1m间距布置）。

5. 混凝土浇筑

(1) 整平机轨道焊接。

整平机轨道焊接采用与整平层同厚的槽钢或者光圆钢筋，轨道支垫采用钢筋立柱焊接，并设挡块，防止轨道横向滑动。轨道支柱最大间距为1m，横向轨道间距依整平机长度确定，轨道顶面标高为桥面标高。桥面铺装示意图如图6-4-14所示。

6 各主要工程项目的施工方案、施工工艺和方法

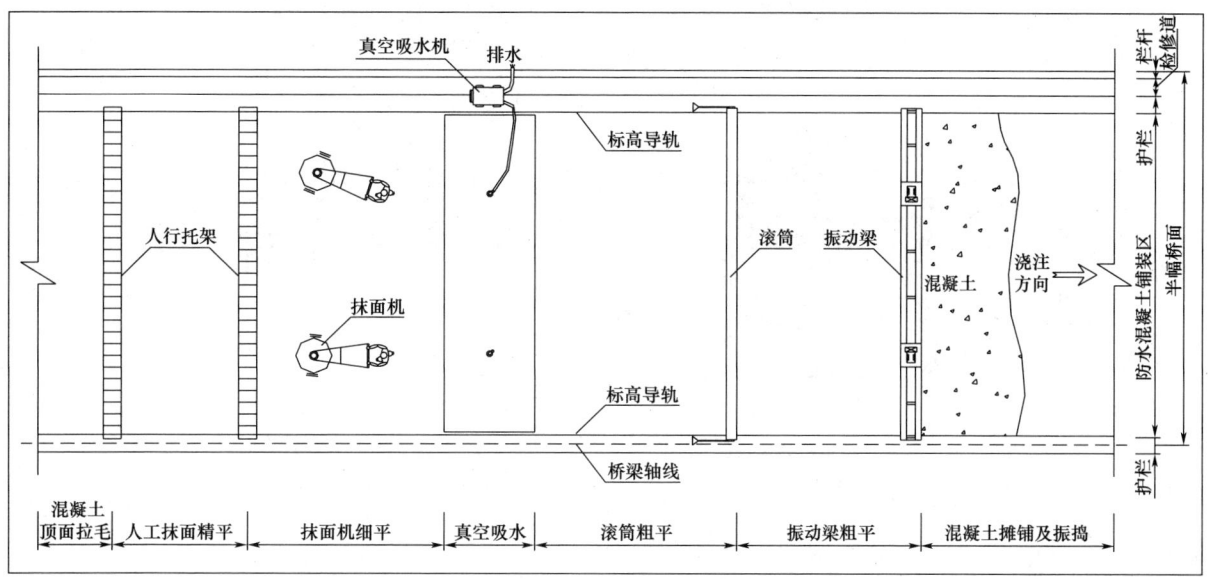

图 6-4-14 桥面铺装示意图

(2) 混凝土浇筑。

混凝土浇筑前,需用清水湿润梁板表面,但不可产生积水,混凝土摊平后,用自行式振动梁振捣,局部无法使用部位用平板振捣器,以保证混凝土的密实度。

(3) 养护。

拉毛1h(18℃左右)后,即覆盖薄膜,洒水养护7d。

6.4.11.2 桥梁附属工程施工

施工时严格控制好测量放样工作,确保线形顺畅,外观光洁,施工接缝严密平整,构件表面颜色一致。

施工工艺及施工中的注意事项如下。

(1) 模板是保证质量的第一条件,内外侧模板采用定型组合钢模,使其具有足够的强度和刚度。模板板面要平整光滑,接缝严密。

(2) 护栏内侧模板根部定位利用底座根部定位筋支撑;外侧模板定位利用底座外侧模定位,钢筋支撑。内外模用对拉螺栓连接,形成整体。

(3) 严格控制混凝土配合比,坍落度控制在10~14cm,分层浇筑,每层厚度不超过30cm。

6.4.12 改扩建桥梁拼宽施工(空心板)

6.4.12.1 施工总体方案

空心板在预制场集中预制,通过龙门吊将预制梁转运至现场经大吨位吊车架设;空心板半成品钢筋采用集中加工方式,在胎架上绑扎成型;混凝土由运输罐车运至现场,由龙门吊起吊料斗入模,混凝土振捣采用附着式振捣器并配有插入式振捣器。

6.4.12.2 施工工艺流程

空心板梁预制施工工艺流程如图6-4-15所示。大吨位吊车安装架设空心板施工工艺流程如图6-4-16所示。

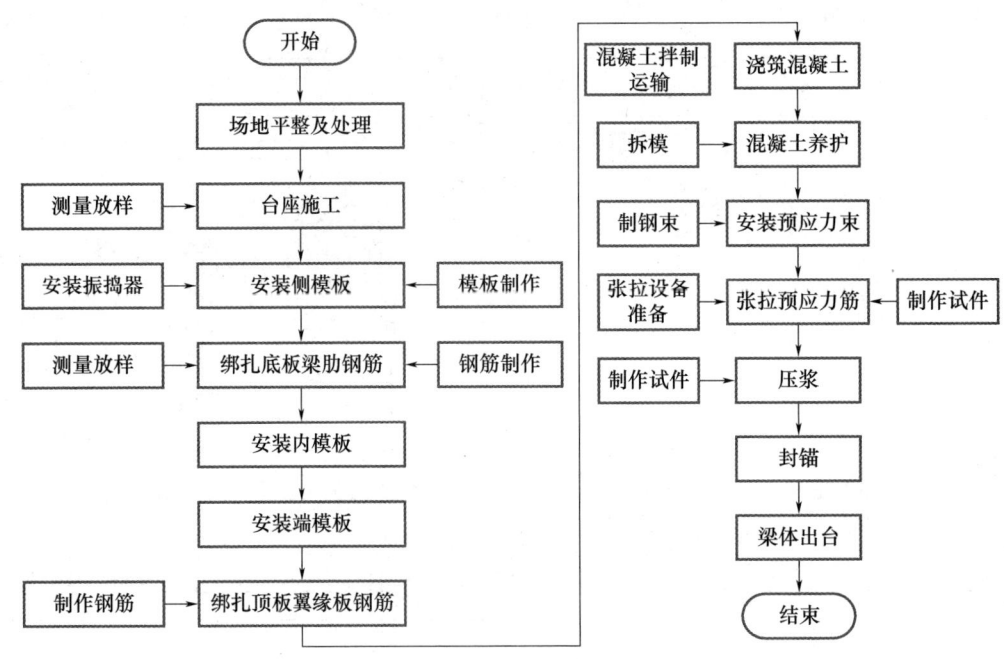

图 6-4-15 空心板梁预制施工工艺流程

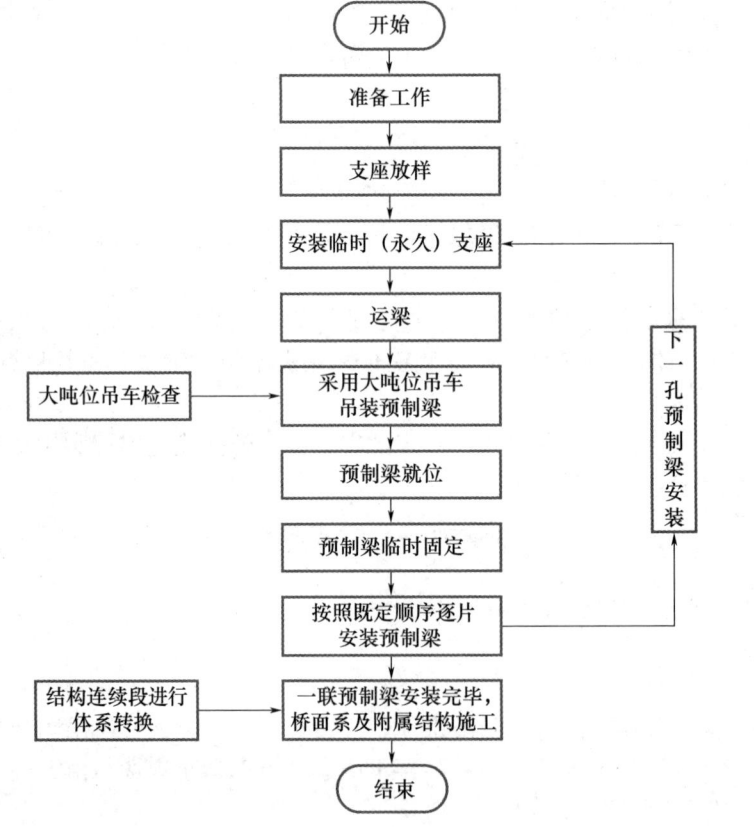

图 6-4-16 大吨位吊车安装架设空心板施工工艺流程

6.4.12.3 新旧桥梁拼接

1. 上部结构拼接施工

桥梁拓宽方案为原桥结构保留，新桥采用与之类似的结构形式，跨径与原空心板梁布孔方式相同。

拼接段将现浇桥面板横向从翼缘边缘往内 75cm 范围凿除，切除原桥边板悬臂，然后进行植筋，对植入筋与拼接桥预埋筋进行焊接，浇筑湿接段。桥梁拼接施工如图 6-4-17 所示。

图 6-4-17　桥梁拼接施工

2. 旧边梁拼接部位的混凝土切割

混凝土切割时使用盘锯或链锯配合小锤手工凿除方式，不得采用机械炮头凿除的方式，以保证旧桥结构的完整。旧桥护栏和翼缘板的拆除在新桥梁板安装前或新桥与旧桥拼接的梁片安装前完成。

（1）切割、凿除旧桥部分混凝土的施工。

①施工拼接前需全面了解原桥涵构造物哪些部分需要切割、凿除，领会其设计意图。

②需要对原桥结构进行切割、凿除时，严格按结构不被破坏（不出现裂缝等）、不减弱承载能力的原则进行，设计要求尽量采用切割的拆除方式，对混凝土切割面须按施工缝处理，须凿毛，以保证新老混凝土可靠连接。开槽尺寸也需严格按设计要求予以控制。

③对于空心板梁桥，切割或凿除护栏（座）和翼缘、凿除桥面板混凝土，宜先切除护栏（座），再切除翼缘。切除考虑在横桥向间隔先切若干切口，以保证顺桥向切割完成后，形成切块方便吊离。为使护栏的拆除不至于导致板梁被破坏、不出现裂缝，禁止采用爆破、重锤锤击方式。

④手工凿除拼接处旧桥桥面板混凝土，暴露原有横桥向钢筋，但不可损伤原有钢筋（横桥向）。要植筋的端面按施工缝处理，对作业面进行浮渣清理、清水冲洗。

⑤切割、凿除施工不能影响原有道路的交通安全及施工操作人员的安全等，须采取适当措施做好防护，如设置防护网等。

（2）施工技术要求。

①护栏及护栏座切割、凿除施工。

a. 清除部分桥面沥青混凝土铺装，设置临时护栏，如采用水马、混凝土防撞墩等。

b. 对于空心板梁桥，可采用切割或凿除的方法拆除护栏处的混凝土。

c. 采用切割工艺时，先对护栏进行竖向切割、开口，根据吊装能力，确定切口的间距。然后进行水平向切割，宜从桥外侧往内侧进行，以便于控制。水平向切割高度位置确定应进入板顶厚 100mm 现浇混凝土 10～20mm。当切割完成后，须立即将切块调离。

d. 采用凿除工艺时，采取分段多点平行作业组织施工，用钢筋探测仪找到钢筋的空隙，划定切口位置，一般 5～10m 为一段，用风镐凿开切口，形成临空面，逐步扩展。靠近梁板的护栏根部留 3～5cm，最后人工凿除找平。钢筋妨碍凿除作业时可以分段切除。凿除施工时要求注意保护原结构不受损伤。

②翼缘板切割施工。

a. 画线确定凿除混凝土的位置，沿线的外缘 10～20mm 锯缝切开保护层。

b. 沿锯缝的外侧，用钢筋探测仪每 300～500mm（钢筋间隙）定一冲击孔位。

c. 每个冲击孔位处用冲击钻钻孔，穿透翼缘板，孔径 50～100mm，沿孔位先纵向、后横向凿除翼板混凝土，露出钢筋。

d. 人工对凿除翼缘板的内边缘修边，并对翼缘板的连接部分凿毛。

e. 检查凿除部分的几何尺寸是否符合设计要求，并报验。

③混凝土现浇桥面板的凿除。

a. 混凝土现浇桥面板的凿除画线定位，按设计图的尺寸要求进行，一般为距离翼缘设计切割线往内侧 250～450mm。

b. 采用小锤手工凿除，不允许采用切割机、风镐，避免伤及横桥向钢筋和梁板。

c. 凿除时注意控制凿槽的深度。混凝土现浇层厚 $h=100$mm 时，所凿深度为（100 ± 10）mm。

3. 植筋施工

（1）植筋施工步骤。

准备→钻孔→清孔→孔除尘→孔干燥→钢筋处理→配胶→注胶→插筋→养护。

①先将拓宽部分的板梁吊装就位，但靠内侧拼接的那一片板暂时不要就位，即留出植筋的施工工作面。

②拆除旧桥护栏和切割边板翼缘，凿除桥面板混凝土。

③检查被植筋的混凝土面是否完好，用钢筋探测仪测出植筋处混凝土内的钢筋位置，核对、标记植筋部位，以便钻孔时避让钢筋，如设计植筋位置有钢筋，可以对植筋位置做适当调整。然后按上述标记钻孔位置，利用电锤钻孔（严禁使用气锤钻孔，防止出现混凝土局部疏散、开裂）。

④经监理工程师检查确认孔深满足设计要求后，方可进行灌胶、植筋。

（2）植筋施工要求。

①必须满足常温在 $-5\sim40$℃才可以进行施工，以保证植筋施工所有技术性能要求。

②钢筋的抗拔力、植入深度需满足设计图纸提出的要求，在施工之前必须进行实地实物试验，达到要求后，方可全面施工。植筋深度必须扣除混凝土表面松散层、含裂缝层。

③植筋位置控制实际值与设计要求值之差小于 10mm，并要确保混凝土保护层满足设计要求。

④按设计要求植入规定的钢筋。要求采取机械切断，端面不允许采用氧割。

⑤植筋施工尽量减小对原结构内钢筋的破坏。

⑥植入的钢筋采取防锈措施，避免长时间暴露锈蚀。

4. 拼接部位湿接缝混凝土施工

（1）湿接缝补偿收缩混凝土浇筑施工流程。

新拓宽内边板的翼板横向伸出钢筋与旧桥边板的植筋进行焊接、混凝土现浇层钢筋焊接→清洗拼接部位杂物→支立底板吊模（紧贴梁体不出现漏浆）→润湿新旧混凝土的接触面→依次从桥孔中向两端浇筑补偿收缩混凝土→振动密实形成粗面→混凝土养护。

（2）施工要点。

拼接部位新旧板梁断面的混凝土表面按施工缝处理。除去混凝土表面松动的骨料和碎块，再用钢丝刷将表面松散浮渣刷去。处理后的混凝土表面凹凸不平度不小于 6mm。将原桥上部结构拼接部位的旧混凝土凿除后，要认真检查旧桥桥面混凝土现浇层厚度以及空心板梁的顶板厚度，如两种厚度不能满足设计最低要求，要报设计和监理单位确定处理方案。

新拓宽板梁安装之前，要提前检查内边板的上拱度。若不能满足要求则采取措施，如提前预压，减少上拱值，保证拼接质量，预压布载方式根据板梁受力特点布置，切忌集中于一点进行大吨位加载。

桥梁拼接部位需按设计要求进行防水层施工，需重点检查防水层施工工序，杜绝拼接部位出现漏水现象。

6.4.13 钢箱梁施工

钢箱梁为分离式钢箱梁，单片钢箱高度较大、宽度较小，施工过程中应偏两侧腹板处设置临时支承，禁止在钢箱单侧堆载施工。位于平面曲线上的钢箱梁，应该特别注意施工过程中的抗倾覆性能，尤其是在顶推过程中，应采取相应的配重措施，保证钢箱梁的抗倾覆系数不得小于2.0。

1. 施工工艺流程

钢箱梁顶推施工工艺流程如图6-4-18所示。

2. 场内加工制作

钢箱梁在工厂分节段制造、工厂预拼装后解体运送到施工现场，现场二次拼装后顶推安装就位。在工厂内制造的长度由加工厂家根据制造时焊缝的收缩和工地连接横向焊缝收缩等因素确定；钢箱梁各梁段横向总体尺寸必须严加控制，钢箱梁接口的相对公差幅度必须满足相互接口能够顺利进行工地焊接的要求；梁体加工时应结合桥梁的平面线形和立面线形，并充分考虑预拱度的影响，工厂下料及制造时必须保证精确；节段制造采用先板件分块制造再组装的方式。首先进行板单元加工，板单元及部件制作完成后应进行梁段组装，组装必须在胎架上进行。板单元组装顺序为：底板→腹板→横隔板→顶板，形成梁段。钢箱梁构件的制作主要分为顶板、底板、边腹板、中腹板、横隔板及其肋板等零部件的制作；钢箱梁在拼装胎架流水线上进行组装、焊接。

3. 梁段的运输

（1）运输线路：根据桥梁所在的具体位置，选取运输线路以确保钢箱梁能顺利到达施工现场。

（2）运输车辆：根据梁段的大小和长度选择运输车辆，采用大平板车将钢箱梁段运输至安装现场。

（3）运输安全：运输过程中应注意防止板件变形，保证端口形状及尺寸；梁段运输过程中宜单层堆放，堆放支点必须位于临时支点下面，并尽量使各点受力均匀，保证梁段的平衡稳定。

4. 钢箱梁的现场安装

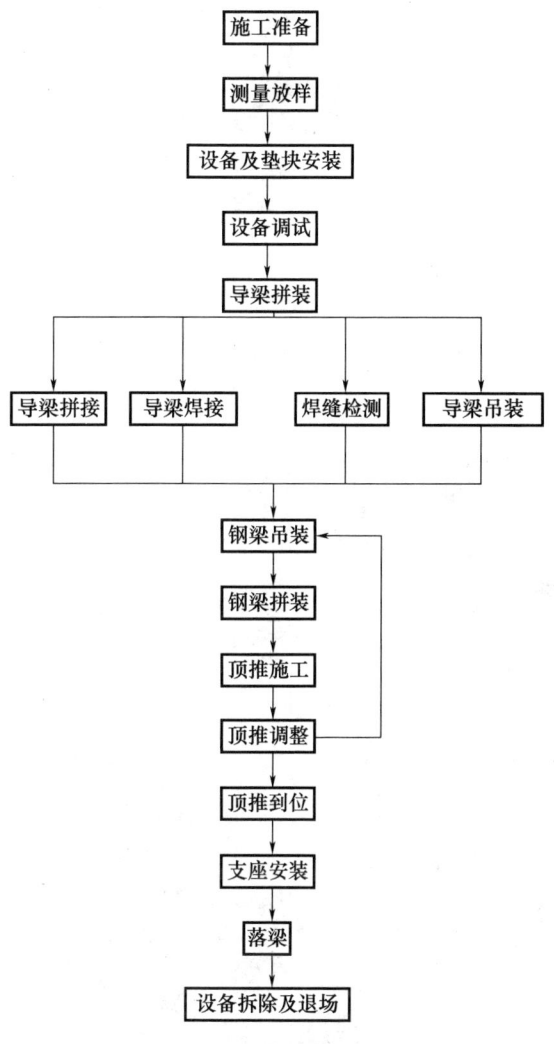

图6-4-18 钢箱梁顶推施工工艺流程

梁段运送到施工现场后，现场组装在专用胎架上进行，胎架线性要求按照箱梁的实际横坡度、纵坡、预拱度来设置。胎架高度根据桥梁高度确定，ϕ630mm壁厚15mm焊接钢管做竖直支架，支架纵横向采用20号槽钢连接，每段主梁下设置4根竖直支架，竖直支架下部采用C30混凝土硬化，以保证支架下部平整，受力均匀。梁段组装顺序为先箱体后悬挑梁，在每个节段完全就位后才能安装下一节段。节段就位按照先平面位置再高程的顺序进行调节。为防止箱梁产生横向位移，要在梁体两侧及两端的平台上焊接限位板，用来调节左右位置及固定梁体。钢箱梁位置及标高通过步履式千斤顶来调节，步履式千斤顶要放置在横隔板处，千斤顶不能直接接触梁板，要在液压杆上放置1块20cm×20cm×2cm钢板块，标高调整时要进行精密测量，达到要求后加入钢垫片及钢楔，要求在每个隔板处均设置垫片。拼装后要对整体尺寸及位置进行测量检验，要求拼接精度和总体尺寸符合设计要求，高差不超过2mm。钢箱梁在临时支架上进行拼装焊接，焊接应进行探伤检测，最后进行顶推安装。钢箱梁顶推工序如图6-4-19所示。

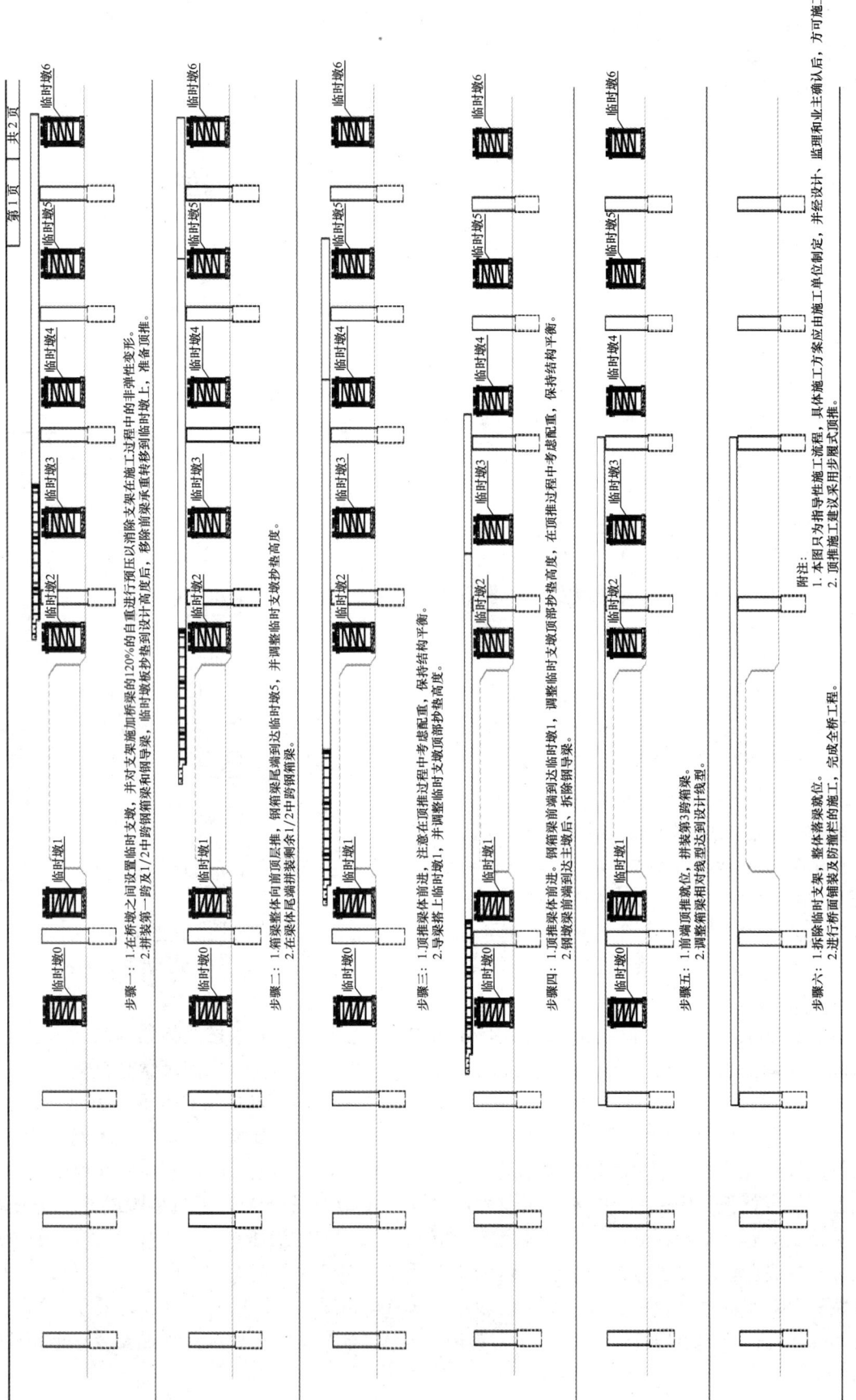

图 6-4-19 钢箱梁顶推工序

6.4.14 涵洞工程施工

6.4.14.1 圆管涵施工

1. 施工工艺流程

圆管涵施工工艺流程如图 6-4-20 所示。

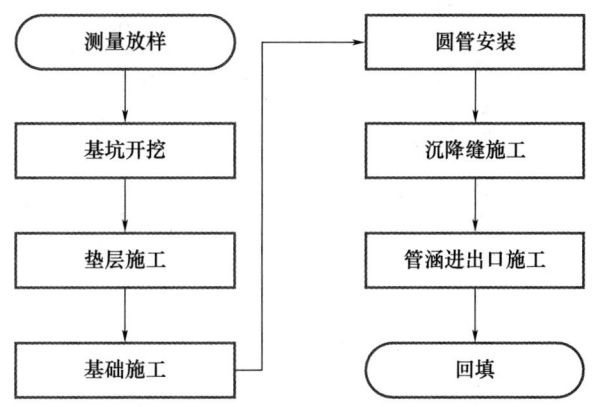

图 6-4-20 圆管涵施工工艺流程

2. 基坑开挖及垫层施工

根据设计图纸和圆管涵的中心及纵横轴线，用全站仪、钢尺进行基坑放样。基坑开挖前，应在纵横轴线上、基坑边桩以外设控制桩，每侧两个，供施工中随时校核放样用。

基坑开挖前测量地面高程，控制开挖深度，开挖尺寸比圆管涵基础宽出 50cm。基坑开挖用人工配合挖掘机进行，开挖至设计标高上 20～30cm 时，改用人工清理至设计标高，整平后检查基坑平面尺寸、位置、标高是否符合图纸设计，并进行基底承载力试验，合格后进入下一道工序。

3. 垫层施工

基坑开挖完成后，先进行垫层施工，分层回填砂砾并夯实，压实度满足规范和设计要求。砂砾垫层应为压实的连续材料层，不得有离析现象。

4. 基础施工

（1）基础放样。

基坑挖好后，应重新放设涵洞的纵横轴线，同时用经纬仪、钢尺对基础平面尺寸进行准确的细部放样，并用水准仪按涵洞分节找平，逐节钉设水平桩，控制基底和基顶标高。

（2）混凝土管座。

混凝土由拌和站集中拌和，混凝土所用砂石料、水泥均应符合规范要求，严格按实验室给定的施工配合比拌制混凝土，拌和均匀。按施工图纸和技术规范的要求浇筑管座基础。管基分两次浇筑，先浇筑底下部分，注意预留管基厚度及安放管节座浆混凝土 2～3cm，待安放管节后再浇筑管底以上部分。

5. 圆管安装

管节采用人工配合吊机安装，安装时从下游开始，使接头面向上游，每节涵管应紧贴于基座上，使管节受力均匀；所有管节应按正确的轴线和图纸所示坡度敷设。敷设时应保证内壁齐平，管内清洁无脏物，无多余的砂浆及其他杂物。安装管节完成后浇筑剩余基础混凝土。

6. 沉降缝施工

涵洞洞身、洞身与端墙、翼墙、进出水口、急流槽交接处必须设置沉降缝。具体设置位置视结构物和地基土的情况而定。

沉降缝在中央分隔带中心设一道，然后向两侧每隔 6m 左右设一道。应以设在路基中部和行车道外侧为宜。沉降缝均垂直于洞身轴线,要求洞身、钢筋连同基础一同断开。

每道圆管涵设置沉降缝3~4道,沉降缝必须贯穿整个断面(包括基础)。沉降缝的施工要求做到使缝两边的构造能自由沉降,又能严密防止水分渗漏。沉降缝具体施工方法为:基础部分基础沉降缝宽3cm,采用沥青木板预留,沉降缝内用砂子填实,也可将沥青木板留下,作为防水之用。

涵身部分沉降缝宽1~1.5cm,缝外侧以热沥青浸制的麻絮填塞,用直径2cm麻绳绕沉降缝一周,外包四层沥青浸制麻布,用粗铁丝绑扎结实。

7. 涵洞进出水口

圆管涵进出水口工程主要是浆砌石块,包括沟底铺砌和其他进出水口处理工程。涵洞出入口的沟床应整理顺直,与上下排水系统的连接应圆顺、稳固,保证流水顺畅,避免损害路堤。

8. 圆管涵填土

经检验证实圆管涵安装及接缝符合要求,其砌体砂浆强度或混凝土强度达到设计强度的75%时,及时进行回填。

6.4.14.2 箱涵施工

1. 施工工艺流程

箱涵施工工艺流程如图6-4-21所示。

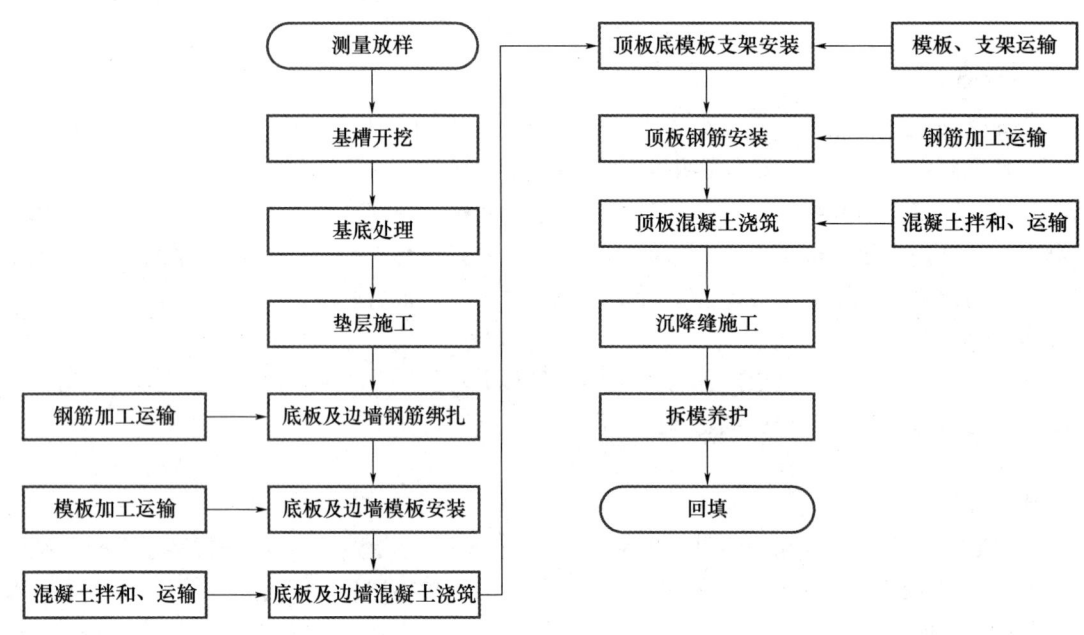

图6-4-21 箱涵施工工艺流程

2. 施工放样

测量人员放出箱涵中心线及基础开挖边线,并设临时水准点,作为箱涵施工过程中高程确定的依据,将箱涵中心线引至两端木桩上,以便随时进行中心线检查。

3. 基槽开挖

根据现场实际情况,采用机械放坡开挖或在钢板桩支护下开挖,开挖的基槽宽度应适当加宽,以保证模板安装和基槽排水有必要的空间。钢板桩采用拉森钢板桩,采用插板机插打,自上而下安装围檩及内支撑。

4. 基底处理

根据现场地质条件,按设计要求对地基进行处理。

5. 垫层施工

在基槽验收合格后,测量放线、安装混凝土垫层边模板浇筑混凝土。浇筑时注意人工找平及养护。

6. 底板及边墙钢筋安装

钢筋加工前应先将其表面油渍、漆皮、鳞锈等清除干净，按照施工图纸在钢筋加工场集中加工。钢筋安装过程中，需经常复核钢筋骨架的中心线是否与边墙中线重合，如偏差较大，及时调整，避免偏差的累积，同时检查边墙钢筋的垂直度是否符合验标要求。

7. 底板及边墙模板安装

模板宜采用定制钢模板或木模板。模板在拼装前必须进行清洁、脱模处理干净。模板拼接应紧凑、紧密，以防漏浆。

8. 底板及部分边墙混凝土浇筑

按沉降缝的位置分成几个单元进行浇筑，采用插入式振捣器振捣。混凝土到现场后，做好混凝土的坍落度试验。混凝土浇筑时应分层浇筑，分层厚度控制在30cm，在下层混凝土初凝或能重塑前浇筑上层混凝土。

9. 顶板钢筋及模板安装

墙身和顶板模板在支设时，考虑连续安装，墙身模板在沉降缝处使用加密拉杆固定墙身两端挡模。顶板支撑架搭设在底板上，采用扣件式脚手架，并按要求设置斜撑和剪刀撑。

模板拼缝采用夹双面胶带的方法进行封堵，以防漏浆。

10. 剩余墙身及顶板混凝土浇筑

浇筑前应对混凝土处凿毛，清理渣物并冲洗干净，采用插入式振捣器振捣，振捣时不得触碰钢筋，墙身与顶板应连续浇筑，中途不得间断而形成施工冷缝。

11. 拆模以及养护

混凝土达到规定要求后，即可进行拆模。拆模时要小心拆卸，防止撬坏模板或破坏结构。

在涵身顶板铺设一层薄膜或铺设土工布，其间不断洒水保持混凝土湿润状态。混凝土养护不低于设计要求。

12. 防水层及沉降缝处理

箱涵的箱身及箱顶外表面，在填土前应涂刷沥青胶结材料或其他防水材料，以形成防水层。

沉降缝按设计要求设置，基础混凝土与墙身及顶板混凝土应竖直、平整，上下不得交错，以中央分隔带路线中心线对称布设。

13. 箱涵回填

箱涵混凝土强度达到设计要求后进行回填。填筑按结构物回填要求进行。

6.4.14.3 盖板涵施工

1. 施工工艺流程

盖板涵施工工艺流程如图6-4-22所示。

2. 准备工作

按图纸设计的桩号、标高、几何尺寸，进行施工放样，并与现场实际情况进行核对。

3. 基坑的开挖与处理

（1）开挖前，先开挖临时排水沟，设置过道交通，保护原有水系和原有交通。

（2）基坑开挖，根据不同的地质情况，采用不同的开挖方式。土方以挖掘机辅以人工开挖，石方用小型爆破方法开挖。

（3）在未风化的岩层上修筑基础时，先将岩面上松动碎石、淤泥、苔藓等杂物清除后凿毛洗净岩面，若岩面倾斜，则将岩面凿成台阶，使承重面与重力线垂直。

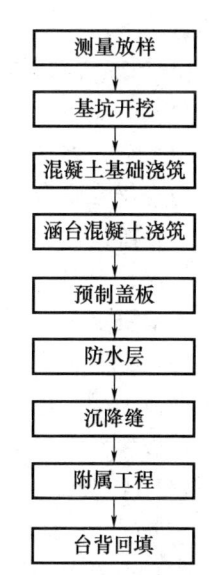

图6-4-22 盖板涵施工工艺流程

(4) 在风化岩层上修筑基础时，按基础尺寸凿除已风化的岩层，在砌筑基础施工的同时将基坑底回填、封闭。

(5) 基坑开挖到设计高程后进行承载力检验，承载力若达不到设计要求则立即上报监理工程师，并按有关指示进行处理。

(6) 为保证排水，基础从下游往上游以伸缩缝为段落修筑。

4．混凝土基础浇筑

(1) 基坑开挖完后与现场监理、专业监理工程师进行平面尺寸检查、高程检查，地基承载力不得小于设计规定值。

(2) 模板采用大块钢模，模板安装错台不得大于设计规范值，并在加固、检验合格后，方可进行混凝土浇筑。

(3) 基础混凝土拌和好后用罐车运输到位，滑槽或吊车吊料入模，用插入式振捣器振捣。基础顶面与涵台相接部位需要预埋钢筋，沉降缝按图纸设置。

5．涵台混凝土浇筑

(1) 涵台模板采用大块钢模，以确保混凝土外观，模板安装错台不得大于设计规范值，经检验合格后方可浇筑混凝土。

(2) 混凝土浇筑每层厚度为 30cm，采用插入式振捣器振捣，振捣棒插入间隔不大于其作用半径的 1.5 倍，并将棒端插入下层混凝土内 5~10cm，达到上下混凝土能较好地结合，振捣棒应避免碰撞模板，使用熟练有经验的混凝土工，避免混凝土少振、漏振或过振等。混凝土浇筑完后，待混凝土强度达到 2.5MPa 以上时拆模。涵台强度达到设计强度的 70% 以上时方能浇筑盖板。

6．预制盖板

涵洞盖板由预制场统一预制，混凝土构件的钢筋加工支模、绑扎钢筋浇筑混凝土、拆模板要严格按照施工规范进行。

(1) 在工程开工前，做好原材料检验，并按试验监理工程师的要求做好混凝土配合比设计。同时对预制场地进行平整、碾压，并用 15cm 厚混凝土经硬化处理作为预制构件的底模。按设计及施工进度计划要求备料。

(2) 材料由项目部安排和统一供应，按计划分批进场，进场材料检验后设立醒目的标示牌和必要的覆盖防护。

(3) 施工前，做好各种材料的检验和试验工作；施工过程中，现场技术员和自检员要对施工过程进行全方位监控，并做好每道工序的原始记录和施工日志等资料。

(4) 首先绑扎底层横向分布钢筋，再次安放受力钢筋；接着绑扎顶层钢筋与箍筋，待钢筋各部尺寸经检查符合要求后，再立模加固支撑，并按设计要求预埋绑扎吊环。

(5) 按设计配合比进行混凝土配制、浇筑，并随时检查混合料坍落度。浇筑过程中，底层用插入式振捣器，上层用平板振捣器，做到振捣密实。浇筑过程中，每次拆模以后对模板进行校正。浇筑过程依规范要求及时制取混凝土试块，用以检查预制构件混凝土强度。

(6) 根据气温条件及混凝土凝结硬化情况掌握拆模时间，拆模后养护到规定时间。拆模后对构件及时进行编号、标注所处涵位，覆盖养护达到设计强度的 70%（或 90%）后，方可移运堆放或直接吊运，盖板块件堆放和运输时，盖板端部必须采用两点搁置，并不能上下倒置，堆放或调运位置距板端不得超过 0.4m。

7．防水层

(1) 混凝土盖板或板顶、侧板外表面在填土前涂刷沥青胶结材料，以形成防水层。

(2) 涂刷的层数或厚度应按图纸设置。

8．沉降缝

(1) 缝宽为 1~2cm，设置道数、缝宽度和位置按图纸进行，每 4~6m 一道，并采用沥青麻絮填塞。

(2) 在缝处应加铺油毡，层数及缝宽按图纸所示，具体的施工方法应经监理工程师批准。

9. 附属工程

进出口八字墙采用 C20 混凝土浇筑。在施工前，测量人员放出其准确位置，并进行基坑开挖，在基坑开挖完成后，报经监理工程师同意后可施工。

10. 台背回填

涵洞两侧填筑砂透水性粒料，范围从垂直涵身向后 1m 的地面，向后向上 1∶1 至涵顶平面，密实系数应不低于 0.98。开挖范围内应用碎石土或碎石回填密实，密实系数不低于 0.93。涵洞施工完成，结构砌筑强度达到 100% 时，方可进行涵洞涵身两侧的回填；填筑需分层，不得采用大型机械推平碾压，更不能只在一侧夯填，必须两侧同时对称进行。施工过程中当涵洞顶填土厚度不足 0.5m 时，严禁任何重型机械车辆通过。严禁采用振动或碾压设备对涵顶和涵洞范围内的填料进行碾压；填料高度不足 1.0m 时，采用人工或小型机具夯填；填料高度超过 1m 时，方可采用机械填筑。

6.4.14.4 波纹管涵

1. 施工工艺流程

波纹管施工工艺流程如图 6-4-23 所示。

2. 场地清理

机械平整施工场地，并满足测量定位、放线与涵洞施工要求。现场清理过程中，须将原地面树木、石头、废物和草皮清理干净，进行平整，以满足施工过程中各种材料的运输要求。

3. 测量放样

根据施工图设计放出涵洞轴线位置以及涵洞与主线相交角度，根据原地面的具体情况和图纸所给数据放出开口线并用石灰撒线。

4. 基坑开挖

基坑开挖时，人工配合挖掘机进行，按设计标高、施工底宽开挖坡度为 1∶1 的基坑。挖掘机开挖至距坑底 30cm 时，人工挖除剩余土方，并将基底整平夯实。

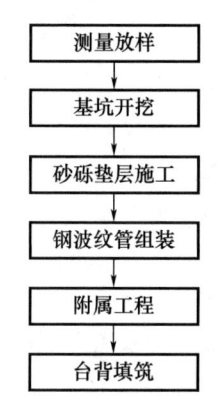

图 6-4-23　波纹管施工工艺流程

5. 垫层

基底开挖完成后进行地基承载力检测，自检合格后报试验监理工程师检验，经检验合格后，根据设计对涵洞进行砂砾垫层施工。涵基砂砾垫层为厚 100cm 的梯形形状。

6. 金属波纹管安装

(1) 根据涵洞实际情况，排放涵管，安装时先安装中间管节，校正就位后再安装两侧进出水口管节。当两根管节相邻法兰间距 3～5cm 的缝隙时，用小撬棍对准法兰上的螺栓孔，使其纵向平移，使两法兰的螺栓孔对正，两法兰间距在 2cm 左右，然后全部穿上螺栓，校紧螺栓。此后依此方法逐节依次连接。

(2) 镶嵌密封：每段管节相邻法兰之间需设置密封垫，用绑丝把石棉垫固定在螺栓上，然后人工对称锁紧螺栓，直至相邻法兰之间只有 2～3mm 的缝隙即可。

(3) 金属波纹管中心线校准：金属波纹管安装完毕后千斤顶校正整道涵管，使其中心在所规定的中心线上。

7. 附属工程

进出口八字墙采用 C20 混凝土浇筑。在施工前，测量人员放出其准确位置，并进行基坑开挖，在基坑开挖完成后，报经监理工程师同意后可施工。

8. 台背回填

钢波纹圆管涵管周回填材料应符合级配要求。回填料应倾倒在结构两侧 1 倍直径以外，结构近处用机械夯实，管底下方楔形部粗砂用"水密法"振荡器振实。

（1）金属波纹管涵的台背回填，要求底部处理长度不小于2m，采用透水性能良好的碎石填筑。原地面压实合格后进行标高测量，计算填筑高度，安装要求计算出总填筑层数，经监理工程师认可后，用油漆在台背上进行分层标注，每层松铺厚度控制在15~20cm。碾压过程中采用振动压路机碾压，对于压路机压不到的地方均采用小型振动夯夯实或者用木棒在管身外侧向内侧进行人工夯实。

（2）涵洞顶回填料超过80cm以上方可采用重型机械，如振动压路机碾压，80cm以内必须采用小型机械夯实。

（3）填筑时应分层填筑，分层压实，压实度达到设计要求后，方可进行下一层填筑，填筑时必须在涵管两侧同步进行，两侧的回填料高差不得大于15cm。

（4）涵管顶部及两侧20m范围内不允许使用机械进行强夯。从回填开始到涵顶填料结束，最终截面尺寸与组装时的尺寸差异最大不得超过2%。

6.5 隧道工程

6.5.1 隧道工程总体施工方案

施工严格按照"管超前、严注浆、短开挖、强支护、勤测量、早封闭"十八字方针。

洞身段初期支护以喷、锚、网为主要支护手段，台车钻眼，光面爆破，装载机配合自卸汽车无轨出渣，钢架和钢筋网采用拱架安装机安装，锚杆采用台车钻孔，大流量高压注浆机注浆，喷射混凝土采用湿喷混凝土工艺。

隧道混凝土衬砌采用全断面混凝土衬砌台车施工，仰拱采取仰拱填充移动模架全幅施工，防水板利用半自动防水板披挂台车进行无钉铺设。智能型混凝土拌和站集中生产衬砌混凝土，由罐车运输，混凝土经泵送入模，以附着式振捣器振捣为主，插入式振捣器振捣为辅。

6.5.2 洞口段施工

洞口段工程应结合洞口相邻工程及现场布置统筹规划、及早完成，施工宜避开雨期及冬期，并符合下列规定。

（1）若隧道围岩较差，洞口施工应避开雨期施工。土方采用挖掘机开挖，自上而下分层分台阶开挖，下台阶必须在上台阶支护完毕后再行开挖。

（2）在明洞拉槽开挖前应结合路基情况事先做好排水工作，使洞口环形截水沟先期完成。

（3）为了防止洞口仰坡在开挖过程中出现滑坡现象，施工时选派专人定时对洞口仰坡进行观测。如洞口仰坡在开挖过程中有滑坡迹象，应对仰坡和边坡采取加固措施。

第一步，完成洞口前施工场地平整，做好通行便道，便于材料运输。开展洞顶部分树木杂草清表，测量放样，标识洞口成洞面轮廓线。

第二步，开始开展洞顶截水沟开挖、砌筑（图6-5-1中①）。

第三步，开始洞口段开挖（保留核心土，面积大于开挖断面的50%）（图6-5-1中②）。

第四步，施作边仰坡及仰坡临时防护工程（边开挖边防护）（图6-5-1中③）。

第五步，非核心土部分开挖至洞面（图6-5-1中④）。

第六步，开始暗洞超前支护施工（图6-5-1中⑤）。

第七步，施作明洞面衬砌（图6-5-1中⑥）。

洞口动态施工流程如图6-5-2所示。

6 各主要工程项目的施工方案、施工工艺和方法

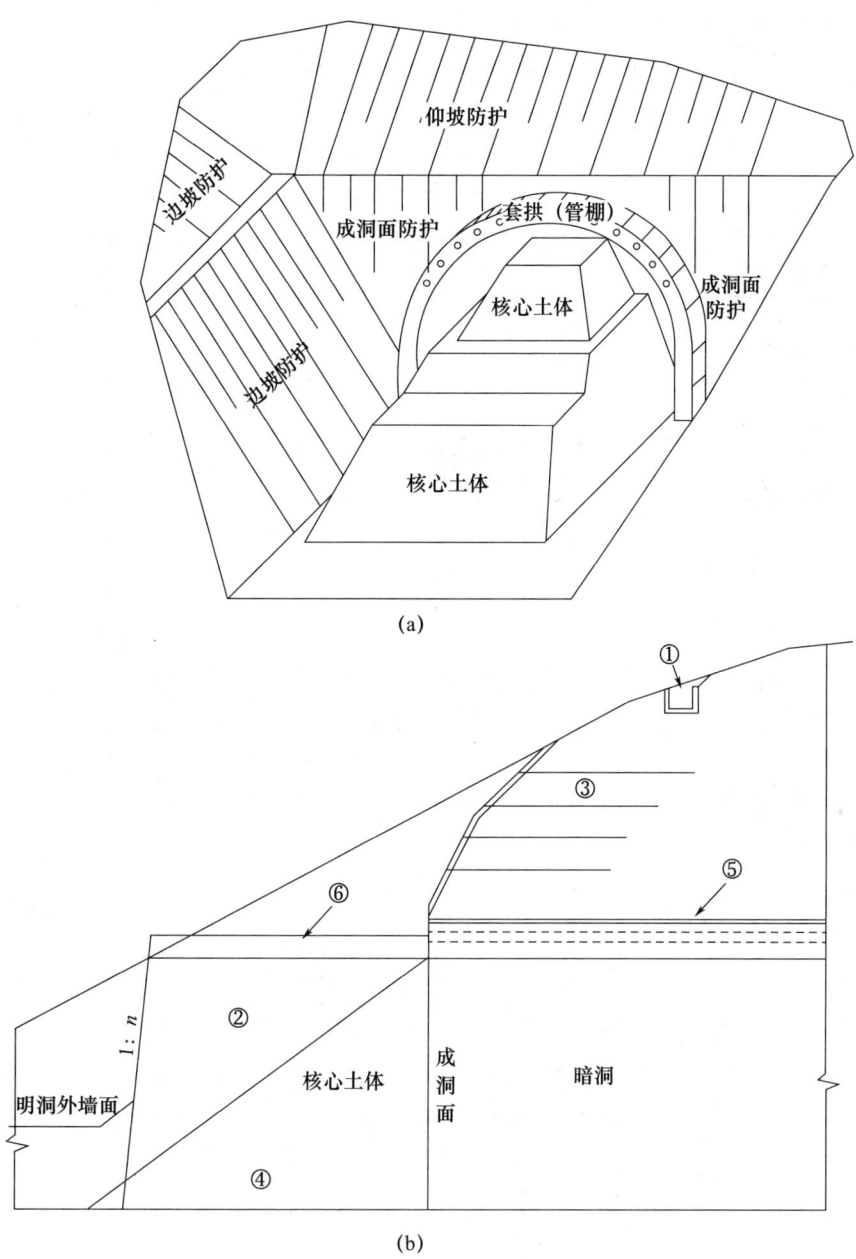

图 6-5-1 施工工序示意图

6.5.3 洞口及明洞施工

1. 施工工艺流程

洞门及明洞施工工艺流程如图 6-5-3 所示。

2. 明洞施工

明洞土石方开挖采取横向分层、纵向分段的方法进行施工，采用挖掘机开挖，必要时采取弱爆破和人工配合机械刷坡，装载机装渣自卸汽车出渣。按照设计施作边仰坡防护。开挖完成后进行基底处理，基底承载力达到要求后施作仰拱、填充混凝土，填充混凝土在仰拱混凝土终凝后进行浇筑。

明洞衬砌在仰拱填充完成后按由洞内向洞口方向先仰拱后拱墙的顺序施工。明洞回填分层填筑，每层层厚不大于1m，左右对称回填。码砌及浆砌分层错缝进行、夯填密实，确保施工质量。

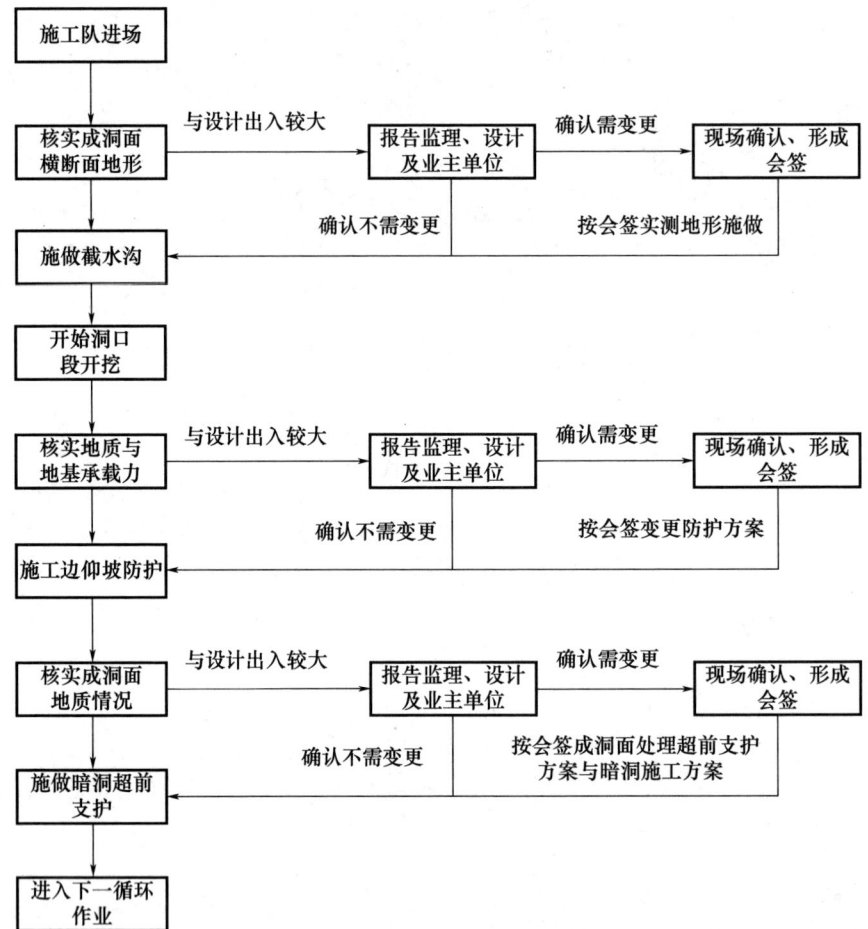

图 6-5-2 洞口动态施工流程

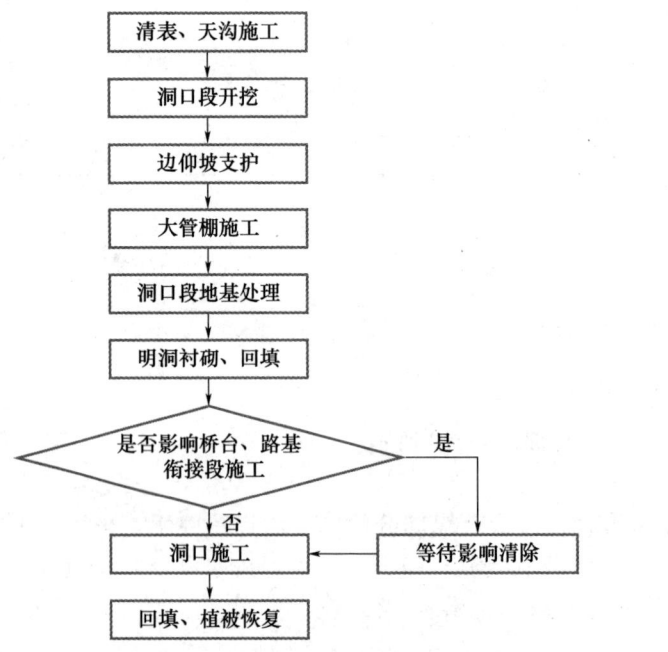

图 6-5-3 洞门及明洞施工工艺流程

明洞洞顶回填土高度不大于5m，回填横坡坡度不大于20%，明洞地基承载力不小于300kPa，如果在实际施工过程中，检查时发现地基承载力不足，对地基进行加固处理。洞顶的回填土高度（拱顶位置最薄处）不得小于150cm，回填时对土体进行夯填并压实，其压实度不小于90%。

3. 洞门施工

隧道洞门施工应避开雨期和严寒季节，并及早完成。洞门施工应符合下列规定。

(1) 洞门坡面较缓，尽量与自然地形坡度相一致，为避免开挖边仰坡时局部坍塌破坏原地貌，采用非爆破方法开挖。

(2) 洞门和明洞混凝土达到设计强度后，及时回填边仰坡超挖部分，恢复自然地形坡面。

(3) 模板及台车应根据洞门的结构形式、荷载大小、地基土类别、施工设备和材料供应等条件设计。

(4) 洞门斜坡面内外模板和挡头板应专门设计和制作，配套使用。

(5) 模板及台车应具有足够的强度、刚度和稳定性，能承受浇筑混凝土的重力、侧压力及施工荷载。

(6) 模板及台车安装必须稳定牢靠，模板接缝必须严密、不漏浆。

(7) 模板与混凝土的接触面必须清理干净并涂刷脱模剂。

(8) 混凝土浇筑前，模板内的积水和杂物应清理干净。

6.5.4 监控量测

在隧道设置的变形缝两侧设置不少于1组沉降测点，以便记录施工阶段及至铺轨前的沉降差异情况数据。

1. 量测项目

监控量测项目分为必测项目和选测项目。必测项目是隧道工程应进行的日常监控量测项目，必测监控量测项目包括洞内外观察、拱顶下沉、净空收敛、地表沉降等。

2. 工艺流程。

监控量测工艺流程如图6-5-4所示。

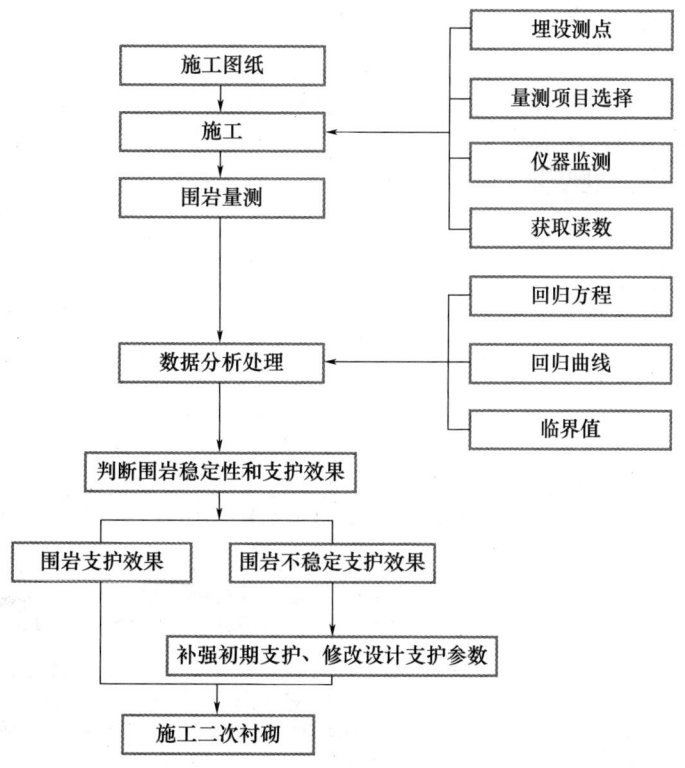

图6-5-4 监控量测工艺流程

3. 量测断面间距

量测断面间距应根据围岩级别、隧道断面尺寸及埋置深度等确定，Ⅴ级围岩地段为5~10m，Ⅳ级围岩地段为10~30m。

4. 数据处理分析应用

根据所绘制的各曲线的变化情况与趋势，判定围岩稳定性，及时预报险情，确定施工时应采取的措施，提供修改参数依据。将量测资料进行处理和分析，绘制时间-位移曲线。

当喷射混凝土出现大量明显的裂缝或初期支护表面的实测收敛值已达到或超过实测值，找到回归方程，绘制回归曲线，由回归方程推算最终位移值，偏离设计图纸和施工规范规定的净空允许相对位移值时，必须立即报告监理工程师、设计单位和业主单位，请求变更设计，采取补强初期支护措施，并修改初期支护参数，以便正确指导施工。围岩基本稳定，方可施作二次衬砌。

6.5.5 坍塌事故工程措施

围岩的变形破坏、失稳塌方，是一个从量变到质变的过程。在量变过程中，围岩的工程水文地质特征及力学特性会反映出一些征兆。根据这些征兆可预测围岩的稳定性，进行地质预报，采取相应措施，保证施工安全，防止隧道塌方。

围岩的变形破坏、失稳塌方，有以下一些征兆：水文地质条件的变化，如干燥围岩突然出水、地下水突然增多、涌水量增大、水质由清变浊等都是即将发生塌方的前兆；拱顶不断掉下土块，甚至较大的土块相继掉落，预示着围岩即将发生塌方；围岩节理面裂缝逐步扩大，很可能要发生塌方；支护结构变形（钢架接头挤偏或压劈、喷射混凝土出现明显裂纹或剥落等），甚至发出声响，有坍塌的可能；在围岩变形稳定阶段围岩或支护结构拱脚附近的水平收敛率大于0.2mm/d或拱顶下沉量大于0.1mm/d，并继续增大时，说明围岩仍在发生变形，处于不稳定的状态，有可能出现失稳塌方；如出现加速收敛现象，则表明塌方已经临近。

出现塌方征兆时，先撤出工作面施工人员和机械设备，指定专人观察。根据实际情况制定对应加固措施，必须在加固处理并确认险情已经排除后方可恢复工作面施工。塌方征兆及应急措施见表6-5-1。

表6-5-1 塌方征兆及应急措施

序号	征兆	应急措施	备注
1	水文地质条件的变化，如干燥围岩突然出水、地下水突然增多、涌水量增大、水质由清变浊等	撤出工作面施工人员和机械设备；完善抽排水系统，避免积水；制定针对性堵排水措施，加固洞周围岩	
2	拱顶不断掉下土块，甚至较大的土块相继掉落	撤出工作面施工人员和机械设备；待拱顶稳定后及时喷锚加固；制定针对性支护方案，保证支护结构稳定	
3	围岩节理面裂缝逐步扩大	撤出工作面施工人员和机械设备；分析围岩节理面裂缝逐步扩大原因；制定针对性围岩加固措施和支护方案	
4	支护结构变形（钢架接头挤偏或压劈、喷射混凝土出现明显裂纹或剥落等），甚至发出声响	撤出工作面施工人员和机械设备；分析支护结构变形原因；制定针对性围岩、支护加固措施，保证支护结构稳定	
5	在围岩变形稳定阶段围岩或支护结构拱脚附近的水平收敛率大于0.2mm/d或拱顶下沉量大于0.1mm/d，并继续增大	撤出工作面施工人员和机械设备；分析围岩不稳定原因；制定针对性围岩、支护加固措施，保证支护结构稳定	
6	出现加速收敛现象	撤出工作面施工人员和机械设备；分析围岩不稳定原因；制定针对性围岩、支护加固措施，保证支护结构稳定	

6.5.6 洞身开挖

隧道施工开挖总体上要求拱部采用光面爆破法，边墙部采用预裂爆破法，以最大限度地保护周边岩体的完整性，同时减少超挖量，提升初期支护的承载能力。

隧道内主洞正常段Ⅲ级围岩采用全面法施工；Ⅳ级围岩采用台阶法开挖；隧道内主洞正常段Ⅴ级围岩采用环形预留核心土及单侧壁导坑法开挖；紧急停车带采用双侧壁导坑法开挖。

6.5.6.1 全断面法施工

全断面法开挖施工工艺流程如图 6-5-5 所示。

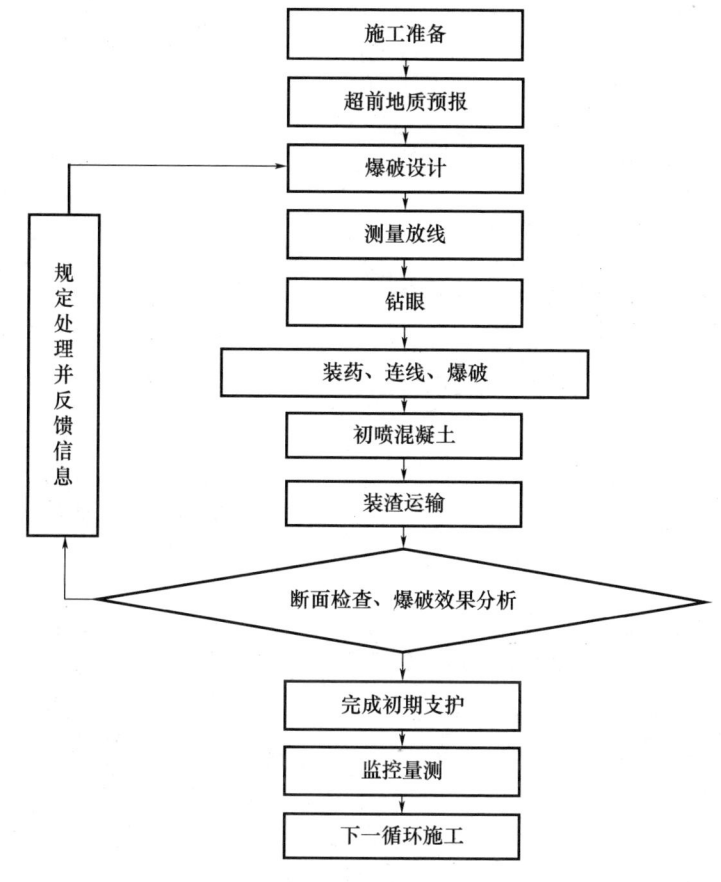

图 6-5-5　全断面法开挖施工工艺流程

隧道Ⅲ级围岩采用全断面法开挖施工，光面爆破法爆破，锚杆采用风钻钻孔，喷射混凝土采用湿喷混凝土工艺。全断面法开挖施工示意图如图 6-5-6 所示。

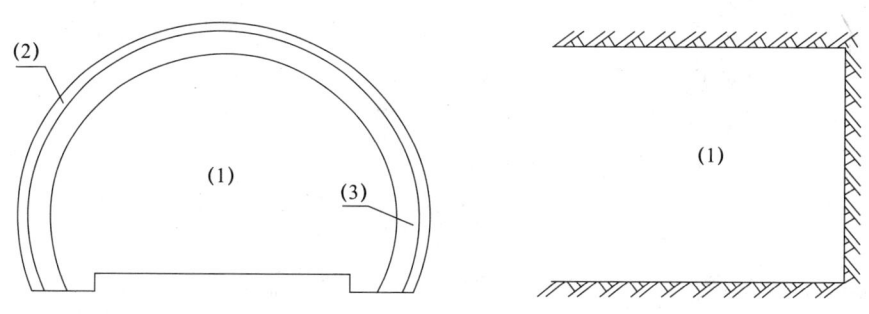

图 6-5-6　全断面法开挖施工示意图

6.5.6.2 三台阶法施工

1. 三台阶法开挖施工工艺

台阶高度：分三台阶开挖支护，上台阶高度 4.07m，中台阶高度 2.58m，下台阶高度 2.9m。分台阶高度的确定按照钢拱架的单元高度确定，如图 6-5-7 所示，其中上台阶开挖至钢拱架①单元拱脚，中台阶开挖至钢拱架②单元拱脚，下台阶开挖至仰拱底。

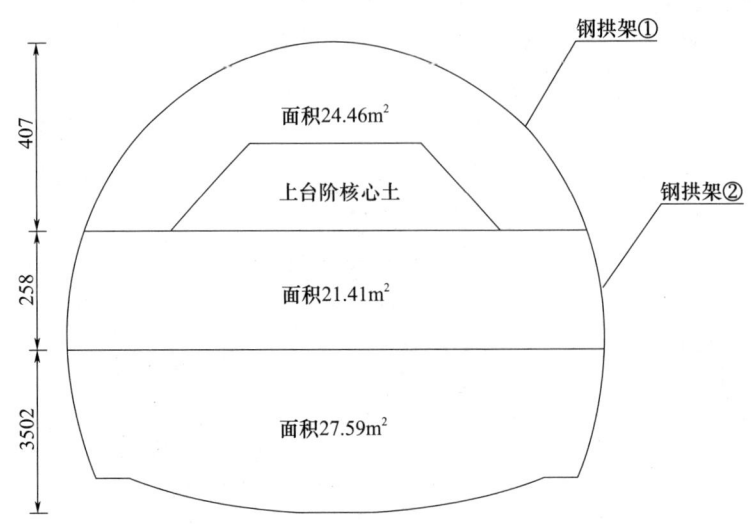

图 6-5-7 三台阶法开挖横断面图

台阶长度：上台阶 6～7m，中台阶 15～20m，下台阶 5～8m。台阶划分的长度主要考虑机械出渣的能力、机械出渣的工作面长度、爆破影响以及Ⅴ级围岩条件下仰拱跟进掌子面的安全距离，具体如图 6-5-8 所示。

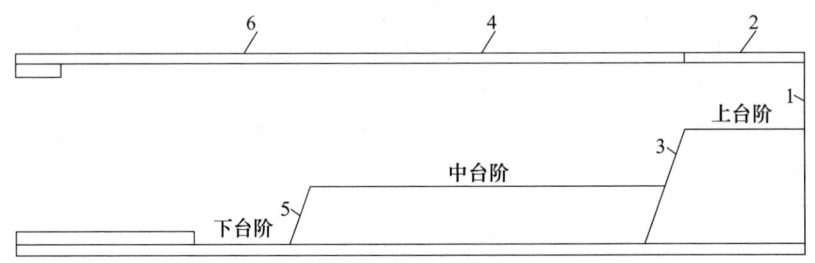

图 6-5-8 三台阶法开挖纵断面图
1—上台阶开挖（预留核心土）；2—上台阶初期支护施作；3—上台阶核心土及中台阶开挖；
4—中台阶初期支护施作；5—下台阶开挖；6—下台阶及隧底初期支护施作

钻孔时，人工配合风动凿岩机开挖，自卸汽车运渣。开挖时要短进尺、弱爆破，以减轻爆破振动对围岩的破坏，确保围岩的稳定。洞身开挖后，立即施作锚喷网初期支护，及时封闭围岩。完成隧道开挖及初期支护后，应及时进行仰拱二次衬砌和仰拱填充。

中下台阶左右导坑交错开挖时，每循环进尺不得大于 2 榀钢拱架间距。

拱顶弧形导坑一次开挖按 1～2 榀钢拱架控制，不得大于 2 榀。仰拱填充一次施作距离 3～5m。

配备多功能台架及高效率装运机械设备，缩短循环作业时间，合理采用平行交叉作业工序，加快施工进度。

利用深孔爆破增加循环进尺，控制周边眼间距及角度改善光面爆破效果，不得欠挖。

中心排水沟及仰拱的开挖，与断面围岩分次爆破开挖，通过调整爆破炮眼角度、深度及装药量，控制开挖时超、欠挖现象，并保证在允许偏差范围内中心排水沟的位置正确。

爆破施工作业一般程序为：测量放线→炮孔布置→施工准备→钻孔→吹孔→装药→填塞→连接起爆网络→警戒起爆→排烟→爆后检查、找顶→进入下一道工序。

2. 施工注意事项

(1) 在上部断面初期支护基本稳定后，才能进行下半断面开挖。

(2) 要认真加固拱脚、施作锁脚锚杆，若拱脚处围岩较软破碎时，需采取必要的注浆加固措施，确保拱脚的稳定。

(3) 上台阶核心土开挖完成后，如拱顶、两侧拱墙变形较大，可施作临时仰拱（临时喷射混凝土）。

(4) 如遇地下水，先喷射混凝土封闭开挖面，然后打孔、插PVC管引排；超前注浆采用水泥-水玻璃双液浆，注浆分一序、二序间隔跳孔灌注，注浆结束后待凝期间，上部台阶应暂停开挖。

(5) 量测工作必须及时，以观察拱顶、拱脚和边墙中部的位移值，二次衬砌的施作应满足下列要求：水平收敛速率小于2.0mm/d或拱顶位移速率小于0.15mm/d；施作二次衬砌前的收敛量已达总收敛量的80%以上。

(6) 当围岩压力极大，其变形速率增大且难以收敛时，应立即浇筑二次衬砌。

(7) 隧道仰拱工作面紧跟下台阶进行，二次衬砌应紧跟已完成段施作。

(8) 在初期支护封闭成环且基本稳定的条件下，铺设复合防水卷材，最后全断面模筑二次衬砌混凝土，并注意有关预埋件放置。

(9) 当开挖揭示围岩级别划分与实际不符时，应及时改变设计参数与施工程序。

6.5.6.3 两台阶法施工

短台阶以分上下两个台阶两个开挖面，各部位的开挖与支护沿隧道纵向错开，采用平行推进的施工方法。适用于Ⅳ级围岩洞身开挖施工。

1. 施工工艺流程

短台阶法施工工艺流程如图6-5-9所示。

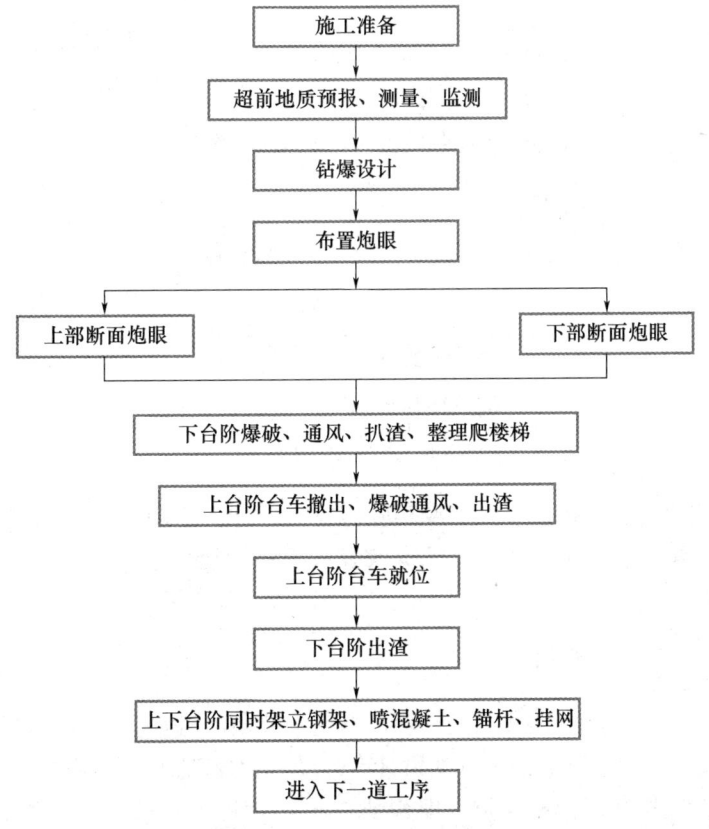

图6-5-9 短台阶法施工工艺流程

2. 超前地质预报、测量放样、监控量测

通过地质雷达、超前水平钻探、掌子面地质素描等多种手段探测掌子面前方地层岩性、地质构造，综合分析研究，及时调整和确定施工方法和参数。

通过监控量测数据分析可正常进入下一道工序后，对各部分开挖轮廓线、隧道中线、高程进行测量放线。

3. 开挖

短台阶法开挖示意图如图 6-5-10 所示。

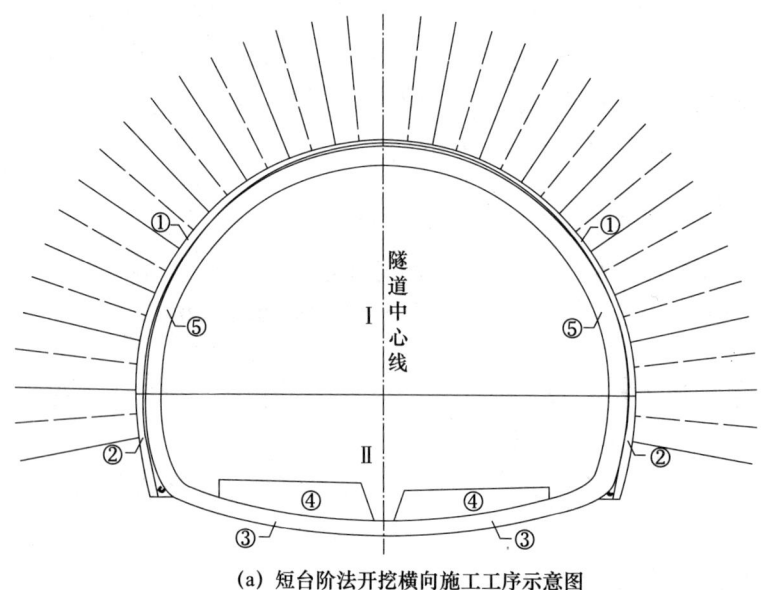

(a) 短台阶法开挖横向施工工序示意图

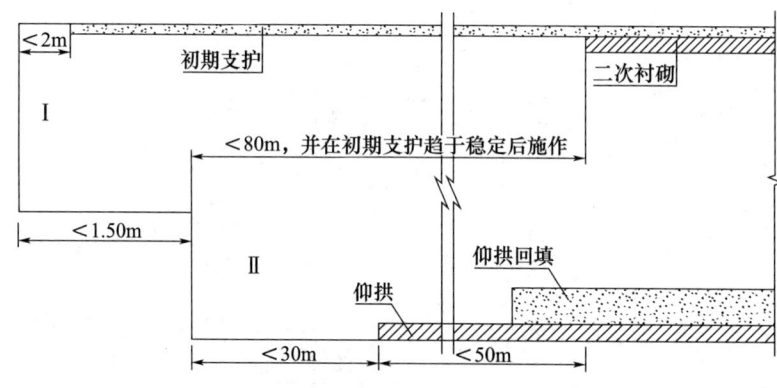

(b) 短台阶法开挖纵向施工工序示意图

图 6-5-10 短台阶法开挖示意图

（1）开挖前施作超前支护（按设计要求或实际需要），开挖台阶形成后施工顺序如下。

①爆破开挖Ⅰ部，爆破后暂不出渣，用挖机或装载机将炮渣沿上下台阶处修成平缓坡，并将上台阶开挖台车移至下台阶。

②施作Ⅰ部初期支护；

③爆破开挖Ⅱ部，出渣。

④上台阶出渣完毕后将开挖台车移至上台阶，下台阶开始出渣，上台阶同时施作周边的初期支护，即初喷 3~5cm 厚混凝土，架立工字钢架（如设计有），钻射系统锚杆后复喷混凝土至设计厚度。

⑤下台阶出渣完，施作Ⅱ部初期支护，即初喷 4cm 厚混凝土，架立工字钢架（如设计有），钻射

系统锚杆后复喷混凝土至设计厚度。

⑥施作Ⅱ部二次衬砌。

(2) 开挖中各台阶长度、循环进尺、上下台阶高度应严格控制。

开挖上台阶高度约 6m，上台阶长度宜为 10～15m，开挖下台阶高度约 3m，下台阶长度宜为 20～30 m。衬砌滞后 20～30m。

(3) 初期支护喷射混凝土强度达到设计强度的 70％以上时进行下一部分的开挖。

4. 开挖检查

(1) 每一步支护前，都应进行围岩量测，确定围岩的稳定性并指导下一循环施工。

(2) 严格控制欠挖，当围岩完整、石质坚硬时允许个别岩石突出侵入衬砌不大于 5cm（每 1m² 不大于 0.1 m²），拱脚和墙脚以上 1 m 内断面严禁欠挖。

5. 支护

(1) 每一分部开挖检查合格后及时初喷 3～5cm 混凝土封闭岩面，后施作锚杆、钢筋网、安装钢架支撑（如设计有），复喷至设计厚度，各工序之间紧密衔接。

(2) 初期支护先上后下，分步实施，及时封闭成环。

6. 施工要点

(1) 上台阶长度控制在 10～15m，便于上台阶作业和控制安全步距，上台阶高度控制在 6.0～6.5m，下台阶 4.0m，便于台车移位。

(2) 上台阶开挖台车要轻便、坚固，便于装载机移动。

(3) 下台阶需先爆破，爆破后整理爬坡道，装载机进入上台阶，开挖台车移位至下台阶安全距离。

6.5.6.4 CD 法施工

1. 施工工艺流程

CD 法施工工艺流程如图 6-5-11 所示。

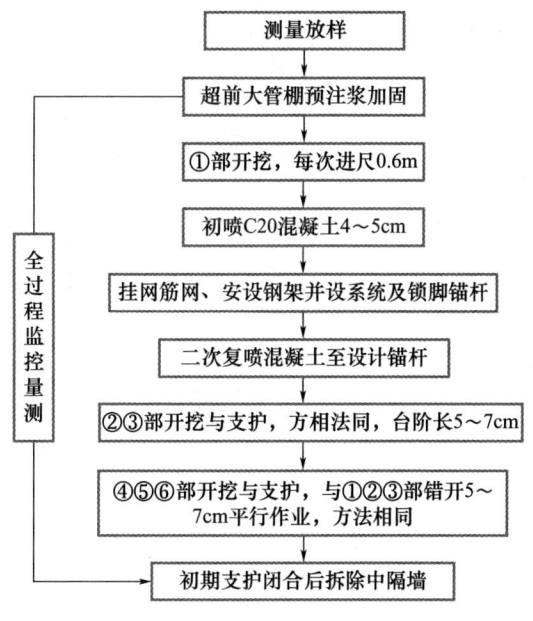

图 6-5-11 CD 法施工工艺流程

2. 施工工序

CD 法施工工序示意图如图 6-5-12 所示。

3. CD 法开挖工序

CD 法施工工序如图 6-5-12（a）所示。

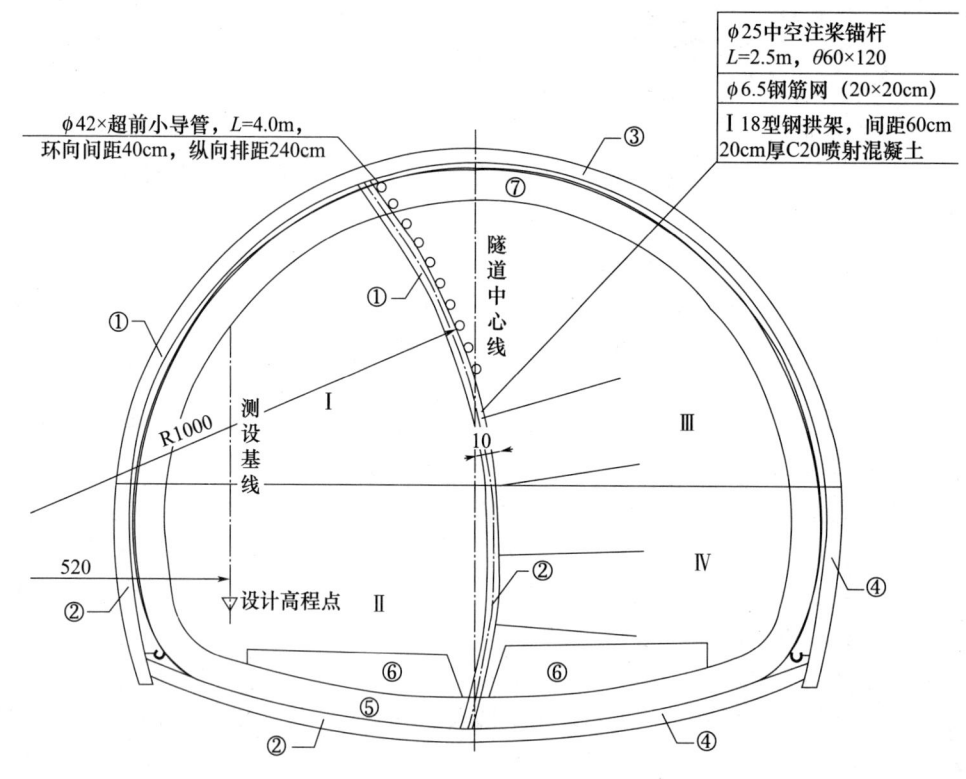

(a) CD法施工工序立面图

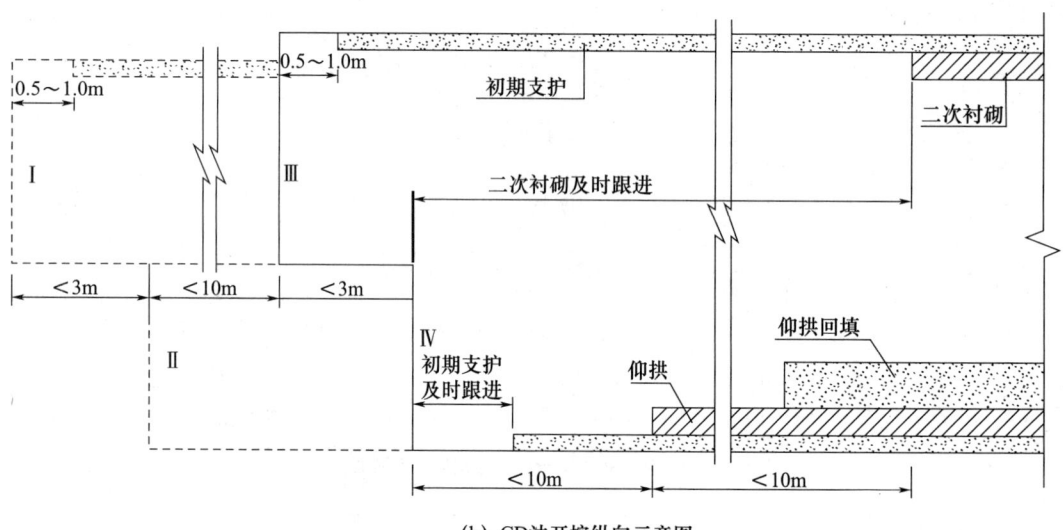

(b) CD法开挖纵向示意图

图 6-5-12 CD法施工工序示意图

(1) 开挖先行导坑上部Ⅰ。
(2) 施作先行导坑上部初期支护及临时支护①。
(3) 开挖先行导坑下部Ⅱ。
(4) 施作先行导坑下部初期支护及临时支护②。
(5) 开挖先行导坑下部Ⅲ。
(6) 施作先行导坑下部初期支护及临时支护③。

(7) 开挖先行导坑下部Ⅳ。
(8) 施作先行导坑下部初期支护及临时支护④。
(9) 浇筑仰拱⑤。
(10) 仰拱回填⑥。
(11) 整体模筑二次衬砌⑦。

6.5.6.5 双侧壁导坑法

施工工序

双侧壁导坑法施工工序如图 6-5-13 所示。

(1) 左导洞上台阶超前支护①。
(2) 左导洞上台阶开挖②→左导洞上台阶初期支护及临时支护③。
(3) 左导洞下台阶开挖④→左导洞下台阶初期支护及临时支护⑤。
(4) 右导洞上台阶超前支护⑥。
(5) 右导洞上台阶开挖⑦→右导洞上台阶初期支护及临时支护⑧。
(6) 右导洞下台阶开挖⑨→右导洞下台阶初期支护及临时支护⑩。
(7) 拱部超前支护⑪。
(8) 拱部开挖⑫→拱部初期支护⑬。
(9) 中台阶开挖⑭。
(10) 下台阶开挖⑮→仰拱部初期支护⑯。
(11) 临时支护拆除→仰拱部第二层初期支护⑰。
(12) 拱部第二层初期支护⑱。
(13) 模筑三次衬砌仰拱⑲。
(14) 铺设防水层，整体灌注拱墙三次衬砌⑳。

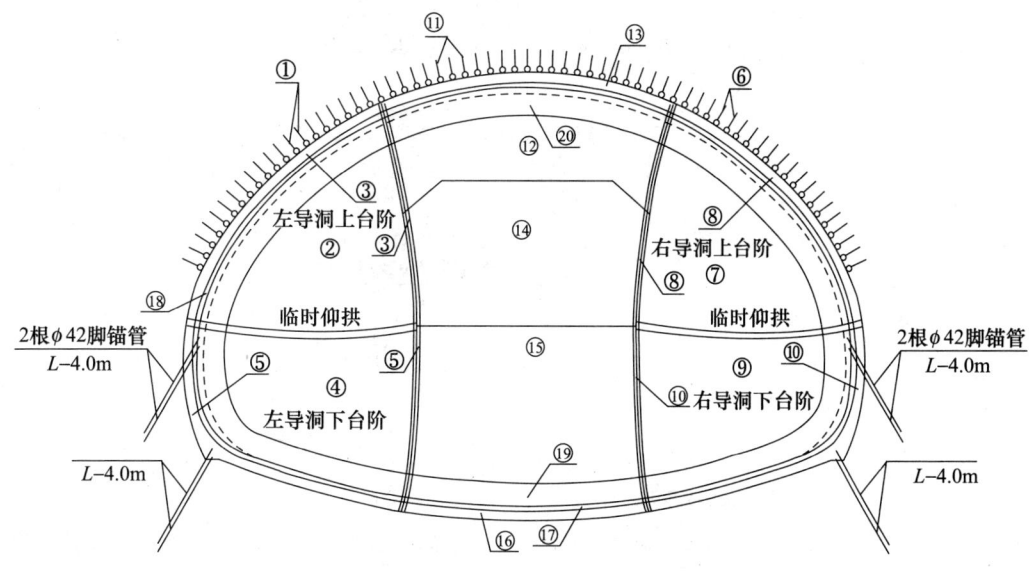

图 6-5-13 双侧壁导坑法施工工序示意图

6.5.6.6 环形开挖预留核心土法施工

环形开挖预留核心土法施工工序示意图如图 6-5-14 所示。

(1) 环形开挖上断面Ⅰ、Ⅱ、Ⅲ。
(2) 施作上断面初期支护①。
(3) 开挖上断面核心土Ⅳ。

(4) 跳槽开挖下断面Ⅴ。
(5) 施作下断面初期支护②。
(6) 跳槽开挖下断面Ⅵ。
(7) 施作下断面初期支护③。
(8) 施作仰拱④。
(9) 仰拱回填⑤。
(10) 整体模筑二次衬砌⑥。

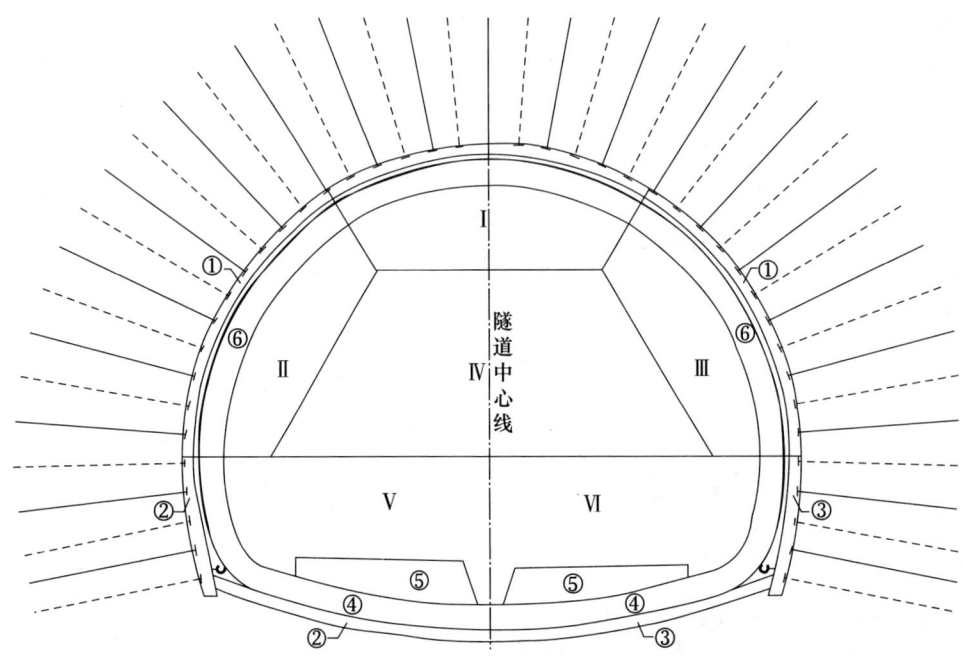

(a) 环形开挖预留核心土法横向施工工序示意图

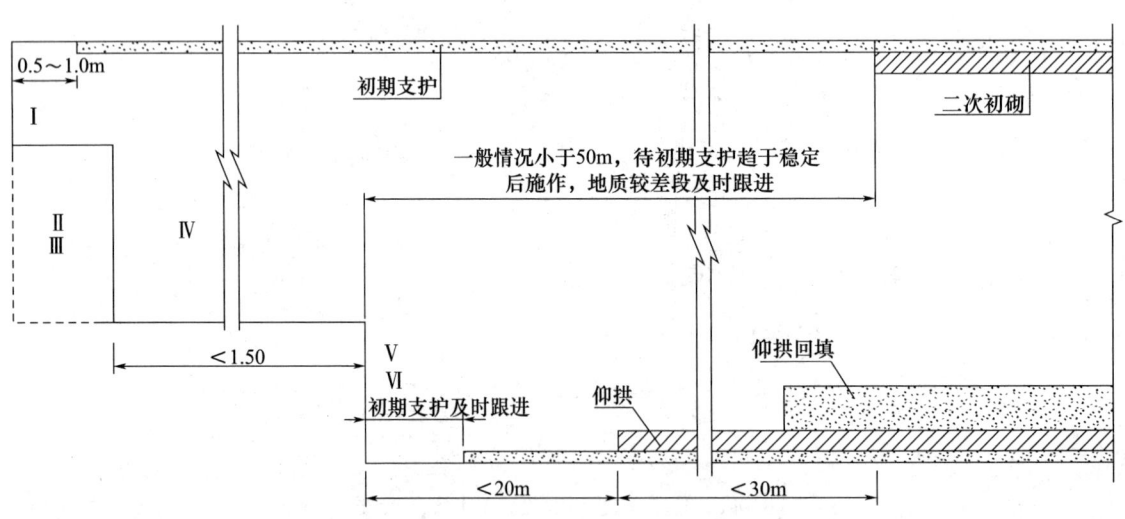

(b) 环形开挖预留核心土法纵向施工工序示意图

图 6-5-14 环形开挖预留核心土法施工工序示意图

下断面跳槽开挖，初期支护双侧交错落地，避免上断面两侧拱脚同时悬空，单侧落地长度一般不大于 3m，根据围岩调整。

6.5.6.7 隧道光面爆破施工

1. 施工工艺流程

隧道光面爆破施工工艺流程如图 6-5-15 所示。

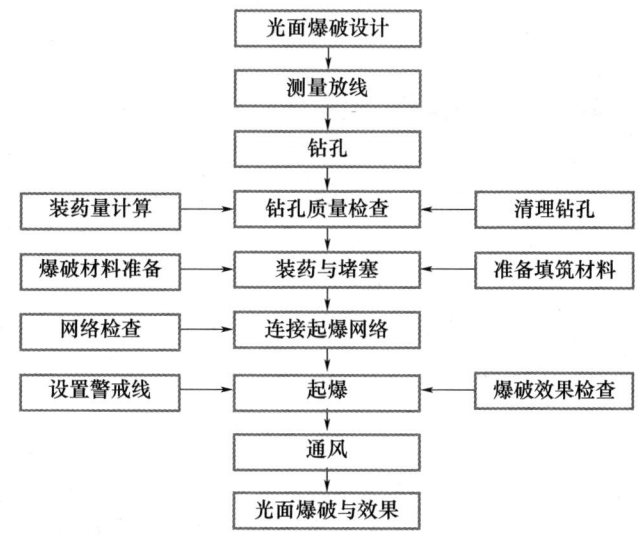

图 6-5-15　隧道光面爆破施工工艺流程

2. 测量放线

钻炮眼前绘出开挖断面的中线、水平和断面轮廓，并根据爆破设计标出炮眼的位置，经检查符合设计要求后钻眼。

洞内控制测量采用导线、中线双控法控制，高程控制采用水准测量。控制测量采用全站仪做导线控制网，施工测量采用全站仪配合激光定位仪。

用全站仪、钢卷尺等准确绘出开挖轮廓线及周边眼、辅助眼和掏槽眼的位置，并用红色油漆标出炮眼，严格控制开挖边线。距开挖面 50m 处埋设中线桩，每 100m 设临时水准点。

每次放线时，先检查上次爆破效果，并及时将结果告知技术主管和爆破人员，技术人员对测量数据进行计算分析，修正爆破参数，以达到最佳爆破效果。炮眼布置图如图 6-5-16 所示。

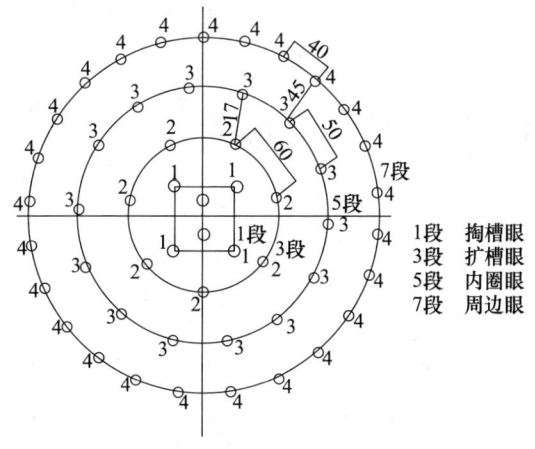

图 6-5-16　炮眼布置图

3. 钻孔

钻孔由专业钻孔工班承担，严格按照钻爆设计图进行钻孔作业，特别是周边眼和掏槽眼位置、间距和数量，未经主管工程师许可不得随意改动。各钻手分区、分部位定人定位施钻，实行严格的钻手作业质量经济责任制。风枪手做到"二定三保",即定人定位、保质保量保安全。炮眼要"准、平、齐":"准"是指炮眼位置要准,周边眼口全部在设计轮廓线内 5cm 的连线上,眼底全部在设计较廓线外 5cm 的连线上终止,其炮眼定位误差不超过 10cm。只有这样才能达到两排炮之间错台不大于 10cm;"平"是要求炮眼方向和隧洞中线平行,两侧边墙要顺帮水平打眼,各排炮相同位置的炮眼平行,爆破后各排同位炮眼连成一条线;"齐",主要是眼底要齐,要在一个垂面上,才能保证良好的爆破效果。

4. 清孔

装药前用钢筋弯制的炮钩、高压风将炮眼内的泥浆、存水、石粉吹洗干净。

5. 装药与堵塞

分片分组按炮眼设计图确定的装药量自上而下装药,雷管"对号入座"。所有炮眼均以炮泥堵塞,堵塞长度不小于 20cm。

6. 连接起爆网络

采用复式起爆网络,以保证起爆的可靠性和准确性。连接时注意:导爆管不能打结和拉细;各炮眼雷管连接次数相同;引爆雷管用黑胶布包扎在离一簇导爆管自由端 10cm 以上处。网络连好后,专人负责检查。

7. 瞎炮的处理

发现瞎炮,首先查明原因。如果是孔外的导爆管损坏引起的瞎炮,则切去损坏部分重新连接导爆管即可,但此时的接头尽量靠近炮眼;如因孔内导爆管损坏或其本身存在问题造成瞎炮,则参照《爆破安全规程》(GB 6722—2014)有关条款处理。

8. 周边眼施工方法

(1)周边眼布置。

采用光面爆破。由于岩面的自重有助于周边眼最后起爆时岩面沿周边眼开裂,不仅保证了爆破效果,而且对减小周边眼振动强度较为有利。

(2)周边眼的装药结构。

光面爆破周边眼装药采用不耦合装药结构,不耦合系数一般在 1.4~2.0 范围内。炮孔直径 D 取 42mm,而药卷选用 $\phi 25mm \times 200mm$ 的小直径药卷,间隔捆绑在竹片上,药卷有 20~40cm 的空气柱间隔,这种做法,密度低,在炮孔内与岩壁间有很大空隙,能减轻爆炸烈度,使炮眼内壁受力均匀,使隧洞轮廓分明,成型美观。具体如图 6-5-17 所示。同时,可通过试验酌情减小周边眼孔距,并采用间隔装药法,以提高光面爆破效果。

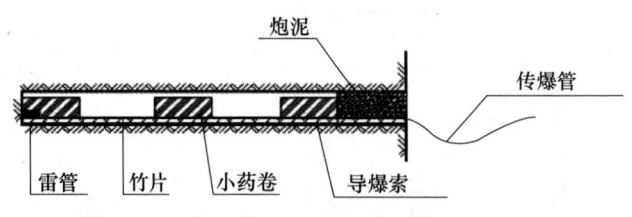

图 6-5-17 周边眼装药结构

9. 掏槽眼

从隧道爆破开挖振动速度的观测中发现,掏槽爆破的振动比其他部位的爆破的振动要大得多。因此在围岩中爆破开挖从减小掏槽眼爆破的振动强度、维护围岩自身稳定性为出发点,掏槽眼采用四空眼直眼掏槽形式。

10. 爆破

(1)爆破器材。

炸药的选择:有水地段采用乳化炸药,其余均用 2 号岩石销铵炸药,适用于光面爆破,具有低爆速、低密度、高爆力、小直径、传爆性能良等优点。

起爆器材：采用非电塑料导爆管毫秒雷管起爆。试验证明，毫秒雷管和毫秒等差递增雷管结合使用，能获得更节约炸药、减轻振动的效果。

雷管的选择：考虑到爆破原因，一般采用非电毫秒雷管。为了满足减轻振动的要求，必须要严格控制最大一段的装药量，因而雷管要有足够的段数。

(2) 段间隔差。

为了避免振动强度的叠加作用，雷管应跳段使用，段间隔时差应小于 100ms。

(3) 循环进尺。

主要根据地质条件及施工进度安排来考虑。

(4) 起爆顺序。

施工顺序：掏槽眼→扩槽眼→内圈眼→周边眼。光面爆破时，从掏槽眼开始，一层一层从断面中心向外进行，最后是周边眼爆破。布置雷管段号时应注意：①选择合理的段间隔时间；②同段号一次起爆药量应小于最大一段允许装药量；③前一段的起爆要尽量为后一段爆破创造良好的临空面。

(5) 爆破参数的选定。

根据经验初步拟定爆破参数，再通过现场试验修正确定爆破参数。

①炮眼深度 L。

以循环进尺为炮眼深度，掏槽眼加深 10%～20%。

②炮眼数目 N。

可根据下式计算：

$$N=Ks/(nr)$$

式中 K——单位炸药消耗量（kg/m³）；

s——开挖面积（m²）；

r——炸药的线装药密度（kg/m）；

n——炮眼装药系数（取 0.2～0.4）；

(6) 炮眼布置。

首先布置掏槽眼、扩槽眼、内圈眼、周边眼。

周边眼参考经验计算式。

间距：$E=(12～18)d$（d 为炮眼直径）。

抵抗线：$W=(1.0～1.5)E$。

装药量集中度：$q=0.04～0.19$kg/m。

(7) 一次起爆总药量的计算。

$$Q=KsL$$

式中 L——炮眼深度（m）。

(8) 单眼装药量的计算。

①周边眼可参考光面爆破进行计算。

②其他各部炮眼装药量：

$$q=KawL\lambda$$

式中 a——炮眼间距；

w——炮眼爆破方向的抵抗线；

λ——炮眼所在部位系数（表 6-5-2）。

表 6-5-2 炮眼所在部位系数 λ

炮眼所在部位系数	掏槽炮眼	扩槽炮眼	内圈炮眼
λ	2～3	1.5～2	0.8～1.0（预） 0.5～0.8（光）

(9) 围岩具体钻爆设计（表 6-5-3、表 6-5-4）

表 6-5-3 Ⅳ级围岩爆破参数表

围岩级别	周边眼间距 E (cm)	周边眼至内圈眼间距 W (cm)	周边眼装药集中度 a (kg/m)	相对距离 (E/W)	每循环进尺 L (m)
Ⅳ	40～50	45～65	0.10～0.30	0.8～1.0	1.5

表 6-5-4 Ⅴ级围岩爆破参数表

围岩级别	周边眼间距 E (cm)	周边眼至内圈眼间距 W (cm)	周边眼装药集中度 a (kg/m)	相对距离 (E/W)	每循环进尺 L (m)
Ⅴ	40～50	45～65	0.10～0.30	0.8～1.0	1.5

6.5.6.8 出渣运输

采用无轨运输，挖掘机和装载机装渣，15t 自卸汽车运输石渣至指定弃渣场。在仰拱施工洞段，采用仰拱栈桥确保隧道出渣有序开展。施工现场统筹安排，尽量减小各个工序的施工干扰。

6.5.7 超前支护、初期支护施工

6.5.7.1 超前小导管支护

超前小导管采用锚杆施工台车钻孔，成孔后进行检查和岩屑清除，人工配合机械将小导管装入孔内。导管外露足够长度，并与钢拱架焊接在一起。

超前小导管采用 φ42mm 无缝钢管，钢管前端做成尖楔状，便于插入孔中或直接打入，根据地形、地质情况采取注浆加固地层措施。超前小导管注浆施工工艺流程如图 6-5-18 所示。

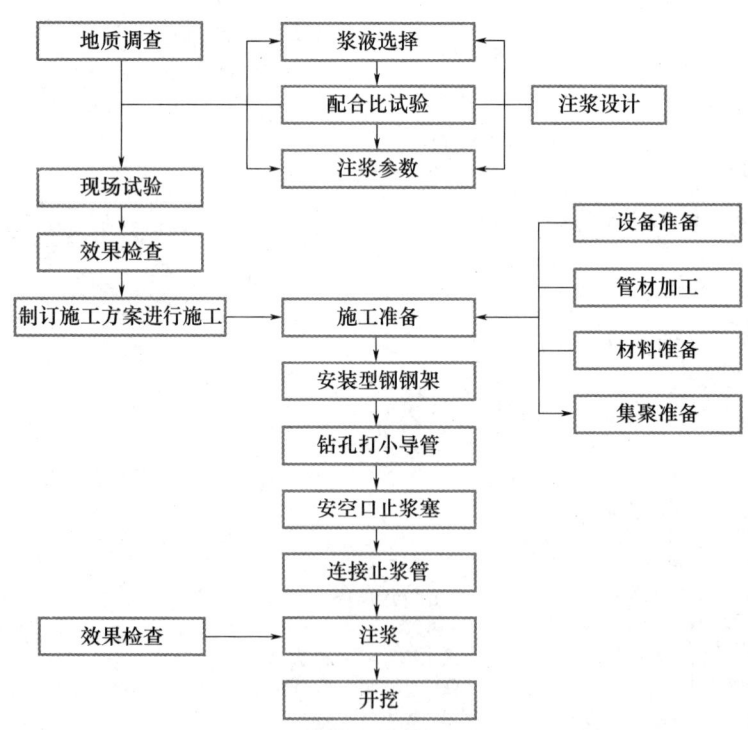

图 6-5-18 超前小导管注浆施工工艺流程

6.5.7.2 砂浆锚杆

超前小导管采用锚杆施工台车利用风动凿岩机钻孔，锚杆孔位与岩面垂直。钻孔后用高压风清除

孔内石屑，然后安装锚杆，插入长度不小于设计长度的95%。成孔后用高压风清孔，先将内径4～5mm，壁厚1～1.5mm的软塑料排气管同锚杆一起送入钻孔至孔底，并在孔外留0.5m左右的富余长度，然后将注浆管固定在孔口位置，并将锚杆孔口堵塞，确认排气管畅通后，采用双管排气法注浆，直到排气管不排气或溢出稀浆时停止，拔出排气管，待砂浆达到强度后安装垫板拧紧螺帽。砂浆锚杆施工工艺流程如图6-5-19所示。

6.5.7.3 中空注浆锚杆支护

采用带排气装置的中空注浆锚杆，钻孔方式同砂浆锚杆施工。检查确定导管孔达到标准后，安装锚杆并按设计比例配浆，采用电动注浆机注浆，注浆压力符合设计要求。

锚杆插入前必须先用高压风清孔，锚杆必须装好锚头，边旋转边将锚杆送入眼孔，然后安装止浆塞、垫板、螺母。

锚杆规格、长度、直径符合设计要求，锚杆杆体除锈除油；锚杆布置形式符合设计要求，按要求定出锚杆位置，锚杆间距允许误差为±150mm。锚杆与岩面基本垂直；锚杆垫板与孔口混凝土密贴。随时检查锚杆头的变形情况，紧固垫板螺帽。中空注浆锚杆施工工艺如图6-5-20所示。

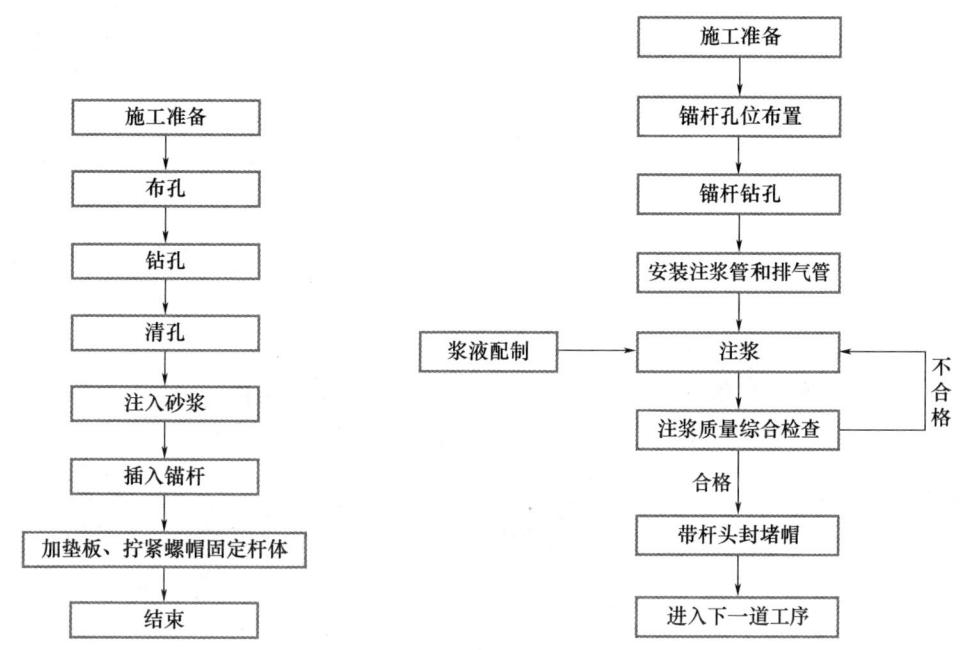

图6-5-19 砂浆锚杆施工工艺流程　　　　图6-5-20 中空注浆锚杆施工工艺流程图

6.5.7.4 型钢钢架

型钢钢架采用钢拱架安装机根据开挖方法和步骤分部分片安装，为了使左右侧支护上部拱架便于与下部连接，安装拱部钢架时在拱脚处垫上垫板和混凝土垫块并用锁脚锚杆锁固。

安装好的拱架用纵向连接筋连成一体，按设计施作注浆锚杆将锁脚锚杆的尾部焊于拱架上，施工工艺流程图6-5-21所示。

6.5.7.5 喷射混凝土

喷射混凝土采用机械手湿喷机，混凝土由洞外拌和站集中拌和，根据需要加入改性聚酯纤维，通过混凝土运输车运到工作面。

喷射混凝土前，用水、高压风将岩面粉尘和杂物清除干净，喷射作业分段、分片按由下而上顺序进行，严格按照喷射混凝土的施工规范进行混凝土的喷射。锚杆、钢筋网、钢架等安装完后进行复喷混凝土作业，喷至设计厚度。喷射混凝土施工工艺流程如图6-5-22所示。

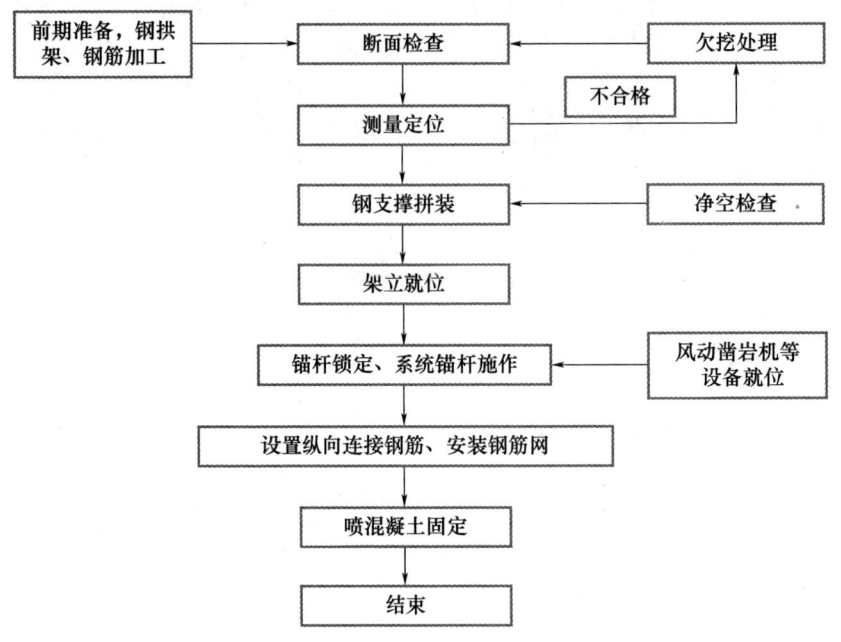

图 6-5-21 型钢钢架安装施工工艺流程

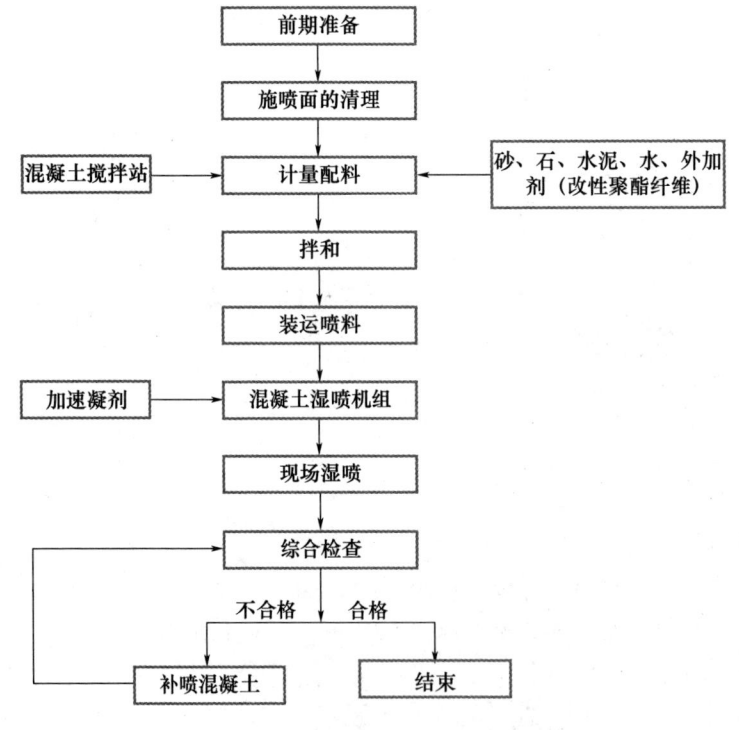

图 6-5-22 喷射混凝土施工工艺流程

6.5.8 仰拱施工

（1）仰拱是在初期支护工序后施工。
（2）基底开挖应圆顺、平整，不得欠挖，超挖部分应用同级混凝土回填。
（3）仰拱、底板混凝土浇筑前应将基底虚渣、杂物、积水等清除干净。
（4）仰拱宜超前拱墙模注衬砌施作，其超前距离宜保持在 3 倍以上衬砌循环作业长度。

6 各主要工程项目的施工方案、施工工艺和方法

（5）仰拱施作应一次成型，不得分部浇筑，施工时采用栈桥，避免影响洞内交通。

（6）仰拱填充在仰拱混凝土达到设计强度的70%后施作。

（7）仰拱施工缝应按设计要求做防水处理。

（8）仰拱（含填充）混凝土强度达到5MPa后行人方可通行，达到设计强度的100%后车辆方可直接通行。

（9）仰拱施工工艺流程如图6-5-23所示。

6.5.9 二次衬砌施工

二次衬砌施工作业前，要求围岩和初期支护变形基本稳定，量测监控数据表明位移率明显减缓、拱脚附近收敛值和拱顶下沉值小于规范及设计要求值，方可施作混凝土二次衬砌。

洞身衬砌严格按照仰拱超前，边墙、拱部一次浇筑成型的原则组织施工，边墙、拱部采用走行式全断面液压钢模台车整体衬砌。

衬砌施工工艺流程如图6-5-24所示。

1. 施工准备

清除拱座处虚渣、杂物，排除积水，拦截前方来水，用水泵将前方来水抽入后方水沟内；对拱座连接界面进行凿毛冲洗，调直连接筋，对边拱混凝土施工缝进行凿毛冲洗，对已铺设防水板再次复核确认是否合格，测放中线、高程控制线，根据需要测放钢筋安装控制点。

钢筋在洞外场地集中加工，人工安装绑扎。钢筋绑扎时，注意不要损伤防水层，钢筋焊接时，用防火板对防水板进行遮拦，以防烧伤防水板。检查各类预埋件位置，确保无误。

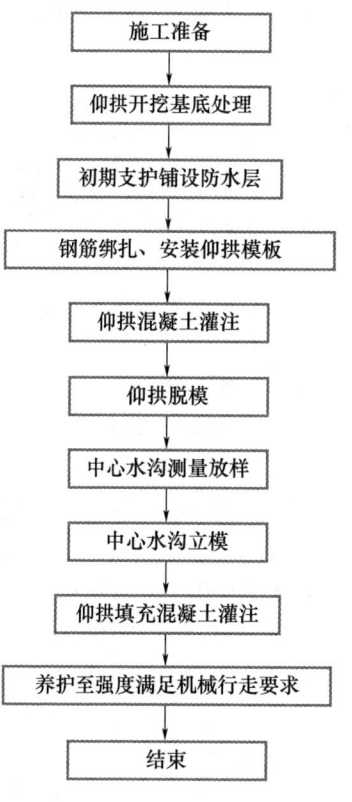

图 6-5-23 仰拱施工工艺流程

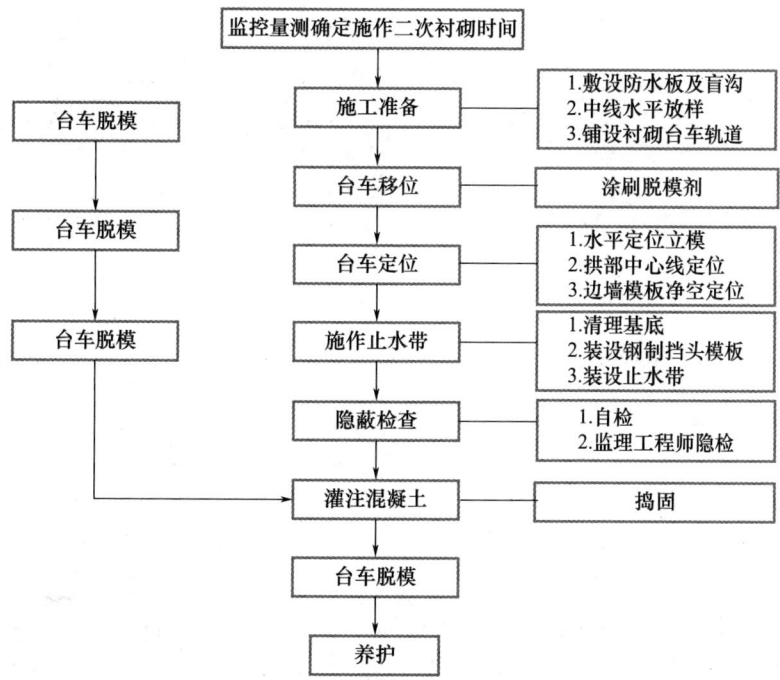

图 6-5-24 衬砌施工工艺流程

2. 立模

边墙、拱部衬砌采用走行式液压模板衬砌台车,台车长9m。模板衬砌台车墙部作业窗口分层布置,层高不宜大于1.5m,每层设置6~8个窗口,其净空不小于45cm×45cm,两端设检查孔,并设有相应的混凝土输送管支架或吊架。模板衬砌台车自行移位,通过调整液压元件,使模板中心及横向定位准确,复核后进行锁定。模板衬砌台车就位后将挡头板及止水带、拱部预留注浆管、排气管等安设定位,经监理工程师签证,即可连接混凝土泵送软管,准备灌注混凝土。

3. 混凝土浇筑

通过作业窗口,混凝土浇筑自下而上,从已浇段接头处向未浇方向水平分层对称浇筑,边浇边捣,层厚不超过40cm,相邻两层浇筑时间不超过1.5h,确保上下层混凝土在初凝前结合好,不形成施工冷缝,捣固以插入式振捣器为主、附着式振捣器为辅,安排专人负责,保证混凝土衬砌内实外光。

拱顶混凝土浇筑采用泵送挤压法,在模板顶部中间预留灌注窗口,混凝土浇到拱部后,通过拱顶窗口用泵送软管向模板两端浇送混凝土,当拱顶混凝土浇筑将满时,撤出泵送软管将窗口用封口板封上,将混凝土输送管接到封口板的压力浇筑口上,用液压混凝土泵进行压力浇筑,直至从挡头板挤压出混凝土或拱顶预留检测管漏下混凝土为止。混凝土连续浇筑,不产生施工缝。施工作业时配备一定数量混凝土液压泵及混凝土运送罐车备用,以防意外事故发生。

模板的拆除,应符合下列要求。

(1) 不承受外荷载的拱、墙混凝土强度应达到5.0MPa以上。

(2) 承受围岩压力的拱、墙以及封顶和封口的混凝土强度应达到设计要求。

(3) 围岩初期支护未稳定或者塌方地段浇筑的衬砌混凝土应达到设计强度的100%。

二次衬砌混凝土施工机械布置图如图6-5-25所示。

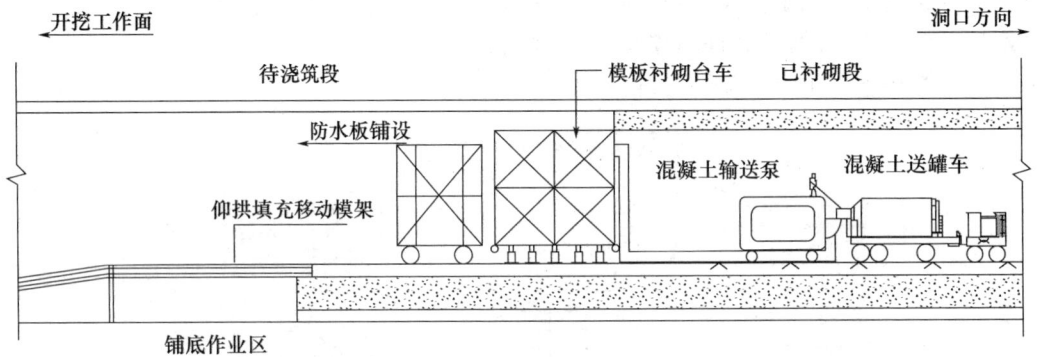

图6-5-25 二次衬砌混凝土施工机械布置图

6.5.10 隧道水沟、电缆槽施工

水沟、电缆槽采用水沟、电缆槽移动模架施工,工艺如下。

(1) 测量放线。

(2) 钢筋制作安装。

(3) 预埋件设置检查。

(4) 模板安装。

①测量放样,根据外模的位置和标高,外移30cm为移动模架外边的位置。

②模架移动就位,调整模架位置,使其外侧距外模(30±10)cm处,为防止横向移动,在模架外侧的填充混凝土上植入钢筋加固。

③通过悬吊模板的丝杆将模板横向移动至设计平面位置,再通过拧动丝杆上的螺帽调模板标高至设计标高。

④安装定位卡,拧紧定位螺栓,使模板位置固定。
⑤安装挡头模板、涂脱模剂、检查预压件等。

(5) 混凝土浇筑。混凝土均匀分层浇筑,一次浇筑完成。因沟槽断面小,不能直接用罐车入模,需要用铁皮制成平口"[" 形溜槽,便于引导混凝土入模,使模内混凝土面均匀上升。

(6) 拆模。
①松开定位螺栓,拆除定位卡。
②用小锤敲击震动模板,使模板与混凝土脱离。
③调整悬吊丝杆,使槽内两块模板一上一下后收拢,提升。
④移动模架整体至下一组施工位置。

6.5.11 洞内路面施工

洞内路面采用滑模摊铺机进行施工。

6.5.12 洞内通风、防排水

1. 洞内通风

隧道洞内通风采用轴流风机压入式通风,在洞口设置 55×2kW 轴流式通风机,往洞内接入风管至距离掌子面 15m 作业位置,风管采用塑胶材质,管径 1.8m,风管悬挂在侧墙离仰拱填充约 1.5m 高处,先每隔 5m 打眼,安装锚杆,然后布 $\phi6mm$ 钢筋拉线,用紧线器张紧,风管吊挂在拉线下。

2. 洞内防排水

(1) 防水系统组成:在二次衬砌与初期支护之间敷设一层 1.5mm 厚 EVA 防水板加 400g/m 无纺土工布;模筑衬砌采用 C30,C35,C40 混凝土,要求抗渗等级不低于 P8;施工缝、变形缝处设置橡胶止水带进行止水。

(2) 排水系统组成。

纵向排水:

①全隧道两侧拱脚均沿纵向设置 $\phi125mm$ HDPE(内径)双壁打孔波纹管,在路面两侧路缘带设置排水边沟。

②全隧道沿纵向设置边沟。

隧道两侧通长设置路侧边沟;由环向排水盲沟、纵向排水盲管、横向排水盲管、中心排水沟组成集中排水系统;中心排水沟每 100m 设置检查井一处,侧向排水沟每 30m 设置沉砂池一处。

3. 防排水施工方法

(1) 环向排水盲管施作方法。

隧道初期支护与防水板间设环向 $\phi50mm$ 弹簧式软式透水管,纵向每 10m 设置 1 道,在泄水孔标高处直接与隧道排水侧沟相连通。环向排水盲管设置间距满足设计要求。

(2) 纵向排水盲管施作方法。

纵向排水盲管沿纵向布设于隧道左右墙脚外侧泄水孔标高处,分段设置,段长符合设计要求,中间安排水管与隧道排水侧沟相连。

按规定画线,以使盲管位置准确合理,盲管安设的坡度与线路坡度一致。沿线钻孔,定位孔间距在 30~50cm。将膨胀锚栓打入定位孔或用锚固剂将钢筋头预埋在定位孔中,固定钉安在排水盲管的两侧。

用无纺布包住排水盲管,用扎丝捆好;用卡子卡住排水盲管,然后固定在膨胀螺栓上。

(3) 环向排水盲沟。

按设计要求并结合现场实际情况,每设计段长设一排水盲沟与水沟沟身连接。在水量较大地段适当加密。

4. 防水层施工

初期支护与二次衬砌间设防水板和土工布作为防水层，材质符合设计要求标准，防水板采用无钉铺设方法。隧道防水板无钉铺设施工示意图如图6-5-26所示。

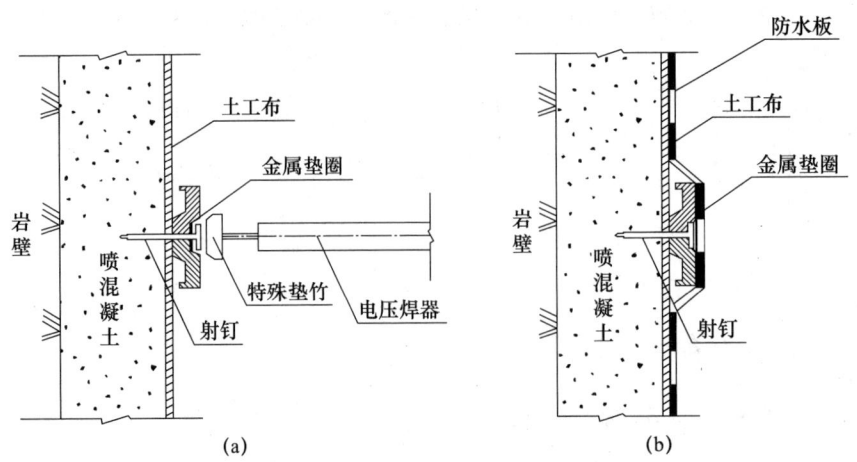

图6-5-26 隧道防水板无钉铺设施工示意图

（1）基面处理。

基面处理：铺设防水层前对初期支护进行大致找平，边墙及拱部补喷找平、底部砂浆找平。对外露的锚杆、管棚等切除、磨平，水泥砂浆封堵找平等，并全环施作一层2cm厚的防水砂浆。

出水点处理：在铺设防水板前，初期支护喷层表面若漏水应及时处理，采用注浆堵水或埋设排水管直接排水到边沟，保持基面的干燥。

（2）铺设防水板。

防水板采用无钉铺设方法，一次铺设长度根据混凝土循环灌筑长度确定，铺设前先行试铺，再加以调整。防水板采用无钉孔铺设方法，即先用ϕ80mm塑料垫圈和射钉无纺布固定于基面上（垫圈间距：拱0.5~0.8m，边墙1.0m，呈梅花形布置），再将防水板用专用黏合剂黏合在垫圈上。

（3）防水板焊（黏）接

防水板接缝采用热合机自动焊缝形成或专用胶黏结，即使两层防水板的边缘搭接不小于10cm，通过热熔加压或专用胶黏合，两侧接缝宽不小于2.5cm；当纵向接缝与环向接缝成十字交叉（十字形接缝）时，事先对纵向接缝外的多余搭接部分齐根削去，将台阶修理成斜面并整平。

（4）防水板质量检查和处理。

①外观检查。

防水板铺设均匀连续，接缝宽度不小于25mm，搭接宽度不小于100mm，接缝平顺、无褶皱、均匀连续，无假焊、漏焊、焊穿或夹层等现象。

②接缝质量检查。

防水板搭接用热合机焊接或专用胶黏结，接缝为双面缝，中间留出空隙以便充气检查。检查方法为：用5号注射针头与打气筒相连，针头处设压力表，将打气筒加压至1.5MPa后，停止充气，保持该压力达2min，否则说明有未焊好之处。将肥皂水涂在焊接缝上，产生气泡地方重新焊接或黏结，直到不漏气为止。检查数量采取随机抽样的原则，每10条抽试一条，为保证质量，每天每台热合机焊接制取一个试样，注明取样位置、焊接操作者及日期，供试验检查之用。

③要保持防水层接头处的洁净、干燥，同时在下一阶段施工前不得使其破损。

④二次衬砌混凝土浇筑前加强对防水层的保护，注意钢筋的运输及绑扎过程中可能对防水板产生的损伤，发现层面有破损时及时修补。

（5）铺设防水板的施工技术措施。

防水板铺设前，先割除混凝土衬砌表面外露的锚杆头、钢筋尖头等硬物，凸凹不平处需先喷平，使混凝土表面平顺；局部漏水处需先进行处理。

防水板，特别是在凸凹较大的基面上要预留足够的松散系数，使其留有余地，并在断面变化处增加悬挂点，保证缓冲面与混凝土表面密贴。同时做好防水板与泄水孔的密闭性连接。

铺设防水板地段距开挖工作面不小于爆破安全距离。

衬砌混凝土灌注前检查防水板质量，填写检查证。灌注衬砌混凝土时，不损坏塑料防水板。

防水板是易燃物品，一旦烧穿，就会影响防水效果，因此工作区内禁止烟火，并设消防设施和高压水管备用。

5. 止水带施工

止水带施工中采用泡沫塑料对止水带进行定位，避免其在混凝土浇筑过程中发生移位。浇筑混凝土时注意避免混凝土中的尖角石子和锐利的钢筋刺破止水带。在二次衬砌混凝土浇筑后的12h内，拆除堵头模板，然后用钢丝刷对接缝处的混凝土进行刷毛，并将接缝处清理干净。在下组混凝土浇筑前先将接缝混凝土洒水润湿，然后刷水泥浆两道，30min后可以浇筑混凝土。止水带全环施作，止水带施作除材料长度原因外只允许有左右两侧边基上部两个接头，接头搭接长度不小于30cm。

6. 施工缝、变形缝处理

环向施工缝处采用背贴式止水带和中埋式橡胶止水带，仰拱部位设中埋式橡胶止水带；纵向施工缝处设置遇水膨胀性止水带＋外贴式橡胶止水带。变形缝拱墙部位采用中埋式橡胶止水带、沥青木丝板塞缝、聚硫密封胶（内侧设排水暗槽引排渗入水）；沉降缝仰拱部位采用中埋式橡胶止水带、沥青木丝板塞缝并环向设双层抗剪钢筋，以减小沉降的不均匀性。

6.5.13 超前地质预报

1. 隧道地震勘探（TSP）超前地质预报系统

适用于隧道Ⅳ、Ⅴ级围岩地段，结合地质调查、地质素描及综合判断。

2. TSP与超前地质钻探（1孔）组合

在工程地质与水文地质较复杂地段，补充超前地质钻孔对TSP预报成果加以核查与确认。

3. TSP与超前地质钻探（3孔）组合

在地质构造发育及初步判断前方有大型隐伏含水体地段采用，超前预报钻孔采用小孔径钻机取芯。

6.6 路面施工

路面工程开工前，应检查路基的工程质量，验收合格后，方可进行路面施工，施工前修筑试验段，以确定松铺系数及压实机械组合、压实遍数等，长度不小于100m。路面基层、底基层均以厂拌法施工，沥青混凝土上下面层均以集中厂拌、摊铺机摊铺法施工。路面材料统计见表6-6-1。

表6-6-1 路面材料统计

路线等级	部位	采用材料
×××	上面层	×××
	下面层	×××
	上基层	×××
	下基层	×××
	底基层	×××

6.6.1 基层、底基层施工

6.6.1.1 施工工艺流程

基层、底基层施工工艺流程如图 6-6-1 所示。

6.6.1.2 施工方法

1. 施工准备

（1）混合料拌和站的设置需要根据工程规模及地理位置综合考虑场址、水、电、道路、材料供应、环境保护等各项要求选择布置。建设完经过标定后方可投入使用。

（2）在水泥稳定砂砾（碎石）层施工前应做好下承层验收工作。下承层表面应平整、坚实，具有规定的路拱，没有任何松散的材料和软弱点。对于下承层，根据压实度检查（或碾压检验）和弯沉测定结果，凡不符合设计要求的路段，必须根据具体情况，分别采用补充碾压、加厚底基层、换填好的材料、挖开晾晒等措施，以达到标准。同时验收时应逐一断面检查下

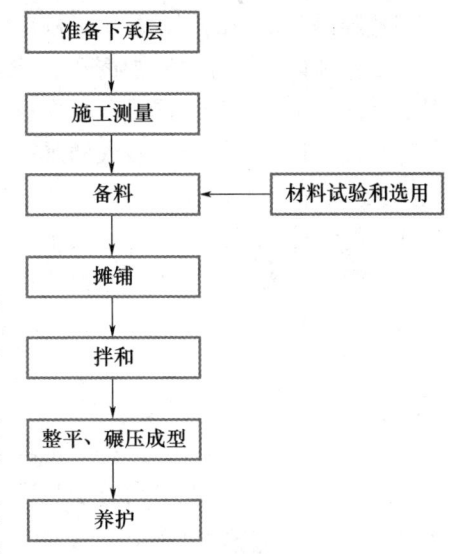

图 6-6-1 基层、底基层施工工艺流程

承层标高是否符合设计要求，下承层标高的误差应符合规范要求。新完成的土基或底基层，必须按规范规定项目及标准进行验收。

（3）现场技术人员必须对拌和站、压路机、摊铺机、运输车辆、水车的操作人员进行培训、技术安全交底，使操作人员熟练掌握混合料的拌和、运输、摊铺、碾压、协调等各个环节的技术。

（4）在下承层上准确恢复中线。直线段每 15～20m 设一桩，曲线段每 10～15m 设一桩，测钎在两侧路面边缘外 30～50cm 处采用钢钎设置挂上钢线（摊铺基准线），测钎位置正确，支座牢固，测量准确，采用悬线法根据摊铺厚度及松铺系数每 10m 测量出钢线标高，钢钎应牢固顺直以利于传感器正常行走，钢丝线的张力必须达 800～1000N。

2. 试验段施工

施工前必须进行试验段的施工，以通过试验段施工确定的工艺及技术指标指导全面施工。

（1）原材料施工配合比控制方法的适用性及施工含水量与最佳含水量相比的范围控制方法。

（2）确定拌和、运输、摊铺和碾压机具的协调与配合。确定合理的压实机械组合、压路机的选择和适宜数量、碾压顺序、速度以及遍数。

（3）确定填料的摊铺方法及松铺厚度，施工整平和整形方法、工艺、程序。

（4）验证人员、机械、设备等施工组织要素配备的合理性。

3. 混合料拌和

对混合料含水量进行监测，以含水量大于最佳值 1% 进行控制，如天气炎热，运距较远时应再适当增大含水量，含水量最大不得大于最佳值 2%。如发现异常，必须马上检测并及时进行相应的调整，试验员必须跟班作业。随时观察级配和拌和均匀性，如发现异常，必须马上检测，找出原因，并及时进行相应的调整。

水泥稳定砂砾（碎石）基层宜在春末和气温较高季节组织施工。施工期的日最低气温应在 5℃以上，在有冰冻的地区，并应在第一次重冰冻（−5～−3℃）到来之前半个月到一个月完成。

4. 混合料运输

（1）运输过程中应对混合料进行覆盖，以防水分损失过多。

（2）采用自卸汽车运输，并在运料单上标明出料时间，出场超试验确定的允许摊铺最长时间的混合料必须废弃，严禁使用。

（3）合理确定自卸汽车的数量，保证摊铺机前有 2～3 辆运料车等待卸料，做到宁可运料车等候摊

铺，也不能摊铺机等候运料车。但如果摊铺机前有 5 辆以上运料车等待卸料时，必须通知拌和站，调整拌和速度，避免由于混合料等待时间过长而产生质量问题。

（4）天气炎热或运距较远时，无机结合料稳定材料拌和时宜适当增大含水量。对稳定中粗粒材料，混合料的含水量可大于最佳含水量 0.5～1 个百分点；对于稳定细粒材料，含水量可大于最佳含水量 1～2 个百分点。

（5）混合料运输车装料前应清理干净车箱，不得存有杂物。

（6）对高速公路和一级公路，水泥稳定材料从装车到运输至现场，时间宜不超过 1h。超过 2h 时应作废料处理。

5. 混合料摊铺

（1）摊铺前对摊铺路段要在彻底清扫后进行洒水（有水稳底基层时进行洒水），且以下承层表面湿润但不存水为宜。

（2）按照摊铺厚度及水稳砂砾（碎石）的松铺系数在摊铺机熨平板下垫上木方，调出摊铺机起始仰角。按路面基层宽度要求组装摊铺机的熨平板，熨平板宽度宜小于基层宽度 15～25cm；另外，应根据摊铺厚度的要求，调整螺旋输送器及前侧挡板的位置，螺旋输送器离地面的高度直接影响摊铺机的作业强度及摊铺速度，一般情况下，螺旋输送器离地面距离为设计厚度的 1.25 倍。

（3）用摊铺功率不低于 120kW 的沥青混凝土摊铺机或稳定材料摊铺机，结合摊铺的速度和摊铺机的使用性能、拌和站与施工现场的距离来确定运输车辆，摊铺机前应有 2～3 辆运料车等待卸料，保证施工的连续性。自卸汽车卸料时应在摊铺机前 20～40cm 处，对正停车，以避免撞击摊铺机，同时卸料要连续稳定，如发生混合料洒落，要及时清理摊铺机履带处的混合料，以免影响整体平整度。

（4）摊铺时不能片面地追求基层的平整度，刻意降低混合料的含水量，而应控制好拌和站的出料含水量；在天气炎热时施工，出料的含水量要比最佳含水量高 1% 左右，运距超过 5km 时需用苫布覆盖。

（5）卸料前先由收料员检查混合料的出场时间、核对出料时间（超过试验确定的允许摊铺最长时间的混合料必须废弃）、拌和均匀情况、目测含水量，对不符合要求的混合料必须废弃，不得使用。运料车在摊铺机前 20～40cm 处停车，挂空挡，依靠摊铺机推动运料车前行。

（6）摊铺过程要保持连续性，摊铺过程中不得随意变换速度，尽量减少中途停顿次数。根据摊铺层宽度、厚度和拌和机产量计算出摊铺速度，确保连续摊铺，保证摊铺机匀速行驶。经常检查倒料板与螺旋输送器之间是否有异物卡堵。

（7）应有专人跟随摊铺机检查摊铺基准钢线、传感器及螺旋输送器的工作状态。另外，至少每 10m 检查一次高程，如发现一点不合格，必须连续每 0.5m 检查一点，如连续三点不合格，必须通知技术人员，由技术人员调整传感器，调整后，行进 5m 后再连续检查，重复以上步骤，直到调整到高程合格为止。

（8）施工员在摊铺机后面负责清除粗细集料离析现象，特别是应铲除局部粗集料窝，并用手推车推来新拌混合料填补。摊铺过程中要经常检查熨平板前的混合料堆积状况，如果堆积的混合料较少，则及时操作螺旋输送器及刮料板开关，以便及时输送混合料。

（9）摊铺机后配备 2 名人员跟在摊铺机之后，及时清除粗集料窝和粗集料带，并用新拌的混合料填补。摊铺机摊铺时组织好施工中的各环节，尽量避免中途停车，行走速度保持均匀一致。

（10）混合料摊铺应保证足够的厚度，碾压成型后每层的摊铺厚度宜不小于 160mm，最大厚度宜不大于 220mm。

下承层是稳定细料时，宜先将下承层顶面拉毛或采用凸块式压路机碾压，再摊铺上层混合料；下承层是稳定中粗材料时，应先将下承层清理干净，并洒铺水泥净浆，再摊铺上层混合料。

采用两台摊铺机并排摊铺时，两台摊铺机的型号及磨损程度宜相同。在施工期间，两台摊铺机的前后间距宜不大于 10m，且两施工断面纵向应有 300～400mm 的重叠。

6. 碾压

(1) 按照先轻后重、先静后振的原则，按试验段施工时取得的压路机组合方式、碾压速度、碾压遍数等进行碾压。碾压过程中采用灌砂法检测压实度，直到达到设计的压实度，同时没有明显的轮迹为止。

(2) 整型后，当混合料的含水量等于最佳含水量±1%时，立即用关闭振动的振动压路机跟在摊铺机后及时在全宽内稳压两遍，速度为1.5~1.7km/h为宜。直线段，由两侧路肩向路中心碾压；平曲线段，由内侧路肩向外侧路肩进行碾压。碾压时，应重叠1/2轮宽；后轮必须超过两段的接缝处，后轮压完路面全宽时，即为一遍。初压后用振动压路机开启振挡，以2.0~2.5km/h的速度振压。最后可用光轮压路机碾压两遍，保证表面平整密实。

(3) 严禁压路机在已完成的或正在碾压的路段上调头和急刹，应保证路面基层表面不受破坏。

(4) 碾压过程中，路面基层的表面应始终保持潮湿，如表层水蒸发得快，应及时补洒少量的水进行湿润，即表面湿润但不出现水的冲刷流动和"水窝"为宜。

(5) 碾压过程中，如有"弹簧"、松散、起皮等现象，应及时翻开重新拌和（加适量的水泥）或采用其他方法处理，使其达到质量要求。

(6) 采用钢轮压路机初压时，宜采用双钢轮压路机稳压2~3遍，再用激振力大于35t的重型振动压路机、18~21t三轮压路机或25t以上的轮胎压路机继续碾压密实，最后采用双钢轮压路机碾压，消除轮迹。

(7) 采用胶轮压路机初压时，应采用25t以上的重胶轮压路机稳压1~2遍，错轮不超过1/3的轮迹带宽度，再采用重型振动压路机碾压密实，最后采用双钢轮压路机碾压，消除轮迹。

7. 施工缝设置

(1) 应尽量减少施工横向施工缝的设置。摊铺过程中因故中断2h以上，则应设横缝。摊铺机应驶离混合料末端。

(2) 人工将末端含水量合适的混合料弄整齐，紧靠混合料放两根方木，方木的高度应与混合料的压实厚度相同，整平紧靠方木的混合料。

(3) 方木的另一侧用砂砾或碎石回填约3m长，其高度应高出方木2~3cm，然后将混合料碾压密实。

(4) 在重新开始摊铺混合料之前，将砂砾或碎石和方木除去，并将下承层顶面清扫干净，摊铺机返回到压实层的末端，重新开始摊铺混合料。

(5) 如摊铺中断后未按上述方法处理横向接缝，而中断时间已超过2h，则应将摊铺机附近及其下面未经压实的混合料铲除，并将已碾压密实且高程和平整度符合要求的末端挖成与路中心线垂直并垂直向下的断面，然后再摊铺新的混合料。

(6) 应避免纵向接缝。

8. 养护及交通管制

(1) 每一段碾压完毕并经压实度检查合格后，覆盖保湿养护，水泥达到终凝后用喷雾式洒水车洒水养护，养护期不少于7d，养护期宜延长至上层结构开始施工的前2d。洒水次数视气候而定，整个养护期间应始终保持表面湿润。洒水车喷头向上成仰角，避免直接向基层洒水而出现坑槽、冲沟等现象。

(2) 在养护期内除洒水车外封闭交通，不能封闭交通时，应限制重型车通行，车速不应超过30km/h。

6.6.2 沥青面层施工

6.6.2.1 沥青材料要求

若项目沥青路面上面层采用SBS改性沥青，下面层及防水黏层采用SBS改性沥青时，各沥青材料的相关要求如下。

1. SBS 改性沥青

SBS 改性沥青质量应符合表 6-6-2 的要求。

表 6-6-2　SBS 改性沥青质量要求

指标		单位	技术要求 I-D	试验方法
针入度（100g，5s，25℃）		dmm	40～60	JTG E20—2011　T 0604
针入度指数		—	实测	JTG E20—2011　T 0604
5℃延度		cm	≥20	JTG E20—2011　T 0605
软化点		℃	≥60	JTG E20—2011　T 0606
135℃运动黏度		Pa·s	≤3	JTG E20—2011　T 0625
闪点（COC）		℃	≥230	JTG E20—2011　T 0611
溶解度		%	≥99	JTG E20—2011　T 0607
贮存稳定性离析	顶部、底部软化点差	℃	≤2.5	JTG E20—2011　T 0661
	顶部、底部软化点平均值与原样沥青软化点差	℃	≤8.0	—
弹性恢复		%	≥75	JTG E20—2011　T 0662
RTFOT 后残留物	质量变化	%	±0.4	JTG E20—2011　T 0609
	针入度变化	%	≥65	JTG E20—2011　T 0604

2. 乳化沥青

乳化沥青要求应符合表 6-6-3 的要求。

表 6-6-3　乳化沥青质量要求

试验项目		单位	PC-1	PC-2	PC-3	试验方法
破乳速度			快裂	慢裂	快裂或中裂	JTG E20—2011　T 0658
粒子电荷			阳离子（+）			JTG E20—2011　T 0653
筛上剩余量（1.18mm）		%	0.1			JTG E20—2011　T 0652
黏度	恩格拉黏度计 E25		2～10	1～6	1～6	JTG E20—2011　T 0622
	道路标准黏度计 C25.3	秒	10～25	8～20	8～20	JTG E20—2011　T 0621
蒸发残留物	残留分含量	%	50	50	50	JTG E20—2011　T 0651
	溶解度	%	97.5			JTG E20—2001　T 0607
	针入度（25℃）	0.1mm	50～200	50～300	45～150	JTG E20—2011　T 0604
	延度（15℃）	cm	40			JTG E20—2011　T 0605
与粗料的黏附性，裹覆面积			2～3			JTG E20—2011　T 0654
常温贮存稳定性	1d	%	1			JTG E20—2011　T 0655
	5d	%	5			

3. 粗集料

粗集料应该洁净、干燥、表面粗糙、形状接近立方体，且无风化、无杂质并有足够的强度、耐磨耗性。必须采用二次反击式或锤式破碎机加工，以保证碎石粒径符合要求。粗集料质量要求见表 6-6-4。

表6-6-4 粗集料质量要求

指标	单位	主线 表面层	主线 其他层次	辅路	试验方法
石料压碎值	%	≤26	≤28	≤30	JTG E20—2011 T 0316
洛杉矶磨耗损失	%	≤28	≤30	≤35	JTG E20—2011 T 0317
表观相对密度	t/m³	2.60	2.50	2.45	JTG E20—2011 T 0314
吸水率	%	≤2.0	≤3.0	≤3.0	JTG E20—2011 T 0314
与沥青黏附性	级	≥4	≥4	≥4	JTG E20—2011 T 0616
坚固性	%	≤12	≤12	—	JTG E20—2011 T 0314
针片状颗粒含量（混合料）不大于	%	≤15	≤18	≤20	JTG E20—2011 T 0312
其中粒径大于9.5mm不大于	%	≤12	≤15	—	
其中粒径小于9.5mm不大于	%	≤18	≤20	—	
水洗法<0.075mm颗粒含量不大于	%	≤1	≤1	≤1	JTG E20—2011 T 0310
软石含量不大于	%	≤3	≤5	≤5	JTG E20—2011 T 0320

4. 细集料

细集料质量要求见表6-6-5。

表6-6-5 细集料质量要求

项目	单位	技术要求 主线	技术要求 辅路	实验方法
表观相对密度	t/m³	≥2.5	≥2.45	JTG E20—2011 T 0328
坚固性（大于0.3mm的部分）	%	≥12	—	JTG E20—2011 T 0340
含泥量（小于0.075mm的含量）	%	≤3	≤5	JTG E20—2011 T 0333
砂当量	%	≥60	≥50	JTG E20—2011 T 0334
亚甲蓝值	g/kg	≤25	—	JTG E20—2011 T 0346
棱角性（流动时间）	s	≥30	—	JTG E20—2011 T 0345

5. 填料

填料质量要求见表6-6-6。

表6-6-6 填料质量要求

项目	单位	技术要求 主线	技术要求 辅路	试验方法
表观相对密度	t/m³	≥2.5	≥2.45	JTG E20—2011 T 0352
含水量	5	≤1	≤1	JTG E20—2011 T 0103 烘干法
粒度范围小于0.6mm	%	100	100	
<0.15mm	%	90~100	90~100	
<0.075mm	%	75~100	70~100	JTG E20—2011 T 0351
外观		无团粒结块		
亲水系数		<1		JTG E20—2011 T 0353
塑性指数		<4		JTG E20—2011 T 0354
加热安定性		实测记录		JTG E20—2011 T 0355

6. 防水黏层、封层、透层

防水黏层：为减少水对路面面层的影响，在主线表面层下设置 SBS 改性沥青黏层，洒布量可按 (1.8 ± 0.1) kg/m² 控制；辅路表面层下设置 PC-3 型乳化沥青黏层，洒布量 (0.5 ± 0.1) L/m²。具体洒布量通过试洒确定。喷洒后微铺粒径为 10～15mm 的单一粒径、不易压碎的硬质岩，覆盖率以 55％～60％为宜。

封层：在水泥稳定级配碎石基层与沥青混凝土面层之间设置封层，主路封层采用同步碎石封层，改性沥青洒布量为 (1.9 ± 0.1) kg/m² 控制，同步撒布 5～10mm 石屑、碎石 8～12kg/m²，覆盖率 5％～60％。辅路采用 PC-1 型乳化沥青封层，洒布量为 (0.95 ± 0.1) L/m²。

透层：在水泥稳定级配碎石顶面设置 PC-2 型乳化沥青透层，洒布量为 (0.6 ± 0.1) L/m²。

6.6.2.2 透层、黏层、封层施工

1. 透层施工

在无机结合料稳定粒料基层上洒布透层油时，宜在铺筑沥青层前 1～2d 洒布。

在水泥稳定基层碾压成型后表面稍变干燥，但尚未硬化的情况下洒布透层油，采用沥青洒布车一次喷洒均匀，不均匀时改用手工沥青洒布机喷洒。

喷洒透层油前应清扫路面，遮挡防护路缘石及人工构造物避免污染，透层油必须洒布均匀，有花白遗漏应人工补洒，喷洒过量的立即撒布石屑或砂吸油，必要时进行适当碾压。透层油洒布后不得在表面形成能被运料车和摊铺机粘起的油皮，透层油达不到渗透深度要求时，应更换透层油稠度或品种。

透层油洒布后的养护时间随透层油的品种和气候条件由试验确定，确保液体沥青中的稀释剂全部挥发，乳化沥青渗透且水分蒸发，然后尽早铺筑沥青面层，防止工程车辆损坏透层。

透层油的用量通过试洒确定。为保护透层油不被车辆破坏，在透层油洒布后再撒一层石屑采用集料撒布机联合作业，全过程由计算机控制，集料撒布后用胶轮压路机均匀地碾压 3 遍，每次碾压重叠 1/3 轮宽，碾压两侧到边，确保有效压实宽度，碾压顺序由路肩侧到中分带侧依次进行。

透层油洒布后应不致流淌，应渗入基层一定深度，不得在表面形成油膜。

气温低于 10℃或大风、即将降雨时不得喷洒透层油。

应按设计喷油量一次均匀洒布，当有漏洒时，应人工补洒。

喷洒透层油后一定要严格禁止人和车辆通行。

在摊铺沥青前应将局部尚有多余的未渗入基层的沥青清除。

透层油洒后应待充分渗透，一般不少于 24h 后才能摊铺上层，但也不能在透层油喷洒后很久不做上层施工，应尽早施工。

对无机结合料稳定的半刚性基层喷洒透层油后，如果不能及时铺筑面层，并还需开放交通，应铺撒适量的石屑或粗砂，此时宜将透层油增加 10％的用量。用 6～8t 钢筒式压路机稳压一遍，并控制车速。在摊铺上层时发现局部沥青剥落，应修补，还需清扫浮动石屑或砂。

2. 封层施工

在干燥和较热的季节进行下封层施工，乳化沥青封层使用专用同步碎石封层机将高温沥青和洁净干燥的碎石料几乎同时（6s 内）喷洒在路面上，保证沥青和石料在最短的时间内完成结合。

(1) 施工准备。

①碎石材料装入封层车前必须经过烘干、过筛、除尘。调试好自行式同步碎石封层车，确保施工机械正常运转。

②路面基层表面打磨、清扫干净。

③按照要求，进行透层施工，并达到设计规范要求。

④在施工路段内设置道路施工警示标志，前后路段封闭。若透层的表面有泥土等杂物，应用鼓风机吹干净，并保持干燥。

⑤沥青、碎石、配套机具准备就绪后，报请监理工程师对已准备好的工作面进行检查，签证同意

后方可进行封层施工作业。

（2）施工工艺。

①为保证雾状喷洒而形成均匀、等厚度的沥青膜，必须保持沥青在160～170℃的温度范围内，且喷洒高度适宜。

②在喷洒乳化沥青的同时，应立即均匀地撒布碎石，局部采用人工辅助的方法（用扫把），以保证碎石不上下重叠。

③同步碎石封层机应以适宜的作业速度匀速行驶，在此条件下碎石和沥青的撒布量必须匹配。

④用9～16t轮胎压路机静压3～4遍，压路机不得洒水、随意刹车或掉头。

⑤对纵向接缝，应在先做封层一侧暂留10～15cm宽度不撒布碎石，待做另一侧封层时沿预留沥青边缘进行同步碎石撒布。

⑥对横向接缝，应在接缝处放置与洒布宽度同宽的钢板，长度为50cm，待洒布车通过后，应立即将其清洗干净。

3. 黏层施工

（1）喷洒表面一定清扫干净，并保持表面干燥。用水洗刷后需待表面干燥后喷洒。

（2）气温低于10℃时不得喷洒黏层油，寒冷季节施工不得不喷洒时可以分成两次喷洒。路面潮湿时不得喷洒黏层油。

（3）黏层油宜采用沥青洒布车喷洒，并选择适宜的喷嘴，洒布速度和喷洒量保持稳定。当采用机动或手摇的手工沥青洒布机喷洒时，必须由熟练的技术工人操作，均匀洒布。

（4）喷洒的黏层油必须成均匀雾状，在路面全宽度内均匀分布成一薄层，不得有洒花漏空或成条状，也不得有堆积。喷洒不足的要补洒，喷洒过量处应予刮除。

（5）黏层油宜在当天洒布，待乳化沥青破乳、水分蒸发完成或稀释沥青中的稀释剂基本挥发完成后，紧跟着铺筑沥青层，确保黏层不受污染。

（6）喷洒黏层油后，严禁运料车外的其他车辆和行人通过。

6.6.2.3 沥青混凝土路面施工

热拌沥青混凝土路面施工工艺流程如图6-4-2所示。

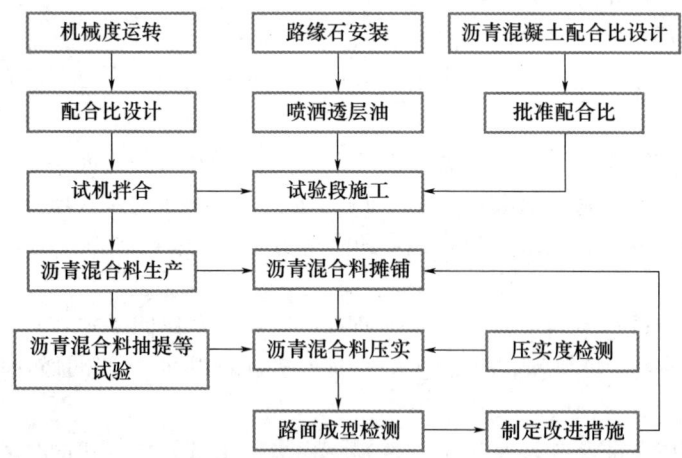

图6-4-2 热拌沥青混凝土路面施工工艺流程

1. 施工准备

（1）正式施工前应准备好沥青混合料运输、摊铺、压实等相关设备，并进行必要的校验调试工作。做好配合比设计报送监理工程师审批，对各种原材料进行符合性检验。

（2）铺筑沥青混合料前，应检查下承层的质量，检验合格后，方可铺筑沥青混合料。路缘石与沥青混合料接触面应涂刷黏结油。

(3) 夜间施工时，必须有充足良好的照明条件。

(4) 施工前对摊铺机、压实机等各种施工机具做全面检查，经调试证明处于性能良好状态，机械设备数量应足够，施工能力应配套，关键设备宜有备用设备或应急方案。

(5) 当气温低于10℃时，不得进行沥青混合料路面施工。

2. 铺筑试验段

沥青混凝土正式施工前，铺筑试验段。确定摊铺温度与进度、碾压方法、松铺系数等。通过铺筑试验段，明确人员职责，制定标准施工方法。

3. 沥青混合料的拌和

(1) 各种集料分类堆放，每个料源均进行试验，按要求的配合比进行配料。

(2) 设置间歇式具有密封性能及除尘设备，并有检测拌和温度装置的沥青混凝土拌和站。

(3) 拌和站设实验室，对沥青混凝土的原材料和沥青混合料及时进行检测。

(4) 沥青的加热温度控制在规范规定的范围之内，即150~170℃。集料的加热温度控制在160~180℃；混合料的出厂温度控制在140~165℃。当混合料出厂温度过高时应废弃。混合料运至施工现场的温度控制在120~150℃。

(5) 出厂的混合料须均匀一致，无白花料，无粗细料离析和结块现象，不符合要求时应废弃。

4. 沥青混合料运输

根据拌和站和摊铺机生产能力以及运距计算车辆数，保证摊铺机工作时机前有3~4辆待卸车。运料车辆采用大吨位运输车，保证运输能力满足要求。

在装混合料之前，先将车箱清扫干净，为避免混凝土与车箱板黏结，由专人在车辆侧板与底板洒一薄层隔离剂。隔离剂由1/4柴油和3/4水混合配制，效果良好。混合料卸下后，将积聚在车箱底部的余液用拖把清除即可。

拌和机向运料车内放料时，为减少沥青混合料的粗细颗粒离析现象，应缩短出料口到车箱的装料距离，并且每卸一斗混合料挪动一下运料车位置。运料车的行驶速度控制在40km/h左右。

运料车运输混合料采用篷布覆盖，达到保温、防雨、防污染的效果。

在摊铺过程中，运料车应在摊铺机前10~30cm处停住，不得撞击摊铺机；运料车应挂空挡，靠摊铺机推动前进；卸料时运料车应快速，采用大角度翻起。

已经离析或结合团块或在运料车辆卸料时滞留于车上的混合料，以及低于规定铺筑温度或被雨水淋湿的混合料都应废弃，运至铺筑现场的混合料应在当天或当班完成压实。

5. 沥青混合料的摊铺

(1) 根据路面宽度选用1~2台具有自动调节摊铺厚度及找平装置、可加热的振动熨平板，并且运行良好的高密度沥青混凝土摊铺机进行摊铺。

(2) 底、中、面层采用走线法施工，表面层采用平衡梁法施工。

(3) 摊铺机均匀行驶，行走速度与拌和站产量相匹配，以确保所摊铺路面的均匀不间断摊铺。在摊铺过程中不准随意变换速度，尽量避免中途停顿。

(4) 沥青混凝土的摊铺温度根据气温变化进行调节。一般正常施工控制在不低于110~130℃，不超过165℃，在摊铺过程中随时检查并做好记录。

(5) 开铺前将摊铺机的熨平板加热至不低于100℃。

(6) 进行双机或三机梯进式施工时，相邻两机的间距控制在10~20m。两幅应有5~10cm宽度的重叠。

(7) 在摊铺过程中，随时检查摊铺质量，出现离析、边角缺料等现象时人工及时补撒料，换补料。

(8) 在摊铺过程中随时检查高程及摊铺厚度，并及时通知操作手。

(9) 摊铺机无法作业的地方，在监理工程师同意后进行人工摊铺施工。

6. 沥青混合料的碾压

(1) 碾压分初压、复压、终压三个阶段。

(2) 碾压由专人指挥，当温度合适时即进行碾压。碾压要按部就班有条不紊，完成碾压任务的压路机及时退回并停在已碾压成型的路段上（且该段沥青混凝土温度已达到常温）。

(3) 碾压的总原则：由低向高、先稳压后振动、由冷向热。

①初压。

初压紧跟在摊铺机后碾压，并保持较短的初压长度，以尽快使表面压实，减少热量散失。初压采用钢轮压路机，在混合料摊铺后较高温度下静压1~2遍。碾压时将驱动轮面向摊铺机，从外侧向中心碾压。在超高段由低向高碾压，在坡道上将驱动轮从低处向高处碾压。相邻碾压带重叠1/3~1/2轮宽，其温度不低于110℃。

②复压。

复压紧跟在初压后进行，且不得随意停顿。压路机碾压段的总长度尽量缩短，通常不超过60~80m。复压采用重型胶轮压路机碾压2遍，再用双驱振动压路机振压2遍；复压温度控制在不低于80~100℃。

③终压。

终压用18~21t钢轮压路机碾压2遍以上，直至无轮迹。终压完了温度要控制在不低于60℃。

(4) 注意事项。

①在碾压过程中，不得在碾压区段上转向、调头、左右移动位置、中途停留、变速或突然刹车，要求碾压速度均匀，不能时快时慢。对于碾压不到之处，用振动夯实板夯实整平。

②压路机折回处不能在同一横断面，要形成阶梯形，每次错开6m。

③压路机洒水要少量均匀，大量的水浸泡高温沥青混凝土会造成沥青的剥落。

(5) 质量检测。

①及时用标定后的密度仪对碾压后的沥青混凝土面层进行检测，发现密实度不合格时应及时处理。

②在已冷却的面层上钻芯取样，测其密度、空隙率、厚度等指标，用3m直尺或连续式平整度仪对成型路段进行检测。

③形成的记录与报告：密实度检测报告、平整度检测报告、厚度检测报告、日完成工程量及施工桩号。

7. 接缝处理

(1) 沥青路面的施工接缝紧密、连接平顺，不得产生明显的接缝离析。上下层的纵缝错开150mm以上（热接缝）或300~400mm（冷接缝）。上下层的横向接缝均错位1m以上，各层接缝均采用平接缝。

(2) 当天混合料施工结束时，要用沥青混凝土切割机将沥青混凝土切成齐楂。接缝处摊铺沥青混合料时，熨平板放到已压实好的路面上，在路面和熨平板之间垫木板，达到松铺厚度，即可摊铺。

(3) 为了保证横向接缝处的平顺，摊铺后即用3m直尺检查平整度，对不合格处进行处理，直至合格，然后用双驱双振压路机沿路横向碾压。首先让压路机的钢轮碾压新铺的沥青混合料15cm，然后每次向里错轮15cm，直至压路机的整个质量全部作用在新铺的沥青混合料上，再改为纵向碾压。

8. 沥青混凝土路面技术保证措施

(1) 每次作业前都要重新检查基准线有无碰撞、张紧程度、标高。未经检验不允许摊铺作业。

(2) 实际摊铺5m后就要检查松铺厚度，如不合格要立即调整。不要一次调得过多、过快，以免产生突然的凹凸，影响路面平整度。

(3) 平整度不好时要检查：

①纵向控制器是否感应过高，而频繁出现小误差，使大臂液压缸产生了振动。

②液压缸内液压油流量是否不足，致使压力下降。
③电瓶的电力是否不足。
④混合料级配、油石比。
（4）当混合料出厂温度超过190℃时，混合料必须废弃。
（5）严禁进行薄层贴补。

6.7 交通安全工程

6.7.1 护栏施工

6.7.1.1 波形梁护栏

波形梁护栏为半刚性护栏，具有适应性广、工艺多样、安装便捷、生产使用寿命长、抗冲击性能好、外表美观、制造成本低、维护便利等优点，广泛应用于公路施工行业，是目前高速公路应用最为广泛的防护形式，各等级波形梁护栏可以满足各种地形下高速公路的防护要求。

按立柱施工工艺可分为打入式、混凝土基础、法兰式、套筒式。

1. 打入式波形梁护栏施工方法

（1）施工工艺流程如图 6-7-1 所示。

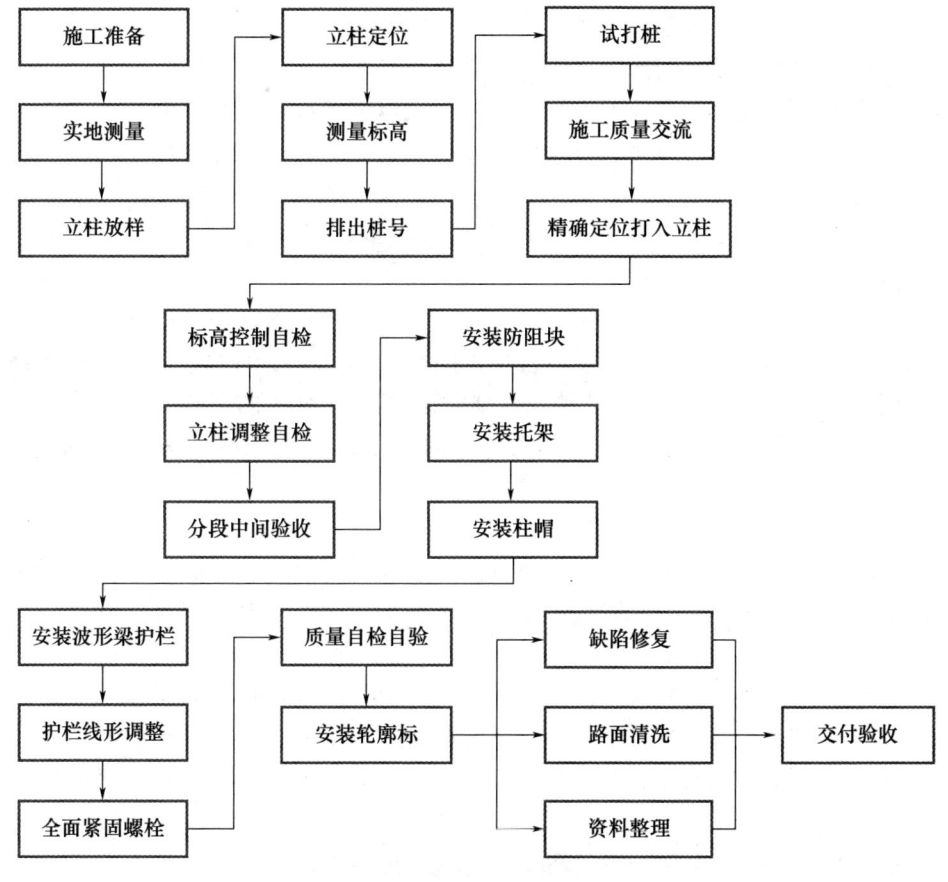

图 6-7-1 打入式波形梁护栏施工工艺流程

（2）施工工法

①立柱放样。

施工之前应根据设计图纸进行立柱放样，根据路基中心线及基准标高，以桥梁的端部、互通匝道鼻端，以及桥梁、涵洞、通道、立体交叉等为控制点，利用全站仪、水准仪、卷尺等测量仪器和工具进行测距定位。立柱放样时可利用调整段调整间距，利用分配方法处理间距零头数。立柱放样时应调查每根立柱位置的地基情况，如遇地下通信管线、泄水管等，或涵洞顶部埋土深度不足时，应调整某些立柱的位置或改用混凝土基础并对该段位置基础做预先处理，中央分隔带通信人井处，立柱避开人井位置。

②立柱安装。

立柱安装应与设计图相符，并与道路线形相协调。立柱应牢固地埋入土中，达到设计深度，并与路面垂直。

位于土基中的立柱，可采用打入法、挖埋法或钻孔法施工。立柱标高应符合设计要求，并不得损坏立柱端部。

立柱一般采用打入法施工，采用液压式打桩机组平行推进施工法，将立柱对准标记打入，打入时随时观测立柱高度、竖直度的变化，发现问题及时修正，严防偏移、跑位和打入过深，使立柱竖直度、孔位中心高度偏差控制在允许范围值以内。

采用打入法打入过深时，不得将立柱部分拔出加以矫正，必须将其全部拔出，将基础压实后再重新打入。立柱无法打入到要求深度时，严禁将立柱的地面以上部分焊割、钻孔，不得使用锯短的立柱。

若遇无法打入，可采用挖埋法或钻孔法施工，用挖埋法施工时，回填土应采用良好的材料并分层夯实，回填土的压实度不应小于设计规定值。填石路基中的柱坑，应用粒料回填并夯实。

采用钻孔法施工时，立柱定位后应用与路基相间的材料回填，并分层夯填密实。

立柱应避开横穿道路的电缆、管道及横向排水管等设施。在顶面填土高度较小且长度较小的箱形、盖板型、石砌型和圆管形构造物路段应通过调节立柱间距以避免在构造物顶面打入立柱，个别特殊位置与管道位置冲突的，例如中央分隔带开口两侧的端头立柱，应采用水泥混凝土基础。施工时应小心轻放，不得损坏预埋管道。

立柱安装应依照路线平纵线形放样，严格按照设计图纸的要求施工，立柱安装就位后应成平顺线形。

③防阻块及柱帽安装。

为防止影响路面单位施工及路面单位喷洒透层油时对波形梁护栏的污染，一般在路面顶面层铺筑完成后才进行波形梁护栏防阻块、托架、柱帽和护栏板的安装工作。防阻块、柱帽及螺栓在转运过程中应注意对镀锌防腐层的保护，严禁在装卸车时对上述构件进行扔抛磕碰。完成后先不要将螺栓拧紧，以方便后续施工中对护栏板位置及线形进行调整。

④波形梁安装。

波形梁通过拼接螺栓相互拼接，并由连接螺栓固定于立柱或横梁上。波形梁的搭接方向是安装的关键，搭接方向应与行车方向一致。如搭接方向与行车方向相逆，即使是轻微的擦碰，也会造成较大的损失。

波形梁在安装过程中应不断进行调整。因此，不应过早拧紧连接螺栓和拼接螺栓，否则将无法发挥板上长圆孔的调节作用。待调节完成后，需按规定拧紧拼接螺栓，采用高强螺栓，需严格控制扭矩。当护栏的线形平滑顺直时，方可最后拧紧螺栓。但应注意的是，连接螺栓不宜拧得过紧，以便利用长圆孔调节温度应力。

波形梁板安装时应目测顶面和波面，确认与道路或桥梁竖曲线协调，波形梁板之间衔接流畅，如图6-7-2所示。无明显凸起或下凹后，方可拧紧螺母，桥梁与路基之间波形梁护栏连接应自然顺畅。

图 6-7-2 波形梁护栏安装后线形

2. 混凝土基础波形梁护栏施工方法

(1) 施工工艺流程如图 6-7-3 所示。

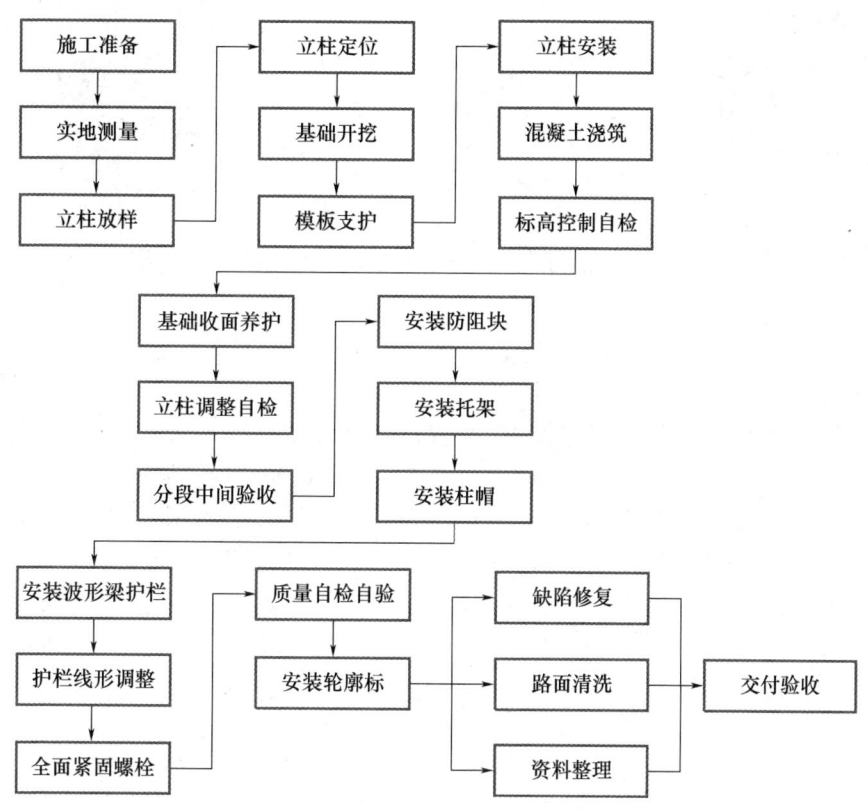

图 6-7-3 混凝土基础波形梁护栏施工工艺流程

(2) 施工工法。

①定位放样。

立柱基础放样应依据图纸桩号准确定位。放样方法与打入式钢立柱放样基本一致，应注意放线前先将作业面清理干净，以桥梁、涵洞、通道、立体交叉等为控制点开展放样工作。放样时应以立柱中心为基点标注基础开挖范围，保证路面宽度，避免侵占路面，影响交付验收。

②基础开挖。

基础开挖采用先机械后人工开挖修形亦可采用全人工开挖。开挖过程中应将上层虚土全部挖除，避免开挖或模板安装过程中基础坍塌。弃土应及时清理，不得堆放在基坑边缘。基坑四壁应竖直，基地表面平整无浮土，承载力达到设计要求。基坑开挖完成后应对基坑几何尺寸和深度进行检验。

③模板安装。

单个基础混凝土用量较小，一般采用质轻的木模支护。在模板安装前应先对模板进行表面清理，废旧模板坚决不允许使用。模板安装过程中尽量选用大模板以减少拼接缝的出现。若必须拼接模板，应在拼接缝处用双面胶粘牢，避免混凝土浇筑过程中产生漏浆现象。模板安装完成后应对模板几何尺寸、平整度、竖直度及顶面高程进行检验。如有钢筋安装要求，应在检验合格后先进行脱模剂的涂刷再绑扎钢筋，以避免脱模剂污染钢筋表面。

④立柱安装。

立柱安装应在浇筑之前进行，并在浇筑过程中不断借助水平尺进行微调，保证立柱的竖直度、外露长度、与路面和路肩间距等指标满足要求，如图6-7-4所示。安装完成后采用相应设施固定，在达到终凝后，固定设施可与模板一同拆除。

图6-7-4　混凝土基础护栏立柱安装

⑤混凝土浇筑。

该工作应严格按照混凝土施工规范进行，考虑到其作业流动性，施工现场配备发电机1台、振捣机1台。混凝土可在拌和站进行拌和，所有材料均称量后进行拌和，并现场提取试模。混凝土应浇筑连续，振捣密实。振捣方法应快插慢拔，能够沿振捣棒从底往上把气体、多余水泥浆带出混凝土表面。振捣上层混凝土时，振捣棒需插入下层（已振捣过）混凝土5cm。目的是把下层混凝土表面浮浆，与上层混凝土多余水泥浆一同排出体外，使上下层混凝土结合紧密，形成整体。振捣过程中，当混凝土拌和物不再下沉，混凝土不再冒出气泡，混凝土拌和物已趋于水平，并泛出水泥浆水，则证明已振捣密实。混凝土浇筑过程中若发现模板胀模现象应马上停止浇筑，待对模板进行校正加固后方可继续浇筑。混凝土浇筑完成后应对混凝土表面进行第一次收光，如图6-7-5所示，待混凝土初凝前进行第二次收光。

图6-7-5　混凝土基础护栏立柱安装、浇筑固定

⑥拆模、养护

混凝土浇筑完成后第二天方可进行拆模,为了保证混凝土的强度,应在拆模后对混凝土进行洒水养护,并用土工布或薄膜覆盖,以减少水分的蒸发。洒水养护时间不少于7d。

⑦防阻块、柱帽及波形梁护栏板安装与打入式波形梁护栏施工工艺一致,在此不做说明。

3. 套筒式波形梁护栏施工方法

(1) 施工工艺流程如图6-7-6所示。

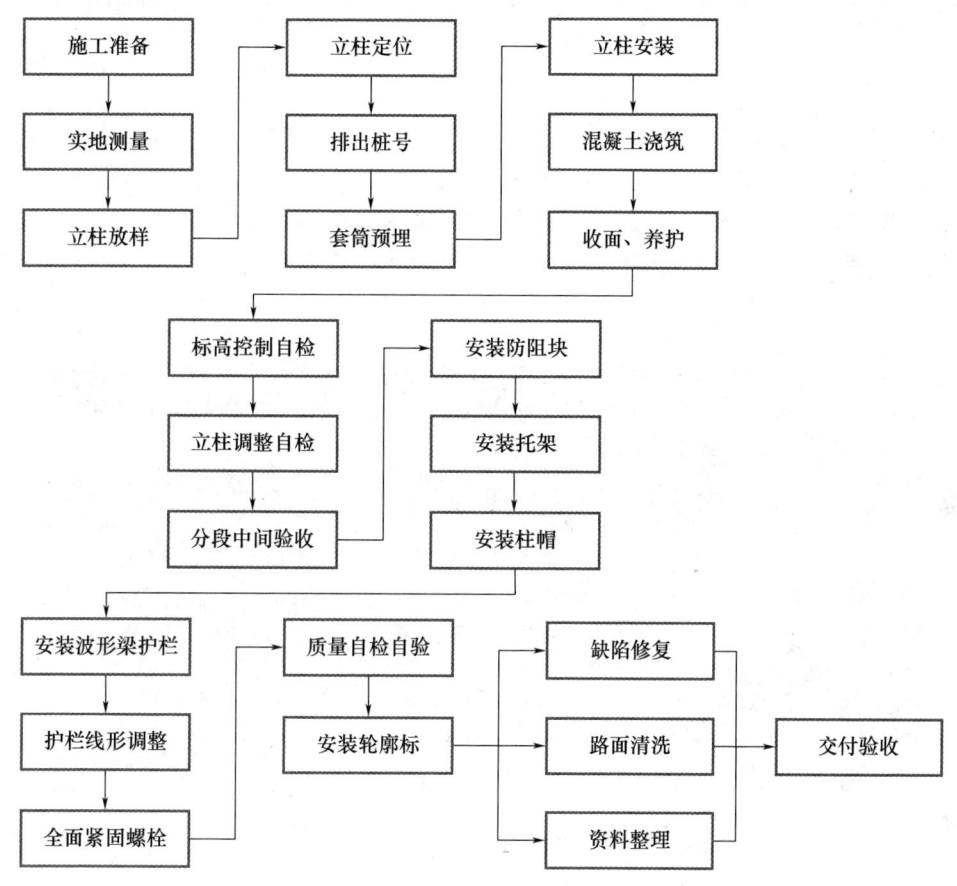

图6-7-6 套筒式波形梁护栏施工工艺流程

(2) 施工工法。

①定位放样。

立柱基础放样应依据图纸桩号准确定位。放样方法与打入式钢立柱放样类似,应注意放线前先将作业面清理干净,全面排查桥梁、涵洞、通道、立体交叉等位置。放样时应以立柱中心为基点示意套筒所在位置,应注意与路面间距,避免侵占路面,影响交付验收。

②套筒预埋。

全面排查桥梁、涵洞、通道、立体交叉等所在位置,并在图纸上标注,依次按图纸要求间距在放样位置安装套筒,位置确定后进行固定,宜采用焊接固定。套筒固定后方可进行桥涵浇筑等交叉施工工作。

③立柱安装。

立柱安装应在套筒预埋(桥涵混凝土浇筑、拆模、养护)工作完成后、浇筑之前进行,并在浇筑过程中不断借助水平尺进行微调,保证立柱的竖直度、外露长度、与路面和路肩间距等指标满足要求。安装完成后采用相应设施固定,在混凝土达到终凝后,固定设施可拆除、再利用。

④混凝土浇筑。

该工作应严格按照混凝土施工规范进行，考虑到其作业流动性，施工现场配备发电机 1 台、振捣机 1 台。混凝土可在拌和站进行拌和，所有材料均称量后进行拌和，并现场提取试模。混凝土应浇筑连续，振捣密实。振捣方法应快插慢拔，能够沿振捣棒从底往上把气体、多余水泥浆带出混凝土表面。振捣上层混凝土时，振捣棒需插入下层（已振捣过）混凝土 5cm。目的是把下层混凝土表面浮浆，与上层混凝土多余水泥浆一同排出体外，使上下层混凝土结合紧密，形成整体。振捣过程中，当混凝土拌和物不再下沉，混凝土不再冒出气泡，混凝土拌和物已趋于水平，并泛出水泥浆水，则证明已振捣密实。

⑤收面、养护。

混凝土浇筑完成后应对混凝土表面进行第一次收光，待混凝土初凝前进行第二次收光。混凝土浇筑完成后第二天方可拆除固定设施，为了保证混凝土的强度，应在拆模后对混凝土进行洒水养护，并用土工布或薄膜覆盖，以减少水分的蒸发。洒水养护时间不少于 7d。

⑥防阻块、柱帽及波形梁护栏板安装与打入式波形梁护栏施工工艺一致，在此不做说明，施工完成后效果如图 6-7-7 所示。

图 6-7-7 套筒式波形梁护栏安装效果

4. 法兰式波形梁护栏施工方法

(1) 施工工艺流程如图 6-7-8 所示。

(2) 施工工法。

①定位放样。

立柱基础放样应依据图纸桩号准确定位。该工程应在梁板浇筑完成后进行，应注意放线前先将作业面清理干净，以桥梁、涵洞、通道、立体交叉等特征性构筑物为控制点开展放样工作。放样时应以立柱中心为基点标示法兰盘所在位置，保证路面宽度，避免侵占路面，影响交工验收。

②预埋基础法兰。

该工程与土建施工相交叉，应实时跟进桥涵施工进度，在梁板浇筑完成后，对梁板上的预留筋进行整理后按照设计图纸和测量放线位置，焊接地脚螺栓，在焊接过程中应实时测量地脚螺栓竖直度、预留高度等基础指标，保证后续安装立柱不受影响。在地脚螺栓焊接完成后，紧固法兰盘，借助水平尺对法兰面进行微调，保证法兰面的标高、平整度及线形的顺直度。安装完成后应在地脚螺栓螺纹位置设置胶带或 PVC 套管进行保护，避免浇筑时泥浆飞溅而影响立柱安装。

③桥涵混凝土浇筑及收面养护。

桥涵混凝土浇筑应由土建施工部分完成，收面应保证与法兰面平齐，施工过程中振捣棒等机具不应接触地脚螺栓与法兰盘，收面应保证混凝土面与法兰盘平齐，保证整体效果美观。

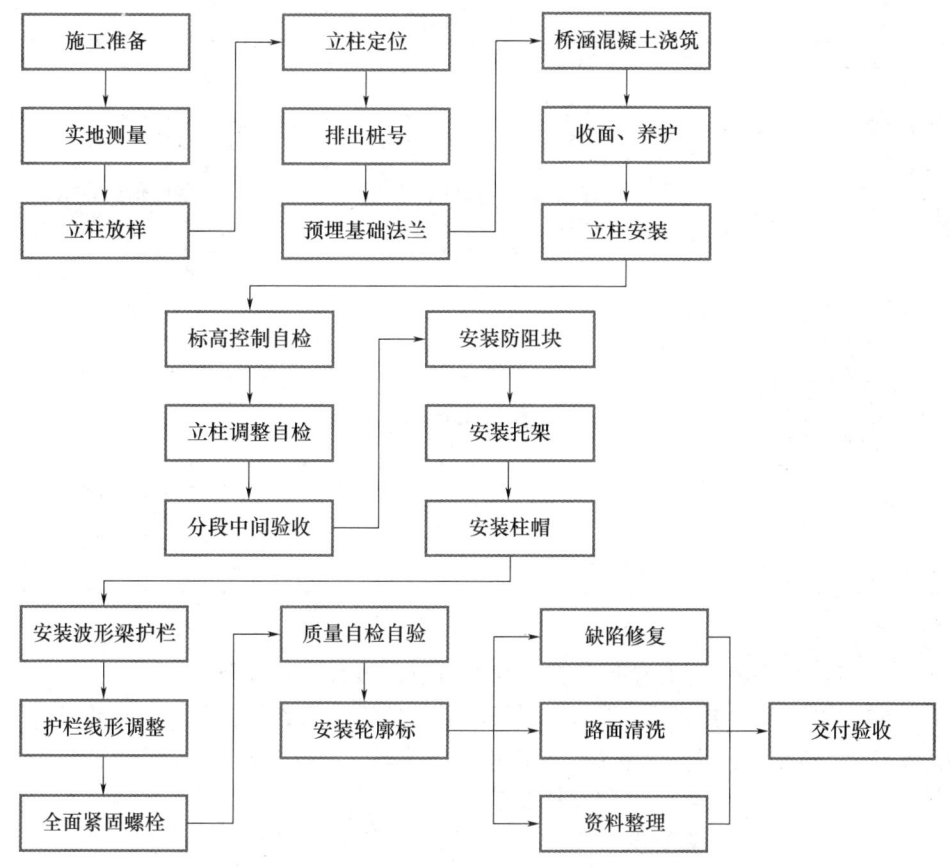

图 6-7-8 法兰式波形梁护栏施工工艺流程

④立柱安装。

立柱安装应在混凝土养护期后进行，安装过程中应保证立柱的竖直度、外露长度、与路面和路肩间距等指标满足要求。如需调整，可借助水平尺采用垫片（已做防腐处理）进行微调，调整完成后应及时紧固螺栓。

⑤防阻块、柱帽及波形梁护栏板安装与打入式波形梁护栏施工工艺一致，在此不做说明，安装完成后效果如图 6-7-9 所示。

图 6-7-9 法兰式波形梁护栏安装效果

(3) 施工质量检查验收标准见表 6-7-1。

表 6-7-1 施工质量检查验收标准

序号	检查项目	规定值或允许偏差	检查方法和频率
1	波形梁板基底金属厚度（mm）	符合《波形梁钢护栏》（GB/T 31439—2015）标准规定	板厚千分尺、涂层测厚仪：抽查板块数的5%，且不少于10块
2	立柱基底金属壁厚（mm）	符合《波形梁钢护栏》（GB/T 31439—2015）	千分尺或超声波测厚仪、涂层测厚仪：抽查2%，且不少于10根
3	横梁中心高度（mm）	±20	尺量：每1km每侧测5处
4	立柱中距（mm）	±20	尺量：每1km每侧测5处
5	立柱竖直度（mm/m）	±10	垂线法：每1km每侧测5处
6	立柱外边缘距土路肩边线距离（mm）	≥250 或不小于设计值	尺量：每1km每侧测5处
7	立柱埋置深度（mm）	不小于设计值	尺量或埋深测量仪测量立柱打入后定尺长度：每1km每侧测5处
8	螺栓终拧扭矩	±10%	扭力扳手：每1km每侧测5处

(4) 质量控制要点。

①波形梁板基底金属厚度、立柱壁厚、防腐层厚度满足设计及规范要求。

②护栏立柱的埋深、土基压实度、端部和过渡段处理应符合设计规范和设计文件的规定。

③为保证护栏的整体强度，压实度达不到要求的路段不应进行护栏立柱打入施工。石方路段和挡土墙上的护栏立柱埋深及基础处理应符合设计要求。

④立柱平面位置、立柱距、垂直度、横梁中心高度应符合设计要求。

⑤所有构件不应因运输、施工而造成防腐层的损伤。

⑥直线段护栏不得有明显的凹凸、起伏现象；曲线段护栏应圆滑顺畅，与路线线形协调一致；中央分隔带开口端头护栏的线形应与设计文件相符。

⑦波形梁板搭接方向应正确，搭接平顺，垫圈齐备，螺栓紧固。

⑧防阻块、托架、横隔梁、端头的安装应与设计文件相符，安装到位，不得有明显变形、扭转、倾斜。

⑨波形梁板和立柱不得焊割和钻孔。

⑩立柱及柱帽安装牢固，其顶部应无明显塌边、变形、开裂等缺陷。

⑪混凝土基础的规格尺寸、强度、外观质量应满足规范及设计文件的规定，以保证立柱抗弯能力。

6.7.1.2 现浇型混凝土护栏

现浇型混凝土护栏为刚性护栏，应结合路侧危险情况、车辆构成比例和远期路面养护方案等因素选用。除特殊要求外，一般设置在路基高度较大、隧道出入口等车辆驶出路外易发生重大交通事故的位置。根据设置位置分为路侧混凝土护栏和中央分隔带混凝土护栏两类，其混凝土强度、配筋量等指标应经设计计算确定（图 6-7-10）。

1. 施工工艺流程

2. 施工工法

(1) 测量放线。

测量人员按照设计图纸对护栏的两侧边线进行放样，并在平曲线做适当调整，以使线形顺适、美观，护栏的高度严格按设计高程控制，在竖曲线处也做适当调整，以使护栏顶面圆滑，过渡平顺。

每隔 10m 在护栏预埋筋上焊接一根钢筋，测放出护栏顶面高程线并用红色油漆标注在钢筋上，作为钢筋绑扎时的高程控制线。

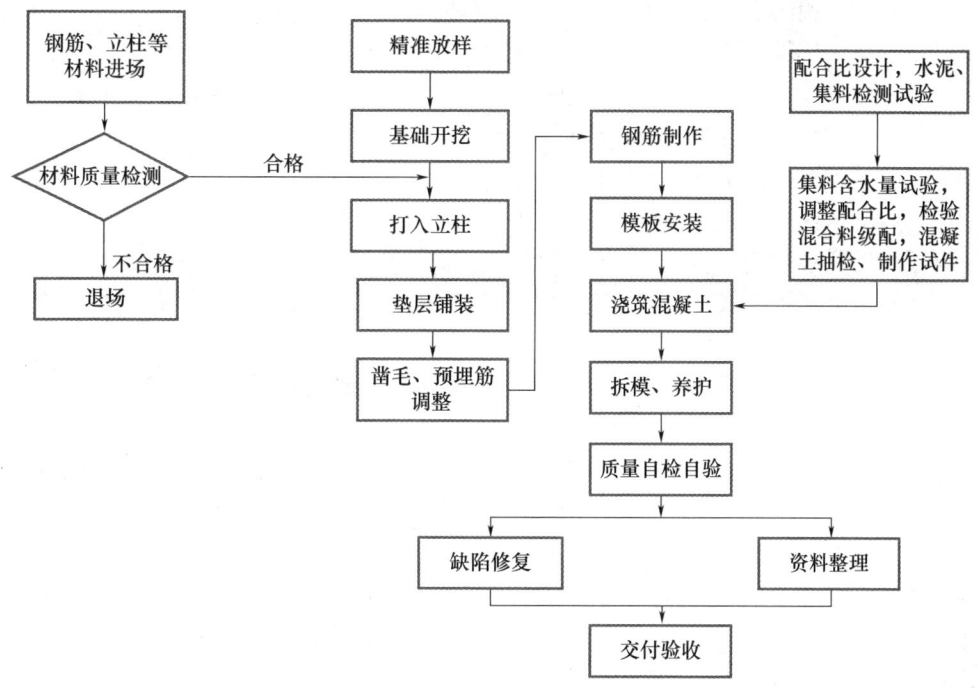

图 6-7-10 现浇型混凝土护栏施工工艺流程

（2）垫层基础平整。

根据放样结果，开展基础开挖与平整工作，应严格按照图纸控制开挖尺寸、深度，不宜过度开挖，避免影响路基稳定性。开挖工作宜采用人工的方式开展，以保证开挖基础的规整。

（3）立柱打入。

采用液压式打桩机组平行推进施工法，将立柱对准标记打入，打入时随时观测立柱高度、竖直度的变化，发现问题及时修正，严防偏移、跑位和打入过深。

（4）垫层铺装。

开挖完成后，及时对基础底面进行平整，并浇筑水泥砂浆抹平并进行洒水养护，以保证其强度。

（5）钢筋加工及绑扎。

钢筋应在钢筋加工场加工后运到施工现场进行绑扎。

钢筋的种类、型号及规格尺寸应符合设计要求。钢筋的连接方式、接头位置、接头数量、截面内钢筋接头的百分率等应符合《公路桥涵施工技术规范》（JTG/T 3650—2020）的规定。

基础水泥砂浆凝固后，应对砂浆表面进行凿毛及清理，然后按照设计图纸和测量放线位置进行钢筋绑扎。绑扎时先绑扎立筋，立筋的位置调好后再绑扎横向钢筋。若护栏设有连接件及预埋件，应在钢筋绑扎完毕后安装，其位置、高程应认真检查，确认无误后宜点焊在护栏钢筋上。为保证结构物保护层的厚度，应在钢筋与模板之间设置预制混凝土垫块，以1m左右的间距呈梅花形布置，用箍丝将混凝土垫块在钢筋上绑扎牢固，防止在模板安装时保护垫块发生滑动或移位。

（6）模板加工及安装。

防撞护栏模板一般采用外加工钢模板。钢模板的厚度、长度、横竖肋根据护栏尺寸、长度和模板周转次数确定。为了保证模板不变形，通常在模板边缘和部分横竖肋位置用槽钢加强。施工时在靠近护栏的接头位置预埋一排短钢筋，作为支模板时的支撑。

模板与混凝土接触面必须打磨光洁呈亮色，用洁净的棉丝擦拭，直至擦完的棉丝基本没有锈迹和杂物为止，然后均匀涂刷脱模剂。

根据设计图纸和测量放线位置支设模板，模板底部的基础面应先用水泥砂浆抹带找平。相邻的模板宜用螺栓连接，相对的模板用穿墙螺栓固定，模板搭接处夹海绵双面胶条密封。在护栏内侧利用预留的短钢筋做支点，采用脚手管、方木、钢丝绳进行加固。

模板顶面每隔1m左右应横放一根短方木，方木用粗铁丝与地面上固定设施拉紧压住模板，防止浇筑混凝土时模板上浮。

护栏上的真缝、假缝应在支模时根据设计位置设好。若设计没有规定缝的位置，一般跨中、板端和连续梁的支座位置均应设置真缝。假缝位置可以在模板上对称贴上加工好的橡胶条，真缝位置宜采用两层三合板中间夹泡沫板的做法，以利拆除。

护栏在桥梁伸缩缝位置应根据图纸预留伸缩缝施工槽。

模板验收合格后，测量人员在模板顶部的槽钢上放出护栏顶面高程控制线并用红色油漆标注。

(7) 浇筑混凝土。

根据现场情况确定混凝土生产和运输的方式。混凝土到现场后应先检测坍落度，符合要求后，方可施工。

混凝土应分层浇筑，不得在一个地方集中下料，防止形成起伏不定的界面。每层浇筑厚度不得超过300mm。浇筑到护栏的倒角位置应暂时停止下灰，待该范围振捣完成后再继续浇筑。分层浇筑间隔时间应不大于混凝土初凝时间。

振捣棒应插入50～100mm，振捣棒与侧模应保持50～100m的距离，严禁振捣棒接触模板、钢筋、预埋件及连接件，每一次振捣必须振捣至混凝土停止下沉，不再冒出气泡，表面呈现平坦、泛浆，方可提出振捣棒。

振捣完成后对护栏顶面混凝土进行抹面施工。

(8) 拆模、养护及混凝土护栏修饰。

护栏模板是非承重模板，在混凝土强度能保证其表面及棱角不致因拆模而损坏时即可拆除，一般在浇筑完成24h后进行拆除，拆除后应及时进行覆盖养护。

拆除模板应按支护的反向顺序拆除，遵循先支后拆、后支先拆的顺序，拆模时严禁扔抛。同时拆除模板时不允许强烈敲打和强扭、强撬。模板拆除后，及时清理模板表面附着物，并进行维修整理，分类妥善保存。

混凝土拆模后一般不允许进行修饰，应保持其原有的颜色、光洁度，但如果发现表面有质量缺陷时，应报监理工程师，批准后再进行修饰。

现浇型混凝土护栏施工效果如图6-7-11所示。

图6-7-11 现浇型混凝土护栏施工效果

3. 质量控制要点

(1) 混凝土护栏的长度应精确测量，定好控制点，以便根据公路沿线构造物的实际情况合理布设。

(2) 混凝土护栏使用钢模板。钢模板的长度一般应采用固定的尺寸。钢模板应用强度高的钢材，其厚度不应小于4mm。钢模侧面需要刨光，拼接应紧密牢固，不得出现漏浆现象，内侧尺寸应符合设计要求。

（3）混凝土拌和物，应采用机械搅拌，拌和站根据施工方便性设置，搅拌机的容量应根据施工方法、工程量和施工进度等配置。投入搅拌机的拌和物数量应按混凝土施工配合比和搅拌机容量计算确定，并根据搅拌机的性能和拌和物的和易性要求确定搅拌时间。

（4）混凝土采用机械振捣，一般可用附着在侧模的振捣器，辅以插入式振捣器来振动密实。应以拌和物停止下沉，不再冒气泡并泛出泥浆为准，不宜过振。振捣过程中，应随时检查模板，如有变形或松动，应及时采取措施补救。

（5）应及时养护，加快钢模板周转和施工进度，并应遵守下列规定。

拆模时间应根据气温和混凝土强度情况而定，拆模时混凝土护栏强度应不低于设计强度的70%。拆模时，避免损坏混凝土护栏的边、角，应保持模板完好并经常校验模板的尺寸（每次使用前校验）。

6.7.1.3 组合式护栏

组合式护栏即为混凝土护栏与半刚性护栏的组合，组合式护栏兼顾了混凝土护栏的刚性和半刚性护栏的柔性及通透性，广泛应用于大中型桥梁中。其施工可分为两部分，一部分为桥梁段混凝土护栏施工，另一部分与预埋法兰式波形梁护栏施工相似，整体为各杆件的组装，最终调整整体线形、拧紧螺栓即可。

6.7.1.4 活动护栏

1. 预应力式活动护栏

（1）施工工法。

①定位放样。

深读图纸，明确端部框架安装位置，框架基础位置分两种情况：基础在绿化带内及基础在开口路面上。基础放样应以路面中心线为基准，测量出开口实际长度并标记和记录。

②基础开挖。

使用发电机带动电镐工作，按标记好的基础位置进行开挖，开挖深度及基础尺寸应严格按照图纸要求。开挖前先将4m×4m的彩条布铺好，挖出土方混凝土废料放置于其上，开挖基础时注意不要破坏预埋的通信设施（可向业主、监理或施工单位了解道路中央是否埋设有通信管道等预埋设施），通信设施一般埋在中心线位置地下深度50～60cm处（在此深度可先开挖两侧再向中间延伸），如图6-7-12所示。

图6-7-12 基础开挖

③渣土清理。

将彩条布上的渣土清运，移出工作面，准备下一步工作。清运时应注意渣土不得滚入已开挖基础内，如基础内有其他杂物，应与渣土一并清运。

④绑扎钢筋。

按图纸规定尺寸完成钢筋的下料、弯钩、挪运、绑扎工作。钢筋制作应在钢筋加工厂内完成，钢筋绑扎应在施工现场完成。绑扎应严格控制横竖筋间距，并在搭接点进行绑扎或点焊。

⑤安装端部框架。

在钢筋绑扎、安装完成后，需进行端部框架固定及安装。首先需用两根方木将端头抬入基础中，并采用相应支撑措施将端头顶部标高抬至合适尺寸，借助水平尺进行微调，保证端部框架与路面平齐，最终采用小木方固定如图 6-7-13 所示。

⑥浇筑混凝土。

端部框架安装定位后即可进行混凝土的浇筑，浇筑时应注意混凝土不要污染路面及框架表面，如图 6-7-14 所示。如果污染或飞溅，应立即用毛巾进行擦拭。

图 6-7-13　端部框架安装　　　　　　　图 6-7-14　端部框架基础浇筑

混凝土卸料完成后，应立即进行振捣，振捣密实后用钢尺核对端部框架的横向位置、纵向位置、标高、水平度等，如有偏差，应立即校正，确保将偏差控制在允许范围值之内。处理完毕后，将混凝土表面收平，并再次清理端部框架及路面上的泥浆。

清理完毕后进行混凝土养护，养护一般采用薄膜覆盖、草垫苫盖等方式，如图 6-7-15 所示。

图 6-7-15　混凝土养护

施工过程中应注意轻拿轻放，杜绝损伤防腐面层的行为出现。

⑦活动框架的安装。

框架安装应在端部框架安装完成 28d 后进行，安装前宜在安装现场进行验收，验收合格后进行安装，避免因二次倒运导致表面防腐层损伤。

活动框架的吊装应采用专门的布吊带捆绑，杜绝采用钢丝绳捆绑。安装时遇到比较难安装的位置时，不应采用铁锤等硬物敲击，应采用橡胶锤、木棒等器具垫以缓冲的物品进行敲击，避免破坏表面防腐层。

⑧调整线形及现场清理。

安装后应借助水平尺等器具进行线形调整，确保线形顺畅。安装完成后应对活动护栏污染部分进行擦拭，并对施工现场进行清扫。

(2) 施工质量检查验收标准见表6-7-2。

表6-7-2 施工质量检查验收标准

序号	检查项目	规定值或允许偏差	检查方法和频率
1	高度（mm）	±20	尺量：每处测5点
2	涂层厚度（μm）	满足设计要求	涂层测厚仪：每处测5点

(3) 质量控制要点。

①整体安装应在混凝土强度达到95%以上后进行，避免因强度不足而导致安装时混凝土开裂。

②安装过程中应严格控制安装高度，以保证线形平直。

2. 插拔式活动护栏

(1) 施工工法。

①定位放样。

用50m卷尺测量中央分隔带开口长度（开口两端路缘石外侧中对中），找出开口中心位置，以中心位置为基点，向两边定位，并对需钻孔位置放样，保证孔位线形顺畅。

②钻孔及安装套管。

按图纸要求在放样位置进行钻孔施工，钻孔时应保证钻孔深度并采取防尘措施。钻孔完成后安装套管，要求预埋套管露出地面5～8mm，最后在预埋套管外缝隙中填入水泥砂浆并修面；灌浆过程中要保证套管居中不歪斜，灌浆后相邻套管间距误差不超过2cm。灌浆完成后应对路面进行清扫，防止路面污染。

③摆放配件及安装。

把吸能支架、立柱、横梁、螺栓等构件分别摆放在需要安装的位置，按照作业指导书或指导人员要求安装各单元件，摆放位置如图6-7-16所示。

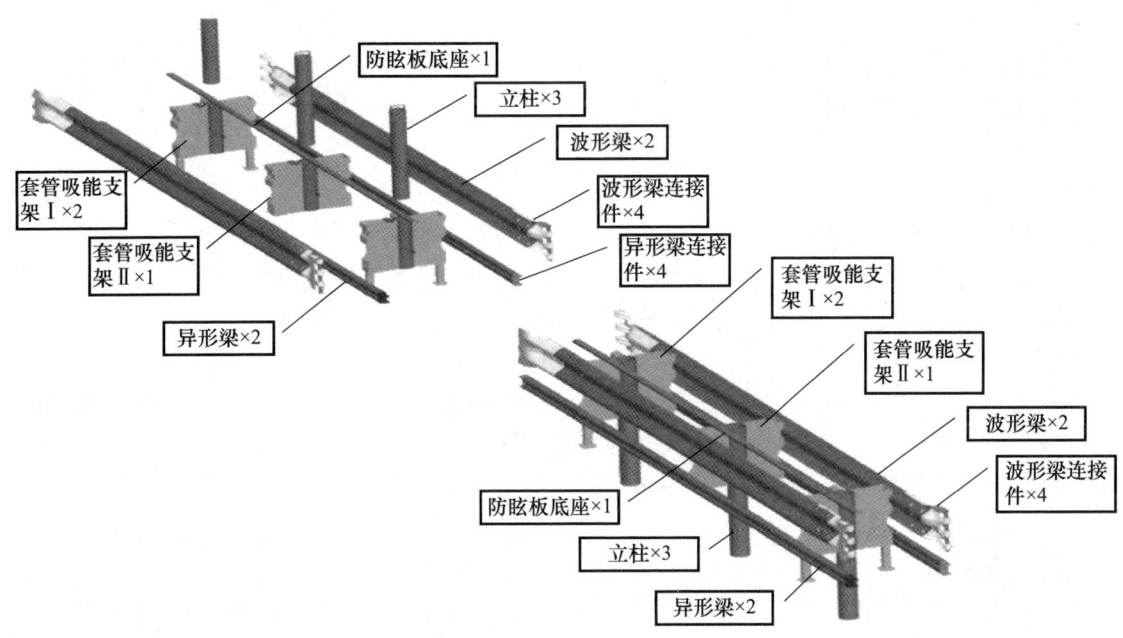

图6-7-16 插拔式活动护栏各单元件组装摆放位置

④调整线形及现场清理。

各单元件安装完成后应借助水平尺等器具及时进行线形调整，线形顺畅后，进行活动护栏的调试，保证各单元件运行顺畅。最后放下支腿，将立柱插入套管内，擦拭活动护栏表面污染物及清理现场施工垃圾，安装效果如图 6-7-17 所示，完成施工。

图 6-7-17　插拔式活动护栏安装效果

（2）施工质量检查验收标准见表 6-7-3。

表 6-7-3　施工质量检查验收标准

序号	检查项目	规定值或允许偏差	检查方法和频率
1	高度（mm）	±20	尺量：每处测 5 点
2	涂层厚度（μm）	满足设计要求	涂层测厚仪：每处测 5 点

（3）质量控制要点。

①各单元件在倒运、吊装、安装过程中应保护其表面防腐层，以保证其使用寿命。

②活动护栏整体应与预埋套筒平行，保证插拔顺畅。

3．伸缩式活动护栏

伸缩式活动护栏具有造型美观、外观警示醒目、安全性能佳、可重复利用等优点，因在公路运营过程中反应速度快、灵活的特长而被广泛应用。

（1）施工工法。

①定位放样。

深读图纸，明确端部框架安装位置，端部框架基础位置分两种情况：基础在绿化带内及基础在开口路面上。基础放样应以路面中心线为基准，分别放出导轨及端部框架基础位置并进行标记，测量出开口实际长度并标记和记录，从而确定活动框架的长度。

②基础开挖。

使用发电机带动路面切割机及电镐工作，按标记好的位置进行开挖，开挖深度应严格按照图纸要求。开挖前先将 4m×4m 的彩条布铺好，挖出土方混凝土废料放置于其上，开挖基础时注意不要破坏预埋的通信设施（可向业主、监理或施工单位了解道路中央是否埋设有通信管道等预埋设施），通信设施一般埋在中心线位置地下深度 50～60cm 处（在此深度可先开挖两侧再向中间延伸）。

③渣土清理。

将彩条布上的渣土清运，移出工作面，准备下一步工作。清运时应注意渣土不得滚入已开挖基础内，如基础内有其他杂物，应与渣土一并清运。

④绑扎钢筋、布设地脚螺栓。

按图纸规定尺寸完成钢筋的下料、弯钩、挪运、绑扎工作。钢筋制作应在钢筋加工厂内完成，钢筋绑扎应在施工现场完成。绑扎应严格控制横竖筋间距,并在搭接点进行绑扎或点焊。在钢筋绑扎完成后,根据端部框架栓孔位置,定位地脚螺栓并焊接在基础钢筋上。

⑤安装端部框架。

在钢筋绑扎、安装完成后,需进行端部框架固定及安装。首先需用两根方木将端头抬入基础中,并采用相应支撑措施将端头顶部标高抬至合适尺寸,借助水平尺进行微调,保证端部框架与路面平齐,最终固定,如图6-7-18所示。

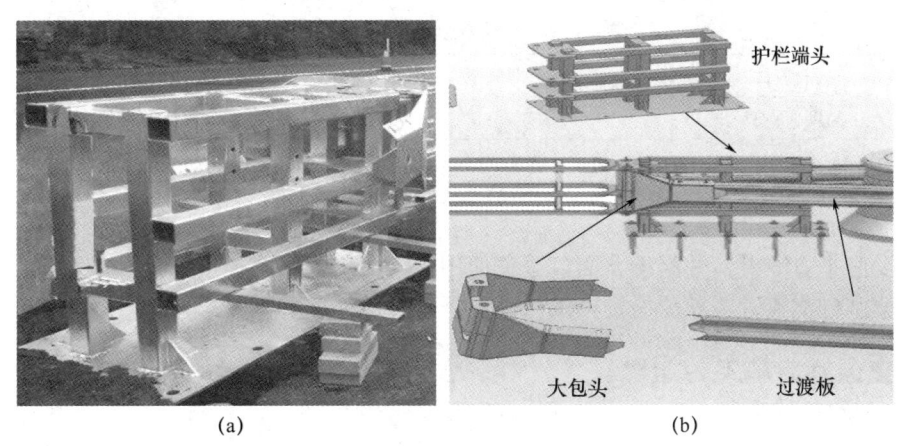

图6-7-18 端头安装图示及各组件图示

⑥铺装导轨。

导轨一般选用钢制导轨,导轨槽开挖完成后,应对导轨槽进行修缮,采用水泥砂浆找平,待完全干燥后,铺装导轨。导轨应高于路面5~10mm,避免使用过程中发生堵塞。

⑦浇筑混凝土。

端部框架安装定位、导轨铺设完成后即可进行混凝土的浇筑,如图6-7-19所示。浇筑时应注意混凝土不要污染路面及框架表面,如果污染或飞溅,应立即擦拭。

图6-7-19 端头浇筑效果

混凝土卸料完成后,应立即进行振捣,振捣密实后用钢尺核对端部框架的横向位置、纵向位置、标高、水平度等,如有偏差,应立即校正,确保将偏差控制在允许值范围之内。处理完毕后,将混凝土表面收平,并再次清理端部框架及路面上的泥浆。

清理完毕后进行混凝土养护,养护一般采用薄膜覆盖、草垫苫盖等方式。

施工过程中应注意轻拿轻放,杜绝损伤防腐面层的行为出现。

⑧伸缩框架的安装。

框架安装应在端部框架安装完成28d后进行,安装前宜在安装现场进行验收,验收合格后进行安装,避免因二次倒运导致表面防腐层损伤。

框架的吊装应采用专门的布吊带捆绑,杜绝采用钢丝绳捆绑,避免破坏表面防腐层。

伸缩框架应完全布设在导轨上,两端与端部框架紧固连接。

⑨现场清理。

安装完成后应对活动护栏污染部分进行擦拭,并对施工现场进行清扫。

(2)施工质量检查验收标准见表6-7-4。

表6-7-4 施工质量检查验收标准

序号	检查项目	规定值或允许偏差	检查方法和频率
1	高度(mm)	±20	尺量:每处测5点
2	涂层厚度(μm)	满足设计要求	涂层测厚仪:每处测5点

(3)质量控制要点。

①导轨铺设应平直顺滑,并高于路面,避免使用过程中出现堵塞。

②端部框架基础浇筑时应充分振捣,以保证混凝土基础强度。

6.7.2 交通标志施工

6.7.2.1 立柱式交通标志

立柱支撑为标准工程中最常见的支撑形式,现根据施工工序不同将立柱式交通标志分为两类:双柱交通标志,单柱、单悬、双悬交通标志。

1. 双柱交通标志

(1)双柱交通标志施工工艺流程如图6-7-20所示。

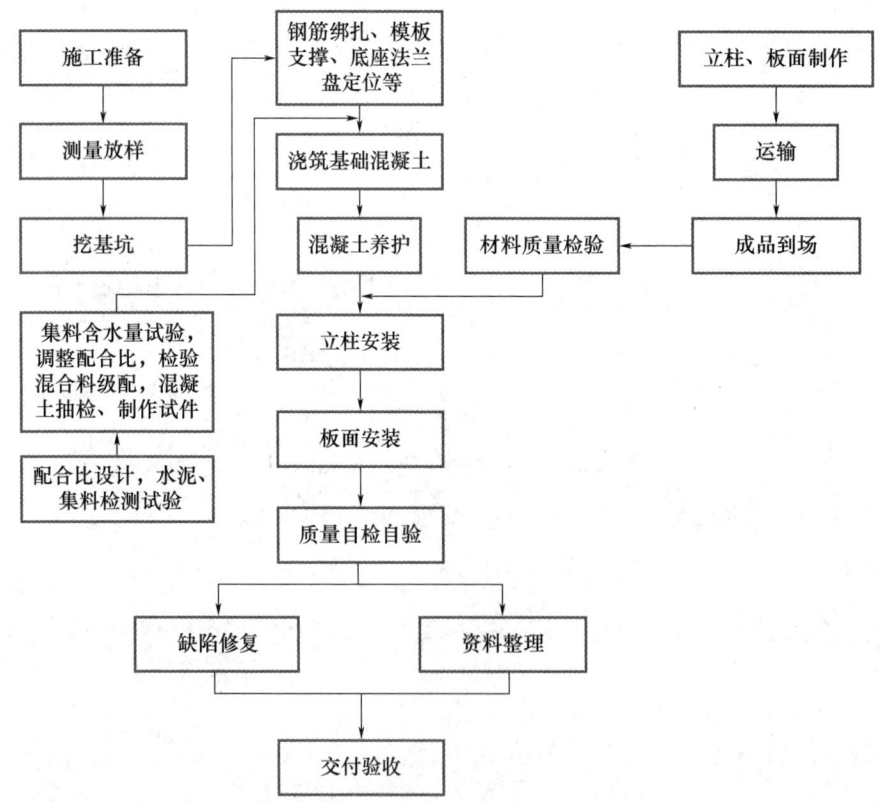

图6-7-20 双柱交通标志施工工艺流程

(2) 施工工法。

①定位放样。

标志基础放样应依据图纸桩号准确定位。放线前先将作业面清理干净，放线时应先根据标志板面尺寸及标志板边缘距离土路肩外边缘距离不小于25cm的设计要求计算出标志基础中心点距离土路肩外边缘的距离，再根据基础的几何尺寸进行放线。基础的纵向轴线应与路面走向平行。根据设计图纸及路基坡比确定基坑开挖深度，基础高度不宜超过路面，若基础需要外露，应保证基础内侧边角与露肩边坡相交。为了消除路侧标志表面产生的眩光，标志基础向后旋转约5°，使标志避开车前灯光束的直射。

②基坑开挖。

标志基坑采用先机械后人工开挖。因双柱的两基础间隔较近，一般采用通挖的形式进行开挖，开挖过程中应将上层虚土全部挖除，避免开挖或模板安装过程中基坑坍塌。弃土应及时清理，不得堆放在基坑边缘。基坑四壁应竖直，基地表面平整无浮土，承载力达到设计要求。基坑开挖完成后应对基坑几何尺寸和深度进行检验。

③钢筋、模板安装。

在模板安装前应先对模板进行打磨清理，废旧模板坚决不允许使用。模板安装过程中尽量选用大模板以减少拼接缝的出现。若必须拼接模板，应在拼接缝处用双面胶粘牢，避免混凝土浇筑过程中产生漏浆现象。模板安装完成后应对模板几何尺寸、平整度、竖直度及顶面高程进行检验。检验合格后先进行脱模剂的涂刷再绑扎钢筋，以避免脱模剂污染钢筋表面。底座法兰盘与地脚螺栓的固定应与模板分离，易采用钢支架固定，固定过程中应不断用水平尺测量底座法兰盘的水平度。固定完成后将地脚螺栓外露部分用胶带或PVC套管进行保护。

④混凝土浇筑。

这项工作应严格按照混凝土施工规范进行，考虑到其作业流动性，对双柱交通标志基础进行分层浇筑。施工现场配备发电机1台、振捣机1～3台。混凝土在拌和站进行拌和，所有材料均称量后进行拌和，并现场提取试模。混凝土应连续浇筑，振捣密实。振捣方法应快插慢拔，能够沿振捣棒从底往上把气体、多余水泥浆带出混凝土表面。振捣上层混凝土时，振捣棒需插入下层（已振捣过）混凝土5cm。目的是把下层混凝土表面浮浆，与上层混凝土多余水泥浆一同排出体外，使上、下层混凝土结合紧密，形成整体。振捣过程中，当混凝土拌和物不再下沉，混凝土不再冒出气泡，混凝土拌和物已趋于水平，并泛出水泥浆水，则证明已振捣密实。混凝土浇筑过程中若发现模板胀模现象应马上停止浇筑，待对模板进行校正加固后方可继续浇筑。混凝土浇筑完成后应对混凝土表面进行第一次收光，待混凝土初凝前进行第二次收光。

⑤拆模、养护。

混凝土浇筑完成后第二天方可进行拆模，为了保证混凝土的强度，应在拆模后对混凝土进行洒水养护，并用土工布或薄膜覆盖，以减少水分的蒸发。洒水养护时间不少于7d。

⑥立柱安装。

当基础混凝土达到设计强度后，方可进行标志立柱的安装。在立柱安装前应先对底座法兰盘及地脚螺栓进行清理。在标志立柱的运输过程中应注意对立柱防腐层的保护。立柱运至现场后，利用吊车将立柱吊起，并由施工人员辅助吊车将立柱缓慢移动至底座法兰盘处。调整好立柱竖直度后上紧螺栓。

⑦标志板制作。

a. 标志底板加工。

标志底板应根据设计尺寸在工厂加工成型，并根据设计文件的要求进行加固、拼接、冲孔、锚固。挤压成型的铝合金型材应根据标志尺寸拼装，板面应保持平整。标志板面一律做角铝加固处理。除尺寸较大的指路标志外，所有标志板应由单块铝合金板加工制成，不允许拼接；大型板面的拼接，应采用对接，接缝最大间隙为1mm。所有接缝均用龙骨（与板面同材料）加强。标志板和龙骨之间采用铝合金铆钉连接，连接必须牢固。铆钉间距、龙骨宽度均应满足设计要求。加工完成后，粘贴反光膜前对标志板应进行脱脂、清洗、干燥等。清洁后的铝合金标志板面放在干燥处风干或放在阳光下晒干，去除板面及接缝中的潮气。标志底板背面不应涂漆，但应采用适当的化学或物理方法使其表面变成暗灰色和不反光。标志底板背面应无刻痕或其他缺陷。

b. 标志面制作。

贴膜车间的温度不低于18℃、相对湿度控制在20%～50%。按照先下后上、顺序搭接的施工工艺粘贴反光膜（底膜），并确保底膜粘贴牢固，标志板面平整，无气泡、皱痕、污损等。板面的形状、颜色、文字、箭头、编号、图形及边框应严格按照现行《道路交通标志和标线》（GB 5768—2022）和设计文件的规定执行，不得采用其他字体。交通标志板面上的图案、字符的平面布设，严格按照设计文件的规定执行，且应在施工前做出样品，提交给监理工程师审批。粘贴反光膜时，不允许采用手工操作或用溶剂激活黏结剂。在标志面的最外层可涂保护层，如透明涂料等。粘贴底膜的工序结束后，必须经车间检验员检验，合格后方可粘贴字膜。粘贴字膜、图案前必须按照设计要求，在底膜上打格放样，并确认放样正确后，方可采用转移膜粘贴字膜、图案。反光膜应尽量减少拼接。当不能避免接缝时，应使用反光膜产品的最大宽度进行拼接，采用搭接接缝，横向不得有拼接，竖向拼接时，上膜须压接下膜，搭接处要有5～10mm的重叠部分。当需要滚筒粘贴或丝网印刷时，可以平接，其间隙不应超过1mm。在距标志板边缘50mm范围内，不得拼接。反光膜伸出板面上下边缘最小长度为8mm，且紧密粘贴在上下边缘上。当用反光膜拼接标志图案时，拼接处要有3～6mm的重叠部分；如果监理工程师同意对接，则接缝间隙不得大于0.8mm。反光膜粘贴在挤压型板面上，伸出上下边缘的最小长度为8mm，且应紧密地粘贴在上下边缘上，如图6-7-21所示。

图6-7-21 标志板面加工

⑧标志板运输。

采用丝网印刷的标志面应在油墨干透后才可以包装。贴上反光膜的标志板应用保护纸进行分隔，并应存放在室内干燥的地方。标志可以分层贮存，但应用发泡胶把两块标志分隔。标志也可以竖立贮存以减小压力，一些小标志可以悬挂贮存。标志面应有软衬垫材料加以保护，以免搬运中受到刻画或其他损伤。

⑨标志牌安装。

所有交通标志都应按要求定位和设置，并保证视线良好，当标志牌设置点有树木、结构物等遮挡时，应适当调移位置。安装的标志应与交通流方向几乎成直角，在曲线路段，标志的设置角度应根据交通流的行进方向来确定。为减少标志板面产生的眩光，路侧设置的双柱标志均应符合《道路交通标志和标线》(GB 5768—2022)和施工规范的要求，即在水平轴和垂直轴方向旋转5°。一般路段，对于路侧柱式标志，标志板内缘距土路肩边缘不得小于250mm，标志板下缘距地高度为2～2.5m，安装交通标志板面时，要在施工区域立交通安全警示标志，作业区内禁止车辆通行，防止安全事故发生。安装中小型标志板一般应采用吊车安装，双柱标志应先安装立柱，调整立柱竖直度，如图6-7-22所示，之后吊装标志板面。安装过程中，安装人员应戴手套，避免汗水对构件的侵蚀，安装人员要采用随车吊来作为升降的工具并绑好安全带，安装好后应检查各螺栓的紧固度。标志板安装到位后，应进行板面平整度和安装角度的调整。项目施工阶段，应保证"半幅施工，半幅通车"，所有工程必须在相应半幅中施工并完成，不允许边通车边施工。如遇特殊情况，可适当增大标志立柱高度。

图6-7-22 双柱标志立柱竖直度调整

(3) 施工质量检查验收标准见表6-7-5。

表6-7-5 施工质量检查验收标准

序号	检查项目	规定值或允许偏差	检查方法和频率
1	标志面反光膜逆反射系数 [cd/(lx·m²)]	满足设计要求	逆反射系数测试仪：每块板每种颜色测3点
2	标志板下缘至路面净空高度（mm）	+100, 0	经纬仪、全站仪或尺量：每块板测2点
3	柱式标志板、悬臂式和门架式标志立柱的内边缘距土路肩边缘线距离（mm）	≥250	尺量：每处测1点
4	立柱竖直度（mm/m）	3	垂线法：每根柱测2点
5	基础顶面平整度	4	尺量：对角拉线测最大间隙，每个基础测2点
6	标志基础尺寸（mm）	+100, -50	尺量：每个基础长度、宽度各测2点

(4) 质量控制要点。

①标志的设置位置、数量及安装角度应符合设计文件的要求。

②标志板外形尺寸、底板厚度、文字高度、标志面的逆反射性能等应符合设计文件的规定。

③标志板下缘至路面的净空高度及标志板内缘距公路边缘线的距离应满足设计文件的要求。

④标志混凝土基础的地基承载力和规格、强度应符合设计要求。

⑤标志面应平整完好，无起皱、开裂、缺损或凸凹变形，不得有划痕、较大气泡和颜色不均等表面缺陷。

⑥标志安装完毕后,检查承包人是否根据标志制造厂商建议的方法,清扫所有标志板。在清扫过程中,不得损坏标志面或产生其他缺陷。

⑦标志安装完毕后,应邀请监理工程师检查所有标志,以确认在白天标志的外观、视认性、颜色、正面眩光等是否符合图纸要求。在夜间车灯照射下,对标志面板的底色和字符视认性、清晰明亮度、颜色均匀性、是否被遮挡等情况进行检查,发现问题应及时处理。

⑧所有钢构件防腐层应均匀、颜色一致,不得有流挂、滴流或多余结块,镀件表面应无漏镀等缺陷,并且大型标志柱、梁的焊接部分应无裂缝、未融合、夹渣等缺陷。

2. 单柱、单悬、双悬交通标志

(1) 单柱、单悬、双悬交通标志施工工艺流程如图 6-7-23 所示。

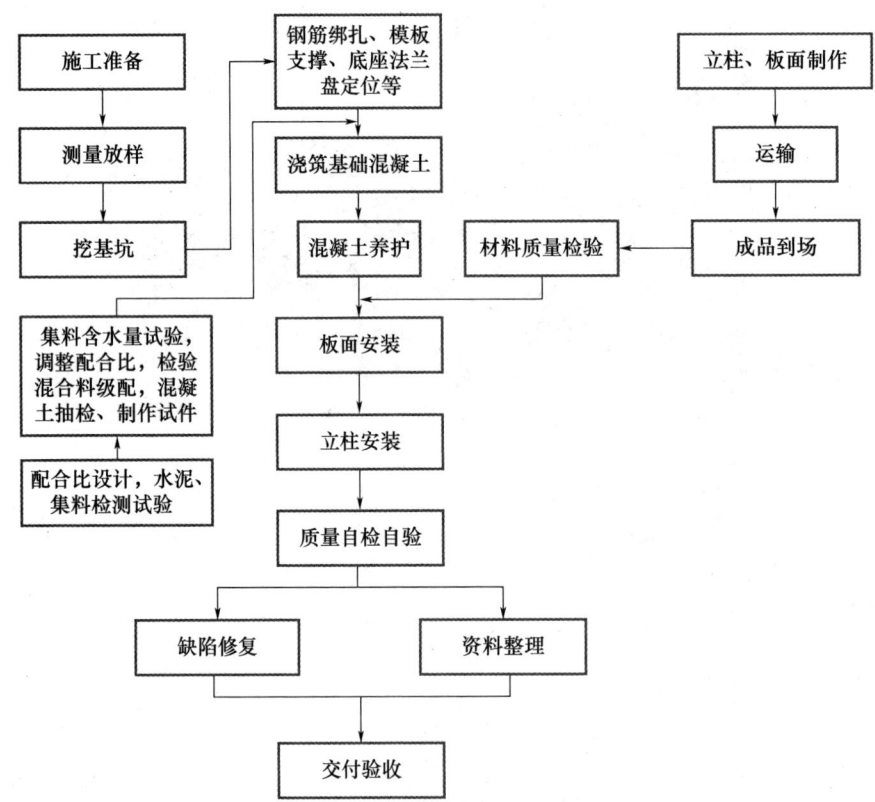

图 6-7-23 单柱、单悬、双悬交通标志施工工艺流程

(2) 施工工法。

①定位放样。

要求同双柱交通标志,不再详述。

②基坑开挖。

标志基坑采用先机械后人工开挖。开挖过程中应将上层虚土全部挖除,避免开挖或模板安装过程中基坑坍塌。弃土应及时清理,不得堆放在基坑边缘。基坑四壁应竖直,基地表面平整无浮土,承载力达到设计要求。基坑开挖完成后应对基坑几何尺寸和深度进行检验。

③钢筋、模板安装。

要求同双柱交通标志,不再详述。

④混凝土浇筑。

这项工作应严格按照混凝土施工规范进行,考虑到其作业流动性,施工现场配备发电机 1 台、振捣机 1~3 台。混凝土在拌和站进行拌和,所有材料均称量后进行拌和,并现场提取试模。混凝土应连续浇筑,振捣密实。振捣方法应快插慢拔,能够沿振捣棒从底往上把气体、多余水泥浆带出混凝土表面。振捣上层混凝土时，振捣棒需插入下层（已振捣过）混凝土5cm。目的是把下层混凝土表面浮浆，与上层混凝土多余水泥浆一同排出体外，使上下层混凝土结合紧密，形成整体。混凝土浇筑完成后应对混凝土表面进行第一次收光，待混凝土初凝前进行第二次收光。

⑤拆模、养护。

混凝土浇筑完成后第二天方可进行拆模（图6-7-24），为了保证混凝土的强度，应在拆模后对混凝土进行洒水养护，并用土工布或薄膜覆盖，以减少水分的蒸发。洒水养护时间不少于7d。

图6-7-24　基础拆模

⑥标志板制作。

a.标志底板加工。

要求同双柱交通标志，不再详述。

b.标志面制作。

要求同双柱交通标志，不再详述。标志板面粘贴反光膜如图6-7-25所示。

图6-7-25　标志板面粘贴反光膜

⑦标志板运输。

要求同双柱交通标志，不再详述。

⑧标志牌安装。

所有交通标志都应按要求定位和设置，并保证视线良好，当标志牌设置点有树木、结构物等遮挡时，应适当调移位置。安装的标志应与交通流方向几乎成直角，在曲线路段，标志的设置角度应根据交通流的行进方向来确定。为减少标志板面产生的眩光，路侧设置的单悬和双悬标志均应符合《道路交通标志和标线》（GB 5768—2022）和施工规范的要求，即在水平轴和垂直轴方向旋转5°。一般路段，悬臂式标志距路面净高不小于5.5m。安装交通标志板面时，要在施工区域立交通安全警示标志，作业区内禁止车辆通行，防止安全事故发生。安装中型标志板（图6-7-26）一般应采用吊车安装，所有标志板面应在地面安装好整体吊装。安装过程中，施工人员应戴手套，避免汗水对构件的侵蚀，安装人员要采用随车吊来作为升降的工具并绑好安全带,安装好后重新检查板面横梁位置及各螺栓的紧固度。标志板安装到位后,应进行板面平整度和安装角度的调整。项目施工阶段,应保证"半幅施工,半幅通车",所有工程必须在相应半幅中施工并完成,不允许边通车边施工。如遇特殊情况,可适当增大标志立柱高度。

图 6-7-26　标志牌安装

⑨立柱安装。

当基础混凝土达到设计强度后,方可进行标志立柱的安装。在立柱安装前应先对底座法兰盘及地脚螺栓进行清理。在标志立柱的运输过程中应注意对立柱防腐层的保护。立柱运至现场后利用吊车将立柱吊起,并由施工人员辅助吊车将立柱缓慢移动至底座法兰盘处,如图 6-7-27 所示。调整好立柱竖直度后上紧螺栓。

图 6-7-27　标志杆件吊装

③施工质量检查验收标准见表 6-7-5。

④质量控制要点。

要求同双柱交通标志,不再详述。

6.7.2.2　门架式

1. 施工工艺流程

门架式交通标志施工工艺流程如图 6-7-28 所示。

6 各主要工程项目的施工方案、施工工艺和方法

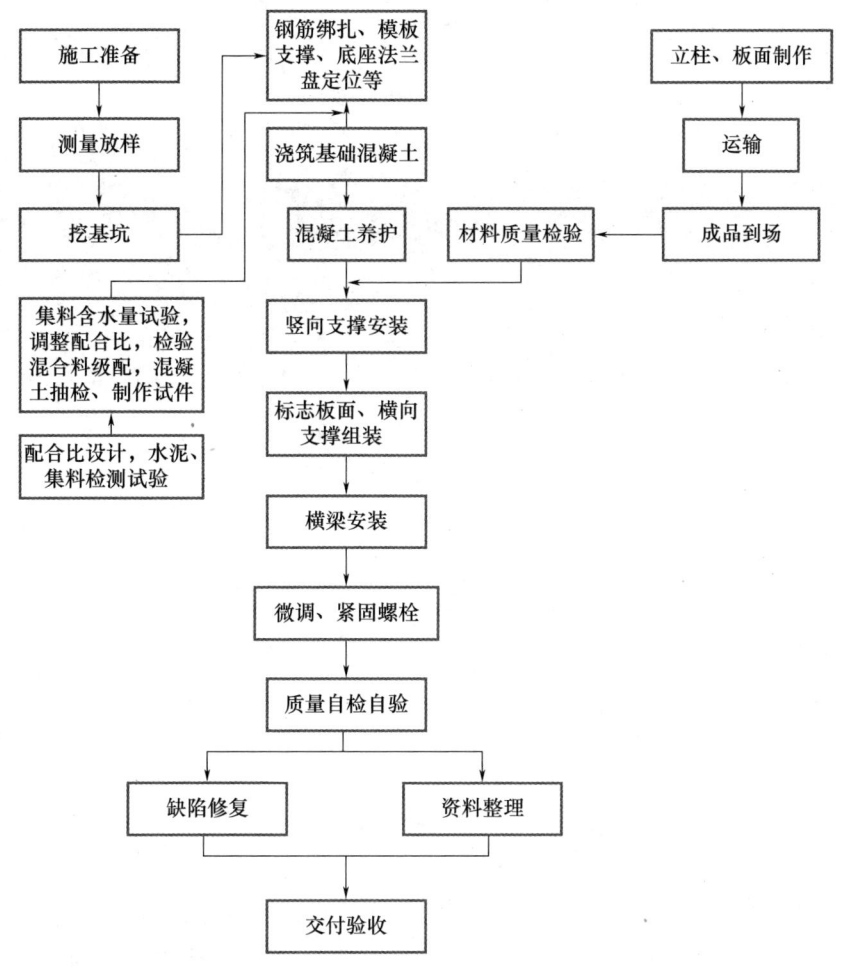

图 6-7-28 门架式交通标志施工工艺流程

2. 施工工法

（1）定位放样。

要求同双柱交通标志，不再详述。只是门架标志的垂直轴向应后倾成一定角度。

（2）基坑开挖。

标志基坑采用先机械后人工开挖。开挖过程中应将上层虚土全部挖除，避免开挖或模板安装过程中基坑坍塌。弃土应及时清理，不得堆放在基坑边缘。基坑四壁应竖直，基地表面平整无浮土，承载力达到设计要求。基坑开挖完成后应对基坑几何尺寸和深度进行检验。

（3）钢筋、模板安装。

要求同双柱交通标志，不再详述。

（4）混凝土浇筑。

要求同双柱交通标志，不再详述。

（5）拆模、养护。

要求同双柱交通标志，不再详述。

（6）立柱安装。

要求同双柱交通标志，不再详述。门架式交通标志立柱安装如图 6-7-29 所示。

157

图 6-7-29　门架式交通标志立柱安装

（7）标志板制作。

①标志底板加工。

要求同双柱交通标志，不再详述。

②标志面制作。

要求同双柱交通标志，不再详述。

（8）标志板运输。

要求同双柱交通标志，不再详述。

（9）标志牌安装。

所有交通标志都应按要求定位和设置，并保证视线良好，当标志牌设置点有树木、结构物等遮挡时，应适当调移位置。安装的标志应与交通流方向几乎成直角，在曲线路段，标志的设置角度应根据交通流的行进方向来确定。为减少标志板产生的眩光，路侧设置的标志和悬空标志均应符合《道路交通标志和标线》（GB 5768—2022）和施工规范的要求，即在水平轴和垂直轴方向旋转 5°。安装交通标志板面时，要在施工区域立交通安全警示标志，作业区内禁止车辆通行，防止安全事故发生。对门架类大型标志采用两台吊车配合进行安装。安装时先对立柱进行初步固定，对横梁和两立柱之间的间距进行测量，核对以后对横梁用两台吊车整体配合安装，如图 6-7-30 所示。安装过程中，工人应戴手套，避免汗水对构件的侵蚀，安装人员要采用随车吊来作为升降的工具并绑好安全带，安装好后重新检查板面横梁位置及各螺栓的紧固度。标志板安装到位后，应进行板面平整度和安装角度的调整。项目施工阶段，应保证"半幅施工，半幅通车"，所有工程必须在相应半幅中施工并完成，不允许边通车边施工。如遇特殊情况，可适当增大标志立柱高度。

图 6-7-30　门架式标志横梁吊装

3. 施工质量检查验收标准（表6-7-5）
4. 质量控制要点

要点同双柱交通标志，不再详述。

6.7.2.3 附着式

1. 施工工艺流程（图6-7-31）

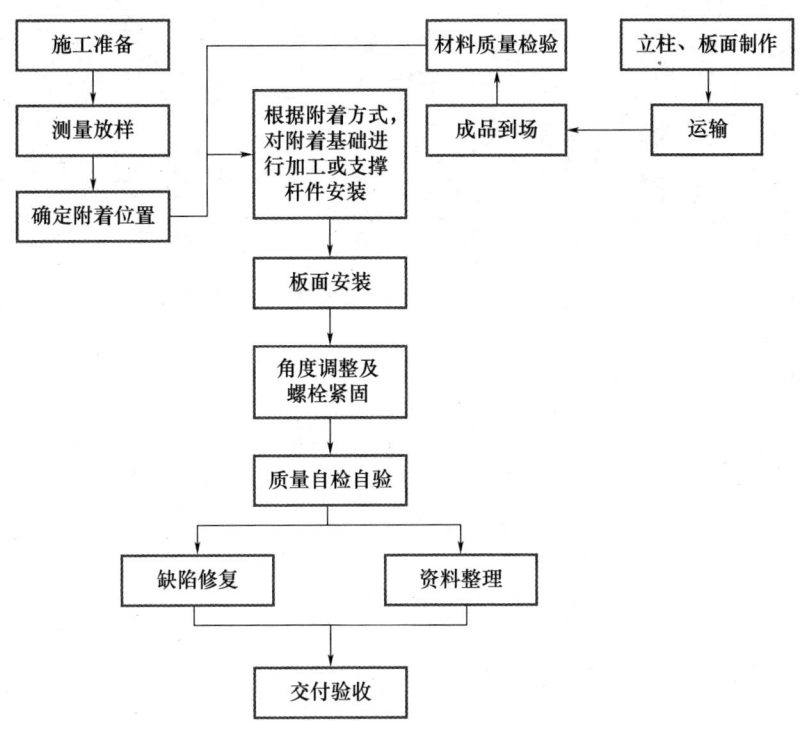

图6-7-31 附着式交通标志施工工艺流程

2. 施工工法

附着式标志多为附着于桥梁护栏、波形梁护栏及门架上的小型标志，将标志板面采用不同的方式固定在要求的相应可靠支撑上即可。现对施工工法进行简要介绍。

（1）定位放样。

标志放样应依据图纸桩号准确定位。放线前先将作业面清理干净，选取稳固可靠的附着物，并做标记。

（2）附着基础施工。

可靠附着基础基本分为两类，一类是附着于立柱上，需钢管杆件作为连接件；另一类是附着于现有构造物，如桥梁护栏、门架上，仅需采取相应的固定措施进行固定施工即可。

（3）标志板制作。

①标志底板加工。

要求同双柱交通标志，不再详述。清洁后的铝合金标志板面放在干燥处风干或放在阳光下晒干，去除板面及拼缝中的潮气。标志底板加工如图6-7-32所示。

②标志面制作。

贴膜车间的温度不低于18℃、相对湿度控制在20%～50%。按照先下后上、顺序搭接的施工工艺粘贴反光膜（底膜），并确保底膜粘贴牢固，标志板面平整，无气泡、皱痕、污损等。板面的形状、颜色、文字、箭头、编号、图形及边框应严格按照现行《道路交通标志和标线》（GB 5768—2022）和设计文件的规定执行，不得采用其他字体。交通标志板面上的图案、字符的平面布设，严格按照设计文件的规定执行，且应在施工前做出样品，提交给监理工程师审批。

图 6-7-32　标志底板加工

（4）标志板运输。

要求同双柱交通标志，不再详述。

（5）标志牌安装。

所有交通标志都应按要求定位和设置，并保证视线良好，当标志牌设置点有树木、结构物等遮挡时，应适当调移位置。安装的标志应与交通流方向几乎成直角，在曲线路段，标志的设置角度应根据交通流的行进方向来确定。为减少标志板面产生的眩光，路侧设置的标志和悬空标志均应符合《道路交通标志和标线》（GB 5768—2022）和施工规范的要求。安装效果如图 6-7-33 所示。

图 6-7-33　附着式标志安装效果

3. 施工质量检查验收标准（表 6-7-5）

4. 质量控制要点

要点同双柱交通标志，不再详述。

6.7.3　交通标线施工

6.7.3.1　热熔反光型交通标线

1. 施工工艺流程

热熔反光型交通标线施工工艺流程如图 6-7-34 所示。

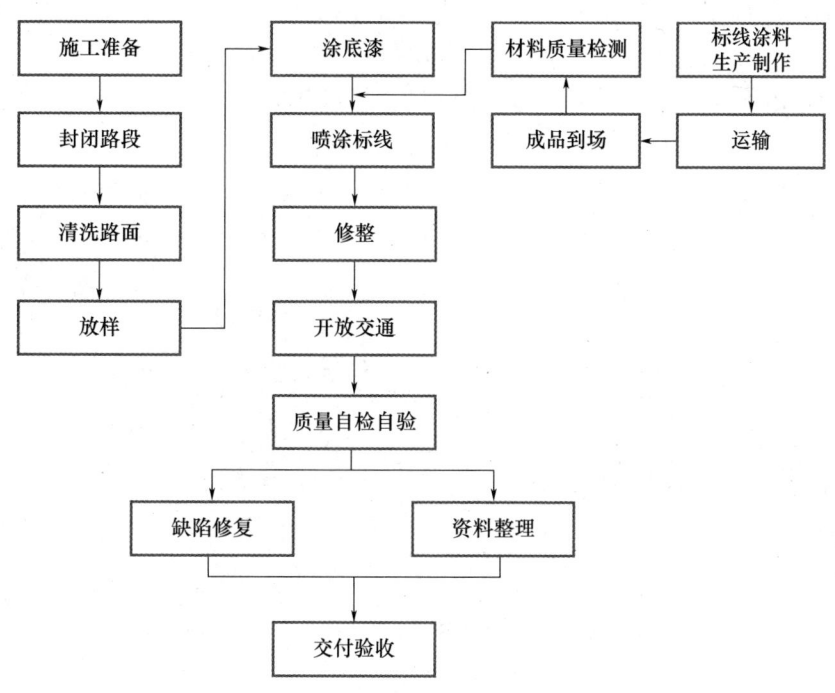

图 6-7-34 热熔反光型交通标线施工工艺流程

2. 施工工法

(1) 施工准备：到达现场后，首先要做好安全准备工作，配置专职安全员及交通指挥员，并设置好醒目的安全警示标志、安全锥桶及爆闪灯等。交通指挥员要佩戴袖标，手持指挥旗，所有施工人员要身着颜色醒目的工作服。同时测量施工现场风力、风向及气温情况，风力超过 6 级、温度低于 5℃，或遇雨雪天气时不宜进行标线施工。

(2) 封闭交通：标线施工前，为保证劳务人员人身安全，避免往来车辆对施工质量造成不利影响，需在施工段进行封闭交通。在施工现场设置适当的警告标志，阻止车辆及行人在作业区内通过，防止其将涂料带出或形成车辙，直至标线充分干燥。

(3) 清洗路面：为保证标线施工质量，保证标线涂料与沥青路面有效结合，施工前必须对路面进行清扫，如图 6-7-35 所示。先用手推式清扫机沿基准线对路面进行清扫，再利用吹风机对路面缝隙中的灰尘进行清理，对于路面污染严重的路段要反复清理，必要时用水冲洗，使路面无杂物，待路面干燥后，进行底油喷涂，确保底油能直接均匀地覆盖于拟施工的路面上。

图 6-7-35 清洗路面

(4) 测放基准线:根据施工图纸及车道宽度等计算车道边缘线、车道分界线的相对位置,沿道路方向每间隔 20m 标记 1 处定位点,为保证标线整体顺畅,在曲线段宜加密至每间隔 10m 标记 1 处定位点。在定位点标记完毕后,放线人员据此人工画出一条基准线,如图 6-7-36 所示,再由车载放线设备根据此基准线连续放出其他(行车道部分的虚线和实线)基准线。

图 6-7-36 标线放线

(5) 底油喷涂:底油对路面和标线来讲起到承上启下的作用,它能腐蚀路面污染层,使路面与画线两者紧密黏结在一起,为保证底油的均匀性,宜采用喷涂机进行施工。底油喷涂应在标线施画前进行,不易过早实施,避免造成二次污染。新建沥青路面在路面干净状态下可不喷涂底油。

(6) 热熔型标线涂料加热:应将热熔型标线涂料(预混 15%～23% 的玻璃珠)装入热熔釜中均匀加热,搅拌涂料至一定的温度,然后装入画线车中。

(7) 标线施画:标线施画前应确保底油已干燥,即用手按压底油达到不黏手状态时。由驾驶员驾驶画线车沿基准线以 5km/h 的速度行驶,画线机操作人员操作画线机进行标线施画,如图 6-7-37 所示。玻璃珠撒布器与画线机为整体结构,可同步施工,为保证玻璃珠撒布均匀,宜采用双撒布器设置,分别以不同角度进行玻璃珠撒布。由于该施工工艺为标线涂料设备外混合,外界环境因素对标线施工质量有一定的影响,特别是风力因素,所以在必要时应在设备上加装挡风板,减小该不利因素的影响。

图 6-7-37 热熔型标线施画

(8) 自检整修:在标线施画过程中应配备专人对标线宽度及外观质量进行检测,标线宽度、长度、纵向间距、横向偏位等控制在规范允许范围内,使标线的各项指标均符合规范要求。如出现质量问题,可在标线未固化前及时进行修复。标线固化后再进行标线厚度及逆反射系数的检测,如出现质量问题,应在标线表面未污染前及时进行补喷。

(9) 开放交通:一般在标线施画完成 30min 后,且标线各项指标检测合格,即可开放交通,如图 6-7-38 所示。

图 6-7-38 可开放交通的标线效果

3. 施工质量检查验收标准(表 6-7-6)

表 6-7-6 施工质量检查验收标准

序号	检查项目		规定值或允许偏差	检查方法和频率
1	标线线段长度(mm)	6000	±30	尺量:每 1km 测 3 处,每处测 3 个线段
		4000	±20	
		3000	±15	
		2000	±10	
		1000	±10	
2	标线宽度(mm)		+5,0	尺量:每 1km 测 3 处,每处测 3 点
3	标线厚度(干膜,mm)	溶剂型	不小于设计值	标线厚度测量仪或卡尺:每 1km 测 3 处,每处测 6 点
		热熔型	+0.50,−0.10	
		水性	不小于设计值	
		双组分	不小于设计值	
		预成型标线带	不小于设计值	
		凸起型 凸起高度	不小于设计值	
		凸起型 基线厚度	不小于设计值	
4	标线横向偏位(mm)		≤30	尺量:每 1km 测 3 处,每处测 3 点
5	标线纵向间距(mm)	9000	±45	尺量:每 1km 测 3 处,每处测 3 个线段
		6000	±30	
		4000	±20	
		3000	±15	

续表

序号	检查项目				规定值或允许偏差	检查方法和频率
6	逆反射亮度系数 RL [mcd/(lx·m²)]	非雨夜反光标线	Ⅰ级	白色	≥150	标线逆反射测试仪：每1km测3处，每处测9点
				黄色	≥100	
			Ⅱ级	白色	≥250	
				黄色	≥125	
			Ⅲ级	白色	≥350	
				黄色	≥150	
			Ⅳ级	白色	≥450	
				黄色	≥175	
		雨夜反光标线	干燥	白色	≥350	干湿表面逆反射表现测试仪：每1km测3处，每处测9点
				黄色	≥200	
			潮湿	白色	≥175	
				黄色	≥100	
			连续降雨	白色	≥75	
				黄色	≥75	
		立面反光标记	干燥	白色	≥400	
				黄色	≥350	
			潮湿	白色	≥200	
				黄色	≥175	
			连续降雨	白色	≥100	
				黄色	≥100	
7	抗滑值（BPN）	抗滑标线			≥45	摆式摩擦系数测试仪：每1km测3处
		彩色防滑路面			满足设计要求	

4．质量控制要点

（1）设置标线的路面表面应清洁干燥，无松散颗粒、灰尘、油污或其他有害物质。

（2）按设计图纸要求测量，画基准线、施水样、放线定位，经监理工程师同意后进行施工。

（3）为了确保标线施工质量，应对所用标线涂料及玻璃珠进行检验，采用达到行业技术标准的产品。

（4）在水泥路面或旧的沥青路面（开放交通30d以上）施加标线需要预涂底油时，应先喷涂底油下涂剂，按试验确定的间隔时间喷涂标线涂料，以增大其黏结力。

（5）为了确保标线涂料和路面材料完全相适应，底油的类型和用量应经监理工程师批准。

（6）所有标线应具有顺直、平顺、光洁、均匀及精美外观；漆膜厚度符合标准要求。

（7）标线施工应在白天进行，阴雨天、尘埃大、风沙大时就暂时停止施工。

（8）施画标线时，应有交通安全措施，设置适当警告标志，阻止车辆在作业区内通行，防止将涂料带出或形成车辙，直至标线充分干燥。

（9）施工时，严格按照涂料生产商提供的使用说明及环境要求进行施工，否则会影响标线质量。

6.7.3.2 热熔振荡型

1．施工工艺流程

热熔振荡型交通标线施工工艺流程如图6-7-34所示。

2．施工工法

（1）施工准备：要求同热熔反光型，不再详述。

(2)封闭交通:要求同热熔反光型,不再详述。图 6-7-39 为施画前封闭交通。

图 6-7-39 施画前封闭交通

(3)清洗路面:为保证标线施工质量,保证标线涂料与沥青路面有效结合,施工前必须对路面进行清扫。对路面污染严重的路段要反复清理,必要时用水冲洗,使路面无杂物。待路面干燥后,进行底油喷涂,确保底油能直接均匀地覆盖于拟施工的路面上。

(4)测放基准线:要求同热熔反光型,不再详述。图 6-7-40 为测放基准线。

图 6-7-40 测放基准线

(5)底油喷涂:要求同热熔反光型,不再详述。图 6-7-41 为涂刷底油。

图 6-7-41 涂刷底油

(6)热熔振荡型标线涂料加热:应将热熔振荡型标线涂料(已按要求预混玻璃珠)装入热熔釜中均匀加热,搅拌涂料至一定的温度,然后装入画线车中。

(7)标线施画:热熔振荡型标线涂料需要使用专用的振动标线画线机进行画线,如图6-7-42所示。标线施画前应确保底油已干燥,即用手按压底油达到不黏手状态时。施画沿基准线匀速施工,画线机操作人员操作画线机进行标线施画。玻璃珠撒布器与画线机为整体结构,由于该施工工艺为标线涂料设备外混合,外界环境因素对标线施工质量有一定的影响,特别是风力因素,所以在必要时应在设备上加装挡风板,减小该不利因素的影响。

图 6-7-42 热熔振荡标线施画

(8)自检整修:要求同热熔反光型,不再详述。

(9)开放交通:要求同热熔反光型,不再详述。

3. 施工质量检查验收标准(表6-7-6)

4. 质量控制要点

要点同热熔反光型,不再详述。

6.7.3.3 双组分反光型交通标线

1. 施工工艺流程

双组分反光型交通标线施工工艺流程如图6-7-34所示。

2. 施工工法

(1)施工准备:要求同热熔反光型,不再详述。

(2)封闭交通:要求同热熔反光型,不再详述。

(3)清洗路面:要求同热熔反光型,不再详述。

(4)测放基准线:要求同热熔反光型,不再详述。

(5)底油喷涂:要求同热熔反光型,不再详述。图6-7-43为底油喷涂效果。

(6)标线施画:双组分反光型标线不同于热熔型标线,其在常温下即为液态,施工原理同常温漆,具有流动性。A、B组分(施工前B组分应按比例要求加入一定的固化剂)不能提前混合,应在施工时将表现涂料分别放在不同的、相互隔离的涂料釜中,在喷口处按一定比例混合,涂敷于路面,并于路面上发生交联(固化)反应凝结成标线。标线施画前应确保底油已干燥,即用手按压底油达到不黏手状态时。由驾驶员驾驶标线车沿基准线匀速行驶,画线机操作人员操作画线机进行标线施画,图6-7-44所示。玻璃珠撒布器与画线机为整体结构,可同步施工,为保证玻璃珠撒布均匀,宜采用双撒布器设置,分别以不同角度进行玻璃珠撒布。由于该施工工艺为标线涂料设备外混合,外界环境因素对标线施工质量有一定的影响,特别是风力因素,所以在必要时应在设备上加装挡风板,减小该不利因素的影响。

图 6-7-43 底油喷涂效果

图 6-7-44 双组分标线施画

（7）自检整修：要求同热熔反光型，不再详述。

（8）开放交通：要求同热熔反光型，不再详述。施画效果如图 6-7-45 所示。

图 6-7-45 双组分标线施画效果

3. 施工质量检查验收标准（表 6-7-6）
4. 质量控制要点

要点同热熔反光型，不再详述。

6.7.3.4 凸起路标

1. 施工工艺流程

凸起路标施工工艺流程如图 6-7-46 所示。

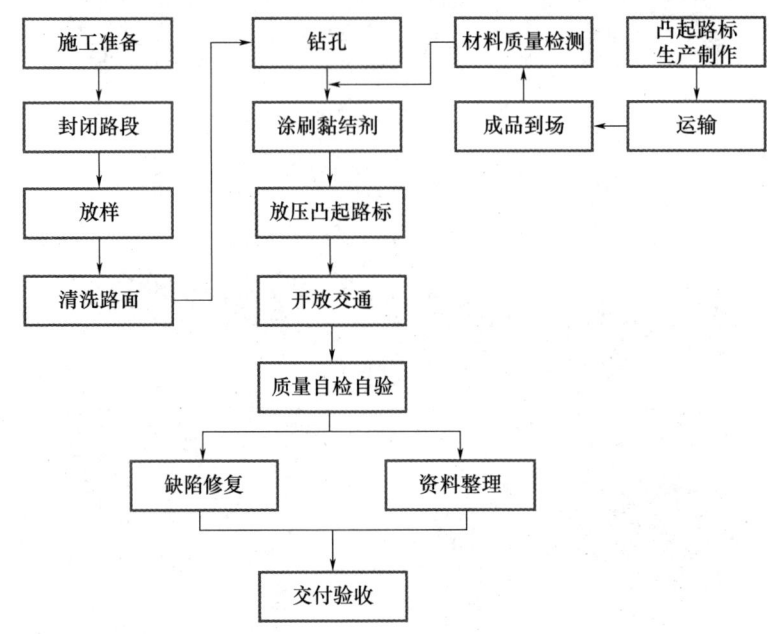

图 6-7-46 凸起路标施工工艺流程

2. 施工工艺

（1）测量定位。

用卷尺确定安装位置，一般以标线位置及长度作为施工参考，放线应保证各位置纵向在同一直线上，同时横向左右对齐，安装距离以设计要求为准。

（2）封闭交通。

防滑路面施工前，为保证劳务人员人身安全，避免往来车辆对施工质量造成不利影响，需在施工段进行交通封闭。在施工现场设置适当的警告标志，阻止车辆及行人在作业区内通过。

（3）清理路面。

凸起路标按图纸或在建立指示的地点设置，设置时路面面层应干燥清洁、无杂屑，并用钢刷刷去地面浮灰，并用吹风机进行清理。

（4）钻孔。

在凸起路标定位点，用直径为 φ16mm（或直径比凸起路标的钉孔大 1~2mm）的电锤钻孔，孔的深度大于凸起路标的钉脚高度 1cm，钻完孔后应用吹风机把钻出的浮灰吹干净。

（5）涂刷黏结剂。

黏结剂按一定的指导配比进行搅拌，保证其均匀性，色泽一致。涂刷时用胶要适中，即能粘牢路标底面，又不溢出太多，避免染脏反射器及浪费材料，施工所用材料如图 6-7-47 所示。

（6）放压凸起路标。

放压时，工人不能触摸镜面部分，只可手持两侧，以免弄脏反射器。粘好后左右转动，以便胶能更均匀地粘贴底面和凸起路标标体。反射器前部如有胶溢出，应小心刮去，安装后要清理路面杂物。安装完成后要拧紧螺栓，保证安装的紧固度。

6 各主要工程项目的施工方案、施工工艺和方法

图 6-7-47 施工使用材料

（7）开放交通。

胶的凝固时间一般为 4h，这段时间内应保证施工现场的封闭，在凸起路标粘牢后，方可撤除封闭措施，开放交通。凸起路标安装效果如图 6-7-48 所示。

图 6-7-48 凸起路标安装效果

3. 施工质量检查验收标准（表 6-7-7）

表 6-7-7 施工质量检查验收标准

序号	检查项目	规定值或允许偏差	检查方法和频率
1	安装角度（°）	±5	角尺：抽检 10%
2	纵向间距（mm）	±50	钢卷尺：抽检 10%
3	损坏及脱落个数	<0.5%	检查损坏及脱落个数：抽检 30%
4	横向偏位（mm）	±50	钢卷尺：抽检 10%
5	承受压力（kN）	>160	检查测试记录
6	光度性能	在规定范围内	检查测试报告

4. 质量控制要点

（1）不可安装在标线上。标线也是一种附着材料，本身与地面的连接力也是有一定限度的。如果凸起路标安装在标线上，那么凸起路标所受的冲击力会完全转嫁给标线，容易导致凸起路标与标线共同掉落。

（2）凸起路标安装位置不平整。如安装位置不平整，后果就是凸起路标受力不均匀，凸起路标所

承受的压力几乎集中在凸起和下凹的部分。如遇大吨位的车辆，凸起路标很容易开裂。

（3）安装位置不整洁。凸起路标安装的牢固程度有赖于凸起路标、胶水和地面的紧密结合。如果安装位置不整洁，其间的灰尘会吸附在胶水上，导致胶水无法与路面紧密黏结，失去大部分黏结力。从而导致凸起路标黏结不牢，在受到外力冲击后，很容易脱落。

（4）胶水用量不够或者用量过多。用量不足，会降低凸起路标黏结的牢固程度，缩短其使用寿命；用量过多，多余的胶水会从凸起路标四周渗出来，很容易擦到凸起路标的反光片上，影响其反光亮度。

（5）胶水涂抹不均匀，安装凸起路标时，胶水不仅要用量适度，还要涂抹均匀，这样才能保证凸起路标各部分受力均匀，避免出现因受力不均匀被碾碎的情况。

（6）拿捏凸起路标的方法不科学。拿捏凸起路标时一定要拿捏没有反光片的那两边，以免手上粘连的胶水黏在反光片上，影响反光片的亮度。

（7）凸起路标安装孔位浅、孔位细。该注意事项主要针对铸铝带脚凸起路标，铸铝带脚凸起路标因其部分深入地面而有更强的抗冲击性能、抗压能力，使用寿命也长。但是在安装过程中，如果孔位过浅或过细，那么凸起路标的地面就不能和地面充分接触，影响黏结的牢固性。

6.7.4 隔离栅施工

6.7.4.1 焊接网隔离栅

1. 施工工艺流程

焊接网隔离栅施工工艺流程如图 6-7-49 所示。

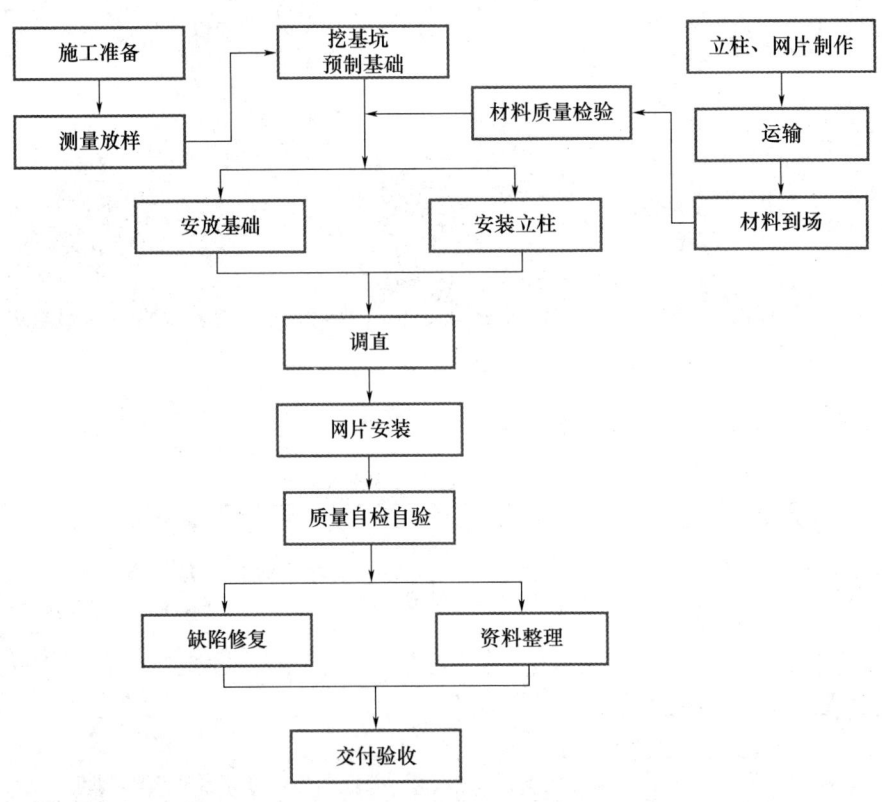

图 6-7-49 焊接网隔离栅施工工艺流程

2. 施工工艺

（1）放样定位。

施工放样精度是隔离设施后继施工安装质量的保证。放样需按设计要求确定隔离设施的中心线，然后测量立柱的准确位置，并在每个柱位定出标记。放样时还应注意公路界桩的位置，一般隔离栅设施位于公路界桩内 20～50cm。焊接网隔离栅施工一般在平坦地域，在必要时应对作业面内高低不平的地方进行整修，使地面形成一定的纵坡，并顺坡设置或按阶梯形设置，以适应隔离栅设施的纵向线形。

（2）基础施工。

在放样和定位工作完成后以基础的中心线为基础开始挖坑，基坑尺寸不得小于设计值，基础形式应根据图纸及业主要求确定。

目前为规范化施工，基础一般采用预制基础，基坑保证尺寸较预制基础大 5～10cm 即可；如采用现浇基础，基坑开挖必须注意四个角需方正，严禁出现圆坑。基坑内必须清理干净，遇到土质较为疏松路段要用大锤或木桩夯实，以免基础不稳，检查合格后，方可进行下一道工序的正常施工。

现浇型隔离栅基础浇筑应与立柱安装同步进行，浇筑时应保证混凝土充分振捣。

（3）立柱安装。

①立柱的安装应分段进行，先埋两端的立柱，然后拉线埋设中间立柱，拉线时需拉双线，一根为低线，另一根为高线，低线用来保证纵向线性，使立柱根部位于一个平面，高线用来保证顶面高度，使顶面位于一个平面。在低线保证根部位于同一个平面后，用水平尺调垂直，然后用钢筋三脚架固定，三脚架与立柱接触端头需缠绕棉布确保不会造成浸塑的损伤。

②从纵向看，立柱的纵向应在一条直线上，不得出现参差不齐的现象。从高度看，柱顶应平顺，不得出现高低不平的情况。混凝土浇筑完成后进行第一次收光，待混凝土初凝前进行第二次收光。

（4）网片安装。

焊接网隔离栅：按照规范要求进行网片焊接加工，焊点脱焊率不超过 2%，加工完毕后进行镀塑处理，镀塑层均匀、光亮，不得有漏镀、针孔、流淌堆积、黏结、浇焦、裂解等镀塑缺陷。安装网片时，应从端头立柱开始，沿纵向展开，边铺设边拉紧，如图 6-7-50 所示。挂钩时网片不得变形。网片安装要求与立柱连接牢固，如图 6-7-51 所示，整体平顺性良好。

图 6-7-50　焊接网隔离栅安装效果

图 6-7-51　焊接网隔离栅安装细节

3．施工质量检查验收标准

施工质量检查验收标准见表 6-7-8。

表 6-7-8　施工质量检查验收标准

序号	检查项目	规定值或允许偏差	检查方法和频率
1	高度（mm）	±15	尺量：每 1km 测 5 处
2	刺钢丝的中心垂度（mm）	≤15	尺量：每 1km 测 5 处

续表

序号	检查项目		规定值或允许偏差	检查方法和频率
3	立柱中距	焊接网	±30	尺量：每1km测5处
		钢板网	±30	
		刺钢丝网	±60	
4	立柱竖直度（mm/m）		±10	垂线法：每1km测5处
5	立柱埋置深度		不小于设计要求	过程检查，尺量：抽查2%

4. 质量控制要点

（1）根据设计文件中确定的隔离栅横断面位置及实际地形地物条件确定控制立柱的位置后，应进行必要的清场，定出立柱中心线。然后测量立柱的准确位置，做出标记。

（2）每个柱位均应按设计文件的要求确定高程，但允许按实际地形进行调整。隔离栅在地形起伏的路段设置时，可将地面整修成一定的纵坡，也可顺坡设置。测量高程的目的在于控制各立柱基础标高，保证安装后隔离栅顶面的平顺和美观。

（3）在放样和定位工作完成的基础上，根据设计文件的要求开挖基坑或钻孔，挖钻深度应符合设计要求。在特殊的环境条件下，如坚硬的岩石等，在保证不改变地界的法律地位和设施布设整体美观的情况下，允许对基坑位置做适当的调整。基坑开挖到设计要求深度后，应将基底清理干净，经检验合格后，方准进入下一道工序。

（4）在施工过程中都应严格检查立柱就位后的垂直度和立柱高程，以保证安装的质量和隔离栅安装完毕后的整体美观效果。基坑底可垫混凝土，放入立柱后，检查柱顶标高，并用临时支撑固定立柱，检查其垂直度。立柱的埋设应分段进行：先埋两端的立柱，然后拉线埋设中间立柱。控制立柱与中间立柱的平面投影在一条直线上，不得出现参差不齐的现象。柱顶应平顺，不得出现忽高忽低的情况。

（5）基础混凝土强度达到设计强度的70%以后，方可安装隔离栅网片。

（6）热浸塑镀锌焊接网片隔离栅安装过程中，首先将从立柱端部开始牢固安装到立柱的挂钩上；或将网片安装在框架内，框架与立柱连接应牢固。其特有的结构既可以方便运输和施工，又在防盗能力上有很大提升，并且更加适合地面高低起伏和平曲线小半径路段。

（7）隔离设施的安装施工一般宜在路基施工完成以后，在不影响工程施工的情况下，应尽早开始。安装施工前做出详细的施工组织设计。隔离栅应严格按图纸要求及实际地形地物情况进行施工放样，定出立柱中心线进行必要的清场和树根挖除以便按规定的坡度和线形修建隔离栅。

（8）金属立柱弯曲度满足规范要求，且不得有明显变形、卷边或划伤。焊接网、金属立柱、斜撑构件和连接件的材质、规格及防腐处理均应满足图纸要求，具有产品合格证并经工地检验合格后方可使用。

（9）基础埋设应符合业主单位及设计要求，必要情况下采用混凝土基础预制基础，建立基础预制场。

6.7.4.2 刺钢丝网隔离栅

1. 施工工艺流程

刺钢丝网隔离栅施工工艺流程如图6-7-52所示。

2. 施工工艺

（1）测量放样。

通过对施工现场的勘察测量，对隔离栅经过的路段进行整平、清理、夯实，在地形起伏的地段，应将地面整修成一定的坡度或阶梯，隔离栅走向按设计要求并结合实地情况，进行准确放样，并以白灰线标记。

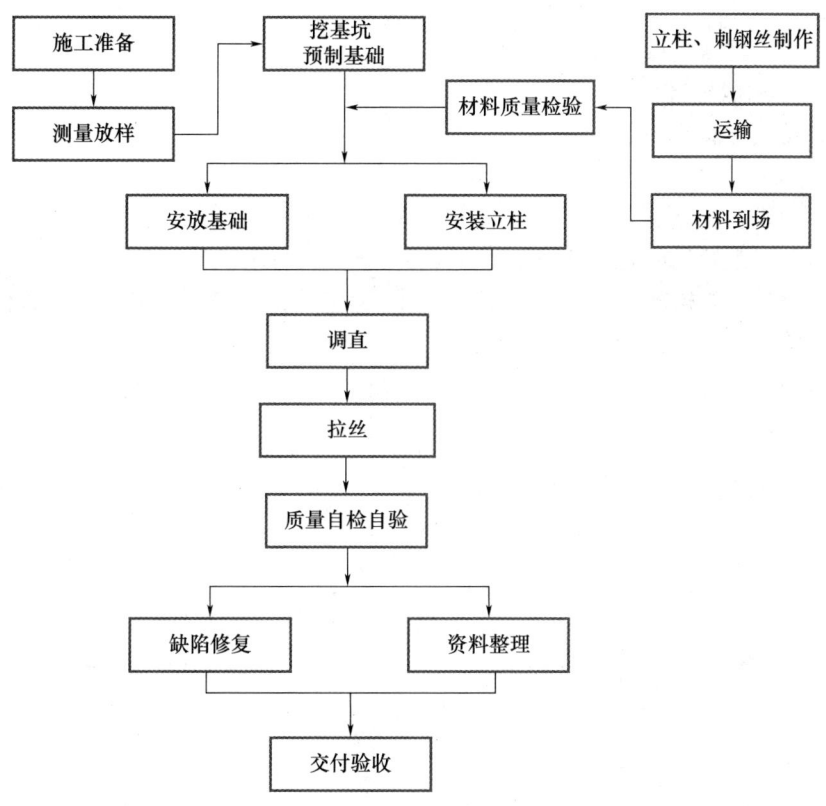

图 6-7-52 刺钢丝网隔离栅施工工艺流程

(2) 基础施工。

按设计要求间距进行基坑开挖,开挖到设计要求深度、几何尺寸,将基底整平、清净、夯实,基坑位置准确,同一直线段检查轴线和间距无误后方可埋设。基础一般为规模预制成型。

(3) 立柱埋设。

每个柱位均应按设计要求确定高程,并与公路界地形协调。埋设完成后,检查柱顶标高,并做临时支撑,过程中调整其竖直度。立柱埋设应分段进行,先埋设两端立柱,然后拉线埋设中间立柱,立柱纵向应在一条直线上,不得出现参差不齐的现象,柱顶应平顺,不得存在忽高忽低的情况。

(4) 拉丝。

首先将每捆刺钢丝用机械或车辆等外力在现场拉直后使用,先拉斜刺钢丝再拉水平丝,用专业工具拉紧刺钢丝,力求网面平整,线形顺畅,如图 6-7-53 所示。扣紧弯钩,刺钢丝与斜拉钢丝交会处采用长 120mm 的 14 号钢丝绑扎牢固。刺钢丝之间要求平行、平直,各项技术指标应符合图纸设计与技术规范要求。

图 6-7-53 刺钢丝网隔离栅安装效果

(5) 基础夯实。

拉丝完成后，对立柱基础做最后的压实处理。

3. 施工质量检查验收标准

施工质量检查验收标准见表 6-7-8。

4. 质量控制要点

(1) 立柱埋深应符合设计要求。立柱与基础、隔离栅与立柱之间的连接应稳固。

(2) 刺钢丝拉紧固定后的中心垂度小于 15mm。

(3) 各构件的材质、规格及防腐应满足设计要求，具有产品合格证并取样检验合格后，方可使用。

(4) 隔离栅起终点应符合设计对端头围封的要求。

6.7.4.3 钢板网隔离栅

1. 施工工艺流程

钢板网隔离栅施工工艺流程如图 6-7-54 所示。

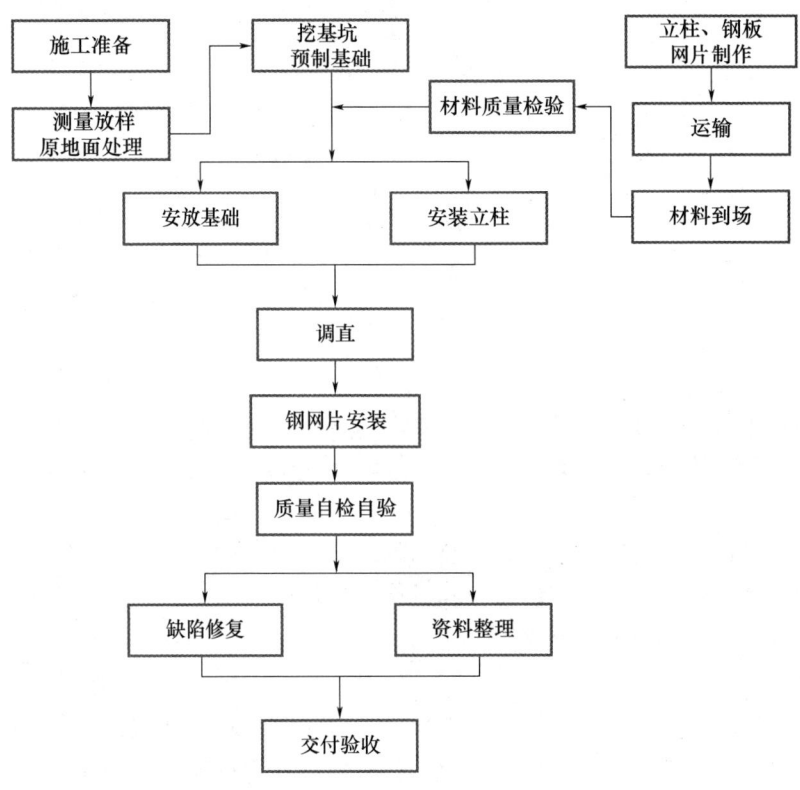

图 6-7-54 钢板网隔离栅施工工艺流程

2. 施工工艺

(1) 测量放样：按图纸设计要求及实际地形地物情况进行施工放样，定出立柱中心线，按规定的坡度和线形安装钢板网。

(2) 原地面处理：原地面处理是保证防护栅栏安装线形平顺和整体牢固的重要前提。必须对地基下软弱层进行换填和夯实处理后，方可埋设立柱，确保立柱的牢固。立柱安装分段进行，从纵向看，立柱的轴线在一条直线上，不该有参差不齐的现象；从高度看，柱顶平顺，不应出现高低不平的情况，特殊地形除外。

(3) 基础开挖、基础预制：根据测量放样，设立标杆和白线，对原地表进行填挖和顺坡，并再次夯实，安装放样位置开挖立柱基坑，确保基坑尺寸。根据施工要求，定制合适模板进行基础预制。

(4) 安装立柱：在立柱的安装过程中必须保证立柱的稳固以及和基础的连接紧密，立柱安装过程中应用小线对立柱安装的顺直度进行检测，对局部进行调整，确保直线段顺直，曲线段圆滑，立柱固定符合设计图纸要求。

（5）钢网片安装：钢网片必须和立柱连接牢靠，网面安装平整，无明显翘曲和凹凸现象。立柱临时定位安装后，安装钢网片在确保安装正确牢固后，再浇筑混凝土固定并及时进行养护。由于安装现场地形起伏不平，石头杂多，个别地段地形陡峭，防护栅栏安装难度较大，应确保隔离栏工程安装牢固、围护严密、效果美观，如图6-7-55所示。

图6-7-55 钢板网隔离栅安装效果

3. 施工质量检查验收标准

施工质量检查验收标准见表6-7-8。

4. 质量控制要点

（1）钢板网隔离栅含金属框架，不能适应地形，应预装立柱，在网片安装、线形调整完毕后，浇筑混凝土固定隔离栅立柱。

（2）立柱、支撑或锚头埋入混凝土基础中时，应设置必要的临时拉索或支撑，以把立柱固定于适当位置，直到混凝土硬化为止。在混凝土7d养护期内，不应在立柱、拉索和支撑上安装或拉紧任何材料或部件。所有立柱均应按照图纸要求和线形垂直埋设。隔离栅安装后要求网面平整，无明显翘曲和凹凸现象。

6.7.5 防眩设施施工

6.7.5.1 防眩板

1. 施工工艺流程

防眩板施工工艺流程如图6-7-56所示。

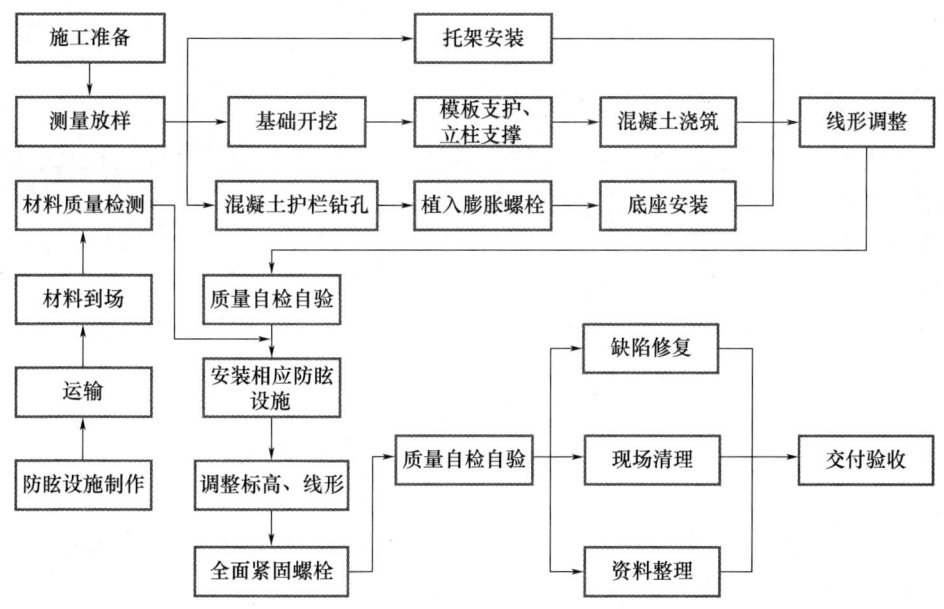

图6-7-56 防眩板施工工艺流程

2. 施工工艺

（1）设置于混凝土护栏上的防眩板的安装。

①预埋件的设置位置、结构尺寸等应符合设计要求，打孔安装膨胀螺栓时应采用钢筋保护层厚度测定仪等设备，准确放样定位，有效避让护栏钢筋。

②防眩板安装后，其下缘与混凝土护栏顶部的间距应符合设计文件的规定。安装过程中应保证防眩板的高度及垂直度，以免下缘漏光过量影响防眩效果。

混凝土护栏上防眩板安装效果及安装细节如图 6-7-57 所示。

(a)

(b)

图 6-7-57　混凝土护栏上防眩板安装效果及安装细节

（2）独立支撑的防眩板的安装。

①安装原则。

防眩板通过连接件安装在波形梁护栏上，不得削弱波形梁护栏的原有功能。应尽量采用独立立柱安装，避免与波形梁护栏连接。

防眩板下缘与波形梁护栏顶面之间的间距应符合设计文件的规定，以免漏光过量影响防眩效果。

防眩板通过连接件与波形梁护栏连接，施工过程中不应损伤波形梁护栏的金属涂层。任何形式涂层的损伤，均应在 24h 之内给予修补。

安装连接件（钢支架）时，应测量使高度保持一致且水平向高度平顺，严禁出现高低错台现象。

②安装工艺。

在公路中央隔离带中心线处进行放样，然后按设计定出立柱间距。立柱应根据设计图纸进行放样，并以桥梁、伸缩通道等为控制点，进行测距定位，可利用调整段调节间距，并利用分配方法处理间距零头数。为准确放样和保证线形，隔段进行桩号复核和闭合。

立柱放样后，应调查每根立柱位置的地表状态，防眩板基础置于通信管道包封混凝土正上方，施工时要特别注意不要破坏通信管道，防眩板基础与中央隔离带顶面平齐。

立柱基础深度应符合设计要求。挖到设计深度后，应清理基底，经检验合格后，方可进入下一道工序；桥梁段定位打孔后，及时安装支撑钢板，避免孔位堵塞影响安装，并对膨胀螺栓磨损处进行防锈处理。

基础浇筑时，可先在基坑底部铺垫混凝土，放下立柱，检查柱顶标高，并用临时支撑固定立柱，观察其垂直度。

立柱的埋设应分段进行，断开处使用双立柱进行埋设。立柱纵向应在一条直线上，不得出现参差不齐的现象；板顶应平顺，不得出现高低不平的情况。

立柱的深度、标高、垂直度和线形检查无误后，方能浇筑混凝土，并要分层捣实。

待立柱混凝土强度达到设计强度 70% 后，方可安装防眩板，如图 6-7-58 所示。

网片安装完毕后进行最后的调校，拧紧连接螺栓，并对立柱基础周围进行最后的夯实处理，且防眩板基础养护期结束后在基础顶面刷与砖相同颜色的油漆。

及时整理施工机械、工具，清除施工残留物，确保施工现场的清洁后报监理工程师进行质量检验评定。

(a)　　　　　　　　　　　　　(b)

图 6-7-58　独立支撑的防眩板安装效果

3. 施工质量检查验收标准

施工质量检查验收标准见表 6-7-9。

表 6-7-9　施工质量检查验收标准

序号	检查项目	规定值或允许偏差	检查方法和频率
1	安装高度（mm）	±10	尺量：每 1km 测 10 处
2	防眩板设置间距（mm）	±10	尺量：每 1km 测 10 处
3	竖直度（mm/m）	±5	垂线法：每 1km 测 5 处
4	防眩网网孔尺寸	满足设计要求	尺量：每 1km 测 5 处，每处测 3 孔

4. 质量控制要点

（1）防眩板的材质、防腐处理、几何尺寸应符合设计或规范要求。

（2）防眩板整体应与路线线形一致，遮光角应符合设计或规范要求。

（3）防眩板平面弯曲度超过板长的 0.3% 时，该防眩板不得使用。

（4）防眩板应无高低不平现象以及色泽不均、变色等外观缺陷。

（5）防眩板表面不得有气泡、裂纹、疤痕、端面分层、毛刺等表面缺陷。

6.7.5.2　防眩网

1. 施工工艺流程

防眩网施工工艺流程如图 6-7-56 所示。

2. 施工工艺

（1）测量放样。

采用量距定位法对防眩网基础进行定位：用盒尺横向量测两护栏柱的距离并取中，确定路面中心线；纵向用钢尺按设计步距量测；纵横线交叉点即为基础中心。根据设计尺寸确定基础开挖深度及开挖边线，并洒出白灰线标识。

（2）基础开挖。

人工用旋挖机或其他机具按开挖深度和宽度破除路面结构层，并用十字镐、铁锹进行修整。由测量组检查基槽尺寸，合格后，进入下一道工序。

（3）浇筑基础混凝土。

人工配合溜槽注入混凝土，插入式振捣器插捣，预埋下支撑立柱，最后找平收光并洒水养护。

（4）连接防眩立柱。

在混凝土强度到达 70% 后，将上立柱法兰盘螺栓孔套入地脚螺栓，加上垫片，拧紧螺母。

(5) 安装防眩网。

将防眩网连接孔与上立柱连接孔对齐，插入螺栓，加上垫片，套入防盗螺母，调整线形后并拧紧，如图 6-7-59 所示。

图 6-7-59 防眩网安装效果

3. 施工质量检查验收标准

施工质量检查验收标准见表 6-7-9。

4. 质量控制要点

(1) 所有钢构件都要采用热镀锌处理，防眩板的材质、镀锌量应符合《公路防眩设施技术条件》(JT/T 333—1997) 及设计和施工规范的要求。

(2) 安装防眩网时应保证防眩网支撑立柱位置准确，以利防眩网整齐平顺。

(3) 防眩设施整体应与道路线形相一致，美观大方，结构合理。

(4) 防眩设施应安装牢固，螺栓等紧固件应拧紧。

6.7.5.3 防眩格栅

防眩格栅作为新兴防眩设施，具有抗风能力强、外形美观、运输方便、维护成本低等优点。

其施工方法与防眩网施工相似，在安装网片前需对防眩格栅各杆件进行组装，组装完成后按正常安装顺序安装即可，如图 6-7-60 所示。

图 6-7-60 防眩格栅安装效果

6.7.5.4 植物防眩

1. 施工工艺

(1) 施工前准备。

移植开挖前，要就工具、设备、人力、运力做充分准备，跟踪气象变化情况，要求做到工序紧凑合理，苗木随挖随运随种。所有苗木起挖与栽植应保持同步协调，避免已起挖苗种植滞缓。

（2）开挖前准备。

一般在挖掘前 3～5d 应施行移植修剪，以保证移植过程及长势恢复阶段的体内水分平衡，注意不可过度修剪，以免影响姿态要求。

在苗木起挖前的 1～2d 可施行根部灌水，灌水时间与水量需视天气及土壤干湿状况而定，这样可使树体在挖、运、种的整个移植过程前吸足水分，并且可加强根系与土壤的黏结力。同时，方便挖掘，且泥球也不易碎裂。同时应做好以下工作。

修剪：适量疏枝，以暂时削弱长势来增强抗逆力。保证根-冠（吸收-蒸腾）水分平衡。修剪主要是修去徒长枝、内膛枝、平行枝、枯残枝等。另外，修剪时还须注意修剪的规范性操作，剪位、切口、留芽等应恰到好处。

护杆：将乔木主杆、大型主枝以草绳密绕。这样在挖运过程中可避免树皮擦伤，主枝撕断，并能防寒保暖，减少水分蒸发。

束冠：以草绳或袋筒将树冠适度捆拢，做好主要观赏面标记。

（3）苗木的起掘。

起掘苗木时，尽量保证泥球尺寸规格，一般乔木以胸径的 8 倍作为泥球直径。灌木以冠幅的 1/3～1/2 作为泥球直径，即要使起掘后的根部土球直径大于切根范围。

（4）根部土球包扎。

直径 1m 以内的土球，可用草绳密集缠绕包扎。根据包扎方式的不同，土球的草绳包可分为橘子包、井字包、五角包等三种形式。不论扎成什么形式，一定要扎紧包严，不让土球在搬运过程中松散。

（5）装运。

包扎好的土球及时运到栽植现场，关键是不损伤树冠、树身和泥球，尽可能在雨天运输，不吹风，减少蒸发。

乔木装运时，其树干靠车身拦板处应垫以缓冲料。另外，禁止超载叠压，损裂泥球，装卸过程应轻放缓落。

（6）放样定位。

在树穴开挖前施行种植放样定位，树穴开挖尺寸应比泥球略大，一般比泥球宽 20～50cm，深度比泥球高度增大 15～25cm。树穴的形状为圆柱体，要求壁直底平。

（7）苗木栽植。

将已开挖好的树穴回填一部分种植土并混入适量有机基肥，将底土刮平。回土高 20～35cm。将依据主要观赏面标记位置入树穴，放开束绳，扶正后加土冲捣，应注意不能冲捣土球，冲力四周均匀，边种植边调整树姿方向。种植深度一般是土球表面略高于树穴顶面，以预留沉降高度。在加土冲捣至土球高度 1/4～1/3 时，可剪断除去包扎草绳并以生根粉 1∶10 喷施土球。加土冲捣至穴顶后，在树穴边做环形围堰，堰埂高 10～20cm。随后浇足第一遍定根水。浇水要四周均匀地注入。至隔日回头水浇足后，复土平堰保墒，随后进入栽植后苗木养护阶段。

2. 质量控制要点

（1）选取苗木应分叉多，满足防眩需求。

（2）树穴开挖时应严格放样，保证树穴在一条直线上，以保证栽植后的线形效果，栽植间距不宜过大或过小，应严格按照设计要求确定栽植间距，避免漏光，如图 6-7-61 所示。

6.7.6　防落网施工

1. 施工工艺流程

防落网施工工艺流程如图 6-7-62 所示。

图 6-7-61　中央分隔带植物防眩效果

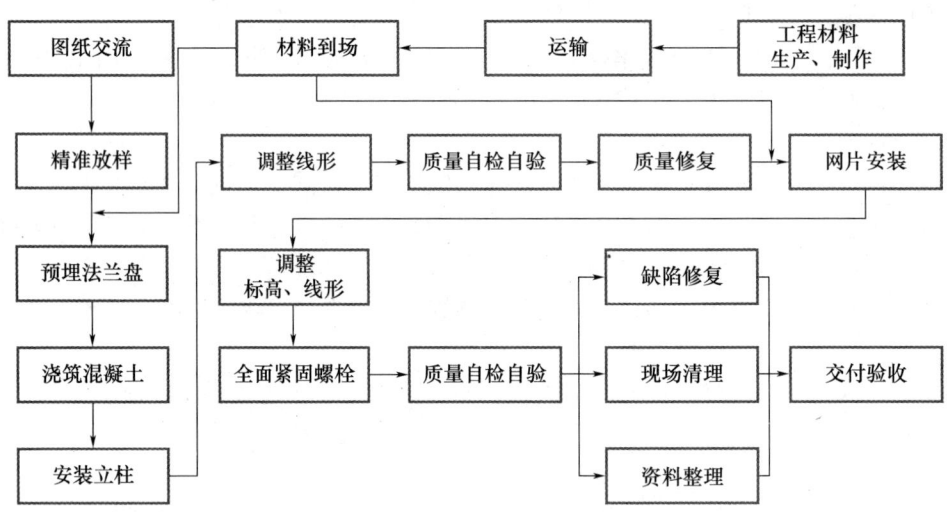

图 6-7-62　防落网施工工艺流程

2. 施工工艺

(1) 精准放样与基础法兰盘安装。

测量放样工作在跨线桥混凝土护栏施工时进行，根据设计文件，采用量距定位法确定预埋法兰盘与地脚螺栓的位置；地脚螺栓与预埋法兰盘用电焊焊死，确保施工后预埋地脚的垂直度和外露长度；确保预埋地脚超长设弯钩部位与护栏主筋紧密连接。

(2) 安装法兰盘。

将上装法兰盘套入预埋地脚螺栓上，拧紧螺母，并进行焊接及绑扎。

(3) 支模、浇筑混凝土。

在法兰盘预埋完成后进行桥梁混凝土的浇筑工作，浇筑时应注意避免振捣棒接触地脚螺栓及法兰盘。如有偏差，应及时借助水平尺等器具进行调整、修复。

(4) 立柱安装。

在混凝土强度达到设计强度 70% 以上时即可进行立柱安装，立柱安装应将立柱法兰盘与基础法兰对接，调整立柱竖直度、线形后拧紧固定螺栓。安装过程中应注意线形，随时调整。

(5) 网片安装。

按图纸安设防落网，牢固地安装在立柱或支撑上；金属网片应伸展拉紧，整个结构不得扭曲，如图 6-7-63 所示。

图 6-7-63 防落网安装效果

（6）施工完成后，根据实际地形，进行线形调整，保证自然顺畅与平滑。

3. 施工质量检查验收标准

施工质量检查验收标准见表 6-7-8。

4. 质量控制要点

（1）用金属网制作的防落网，安装后要求网面平整，无明显翘曲现象。

（2）立柱埋深应符合设计要求。立柱与基础、立柱与网之间的连接应稳固。混凝土基础强度不小于设计要求。

（3）防落网高度应满足设计及规范要求，避免各类安全隐患。

6.7.7　视线诱导设施施工

6.7.7.1　轮廓标

1. 柱式轮廓标

（1）柱式轮廓标施工工艺流程如图 6-7-64 所示。

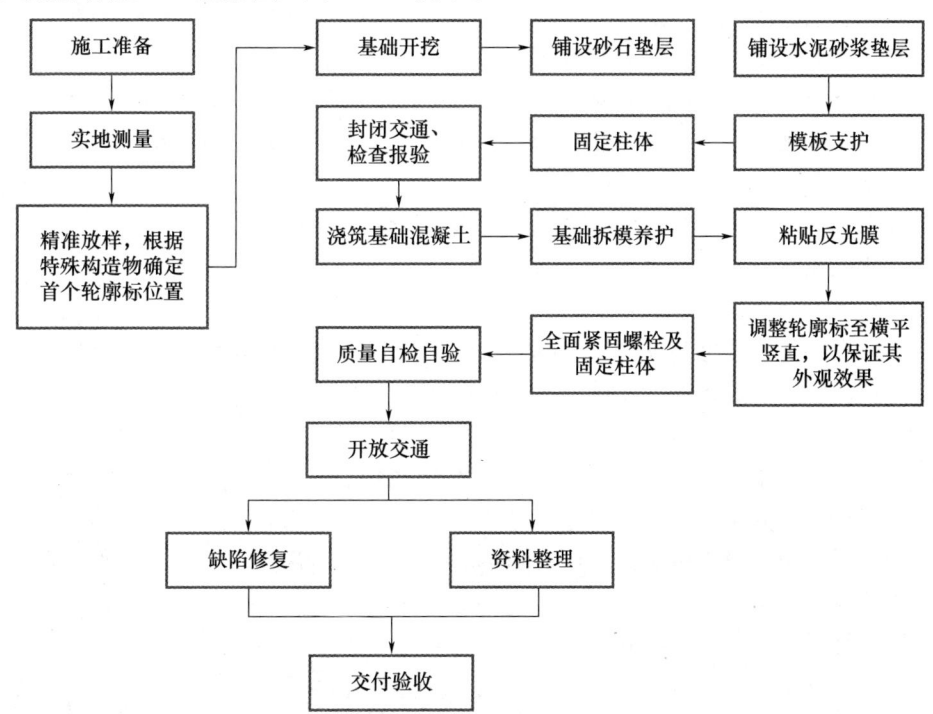

图 6-7-64　柱式轮廓标施工工艺流程

(2) 普通柱式轮廓标施工工艺。

①测量放样。

采用全站仪，对柱式轮廓标基础进行总体定位，已施工路缘石的路段可采用量距定位，根据设计尺寸确定基础开挖深度及开挖边线，并撒出白灰线标示。

②基础开挖。

人工开挖基础，采用土模施工时，开挖宽度要大于设计宽度2cm左右。

用打夯机或其他小型夯实机具对基底进行夯实。

基底处理完毕后，由测量组恢复控制点，测量基底标高，合格后，进入下一道工序。

③铺设砂石垫层。

按照施工图设计要求铺设相应厚度砂石垫层，铺完进行平整。

④铺设水泥砂浆垫层。

在刚刚铺设的砂石垫层上铺设相应厚度的水泥砂浆垫层，作为柱式轮廓标的承台。

⑤模板支护。

模板采用定型钢模，模板安装前必须清理干净，按设计尺寸进行安装，模板先安装一侧，然后再安装另一侧，以便于穿墙对拉螺栓的安装。支撑高度同一结构严格按统一的施工缝位置控制，以保证同一结构施工缝在同一水平面上。模板支撑牢固防止在浇筑时跑模，两个相邻模板之间拼缝要严密，粘贴不粘胶塑料胶带，防止漏浆。

⑥固定柱体。

首先加工柱式轮廓标立柱的固定支架；安放固定支架，调整线形。插入玻璃钢立柱，调整角度，拧紧紧固螺丝。柱体要垂直于水平面，三角形柱体的顶角平分线要垂直于公路中心线。

⑦浇筑基础混凝土。

人工配合溜槽注入混凝土，采用插入式振捣器插捣，最后找平收光并洒水养护。

⑧基础拆模养护。

在浇筑混凝土达到设计强度70%后，方可拆模，拆模时注意不要损坏墩体的棱角，不得使现浇体承受荷载。采用土工布覆盖，养护时间一般不少于7~14d，养护时须使覆盖体保持湿润，在硬化期间不得被雨水冲刷和水流淹浸。

⑨粘贴反射片、百米牌等标注。

在轮廓标上贴反射片，沿着行车方向，左黄右白；二级公路轮廓标双侧贴反射片，双面均匀为白色；车行道右侧轮廓标贴百米牌。设计没有特殊要求时，一般由厂家统一定制。

⑩轮廓标报验。

经监理工程师检验合格后，拆除支架移至下一施工段落。

(3) 弹性柱式轮廓标施工工艺

①测量放样。

采用全站仪，对柱式轮廓标基础进行总体定位，已施工路缘石的路段可采用量距定位，根据设计尺寸确定基础开挖深度及开挖边线，并撒白灰线标示。

②基础开挖。

人工开挖基础，采用土模施工时，开挖宽度要大于设计宽度2cm左右。

用打夯机或其他小型夯实机具对基底进行夯实。

基底处理完毕后，由测量组恢复控制点，测量基底标高，合格后，进入下一道工序。

③铺设砂石垫层。

按照施工图设计要求铺设相应厚砂石垫层，铺完进行平整。

④铺设水泥砂浆垫层。

在刚刚铺设的砂石垫层上铺设相应厚度的水泥砂浆垫层，作为柱式轮廓标的承台。

⑤模板支护。

模板采用定型钢模,模板安装前必须清理干净,按设计尺寸进行安装,模板先安装一侧,然后再安装另一侧,以便于穿墙对拉螺栓的安装。支搭高度同一结构严格按统一的施工缝位置控制,以保证同一结构施工缝在同一水平面上。模板支撑牢固防止在浇筑时跑模,两个相邻模板之间拼缝要严密,粘贴不粘胶塑料胶带,防止漏浆。

⑥固定柱体。

首先加工柱式轮廓标立柱的固定支架,安放固定支架,调整线形。插入钢板立柱,调整角度,拧紧紧固螺丝。柱体要垂直于水平面,三角形柱体的顶角平分线要垂直于公路中心线。

⑦浇筑基础混凝土。

人工配合溜槽注入混凝土,采用插入式振捣器插捣,最后找平收光并洒水养护。

⑧基础拆模养护。

在浇筑混凝土达到设计强度70%后,方可拆模,拆模时注意不要损坏墩体的棱角,不得使现浇体承受荷载。采用土工布覆盖,养护时间一般不少于7～14d,养护时须使覆盖体保持湿润,在硬化期间不得被雨水冲刷和水流淹浸。

⑨粘贴反射片、百米牌。

在轮廓标上贴反射片,沿着行车方向,左黄右白;二级公路轮廓标双侧贴反射片,双面均匀为白色;车行道右侧轮廓标贴百米牌。设计没有特殊要求时,一般由厂家统一定制,如图6-7-65所示。

图 6-7-65 柱式轮廓标夜间反光效果

⑩轮廓标报验。

经监理工程师检验合格后,拆除支架移至下一施工段落。

(4) 施工质量检查验收标准见表6-7-10。

表 6-7-10 施工质量检查验收标准

序号	检查项目	规定值或允许偏差	检查方法和频率
1	安装角度(°)	0～5	花杆、十字架、卷尺、万能角尺:抽查5%
2	反射器中心高度(mm)	±20	尺量:抽查5%
3	柱式轮廓标竖直度(mm/m)	±10	垂线法:抽查5%

(5) 质量控制要点

①轮廓标的布设应符合设计及施工规范的要求,应安装牢固,逆反射材料表面与行车方向垂直,色度性能和光度性能应与设计相符。

②轮廓标逆反射材料表面不应有明显的划伤、裂纹、损边、掉角等缺陷。表面应平整光滑,无明

显凹痕和变形。

③轮廓标安装牢固，线形顺畅，柱式轮廓标的垂直度不超过±10mm/m。

2. 附着式轮廓标

(1) 附着于波形梁护栏上。

①施工工艺流程如图 6-7-66 所示。

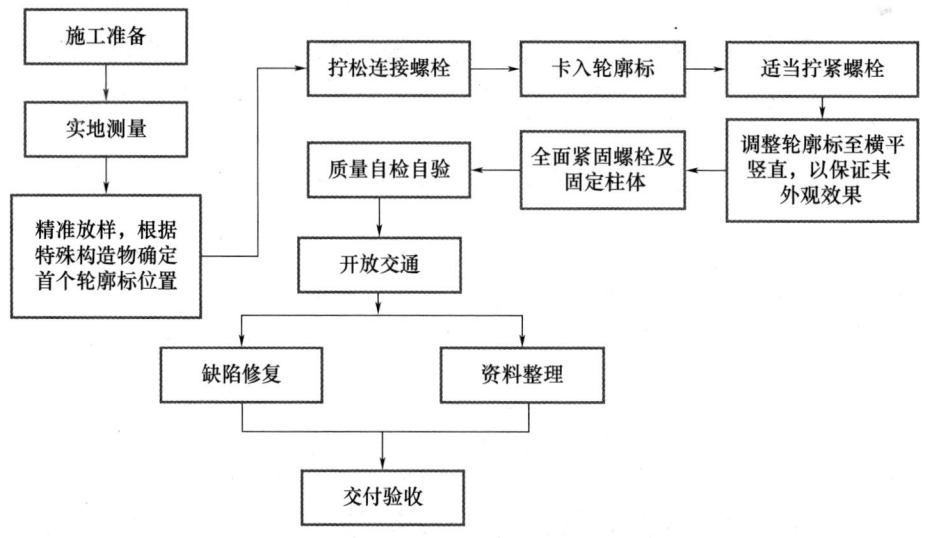

图 6-7-66　附着式轮廓标施工工艺流程

②施工工艺

a. 测量放样。

根据设计文件，在波形护栏上采用量距定位法确定轮廓标位置。

b. 安装轮廓标。

在轮廓标位置的防阻块连接螺栓上插入轮廓标，拧紧连接螺栓。顺着行车方向，左侧为黄色，右侧为白色。

(2) 附着于混凝土护栏或隧道壁上。

①施工工艺流程如图 6-7-67 所示。

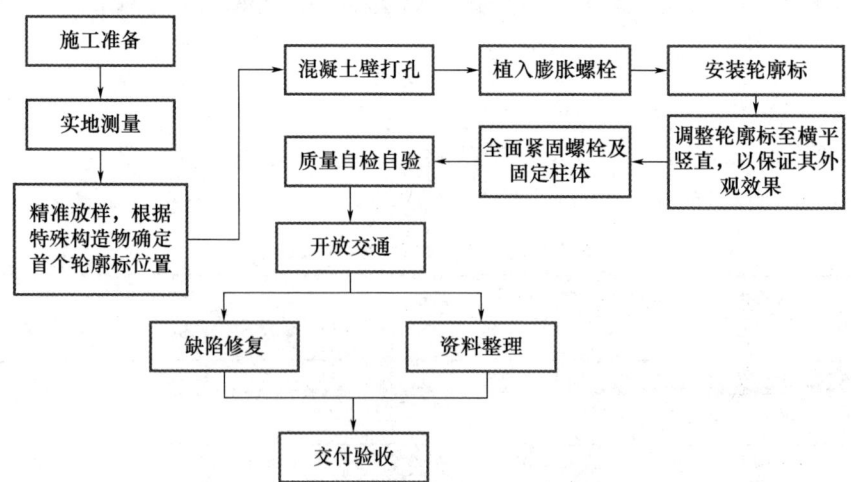

图 6-7-67　混凝土护栏或隧道壁上轮廓标施工工艺流程

② 施工工艺。

a. 测量放样。

在桥梁混凝土护栏上，采用量距定位法确定轮廓标位置。

b. 电钻打眼。

人工用冲击电钻在确定的轮廓标位置打孔。

c. 安装轮廓标。

先将轮廓标的插槽或预留孔套入膨胀螺栓，然后拧紧螺母，如图 6-7-68 所示。

(a)

(b)

图 6-7-68　混凝土护栏及隧道壁上轮廓标大样及安装效果

顺着行车方向，左侧为黄色，右侧为白色。

（3）施工质量检查验收标准见表 6-7-11。

表 6-7-11　施工质量检查验收标准

序号	检查项目	规定值或允许偏差	检查方法和频率
1	安装角度（°）	0~5	花杆、十字架、卷尺、万能角尺：抽查 5%
2	反射器中心高度（mm）	±20	尺量：抽查 5%

（4）质量控制要点。

① 轮廓标的布设间距应符合设计及施工规范的要求，应安装牢固，反射器面与行车方向垂直，色度性能和光度性能应与设计相符。

② 轮廓标反射器面不应有明显的划伤、裂纹、损边、掉角等缺陷。表面应平整光滑，无明显凹痕和变形。

③ 电钻钻孔不宜过大，膨胀螺栓应充分紧固，防止脱落。

④ 安装的反射器中心高度应符合设计及规范要求，并保持线形顺畅、诱导效果佳。

6.7.7.2　警示桩、警示墩

1. 施工工艺

（1）警示墩制作。

按设计要求，采购固定规格的钢管，并对进场钢管进行相关检测。进场与钢管同厚钢板，将钢板氧割成圆钢板，其直径、数量与钢管相同。钢板切割好后，将钢管和钢板焊接在一起，焊接采用 E50×× 型焊条。要求满焊，焊缝饱满，并采用打磨机打磨光滑。焊接前将焊接口及其附近 20~30mm 范围内的铁屑、油污、水气和杂物清理干净，加工好的警示墩堆放在库房加以保护，堆码整齐待用。

（2）除锈及涂刷防腐油漆。

加工好的钢管采用人工除锈达 St3 级后，涂刷防腐漆料，采用过氯乙烯防腐漆，涂刷两道底漆、两道面漆,每层漆膜干厚度 80~100μm。为保证焊缝处的漆膜厚度,涂刷时应先在焊缝部位涂刷二道,然后再全面涂刷防腐材料。

涂刷涂料工艺流程:基材处理→5mm 腻子→砂光砂平→头度底漆→水砂平→二度底漆→砂平→一道面漆→二道面漆抛光。

(3) 测量放点。

沿着道路边线,用 GPS 放出警示墩中心点,再用喷漆画出中心点,间距符合图纸要求。

(4) 挖坑、安放警示墩。

根据放好的点,以此为中心人工开挖基坑,清理坑底保持平整。坑底中心 20cm 范围内垫 20cm 厚砖石等硬材料作为警示墩底座。

(5) 混凝土浇筑。

安放警示墩,浇筑混凝土。混凝土浇筑过程中用 GPS 及水平尺观测警示墩的偏位、扭角和垂直度,不断调整以保持施工质量。

(6) 张贴反光膜。

按设计要求,张贴固定尺寸且经检测合格的反光膜;反光膜张贴工作亦可在混凝土浇筑前,但在混凝土浇筑时应注意保护反光膜,如有污染应及时擦拭干净。

2. 质量控制要点

(1) 安装过程中应实时监测,保证警示墩的竖直度、标高等指标。

(2) 反光膜的张贴方向及顺序应保证与图纸要求一致。

6.7.7.3 隧道反光环

隧道反光环一方面强化了隧道轮廓的显示,高颜值的彩虹隧道能减轻驾驶员视觉及精神疲劳,降低了隧道内的明暗反差,消除"黑白洞效应";另一方面能起到警示和导向效果,进一步提高了隧道的安全系数,从而大幅减少隧道内交通事故的发生。

1. 施工工艺

(1) 放样定位。

根据图纸要求,明确施工位置,逐点放样。放样时应在道路两侧分别放样,以确定反光环的整体位置。安装时需借助激光投线仪进行钻孔,以保证反光环在同一个平面上。根据激光投线仪投线位置及基材孔位间距,进行螺栓孔位标记。

(2) 电钻钻孔。

根据膨胀螺栓的规格型号,确定好钻头大小,在已标记的孔位上进行钻孔,钻孔不宜过深,较螺栓长 10mm 即可。

(3) 粘贴反光膜。

基材一般为 L 形角铝,其具有经久耐用、自重小、自带防腐、表面平整、易加工等特点,广泛用于施工生产。在安装前,应在迎车面粘贴指定颜色及等级的反光膜,反光膜宜提前裁剪为与铝面一致的大小,便于粘贴。

(4) 隧道反光环安装。

搭设脚手架或借助升降机进行反光环单元件的安装,如图 6-7-69 所示,安装时应借助激光投线仪进行平面校准,钻孔孔位与单元件孔位对齐,植入膨胀螺栓。隧道反光环效果如图 6-7-70 所示。

2. 质量控制要点

(1) 钻孔孔位不宜过大,避免膨胀螺栓松动,导致反光环单元件掉落,造成交通事故。

(2) 单元件安装过程中应采用合适的搭接方式,以保证单元件在同一平面上。

(3) 单元件基材(自带防腐性能除外)及膨胀螺栓均需进行防腐处理,防止在使用过程中锈蚀。

图 6-7-69 隧道反光环安装

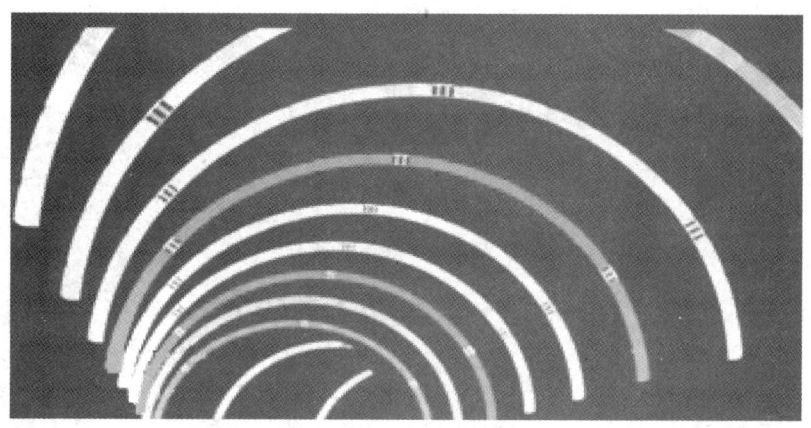

图 6-7-70 隧道反光环效果

6.7.8 百米标

1. 施工工艺

百米标反光面为反光膜,如图 6-7-71 所示。一般情况下,百米标应附着安装在钢护栏上,在安装时应拧开拼接螺栓,穿入百米标,进行适当紧固后调整反光膜角度至迎车面并完全紧固螺栓即可,如 6-7-72 所示。

图 6-7-71 百米标内容图示

图 6-7-72 百米标安装位置

2. 质量控制要点

（1）原材料质量应满足相关规范及业主单位的要求。

（2）安装角度应符合设计要求，保证其起到提示作用。

6.7.9 里程碑、百米桩等施工

1. 施工工艺

（1）施工放线。

里程碑、百米桩安装最怕出现累积误差，放线时应采用GPS定位确定百米桩、里程碑位置，并用红漆标或白灰标记清楚，以便后续施工顺利进行。

（2）预制。

里程碑、百米桩材质一般为钢筋混凝土，采用预制加工方式，如图6-7-73所示。施工应严格按照图纸要求制定模具，保证脱模后尺寸满足图纸要求。在预制前，应对相关原材料进行检验，合格后进行搅拌、倒模。倒模过程中应注意振捣，避免振捣棒接触模板，振捣应快插慢拔，能够沿振捣棒从底往上把气体、多余水泥浆带出混凝土表面。1d后方可拆模，拆模后应保证28d的养护时间。

(a)   (b)

图 6-7-73 里程碑及百米桩预制

（3）基础开挖。

里程碑、百米桩施工具有流动性大、零碎等特点，基础拟采用人工开挖，按照图纸要求开挖，并将底部正平压实。

（4）基础混凝土的拌和运输。

根据里程碑、百米桩施工流动性大、零碎、基础混凝土用量少的特点，将混凝土按配合比拌和成干料，运送至现场后加水拌和，有效避免混凝土在运输过程中出现的离析问题。

（5）安装。

严格按照图纸设计中里程碑、百米桩的埋深进行安装，并用水平尺控制其竖直度，混凝土浇筑应充分捣实。

（6）喷涂文字。

严格按照图纸要求的字体、字号制作模板，工整、鲜明地涂刷文字。文字的喷涂工作亦可在浇筑安装施工之前进行，但应对表面进行保护，保证浇筑过程中不污染表面。

（7）混凝土基础养护。

浇筑之后的混凝土应进行收面处理，在终凝后应进行表面洒水，并采用地模覆盖进行养护。

2. 质量控制要点

（1）百米桩、里程碑起公路定位作用，应保证其安装位置的准确性。

(2) 百米桩、里程碑纵向允许误差为±0.5m，安装过程中应经常用GPS测量，避免累积误差。
(3) 预制件表面应无裂缝、蜂窝和破损等外观损伤。

6.8 绿化工程

6.8.1 土方工程施工

现场工作面清理，根据施工现场实际情况对施工场区内的多余堆土集中进行清理，绿化工程施工时，需要将工作面的石块、瓦砾、混凝土及其他杂物集中清理，运出施工现场。现场渣土清运出场后，进行绿化平整，绿地标高下要保证种植要求。

1. 土方施工准备工作

(1) 清理场地

在施工区域内，凡是有碍于工程施工或影响工程稳定的地面物，如建筑垃圾、杂草、枯树等应彻底清除，如图6-8-1所示。

图6-8-1 场地清理

(2) 排水

土方工程前期整理地形时要有一定的坡度，路面及广场完工后保证不小于0.3%的坡度，以保证后期工作及完工后排水畅通。

(3) 定点放线

在清场完成后，用测量仪器在施工现场进行定点放线，便于确定施工范围及挖土或填土的标高。

2. 土方施工的方法及技术措施

研究制订现场场地平整、土方开挖施工方案；绘制施工总平面布置图和土方开挖图，确定开挖路线、顺序、范围、底板标高、边坡坡度、排水沟水平位置，以及挖去的土方堆放地点。

土方开挖前，应摸清地下管线障碍物情况，并应根据施工方案的要求，将施工区域内地上、地下障碍物清除和处理完毕。

建筑物或构筑物的位置或场地的定位控制线（桩）、标准水平桩及其槽灰线尺寸，必须经检验合格，并办完预检手续。

场地表面要清理平整，做好排水坡度，在施工区域内，要挖临时性排水沟。夜间施工时，应合理安排工序，防止错挖或超挖。

开挖低于地下水位的基坑、管沟时，应根据当地工程地质资料，采取措施降低地下水位，一般要降至低于开挖底面50cm，然后再开挖。

开挖的土方,在场地有条件堆放时一定留足回填需用的好土,多余的土方应一次运至弃土处,避免二次搬运。

土方开挖一般不宜在雨期进行,工作面不宜过大,应分段、逐片地分期完成。

选择土方机械,应根据施工区域的地形与作业条件、土的类别与厚度、总工程量和工期综合考虑,以能发挥施工机械的效率来确定,编好施工方案。

施工区域运行路线的布置,应根据作业区域工程规模的大小、机械性能、运距和地形起伏等情况加以确定。

在机械施工无法作业的部位以及边坡坡度修整、槽底清理等,均应配备人工进行,如图 6-8-2 所示。

图 6-8-2　人工清理边坡

6.8.2　测量与放样

1. 基本要求

严格按照要求,实行从放线到竣工一条龙质量控制程序,严格执行复核制度、交底签认制度、向监理工程师报批制度,以"放准,勤复测,点、线、面通盘控制"的方法,确保测量工作的准确无误,并在施工过程中对测量控制点及测量点线进行妥善保护,严禁擅自移动,并妥善保存测量记录及归档。在开工前进行场地复测,包括中线控制桩、水准点的复测;在开工前进行施工放样,现场放出中线和边线地形、结构物、道路、边沟等具体位置。导线复测以及附合导线形式布设、分段平差、复测精度及等级严格遵循相关要求。水准测量应按四等水准测量进行,按附合水准线路布设。测量平差符合规范要求。控制点复测应延伸至相邻标段平面,控制点不少于 2 个,高程控制桩不少于 1 个。按设计图纸的线位坐标,测放出施工用地范围,用标桩标示,撒出黑白灰线,在放坡地段标示出开挖线。项目部完成工程定位测设后,要先进行内部验线,经复测符合要求后,向业主单位和监理单位报验,由业主单位和监理单位组织进行查验,经验收后,方能进行下一步施工。

2. 定位放线

定位放线原则:定点放线应符合设计图纸要求,位置要准确,标记要明显,种植穴定点时应标明中心点位置。定点放线后应由设计或有关人员验点,合格后方可施工,道路交叉口、道路弯道处种植树木应保证行人的安全视距。

(1) 准备工作。

准备工作和组织工作应做到周全细致,否则因为场地过大或施工地点分散容易造成窝工甚至返工。了解设计意图,全面而详细的技术交底是严格按照设计要求进行施工放线的必要条件。设计图纸交到施工人员手里,应同时进行技术交底,设计人员应向施工人员详细介绍设计意图以及施工中应特别注意的问题,使施工人员在施工放线前对整个绿化设计有全面的了解。勘察现场,确定施工放线的总体区域。

施工放线同地形测量一样，必须遵循"由整体到局部，先控制后局部"的原则，首先建立施工范围内的控制测量网，放线前要进行现场勘察，了解放线区域的地形，考察设计图纸与现场的差异，确定放线方法。

清理场地，勘察现场，在施工工地范围内，凡有碍工程开展或影响工程稳定的地面物或地下物都应该清除。

（2）水准点、控制点的确定。

要把种植点放得准确，首先要选择好定点放线的依据，确定好基准点或基准线、特征线，同时要了解测定标高的依据。如果需要把某些地物点作为控制点，应检查这些点在图纸上的位置与实际位置是否相符，如果不相符，应对图纸位置进行修正，如果不具备这些条件，则须和设计单位研究，确定一些固定的地上物作为定点放线的依据。测定的控制点应立木桩作为标记。

（3）施工放线。

施工放线的方法多种多样，可根据具体情况灵活采用。此外，放线时要考虑先后顺序，以免人为踩坏已放的线。

①规则式绿地。

树穴位置必须按设计要求排列整齐，横平竖直。根据设计图纸直接用皮尺量好实际距离，并用灰线做出明显标记即可。

图案整齐、线条规则的小块模纹绿地，要求图案线条准确无误，故放线时要求极为严格，可用较粗的铁丝、铅丝按设计图案的式样编好图案轮廓模型，图案较大时可分为几节组装，检查无误后，在绿地上轻轻压出清楚的线条痕迹轮廓。

有些绿地的图案是连续和重复布置的，为保证图案的准确性、连续性，可用较厚的纸板或围帐布、大帆布等（不用时可卷起来便于携带运输），按设计图剪好图案模型，线条处留5cm左右宽度，便于撒灰线，放完一段再放一段这样可以连续地撒放出来。

②自然式种植。

定点放线应按照设计意图保持自然，其位置和形状应符合设计要求。

③模纹式种植。

地形较为开阔平坦、视线良好的大面积绿地，很多被设计为图案复杂的模纹图案，由于面积较大，一般设计图上已画好方格线，按照比例放大到地面上即可；图案关键点应用木桩标记，同时模纹线要用铁锹、木棍划出线痕，然后再撒上灰线。因面积较大，放线一般需较长时间，因此放线时最好钉好木桩或划出痕迹，撒灰踏实，以防被雨水冲刷掉。

6.8.3 苗木栽植施工

6.8.3.1 乔木栽植施工

1. 点放线

（1）坐标定点法。根据植物配置的疏密度先按一定的比例在设计图及现场分别打好方格；在图上量出树木在某方格的纵横坐标尺寸，再按此位置用皮尺量在现场相应的方格内。

（2）仪器测放法。用经纬仪或小平板仪根据地上原有的基点或道路将树群或孤植树依照设计图上的位置依次定出位置。

（3）目测法。对于设计图上没固定点的乔、灌木，如树群、灌木丛等可用上述两种方法划出栽植范围，其中每株树的位置和排列可根据设计要求在所定范围内用目测法进行定点，定点时应注意植株的生态要求并注意自然美观。定点后，宜采用白灰打点或打桩，标明树种、坑径、栽植数量。

2. 种植穴

以所定灰点为中心沿四周向下挖坑，坑的大小依土球规格及根系情况而定，带土球的应比土球大16~20cm，裸根苗的应保证根系充分舒展，坑的深度应比土球高度深10~20cm。除行道树的坑外，坑的开头一般宜用圆形,且须保证上下口径大小一致。挖穴前应向有关部门了解施工地点的地下管线埋设情况;挖穴时要小心,发现电缆、管道等必须停止操作,及时找有关部门配合解决。

3. 清除瓦砾、施放基肥

挖穴后,发现瓦砾多或土质差时,必须清除瓦砾垃圾、换新土。根据土质情况和植物生长特点施加基肥;如用堆沤蘑菇肥或木屑,蘑菇肥或木屑必须用3%的过磷酸钙加4%的尿素进行堆沤后,方可使用。

4. 种植

(1) 起苗(图6-8-3)。

图6-8-3 乔木起苗

①选苗:作为苗木的乔木要求杆形通直,分叉均匀,树冠完整、匀称;茎体粗壮,无折断折伤,树皮无损伤,土球完整,无破裂或松散;无病虫害。特殊形态的苗木要符合设计要求,如图6-8-4所示。

图6-8-4 特殊形态乔木

②起苗时间:起苗时间在苗木休眠期,并保证栽植时间与起苗时间紧密配合,做到随起随栽。

③起苗方法:起苗前1~3d应适当淋水使泥土松软。起苗要保证苗木根系完整,裸根起苗应尽量多地保留根系并留宿土;若掘出后不能及时运走,应埋土假植。带土球苗木起苗应根据气候及土壤条件决定土球规格,难成活的树种要考虑加大土球,一般土球直径为胸径的6~10倍,土球的高度可比宽度小5~10cm;土球的形状可根据施工需要挖成方形、圆形、长方形半球形等,土球应削光滑,包装严密,打紧草绳,确保土球不松散、底部不漏土。

(2) 乔木修剪、运输及假植。

①苗木修剪：种植前，应对苗木进行适度修剪。修剪时应遵循各种树木自然形态的特点和生物学特性，在保持基本形态下剪去阴枝、病弱枝、徒长枝、重叠或过密的枝条，并适当剪摘去部分叶片。对于断根、劈裂根、病虫根和过长的根也应进行适当修剪。剪口均应平而光滑，并及时涂抹防腐剂以防过分蒸发、干旱及病虫害。

②苗木运输：苗木的装车、运输、卸车等各项工序，应保证树木的树冠、根系、土球的完好，不应折断树枝、擦伤树皮或损伤根系，如图6-8-5所示。装运高度2m以下的苗木，可以立放；2m以上的压斜放，土球向前，树干向后，并用木架将树干架稳扎牢，垫牢挤严。卸车时应双手抱土球轻轻放下或用网格兜着土球底部抬下。若土球较大，宜借助木板将土球从车上顺势慢慢滑下，不可滚动土球。土球直径超过60cm的树苗应用吊车装车，卸车时直接吊到树穴辅助种植。

图6-8-5 苗木运输前保护

③苗木假植：苗木运到种植现场，若不能及时种植，应进行假植。裸植苗木可平放地面，覆土或盖湿草；也可事先挖好宽1.5～2.0m、深0.4m的假植沟，将苗木排放整齐，逐层覆土。带土球苗木应尽量集中，将其直立，将土球垫稳、排严，周围用土培好。若假植时间过长，则应适量浇水，保持土壤湿润，同时注意防治病虫害。

(3) 乔木的栽植。

①回填底部植土：以拌有基肥的土为树坑底部植土，使穴深与土球高度相符；尽量避免因深度不符而来回搬动。

②摆放苗木：将苗木土球放到穴内，土球较小的苗木应先拆除包装材料再放入穴内；土球较大的苗木，宜先放入穴内，把生长势好的一面朝外，竖直看齐后垫土固定土球，再剪除包装材料。行列树一般要求按从粗到细、从高到低进行排列。

③填土插实：在接触根部的地方应铺放一层没有拌肥的干净植土，填入好土至树穴的一半时，用木棍将土球四周的松土插实，然后继续用土填满种植沟并插实，使种植土均匀、密实地分布在土球的周围。

④淋定根水、立支架：栽植后，必须在当天淋透定根水，如图6-8-6所示。

5. 苗木栽植期间与养护注意事项

(1) 栽前对苗木进行修剪，修剪的原则是乔木保持其自然树形，短截时保持树冠内高外低，疏枝应保持外密内疏。栽后修剪时应以疏除为主，修剪总量不超过1/4～1/3，保持主侧枝分布均匀。具有明显主干的树种，在保证主枝顶芽不受伤害的前提下，重点以疏枝为主，侧枝可结合整形适当短截；苗木的修剪，应保留树冠的基本骨架，保持主侧枝先端一致，树冠整齐。修剪后较大创口应涂抹保护剂，起到杀菌、促使伤口愈合的作用。

图 6-8-6 苗木栽植效果

（2）栽植时应将丰满完整的树冠面向主视线，孤植树木应注意冠幅完整，群植树木应按设计要求组合。

（3）带土球树木的栽植，应先将植株放在栽植树穴内，定好方向。在扶正时应移动土球，切忌摇动树干，土球经初步覆土填实后方可将土球包扎物自下而上，小心解除。若泥球松散，可剪断包扎物，不宜取出的继续填土，分层夯实，等填土达到土球深度的 2/3 时，浇足第一次水，等待渗透，继续填土至地面浇第二次水，至渗透为止。

（4）裸根树木的栽植，应先将植株放入栽植树穴内。扶正立直定好方位，按根盘情况先填入适当厚度的种植土，将根群舒展，均匀填土，稍上下抖动使根与土密接，然后边填土边捣实，直至与地面平，浇透水至不渗透为止。

（5）树木栽植后，应在栽植槽的外缘做好围堰，高度 10~20cm，以便灌溉，防止水土流失。栽植后 3d 内复水一次，泥土下沉应补充种植土。

6.8.3.2 灌木栽植施工

1. 点定位

灌木的栽植一般在乔木栽植完成后进行，定穴位时可以种植乔木时已放好的线为基准，开展灌木的放线工作并对栽植位置做出标记，同时应保证图纸要求的种植密度、种植间距等必要指标。

2. 挖穴、开槽

种植穴挖掘时根据苗木的规格确定挖穴的大小，根据设计要求的栽植密度确定是挖穴还是开槽。施工应以标记点为中心，四周开挖。

3. 施肥

施肥标准按灌木类种植穴规格及用肥量表执行，施肥时要将肥料均匀地摊铺在坑底，不可将肥料集中在种植穴的一侧或中间。施完基肥后要在其上面覆盖 5~10cm 的种植土然后再栽苗，避免新栽苗切断的根系直接与肥料接触。

4. 种植

（1）起苗。

①选苗：要求冠幅完整、匀称，合规格；土球完整，未破裂或松散，无病虫害。特殊形态苗木要符合设计要求。

②起苗时间：起苗时间宜选在苗木休眠期，并保证栽植时间与起苗时间紧密配合，做到随起随栽。

③起苗方法：起苗前 1~3d 应当淋水使泥土松软，起苗要保证苗木根系完整。裸根起苗应尽量多保留根系并留宿土；若掘出后不能及时运走栽植，应进行假植。带土球苗木起苗应根据气候及土壤条

件确定土球规格，土球应严密包装，打紧草绳，确保土球不松散、底部不漏土。

(2) 苗木修剪、运输及假植。

①苗木修剪：灌木种植前应进行修剪。修剪时应遵循各种植物自然形态的特点和生物学特性，在保持基本形态下剪去阴枝、病弱枝、徒长枝、重叠或过密的枝条，并适当剪摘部分叶片。对于断根、劈裂根、病虫根和过长的根也应进行适当修剪。剪口均应平而光滑，并及时涂抹防腐剂以防过分蒸发、干旱及病虫害。

②苗木运输：苗木的装车、运输、卸车等各项工序，应保证灌木的根系、土球完好，不应折断树枝、擦伤苗皮或误伤根系。

③苗木假植：苗木运到种植现场，若不能及时种植，应进行假植。裸根苗木可平放地面，覆土或盖湿草；也可事先挖好宽1.5~2m、深0.4m的假植沟，将苗木排放整齐，逐层覆土。带土球苗木应尽量集中，将其直立，将土球垫稳，周围用土培好。若假植时间过长，则应适量浇水，保持土壤湿润，同时注意防治病虫害。

(3) 栽种。

①回填底部植土：拌有基肥的土为底部植土，在接触根部的地方应铺放一层没有拌肥的干净植土，使沟深与土球高度相符。

②排放苗木：将苗木排放到沟内，土球较小的苗木应拆除包装材料再放入沟内；土球较大的苗木，宜先排放沟内，把生长姿势好的一面朝外，竖直看齐后垫上固定土球，再剪除包装材料。

③填土插实：填入好土至树穴的一半时，用木棍将土球四周的松土插实，然后继续用土填满种植沟并插实。

④淋定根水：栽植后，必须在当天对灌木淋透定根水。

⑤养护：栽植完成后应进行常规养护，保证成活率。

6.8.3.3 花卉栽植施工

1. 场地整理

花卉播种或定植前，先对植圃地进行翻耕、平整等操作。主要是为花卉生长提供一个良好的土壤环境，通过整地做畦可改良土壤结构、提高土壤的通气性和透水性，促进微生物的活动，从而加速有机质的分解，以利于植物的吸收利用。同时起到除草、杀虫、灭菌的作用。

春季使用的土地最好在上一年的秋季翻耕，秋季使用的土地应在上茬作物出圃后立即翻耕。耙地应在种植前进行。如果土壤过干，土块不容易破碎，可先灌水，待土壤水分蒸发含水量达60%左右时，再将土面耙平，土壤过湿时耙地容易造成土表板结。

整地的深度依花卉的种植和土壤的类型来定。一、二年生花卉的生长期短，根系较浅，整地要浅，一般翻耕的深度在20~30cm。宿根和球根花卉及木本花卉整地要深，翻耕的深度在40~50cm。大型的木本花卉要根据苗木的情况深挖定植穴。黏土要适当加深，沙土可适当浅一些。

2. 土壤改良

(1) 适合每一种花卉的天然土壤较少，因此在栽种花卉前，最好对土壤的理化性质进行检测，包含土壤的pH值、土壤成分、土壤养分、质地等。对于砂性的土壤、过于黏重的土壤，有机质含量比较低的土壤，可通过增施有机肥、客土、加沙等方法对土壤加以改良。

施入的有机肥包括堆肥、锯末、腐叶、泥炭等。根据花卉对酸碱度要求的不同，对酸碱度不适宜的土壤也要进行调整。在碱性土壤上栽植喜酸性的花卉时，可施用硫酸亚铁、硫黄等提高酸度，$10m^2$用量为1.5kg，可降低pH值0.5~1.0。相反，对于土壤pH值过低的土壤，栽培不喜酸的花卉时，利用生石灰、草木灰等加以中和。

(2) 在花卉种植前施入的肥料称为基肥，在肥料比较充足时，有机肥可在翻耕和耙地时施入，可以同土壤充分混合。一些精细的肥料或化肥可在播种或栽植时施入。施入播种穴或栽植穴内同土壤充分混合。

(3) 翻耕以及耙过的土壤，在花卉种植前要做成栽培畦，栽培畦的形式要根据不同地区的气候条件、土壤条件、灌溉条件、花卉的种类以及花卉布置方式采用不同的形式。如在雨量较大的地区栽培牡丹、大丽花、菊花等不耐水湿的花卉，最好采用高畦或高垄，并在四周挖排水沟；北方干旱地区多利用低畦或平畦栽培。

3. 定植

(1) 草本花卉一、二年生的草本花卉与秋季或早春播种育苗，营养钵育苗或花盆育苗的可采用大苗带花栽植。宿根花卉的定植，一般在秋末地上部枯萎时停止生长或在早春发芽前将植物带根挖出，结合分株繁殖进行。球根花卉可于早春挖出结合分株繁殖，在苗床内催芽，待新芽达到10cm左右时，再定植到指定区域，如图6-8-7所示。在栽植前挖好的栽植沟内施入少量的磷酸二铵等肥料，与土壤充分混匀后再栽苗。可在沟（穴）内先浇水，在水没有渗下以前把苗栽上，待水渗完后用土埋住苗，也可先栽苗后浇水，但无论哪种方式都要浇透水以利于成活。

图 6-8-7　草本花卉定植

(2) 乔木类及灌木类花卉、落叶树木栽植的时间一般为秋末落叶后或早春发芽前。但有些树种在新芽刚冒尖时栽植成活率更高。常绿树木一般在早春萌发新枝前或梅雨期栽植。挖苗时尽量少伤根，最好带土球挖苗，尤其是大树移栽，更要带土球挖苗。土球最好用草包、草席包裹，再用草绳紧密捆牢。挖出的苗木要适当对根系和枝干进行修剪，以促进新根和新梢的萌发。常绿树种还要适当摘叶、疏枝以减少水分蒸腾。挖栽植穴时，要把生土和熟土分开放置，穴底施入有机肥并与土壤充分拌匀，放置苗木要使根系充分舒展，先把熟土填入夯实，最后把生土放在最上层。栽植的深度以苗木根基土痕线与地表齐平为准。栽植后要浇水1～2次，待表土略干时耙松土表，以利透气保墒。常绿树种最好在树的顶端进行遮阴，并经常向树冠和附近的地面喷水，以保持较高的空气湿度，减少叶面蒸腾，以利成活。

6.8.4 地被植物施工

6.8.4.1 草皮

1. 草皮铺种施工工序

地形细整→定点放线→草坪栽植→施工期养护→养护管理期养护→竣工验收移交。

2. 材料准备

(1) 肥沃表土深10cm，复合肥料、水等应符合植物生长要求。

(2) 草皮种子为长不高的国产优良种子。

3. 地形平整

(1) 地形要求，应使整个地形的坡面曲线保持排水通畅，清除多余的土、石头、杂物并运走，少土的地块要补土,由里向外施工,边造型边压实,施工过程中机械不得在栽植表层土上施压。

(2) 人工细做覆盖面层,保持表面土质平整疏松,并清除杂物。人工平整前首先安装好路牙石。从边缘逐步向中间收拢,使整个地形坡面曲线和顺、排水通畅。

(3) 种植地块种植土层最低厚度,草坪必须要 30cm 深。

4. 定点放线

(1) 首先按工程布置的种植地段、种植位置及品种的轮廓进行放样,按现场工程师提供的水准点确定放样基准点。

(2) 分别对绿化苗木栽植位置等进行放样,每次放样后,报请现场工程师进行审核,核准后进行下一道工序的施工。

5. 草坪铺种施工方案

(1) 场地准备。

铺设草坪和栽植其他植物不同,在建造完成以后,地形和土壤条件很难再改变。要想得到高质量的草坪,应在铺设前对场地进行处理,主要应考虑地形处理、土壤改良及做好排灌系统。

(2) 土层的厚度。

草坪植物的根系 80% 分布在 40cm 以上的土层中,而且 50% 以上是在地表以下 20cm 的范围内。为了使草坪保持优良的质量,减少管理费用,应尽可能使土层厚度达到 40cm 左右,最好不小于 30cm,在小于 30cm 的地方应加厚土层。

(3) 土地的平整与耕翻。

为草坪植物的根系生长创造条件,须进行土地的平整与耕翻。

①杂草与杂物的清除,清除目的是便于土地的耕翻与平整,但更主要的是消灭多年生杂草,避免草坪建成后杂草与草坪草争水分、养料,所以在种草前应彻底加以清除。

②初步平整、施基肥及耕翻,在清除了杂草、杂物的地面上应初步进行一次起高填低的平整,平整后撒施基肥,然后普遍进行一次耕翻。

③更换杂土与最后平整。在耕翻过程中,若发现局部地段地质欠佳或混杂的杂土过多,则应换土,为了确保新设草坪的平整,在换土或耕翻后应灌一次透水或滚压 2 遍,使坚实度不同的地方能显出高低,以利最后平整时加以调整。

④为提高土壤肥力,最好施一些优质的有机肥料做基肥。但勿直接用家畜肥粪,因其中含有大量杂草种子,会造成以后草坪中野草丛生,后患无穷。

(4) 排水及灌溉系统。

草坪与其他场地一样,需要考虑排除地面水,因此,最后平整地面时,要结合考虑地面排水问题。不能有低凹处,以避免积水。草坪多利用缓坡来排水,在一定面积内修一条坡缓的沟道,其最底下的一端可设雨水口接纳排出的地面水,并经地下管道排走,或以沟直接与湖池相连。理想的平坦草坪的表面应是中部稍高,逐渐向四周或边缘倾斜。

(5) 草坪种植施工。

①播种法

a. 种子的质量:质量指两方面,一是纯度,二是发芽率。一般要求纯度在 98% 以上,发芽率在 85% 以上。

b. 种子的处理:为了提高发芽率,达到苗全、苗壮的目的,在播种前可对种子加以处理。

c. 播种量:应根据草种、种子发芽率来确定种子播种量,种子有单播和 2~3 种混播的,单播时,一般用量为 10~20g/m²。

②播种。

a. 选择无风或微风天气进行,机械播种播 2~4 次,保证播量准确,播撒均匀。

b. 为取得更好的播种效果,必要时可进行植前施肥,对整好的场地,均匀撒施熟化的有机肥

$3kg/m^2$、复合肥 $0.08kg/m^2$，再进行土壤翻耕，然后用铁耙将表土耙平、耙细保证细整后的坪床不出现坑洼、高低不平的现象，以免浇水或雨天积水而造成草坪生长不良。细整后的坪床准备播种。

c. 播种量以发芽率及土壤条件来决定。发芽率高、土壤条件好则可减少草种播种量，反之增加草种播种量。一般为 $10\sim15g/m^2$，用播种机撒播均匀。

d. 覆土镇压：播种后，用覆土耙覆土 2 次以上，覆土厚 0.2cm，之后用 $50\sim80kg$ 滚筒进行镇压 2 次，确保草种与土壤接触紧密、坪床具有一定的紧实度。选用草苫子进行覆盖，保湿，防止种子流失，减少径流对地表的冲刷而导致的地表板结。

e. 播后 24h 内进行第一次喷灌，喷湿土壤 $5\sim10cm$，1 天喷 $2\sim3$ 遍，保证坪床湿润，直至种子发芽，发芽后 20d，保证 $2\sim3d$ 对草坪进行一次喷灌，之后每 $3\sim5d$ 对草坪进行一次喷灌，直至成坪。

f. 揭除覆盖物：待幼苗出土整齐后，选择阴雨天或晴天的傍晚进行，并注意揭除后的养护工作，防止造成幼苗脱水伤害。

g. 草坪草生长到 5 叶期时，用速效氮（$4\sim8g/m^2$）对草坪进行第一次追肥，当草坪生长至 $10\sim12cm$ 时，对草坪进行第一次修剪，选用悬刀式剪草机修剪，剪高 $7\sim8cm$。

h. 苗期进行 $3\sim5$ 次杂草防除工作，采用化学防治与人工拔除相结合的方式。做好苗期病虫害，如幼苗凋萎病、根腐病及食叶、食茎害虫的防治工作。

③草皮分栽铺植。

a. 以生长健壮的草坪做草源地，草源地的土壤若过于干燥，应在掘草前灌水。掘取草根，其根部最好多带一些宿土，掘后及时装车运走，将草皮堆放在阴凉之处，堆入要薄，并经常喷水保持草根潮湿，必要时可搭荫棚存放。

b. 草皮栽植采用分栽草根与铺草块的方式进行铺植，草块选择无杂草、生长势好、无病虫害的草源，草皮移植前 24h 修剪并喷水，镇压保持土壤湿润，较容易起草皮。

c. 起草皮规格宜为 $30cm\times30cm$，厚度掌握在 $3\sim5cm$，否则运输不易，铺植时草皮根系也不容易与原地形土壤相结合而扎根（图 6-8-8）。

图 6-8-8 取草场掘取草皮

d. 草皮运输时应在运输车上用木板分置 $2\sim3$ 层，以免卸车时草皮破损。

e. 草皮铺植于地面时，草皮间应有 $3\sim5cm$ 的间距，后用 0.27t 重的碾压器压平，也可用圆筒或人工脚踩，使草皮与土壤结合紧密，无空隙，易于生根，保证草皮成活。

f. 草皮压紧后浇第一遍透水，保证坪床 $5\sim10cm$ 湿润，使草皮恢复原色或失水不宜过多，之后每隔 $3\sim4d$ 浇一次水，以保证草皮的需水量。

g. 保证滚压和浇水，直到草皮生根而转到正常的养护管理。

6.8.4.2 撒播

1. 清理坡面

边坡由填方筑成，设计拱形骨架，需将拱形骨架内的碎石清理干净，特别是比较大块的石头。

2. 换填种植土

结合原坡面土质情况，按比例混合种植土，掺入营养土，土壤改良材料（木屑、木纤维等，目的是增强土壤肥力、保持水能力，提高渗透性，增大土壤的缓冲力，保证微生物活性和养分的供应，使根系易生长、繁殖和穿插），回填20～30cm植土层，如图6-8-9所示。

图6-8-9 边坡种植土更换

3. 撒播草籽

草籽撒播前，根据气候条件温度，提前1～2d将草籽浸水。根据设计比例将处理好的草籽和混合料拌和，均匀地撒播到已备好的表土区内。

4. 覆盖无纺布

完工后当天应及时覆盖无纺布，从上到下平整覆盖，坡顶延伸30cm固定；两幅相接叠加10cm，然后用竹筷进行固定，固定间距不少于100cm，如图6-8-10所示。待草长到5～6cm或2～3片叶时，揭去无纺布。

图6-8-10 绿化边坡覆盖无纺布

5. 播后管理

根据土壤肥力、湿度、天气情况，酌情追施化肥并洒水养护，天气炎热的时候，要在16点以后才能进行洒水养护，以后转入常规管理阶段，促使早日成坪，如图6-8-11所示。

图6-8-11　撒播成坪效果

6. 例行养护

种子前期养护一般为45d，发芽期为15d。前期养护时间为每天养护2次，早晚各1次，早晨养护时间应在10点以前完成，晚上养护应在16点以后开始，避免在强烈的阳光下进行喷水养护，以免造成生理性缺水和诱发病虫害。在高温干旱季节，种子幼芽及幼苗由于地面高温容易被灼伤，每天应增加1～2次养护。中期以自然雨水养护为主，每月喷水2次，并追施肥，促苗转青。在整个养护期内，须注意病虫害的防治。

6.8.4.3　喷播

根据技术要求对喷播草籽配比根据土质、施工气候要求等进行适当调整，并配以一定比例的专用配料（包括复合肥料、黏合剂、色素、纸浆）。一般边坡绿化为草灌结合，以达到更佳的绿化效果，喷播植草施工工艺如下。

测量放样：根据图纸要求，明确施工区域，用灰白线进行标注，并做好技术交底。

边坡修整：清除杂物。

在两层生态袋形成的台阶面上覆盖种植土并将其拍实。

喷播前应先对坡面洒水浸润边坡土体。

搅拌混合材料：在搅拌容器中加入纸浆、草种、复合肥料、色素等喷播材料，然后再加水，如图6-8-12所示。待水添加至容器2/3时搅拌，边搅拌边添加黏合剂，充分搅拌，形成均匀的溶液后再用喷播机将其均匀地喷播于边坡上，如图6-8-13所示。在喷播过程中要注意检查喷播效果，不足位置应补喷，喷播过的地方严禁踩踏。

图6-8-12　搅拌喷播混合料

图 6-8-13 边坡喷播

喷播后及时用无纺布对坡面进行覆盖并固定好，如图 6-8-14 所示，可有效地减少水分蒸发，并要根据当地气候情况洒水湿润边坡，齐苗后再减少洒水次数。待草长至 10cm 后移植灌木。

图 6-8-14 喷播后无纺布苫盖

移植灌木：为了增强景观效果，可在每一级坡面顶部和一级坡下面按照设计间距挖穴移植灌木树种。其余部分采用草灌结合方式进行喷播。

灌木移植完成后，视情况而定制养护计划。要加强草灌植物的养护，直至生长稳定。养护过程中要注意雨期防暴雨冲刷。

养护过程中，可根据草灌植物生长情况进行追施肥。发现病虫害时要及时喷药，防止蔓延，影响草灌植物的生长。

6.8.4.4 养护施工

1. 灌溉与排水

（1）灌溉。

根据植物生物特征、大小、季节、土壤干湿程度进行灌溉，做到及时、适量，既不能因缺水而干旱，也不能因水分过多而使其遭受水涝灾害。

浇水时间集中于春、夏、秋末。夏季应早晨或傍晚进行浇灌，避免温度过高导致植物萎蔫或病虫害的发生，冬季应午后进行浇灌。

浇水量根据不同植物种类、气候、季节和土壤干湿度确定，以深度达根部、土壤不干涸为宜。在气候特别干旱时，除浇足水外，还应对植物增加叶面喷水保湿，减少蒸腾。浇遍浇透。灌溉时要做到适量，最好依据少灌、勤灌、慢灌的原则，必须根据树木生长的需要，因树、因地、因时制宜合理灌溉，保证树木随时都有足够的水分供应。

(2) 排水。

因为土壤物理性能而造成土壤通透性较差,某些树种忌水湿会造成烂根,严重时会使树木死亡。雨期时应注意防涝排洪,及时清除积水。

2. 锄草

锄草的目的在于疏松土壤、通气、调节土温,促进土壤养分分解,便于树木根系生长,同时除去与树木争肥争水、有碍观瞻的杂草。

在植物生长季节要不间断地进行锄草,锄草时遵循"锄小、锄早、锄了"的原则,锄草深度和范围因树而定,一般深5cm左右,范围直径为50～10cm。锄草应在天气晴朗,土壤含水适度时进行,不得在土壤泥泞状态下锄草,以免破坏土壤结构;连阴雨天锄草,只能采用拔除方式。锄草时不可损伤树木根系、树皮和枝条。除下的杂草要集中处理,并及时清运。

3. 施肥及土壤改良

(1) 施肥。

应根据园林树木生长需要和土壤肥力情况,合理施肥,平衡土壤中各种矿质营养元素,保持土壤肥力和合理结构。树木休眠期和栽植前,需施基肥。树木生长期施追肥,可以按照植株的长势进行。乔木和灌木均应先挖好施肥环沟,其外径应与树木的冠幅相适应,深度和宽高均为20～30cm为宜。

施用的肥料种类应视树种、生长期及观赏要求而定。早期欲扩大冠幅,宜施氮肥,观花观果树种应增施磷钾肥。注意施用微量元素和使用根外施肥技术,并推行应用复合肥料。有机肥应腐熟后施用。施肥宜在晴天;除根外施肥,肥料不得触及树叶。

根据植物种类、生长状况、季节,按照"量少次多,以不造成肥害为度,同时满足植物对养分的需要"的原则来确定每种植物的施肥量。施肥量应根据树种、树龄、生长期和肥源以及土壤理化性状等条件而定。一般乔木胸径在15cm以下的,每3cm胸径应施堆肥1.0kg,胸径在15cm以上的,每3cm胸径应施堆肥1.0～2.0kg。

根据不同植物、生长状况、季节先确定每种植物的施肥次数。管护期在4—9月乔木生长期内施肥1～2次。在树冠投影处挖环状沟或大穴,用尿素0.1%～0.2%水溶液,也可施有机肥料。冬季节应追加基肥一次。

新栽植植物或根系受损植物,未愈合前不应施肥。植物待根系生长完好后,在萌发或苗木生长期用肥料1～2次,追肥以速效肥料尿素为主,适量追加复合肥,追肥时间通常在春秋两季,春季多采用氮肥,秋季多采用磷钾肥追肥,施肥以浇灌为主,再结合叶面喷洒等辅助追肥措施实施。有花植物在开花后要进行一次以磷钾肥为主的追肥。施肥应均匀,基肥应充分腐熟埋入土中,化肥忌干施,应充分溶解再施用,用量适当。

(2) 土壤改良。

土壤是植物生长环境中的必要物质条件,不同的植物生长需要不同的土壤条件与之相适。通过土壤改良来为植物创造良好的生长环境,是提高施工质量的重要环节,也是提高植物成活率的关键工序。

对于偏碱性土壤,可以通过强酸根离子将土壤中的碱性离子中和,达到降低土壤碱性的目的。也可利用土壤中的碱性物质主要是水溶性盐或碱性物质的特点,通过地面水溶解地表土壤中的水溶性盐或碱性物质,再通过挖排水沟和灌水浸土,把土壤深层的水溶性盐或碱性物质溶解,随排水时排出,达到有效降低土壤水溶性盐或碱性物质含量,从而降低土壤碱性的目的。有机肥料都有较强的阳离子代换能力,可以吸收更多的钾、铵、镁、锌等元素,有机肥含有许多有机酸、腐殖酸、羟基等物质,具有很强的螯合能力,能与许多金属元素如锰、铝、铁等螯合形成螯合物,可中和土壤中的碱性物质和防止土壤板结,形成有机-无机团聚体,改善土壤物理性质,提高土壤自身的抗逆性,形成良好的土壤生态环境。

4. 修剪

(1) 根据季节确定修剪方法。

①冬季修剪,又叫休眠期修剪(一般在12月至翌年2月)。耐寒力差的树种最好在早春进行修剪,

以免伤口受风寒之害。落叶树一般在冬季落叶到第二年春季萌发前进行。冬季修剪对观赏树木树冠的形成、枝梢生长、花果枝形成等有很大影响。

②夏季修剪，又叫生长期修剪（一般在 4 月至 10 月）。从芽萌动后至落叶前进行修剪，也就是说，在新梢停止生长前进行修剪。具体修剪的日期还应根据当地气候条件及树种特性而定。如对花果树修剪，要剪除内膛枝、直立枝、无用徒长枝、过密交叉枝、衰弱下垂枝及病虫枝等，使营养集中于骨干枝，有利于开花结果。绿篱夏季修剪主要保持整齐美观。其他园林树木的修剪，则根据功能要求进行不同形状的整形修剪。

（2）根据树种确定修剪方法。

①落叶乔木。

a. 凡具有主干、主轴明显的树种，尽量保护主轴的顶芽，保持主干直立生长。若顶芽受损或主轴受损，则应选择主枝上生长角度比较直立的侧芽代替顶芽，并通过修剪的方法，控制与之竞争的侧芽、侧枝，尽量保证这类树长成高大的树身。

b. 主轴不明显的树种，应选择比较直立的枝条代替领导枝直立生长，但必须修剪控制与直立枝竞争的侧生枝。

②花、灌木。

a. 内高外低：多留内膛枝，逐级留低外缘枝，以形成内高外低的丰满灌丛。

b. 内稀外密：疏枝修剪应内稀外密，以利于通风透光。

c. 去直留斜：剪去直立的枝芽，保留斜向枝芽，以使灌丛丰满，避免过分徒长。

d. 去老留新：根系发达的丛木树种，应多疏剪老枝，使其不断更新，生长旺盛。绿篱修剪应按设计要求造型。

（3）修剪的操作规范。

a. 剪口要平整：要求剪口平滑整齐、不劈不裂，不撕破树皮，以使剪口能较快愈合。

b. 短截剪口部位要合格：短截剪口部位要根据树木具体情况而定。要选择萌发抽条的方向符合今后树形要求的芽。短截剪口位置与芽的距离一般为 0.5~1cm。

c. 疏枝剪口部位要正确：需要疏枝的枝条一般可分为两类，一类是弱枝、枯枝、一年生枝，这类枝条较小，可齐枝条的着生部位剪除。另一类是粗壮大枝，疏枝剪口较大，切口部位要与主枝相合适，如紧贴主枝剪除，则会扩大切口面积，影响主枝生长；如距离主枝较远，则留有残枝桩，不易愈合。

d. 修剪时应先将枯干、带病、破皮、劈裂的枝条剪除，对过长的徒长枝加以控制，直径 2cm 以上的剪口、伤口应涂植物伤口涂抹剂。

5. 防寒与防风

所有乔木防寒可在秋栽后采取施磷钾肥、修剪、拔除死树、入冬前灌冻水、早春及时浇返青水、根茎培土、覆土、缠草绳、搭支撑、搭风障、树基堆雪等防寒措施。

（1）施磷钾肥。

入秋八九月施一次磷钾肥能有效地提升树木的抗寒抗旱能力。

（2）修剪。

为促使次年萌生，进行冬季修剪，修去病虫枝、秋季新发枝条、徒长枝、过密枝以及未木质化和半木质化的枝条。

（3）松土。

在 9 月底对树下土壤进行松土，松土时土壤不宜过湿，松土深度以不伤根为原则，松土深度一般在 3~10cm，根系深、松土深，根系浅、松土浅，近根处宜浅、远根处宜深，灌木稍浅、乔木深些。必须做到位，树穴内土壤必须疏松，起到防碱、保水及保墒的作用。然后向树基部堆土呈圆锥状。

（4）拔除死树、清理杂草落叶、树基堆雪。

为防止杂草结籽且不伤害种植苗木，采用人工拔除的方法。可减少第二年杂草量，防止草、树增肥。

伐除死树：可以减少第二年病虫害的发生。

树基堆雪：可以提升树木的抗风害能力，提高土壤的温度、湿度。

（5）寒前灌水、早春及时浇返青水。

灌溉作用：及时灌封冻水及解冻水。冬季苗木周围土壤缺水时，容易发生冻害，因此在土壤封冻前，及时灌溉封冻水及解冻水。浇灌封冻水：水的比热较大，白天可以吸收较多热量，提高地温。早春及时浇返青水，可以提高地温促进苗木根系生长，提高苗木的发芽率。

灌溉方法：灌水时要做到土壤疏松，土表不板结，以利水分渗透，待土表稍干后，应及时加盖细干土，减少水分蒸发。

①由于冬季干旱、多风，树木干部脱水现象严重，直接影响苗木成活率，所以每月应向树干喷水一次。

②灌水时不宜直接灌在根部，要浇到根区的四周，以引导根系向外伸展。

③地温低于5℃前浇一次透水，当气温低于0℃时，土壤会因含水而结冰。这时要浇2次透水，以保持根系不被风抽干。当温度更低时，根部冻水可放出潜热，提高温度，所以冬灌应进行3次。

④冻水是否浇透。根据目前土壤实际情况（如土壤密实性）进行分析，观察需要浇几遍水，如发现树坑内产生空缝导致水大量流失，要及时填土并捣实。

6. 根茎培土、覆土

（1）在土壤结冻前，对苗木喷洒两遍防冻液以增强苗木的防寒特性，涂抹一层草炭土、有机肥及碎玻璃。然后进行埋施，埋施配置为：20%的草炭土＋20%的沙子＋60%的土＋（复合肥＋呋喃丹）少量的混合物。做直径为20cm、高度40~50cm的袋。灌袋埋填，贴根埋距地面10cm。一般胸径10cm的树使用4袋。其他用量酌情使用（注：可食用的树种禁用，如果树）。所有乔木根部就近培土30cm高，与根部同宽，覆盖一层塑料薄膜，然后以树干为中心堆近圆锥形土丘，以起到提高土温和防风的作用。

（2）乔灌木采用无纺布＋地膜、报纸＋草绳两种方式进行防寒。采用树干缠无纺布＋地膜防寒时，对需要进行防寒的乔木、灌木，无论新老均在树干上先缠绕双层无纺布，然后在无纺布外侧紧密地缠绕一层地膜，无纺布和地膜的缠绕高度为从根茎部位到树分枝点。无纺布和地膜均应从根际处缠到分枝点，缠绕无纺布时不能使树干表皮外露，要求紧实，无脱落现象。覆土规整、高度一致，达到统一、美观的效果。采用树干缠报纸＋草绳防寒时，对需要进行冬季防寒的乔木、灌木在树干上先缠绕双层报纸，然后在报纸外侧紧密地缠绕一层草绳，报纸和草绳的缠绕高度从根茎部位到树分枝点。报纸和草绳均应从根际处缠到分枝点，缠绕报纸时不能使树干表皮外露，草绳逐层缠绕，要求紧实、无脱落现象。覆土规整、高度一致，达到统一、美观的效果。

（3）针对常绿植物可设置防寒风障，防寒风障应搭设在迎风一侧和与其相邻的两侧，大小适合，高度超出植株高度0.5~1.0m，与植株水平距离保持0.5m的距离。防寒风障抗风能力要求达到八级以上，两根竖杆间距要求1~1.2m，横杆间距不大于0.5m，且要平直，防寒风障主框架必须有斜撑加固，而且防寒立杆不能超出防寒布，并要求防寒布用尼龙草进行绑扎，间距不大于10cm。防寒风障应稳固，形状规整美观，同类树木防寒形式、材料高度均须统一，防寒布平整、洁净。

（4）带土球栽植的树木应当做好支撑。立好支柱可以防止新栽植苗木浇水后被大风吹斜吹倒或人工活动损坏。支柱材料支柱的绑扎方法有直接捆绑与间接加固两种。直接捆绑是先用草绳把与支柱接触部位的树干缠绕几圈，以防止支柱磨伤树皮，然后再立支柱，并用草绳或麻绳捆绑牢固；立支柱的形式多种多样，应根据需要和地形条件确定。一般可在下风方向支一根，还可用双柱加横梁式或三角架式等。支柱下部应深埋地下，支点尽可能高些。间接加固主要用粗橡胶皮带将树干与水泥杆连接牢固，注意保护树皮防止磨破，水泥杆应立于上风方向。防风的支柱，可于栽植2~3年树根已经扎稳后撤掉。

7. 病虫害防治

（1）花草树木的生长发育过程中经常会遭受到病虫害的侵袭，从而使花草树木生长不良、畸形、腐烂甚至死亡，不仅降低花木的质量，失去观赏价值和绿化效果，而且造成很大的经济损失。

（2）在治理病虫害时要采取多种治理方法相结合的方式，如生物防治、化学防治、微生物防治、物理机械防治等。根据不同病虫害和植物的特点采用各自相应的治理办法。

（3）食叶害虫防治：因为食叶害虫具有咀嚼式口器，以幼虫为害健康的植株，使植物生长衰弱，为蛀干害虫侵入提供适宜条件。这类害虫大多裸露生活，繁殖量大，且往往具主动迁移、迅速扩大危害的能力，发生具有周期性，因此，受环境条件因子影响较大，表现为虫口消长明显。对这类害虫主要坚持日常防治，剪除虫叶、虫枝，消灭幼虫；清除枯枝落叶，铲除越冬虫茧；利用害虫的趋光性以灯光诱杀成虫；利用生物农药或天敌昆虫进行防治；化学防治；可喷施触杀或胃毒类杀虫剂，杀灭幼虫。

（4）蛀干害虫的防治：蛀干害虫除成虫期进行补充营养、寻找繁殖场所及配偶等活动较易被发现外，均隐蔽生活，此类害虫多侵害生长势衰弱的树木。由于其危害的隐蔽性，利用化学药剂直接捕杀较为困难。对这类害虫的防治主要是加强养护管理，使树木生长健壮，增强抗病虫害能力，在成虫期进行人工诱杀或施用化学药剂杀灭成虫，在幼虫尚未进入木质部之前，喷施触杀及内吸剂，消灭初孵幼虫，对已进入木质部的害虫用敌敌畏等具有触杀、胃毒及熏蒸作用的杀虫剂，注射入蛀孔内，或用浸药棉塞孔，外用黄泥封孔，树干涂白，可预防或杀死虫卵。

（5）根部害虫的防治：根部害虫危害期主要栖居土中，给防治工作带来困难，此类害虫主要危害小苗的幼根及草根（如金龟子）。根部害虫的防治要在成虫期利用其趋光性或假死性进行灯光诱杀或人工捕杀成虫，喷施触杀类杀虫剂杀灭成虫，幼虫期在虫口密度较大的地方施粉剂、颗粒剂（如呋喃丹）等，也可用触杀类杀虫剂（如辛硫磷等）配制溶液灌土。

6.8.4.5 补植施工

1. 基本流程

定位→放样→挖出死苗→地形整理→苗木补植→养护管理。

2. 地形整理

对原已达到种植土标高要求的地段，采用手工劳作进行地形整理。

清理种植范围内所有的垃圾、死苗并运出施工现场。

按照原设计标高翻耕树穴、平整场地达到排水通畅，无低洼积水处。

对达不到种植土厚度的区域进行回填，并在对底层不透水层进行处理后方可种植。

严格控制土壤酸碱度，保证苗木生产的土壤环境。

客土回填所选择的土质必须达到种植要求，土壤要求肥沃、疏松、透气、排水性能好。客土回填后应在造型过程中加入营养土，确保植物生长需要养分的充足供给，同时施好有机底肥，保持土壤的通气性，防止补植后"闭气"死亡。

3. 苗木补栽

（1）选苗。

为保证苗木成活率，提升绿化效果，选择购买的植株要根系发达完整，生长健壮，无病虫害，无明显的机械损伤，树干挺直，树冠丰满，具有较好的观赏性；树形优美、完整、无空隙，不是单侧枝、枝条不枯萎；冠幅丰满、树枝充实，内膛枝多、树枝不徒长；健康苗壮，高度适合，主侧枝分枝均匀，能够形成完美的树冠，按照设计要求对苗木的树形、姿态、冠幅、胸径、高度等严格把关。

（2）苗木栽植。

苗木栽植是绿化工程的最主要工序。树木补植严格核对苗木品种和数量并应符合设计要求的规格品种。

树木补植前先对苗木进行自检，其次报请工程师进行抽检，不合格的苗木不能使用；然后按照设计图纸要求核对苗木品种、规格；检查种植树穴大小、深度等，对不符合根系要求的，应进行修整。

种植时选好原有主要观赏面的方向，并照顾朝阳面，树弯应尽量迎风，种植时要扶正栽植，树冠主尖与根在同一垂直线上，并将树形丰满的观赏面应着主要方向。

(3) 扶架、浇水、施肥。

①扶架：苗木栽植的同时按设计要求或验收规范进行扶架。根据工程中苗木的特点，乔木胸径大于 7cm 时一般选用 8cm 松木杆，采用四脚桩扶架。

②浇水：确保土壤适当的湿度，使苗木具有良好的生长条件，树木需浇水。在定植初期为了养根保活，必须勤浇透浇，以加速根系与土壤的结合，促进根系生长保证成活，一般浇三遍水，第一遍水量不宜过大，水流要缓慢，使土下沉。如穴土沉陷、大树倾斜，及时扶正培土。栽后 5d 内完成第二遍水，此两遍水量要足，每次浇水后注意整堰，填土堵漏。连浇两遍透水后进行封穴处理。10d 内完成第三遍水，遇到干旱天气时，增加浇水的遍数，如果浇水后出现土壤沉陷致使树木倾斜，及时扶正、培土；在浇水渗下后，及时封树穴。栽植后树干保湿、保温，采用草绳将树干全部包扎起来。

③施肥：初植期间不宜用肥，故在树木栽植时，树穴中施用迟效基肥（如干鸡粪）。施用位置应低于土球或植物根系底部 30~40cm，施肥时应将充分腐熟的有机肥与土壤搅拌均匀，在穴底铺平再覆土一层，以防根部直接与肥接触，烧伤根系。有机肥常规施用标准为：在树穴底部施 5~6kg/m²。

4. 苗木成活率技术保证措施

为改善城市生态的目标，保证苗木成活率达到 95% 以上和以后生长良好，应采用选用观赏性好的树种，严把树穴尺寸及换土、施肥、苗木起挖、苗木运输、苗木栽植、苗木扶架标准，保证苗木良好的排水、透气、保水、保温等保活措施。

(1) 选用树种。

采用适合本地生长的树种，而且选用的树种根系发达完整，生长健壮，无病虫害，无明显机械损伤，树干挺直，树冠丰满，具有较好的观赏性。

(2) 苗木运输。

运输时注意保护树木的枝叶及土球不被破坏，苗木在装卸车时应轻抬轻放，遮盖防雨布，防止日晒失水，做好防冻工作；苗木装车时，应按车辆行驶方向将土球向前树冠向后，码放整齐；装车后将树干捆牢，并应加垫层防止磨损树干。

(3) 苗木栽植。

栽植苗木时注意核对树木的栽植位置，充分捣实树穴内的种植土。将苗木的土球放入穴中、扶正树干使其垂直并舒展根系后，分三层埋种植土；每埋一层土就要用脚将种植土踏实（或用锄把将土插紧实），直到填满穴坑。

(4) 苗木扶架。

苗木栽植时，直接栽种的高树因在树坑附近根系扎得不太深，所以比较容易被风吹倒。为了防止这类现象，必须设置树木支撑。草绳缠绕树干后与嵌入铁钉的木杆用铁丝绑实，铁丝连接，铁钉砸实。

5. 其他保活措施

(1) 排水、透气、保水措施。

根据现场具体情况，在树坪底部铺设级配砂石透水或在靠近土球处插入 2~3 条直径 8~10cm 的透气管，深埋达土球的 2/3 处，以确保树木良好的排水透气。在苗木栽植前，在树穴的中下部树根际分布区内按大于 50g/株 的量注入保水剂，并与种植土混合均匀后立即栽植，栽植后浇透水，并根据树种和天气情况进行喷雾保湿或树干包裹。

(2) 保温措施。

移植后根据天气情况采取相应的措施。树木栽植封穴后，用薄膜将树穴覆盖，土壤干旱时及时浇水。

(3) 带土球树木栽植。

所有补植的苗木均应带土球保护，如果反季节栽植，为了保证苗木成活，所有苗木的土球均增大 20cm。

6.9 机电工程

6.9.1 工程概况

机电工程主要分为监控设施，收费设施，供电、照明设施等。

6.9.2 监控设施

6.9.2.1 施工工艺流程

监控外场设备安装→监控中心设备安装→监控软件调试→验收。

6.9.2.2 施工方法

1. 基础施工

(1) 按照设计图纸设计位置及规格尺寸，准确定位、画线。在制作摄像机基础时，可在距通信手孔一定范围内选择最佳位置。

(2) 先施工保护接地系统，保护接地电阻阻值原则上必须小于4Ω。

(3) 按照画线位置、尺寸要求采用明挖法开挖，对土层基底进行整平、夯实，控制好标高。

(4) 按照设计图纸要求进行钢筋绑扎、支模。模板要按基础规格配齐，支模前对模板认真进行处理，预埋基础螺栓、锚板、法兰盘穿线管必须按设计图纸的规格、型号、数量及位置尺寸进行预埋且固定好，接地极需要与螺栓焊接。

(5) 浇筑基础混凝土，浇筑24h后可以拆模，不能损坏基础并对基础的缺陷进行修补，确保养护期后可以进行设备安装。

(6) 现场清理，做到文明施工。

2. 电力电缆施工

(1) 现场勘察敷设线路，根据所设计的路线对路由进行测量，根据现场实际情况做适当预留进行电缆配盘。

(2) 电缆沟的开挖达到施工图设计要求。

(3) 对电缆进行导通性和绝缘性测试。

(4) 电缆敷设，监控外场设备配电电缆以直埋方式敷设，用素混凝土包封，在过构造物或护坡时穿镀锌钢管保护；确保在电缆或电缆管未敷设之前电缆沟水平，沟内没有松土、石头、水；当有两根以上的电缆在电缆沟内埋设时，应按电缆的电流额定值，以一定的间距分开，并应采取相应的电流规则中所指定的最小间距；电缆的敷设应在0℃以上的环境下进行。地下直埋的铠装电缆的埋设深度不应小于700mm，且应采用电缆敷盖板的方法加以保护，埋设电缆的沟底应铺有100mm的沙层或细土。铺好电缆后，必须再铺盖100mm的沙层或细土，用筛孔小于13mm的格网筛筛选沙层或细土，颗粒中保证没有卵石或小石头，电缆板敷盖在全线的电缆上；当调整电缆沟深度以适应电缆或电缆管进出时，调整应平缓，并且坡度不应大于1∶5。

(5) 终端电缆头制作，室外制作电缆终端头与中间接头时，防止尘埃、杂物落入绝缘内，严禁在雾或雨中施工，低压电缆终端头采用绝缘胶带包扎密封。

(6) 制作电缆标牌，标明电缆编号、型号规格、实际长度，起始端和终端的标签，标签挂在电缆两端，要防腐防水，对电缆管道、沟孔洞进行封堵。

3. 摄像机安装施工

(1) 清洁基础法兰上的地脚螺栓，设置施工标志。安装线缆，保证电缆有足够松弛度，在旋转机构正常移动摄像机防护罩时，电缆和电缆端子不受拉张影响，所有外露线缆均穿保护套管，进出线缆端子为密封型。摄像机左右立柱杆用吊车起吊，下法兰与基础法兰平面贴合，用螺栓固紧法兰，立柱顶部设避雷针，立柱底法兰盘与联合接地网引线良好连接，并做好防腐处理，联合接地网电阻不大于 4Ω。

（2）先对云台进行功能测试，确保工作正常。再利用柱形适配器安装摄像机护罩、云台，确保能最大限度地保证监控视角。摄像机防护罩和云台牢固安装在支撑杆顶部，使之能在摄像机防护罩处于最大额定风速之下，从监视器看不出摄像机有明显抖动现象。最后通电检测，控制镜头与云台。

4. 微波车辆检测器安装施工

（1）组装固定支架并安装在立柱上，填充绝缘密封胶。

（2）运用升降车在固定支架上安装微波车辆检测器，调整角度，确保安装牢固。

（3）连接线缆，通电检测再进行功能检测。

6.9.2.3 收费设施

1. 施工工艺流程

基础工程→系统供电、接地工程→车道设备安装→收费站监控室设备安装→收费分中心计算机系统、对讲系统、闭路电视系统、电源系统的安装→车道收费系统调试→收费站系统调试→收费分中心系统调试→收费系统联调→验收。

2. 施工方法

（1）基础工程、系统供电、接地工程施工参照监控设施相应施工方法按照设计图纸要求进行。

（2）收费车道设备安装。

①收费操作台安装在收费亭内，收费员面对来车方向。操作台考虑收费员工作的舒适性及方便性，考虑设备的散热，特别是车道工控计算机的散热。

②手动及自动栏杆安装时，先按图纸现场勘查测量，确定栏杆的安装位置，准备必要的支架、吊架。栏杆安装在车道出入口处，再在收费岛基础上配打膨胀螺栓孔，用膨胀螺栓固定，控制线缆通过预埋管道到收费操作台。手动栏杆安装在收费岛的前端，由收费员操纵。

③车辆检测器安装时，车辆检测器埋设于车道栏杆下，连接线缆通过预埋管道到收费操作台。

④对讲装置含对讲话筒、按键。对讲机按图布设，安装牢固、整洁、美观，线槽走向合理、美观、不外露；标志铭牌正确、完整。

⑤收费车道雨棚信号灯安装时，首先，信号灯安装定位，收费车道雨棚灯安装在车道入口，雨棚上方为进入收费站的车辆指示该车道工作状况；其次，安装信号灯支架，如果预埋件生锈，需先进行防锈处理；最后，安装信号灯，紧固信号灯与支架的连接，并按设计要求调整信号灯角度。

（3）闭路电视监控系统施工方案。

①车道摄像机安装在车道出入口前方的收费岛上，镜头对准正在通过收费车道的车辆。安装要牢固，在 45m/s 风速下不破坏、不摇晃。视频电缆和电源电缆经立柱顺钢管到收费岛预埋管道到收费室和收费站。

②收费亭摄像机安装在收费亭内，镜头对准正在操作的收费员的工作位置，其连接线缆顺墙到操作台线缆转接板。

③收费额显示器安装在收费亭外侧墙上，要让各种车辆司机都能看到。显示器到操作台的电缆路由可根据收费亭的结构具体情况确定，尽量不走明线。

6.9.2.4 供电、照明设施

1. 施工工艺流程

（1）供电设施施工工艺流程为：箱柜测试、定位→箱柜及设备的间隔尺寸核对→高低压开关柜安装→UPS电源设备安装→变压器安装、电箱安装→电缆敷设→机电系统总配安装→系统调试→验收。

（2）照明设施施工工艺流程为：路灯灯杆基础制作→桥架的安装→电缆的敷设和测试→路灯照明

系统安装与调试→路灯的接地制作和测试→验收。

2. 施工方法

(1) 基础工程与防雷接地施工。

①高杆灯基础、箱式电站基础、智能照明配电控柜基础等按照施工图纸要求进行施工，并达到设计要求。

②防雷与接地要求应符合设计和规范要求，根据地理环境和土质条件合理选择接地体的埋设位置和数量，确保接地系统的可靠性。如果接地电阻超标，应补接地极或采取降阻技术措施。

③接地线采用镀锌扁钢，接地体采用镀锌角钢。扁钢的搭接长度和焊接方法应符合规范要求，角钢的长度和打入深度应符合设计图纸要求。

(2) 电缆敷设施工。

①根据设计路线对路由进行测量，根据现场实际情况做适当预留进行电缆配盘。

②电缆沟的开挖，按敷设路由开挖电缆沟并达到施工图设计要求。

③电缆到货后，要对电缆进行导通与绝缘电阻的测试，并做测试记录。

④首先将直埋用的电缆沟铲平夯实，再铺一层厚度不小于100mm的砂层或软土；电缆敷设时应整理整齐，不相互交叉重叠，以便于电缆的散热。

⑤电缆整理好后，对其覆盖时，和下部一样，上部也应铺厚度不小于100mm的砂层或软土层，并加盖红砖。

⑥向电缆沟内回填土，并分层夯实。

⑦按设计要求对电缆端头进行制作，电缆标牌制作要防腐防水，对电缆管道、沟孔洞进行封堵。

(3) 箱式电站配电柜、仪表盘的施工。

①各配电柜等按功能不同，分别设置短路、过流、零序电流等保护装置，并通过低压监控单元或接口单元上传至中央控制室统一监控。

②箱式电站配电柜、仪表盘的安装必须在室内装饰工程和室内地坪完成之后进行。

③箱式电站牢固安装在基础上，柜、盘安装必须牢固，连接紧密，并与地面垂直。

④配电柜、仪表盘、控制柜必须有良好的接地。安装好的柜、盘要求其盘面油漆完好；回路名称及部件强度等级齐全正确，柜内外清洁。柜、盘尽量装在非震动场所。柜、盘的电源进线及母线的连接按规范及国际通行的相色标示，相序正确一致，在低压双投电源柜中保证进线电源的对称性。母线安装应符合《电气装置安装工程母线装置施工及验收规范》(GB 50149—2010) 技术标准。

⑤二次回路的检查、送电及功能测试按原理图、元件布置图、接线图进行初审，合格后检查电气回路，信号回路接线牢固可靠，并进行送电前的绝缘电阻测试检查，必须达到5MΩ以上，然后按前后调试顺序分段、分路试通及测试每路的功能。

(4) 照明设施安装施工。

①灯具底座位置测量。

②安装底座。先根据灯具底座的安装孔间距尺寸，利用镀锡铁片做出一个画线模型，根据底座中心点和中心线，画出钻孔位置，利用模型钻孔。

③灯具与底座连接牢固后，利用灯具底座调节螺栓并按照设计及实际配光要求调整灯具的俯仰角。灯具接线盒按要求固定在灯具同一侧，并且距灯具的位置一致，高度一致。

④灯具安装完毕后进行送电运行。

⑤系统联调和联网调试。

7 冬雨期和特殊时期施工安排

7.1 冬季施工安排

7.1.1 混凝土工程

1. 混凝土搅拌

在冬季施工前加强与混凝土拌和站的联系，向混凝土供应商提出明确要求，冬季施工必须添加防冻剂，并通过实验室试验，验证混凝土的初凝时间、坍落度等来判断其外加防冻剂的掺量是否合理。

2. 混凝土运输

混凝土采用罐车运输，混凝土的运输过程力求快装快卸，避免途中转运或受阻，避免在交通拥挤或道路不畅的情况下进行。混凝土进场时应安排专人检查混凝土外观质量，入场混凝土不得有表层冻结、混凝土离析、水泥砂浆流失等现象。为保证混凝土的入模温度及混凝土质量，项目上安排专人对混凝土拌和站进行不定期检查，混凝土灌注方量超过 $50m^3$ 时，项目经理部派一名技术干部到混凝土拌和站现场值班，检查混凝土冬季施工措施执行情况。

3. 混凝土浇筑

现场浇灌混凝土前做好以下施工准备：泵车架设、振捣棒试运转、保温材料准备、施工用刮杠、铁锹等常用工具现场备用，减少工序衔接间隔时间，保证混凝土施工一气呵成。

浇灌时采用快铺料、及时振捣、及时覆盖的快速施工法。雪天及大风天气禁止浇筑混凝土。

混凝土浇筑应避开最低温度，尽量控制在白天气温较高时浇筑。确保混凝土入模温度不低于5℃。浇筑混凝土前，现场负责人检查准备工作，确定无误经批准后，方可进行混凝土浇筑。

遇雪天，在绑扎完毕的钢筋及正在绑扎的钢筋上加盖塑料布或彩条布，防止钢筋内积雪结冰。若有积雪或结冰，应用空压机吹扫干净方可浇灌混凝土。

混凝土浇筑过程中如突遇降雪、刮风，立即按规范要求在最近的位置留出施工缝。混凝土浇筑完成后，要及时收面，并依次覆盖塑料薄膜、土工布等，当温度低于－3℃时，加铺草编被。已浇筑层的混凝土温度在未被上层混凝土覆盖前不低于2℃。

4. 混凝土养护

养护措施十分关键，正确的养护能避免混凝土产生不必要的温度收缩裂缝和受冻。冬季施工期间混凝土养护采用保温养护。在新浇筑的混凝土表面先覆盖一层塑料布，再覆盖其他保温覆盖材料，保温材料上严禁洒水。拆模后混凝土表面温度与外界温差大于15℃时，在混凝土表面，必须继续覆盖保温材料。保温完毕，现场质检工程师要认真检查。同时应设专职值班人员巡查保温覆盖情况，防止被风吹坏覆盖层等情况发生。

5. 模板拆除

根据与结构同条件养护试件的试验，证明混凝土已达到要求的抗冻强度及拆模强度后，模板方可拆除。

在拆模时，尽量选择在中午气温较高时进行，混凝土与外界气温差值不得大于15℃，当温差在10℃以上但低于15℃时，拆除后的混凝土表面应加以覆盖，使其缓慢冷却。拆模后所有外露面按上述保温养护措施重新进行养护。当养护完毕后环境气温仍在 0℃以下时，应待混凝土冷却至5℃以下且混凝土与环境之间温差不大于15℃后方可拆除模板。

为防止混凝土表层温度骤降引起收缩开裂和失水过多引起干缩开裂，尽量延长混凝土带模保湿保温养护时间，在拆模过程中要及时对混凝土采取保湿保温养护措施。

6. 温度检测及监控

(1) 建立温度监控体系，对施工环境温度、原材料温度、混凝土拌和温度、混凝土入模温度、混凝土养护温度等进行监测，所有测温活动均应详细记录，并按顺序、时间、部门整理成册，针对温度变化情况，适时调整防寒保温措施。

(2) 混凝土养护温度的检测次数应满足：采用蓄热养护时，在养护期间至少每6h检测1次；室外气温和施工环境温度应每昼夜定时定点检测4次。

(3) 混凝土养护温度的检测方法应满足：在结构物隅角、凸出、迎风和细薄部位应均匀留置测温孔。检测混凝土温度时，温度计不应受外界气温的影响，并应在测温孔内至少留置3min。根据工地条件，可采用热敏电阻、热电偶等预埋式温度计检测混凝土温度。

(4) 冬季施工的混凝土除应按一般规定制作标准混凝土试件外，尚应根据养护、拆模和承受荷载的需要，增加与结构同条件的施工试件至少2组，此种试件应在解冻后，方可试压。

7. 注意事项

(1) 混凝土在运输过程中要快捷，缩短运输时间。

(2) 混凝土浇筑后，用塑料薄膜、土工布、彩条布等覆盖，减少热量散失，防止混凝土在凝固过程中冻裂。

(3) 高度重视冬季施工的组织管理。应根据各单项工程特点制订具体实施方案，进行施工工艺设计。切实落实各项冬季施工方案和措施，保证施工安全和工程质量。

(4) 冬季施工领导小组应确实做好冬季混凝土施工的质量控制工作，把好混凝土施工控制关、监督关、检查关。

(5) 施工过程中如发现混凝土施工措施不到位导致质量事故发生，将严厉追究相关责任人责任。

(6) 在混凝土中添加防冻剂时，必须慎重，应注意以下几点。

a. 应选用与减水剂相容性特别良好的非氯盐专用防冻剂，防止氯盐对混凝土中钢筋的锈蚀。

b. 应以浇筑后5d内的预计日最低气温来选用防冻剂，并且掺有防冻剂的混凝土的起始养护温度不得低于5℃。

c. 掺防冻剂的混凝土配合比必须经试验确认符合相关要求后才能使用。

d. 掺防冻剂的混凝土用于不易加热保温，且对强度增长要求不高的一般混凝土结构工程。

e. 掺用防冻剂的混凝土的养护温度不得低于防冻剂规定的温度，且拆除后当混凝土正反面与环境气温差值大于15℃时，仍应对混凝土表面采取覆盖保温措施。

f. 加强对商品混凝土拌和站所用骨料的检查，防止夹有冰雪和冻结。加强对混凝土拌和物性能和入模温度的检测和控制，不满足要求的一律退回。

7.1.2 钢筋工程

(1) 钢筋原材料及加工好的半成品堆码在指定的半成品堆放场，必须离地面10cm以上，钢筋材料使用前应将钢筋的表面清理干净，暂不使用或半成品的钢筋要用彩条布遮盖严实，避免积雪结冰。

(2) 钢筋工程的焊接一般采用搭接焊连接和机械连接。焊工必须有特殊工种操作合格证，冬季焊接施工部位需采取围挡措施，现场制作钢筋加工棚，必要时在加工棚四周架设围挡遮蔽风雨。严禁焊接过程直接接触冰雪，保证焊接部位缓慢冷却，防止焊接完毕后接头温度下降过快，造成冷脆，影响焊接质量。在大面积焊接前，应先进行试焊，经检验合格后，方可进入实际现场具体施工点施焊，并应根据施工气候状况进行焊接工艺参数调整。

①钢筋电弧焊。

根据钢筋级别、直径、接头形式和焊接位置，选择适宜的焊条直径和焊接电流，焊接时，宜采用多层控温施焊工艺，既要防止焊后冷却速度过快，也要防止接头过热。焊接工艺应符合下列要求。

进行搭接平焊时，第一层焊缝先从中间引弧，再向两端运弧，立焊时先从中间向上方运弧再从下端向中间运弧，以使接头端部的钢筋达到一定的预热效果。第一层行弧应有足够的熔深，主焊缝与定位焊缝，特别是在定位焊缝的始端与终端，应熔合良好。在以后各层焊缝焊接时，采取分层控温施焊，以起到缓冷的作用。焊缝接头进行多层施焊时，采用"回火焊道施焊法"，即最后回火焊道的长度比前层焊道在两端各缩短4～6mm。

焊接后焊缝表面平整，不得有较大的凹陷、焊瘤。接头处不得有裂纹。咬边深度、气孔、夹渣的数量和大小以及接头尺寸偏差，不得超过规定的值。

②机械连接。

冬季施工机械连接，加工钢筋机械连接接头加工的环境低于0℃时，在水溶性切削润滑液中掺入15～20℃亚硝酸钠，不得使用机油代替润滑液或不加润滑液就进行剥肋套丝。

7.1.3 桥梁施工

冬季施工期间，外露结构物混凝土施工时应做好混凝土的防冻工作，在混凝土的抗压强度达到40%及5MPa前，不得受冻；具体可采用覆盖保温、延长拆模时间、掺加防冻剂等措施，并严格按规范进行施工。

1. 混凝土浇筑结束后

采用土工布包裹覆盖，上覆油布或彩条布，利用混凝土原有热量及硬化过程中的水化热进行蓄热法养护；蓄热养护期间混凝土表面温度不得低于5℃。

（1）灌注桩冬期施工主要是保证混凝土灌注时不冻结，能顺利灌注，一般情况下不需要养护，只有在桩头露出水面及地面时才进行桩头混凝土的覆盖保温养护。

（2）系梁、立柱浇筑完成后采用土工布或彩条布对混凝土外露表面及模板进行覆盖，待拆模后及时对系梁进行回填，立柱用塑料薄膜包裹继续养护。

（3）盖梁的高度较大，受风力影响较大，浇筑完成后及时用土工布加彩条布对盖梁顶面及侧模进行严实包裹降低透风系数，必要时盖梁顶面覆盖草席，以增大保温层厚度。

2. 掺加防冻剂混凝土的养护

（1）混凝土外露表面采用土工布加彩条布进行覆盖，在负温情况下不得浇水养护。

（2）混凝土养护初期的温度，不得低于防冻剂规定的温度，当达不到规定的温度，且混凝土强度小于3.5MPa时要采取保温措施，使混凝土温度不低于防冻剂规定的温度。

（3）混凝土拆模。

混凝土拆模强度要求：侧模在混凝土强度达到2.5MPa以上，且其表面及棱角不因拆模而受损时，方可拆模；盖梁等承重梁底模应在混凝土强度达到设计强度的75%以上时方可拆模。

拆模时混凝土与环境的温差不得大于15℃，当温差在15℃以上时，拆除模板后立即在混凝土表面采取覆盖措施。

3. 钢绞线的张拉

张拉油泵及千斤顶用油必须有低凝油，在操作中油泵要断续开停几次，再令其正常运转。

钢绞线的张拉设备以及仪表工作油液应根据使用时的环境温度选用，并应在使用时的环境温度条件下进行配套校验。如张拉伸长值与计算值相差超过允许范围时进行重新标定。同时张拉钢绞线时温度不得低于−15℃。

4. 压浆

预应力混凝土的孔道压浆应在正温下进行。压浆过程中及压浆后48h内，结构混凝土的温度不得低于 5℃。否则应采取保温措施。

5. 温度检测及监控

气温、原材料和混凝土温度的测量工作应按如下规定执行。

(1) 气温的测量，每昼夜 8 点、12 点、14 点、20 点共测 4 次。

(2) 对拌和材料和防冻剂温度的测量，每工作班不少于 3 次。

(3) 对出搅拌机时混凝土拌和物的温度，至少每 2h 测量一次。

(4) 对灌注前和振捣完毕的温度，至少每 2h 测量一次。

(5) 对养护期间混凝土温度的测量：在终凝前，前 3d 每 2h 测一次，以后每昼夜进行 2 次测温。

(6) 在超过养护期后，混凝土温度可以在气温发生大变化时抽测。

(7) 为了测量混凝土内部的温度，应在浇灌混凝土时预埋一些一端封的闭温管，并立即加以覆盖，以免受外界气温影响，温度计在管中停留 5min，然后取出，迅速记下温度。

(8) 测温孔应设在混凝土温度较低和有代表性的地方。

(9) 所有测温孔应编号，应绘制测温孔布置图。测温人员应同时检查覆盖保温情况，并了解结构的灌注日期、养护期限以及混凝土的允许最低温度。如发现问题，应立即通知有关人员，以便及时采取措施，加强保温或局部进行短时加热。

6. 混凝土试件和强度检验

混凝土冬季施工时，除留标准养护试件外，制取与现场混凝土同条件养护的试件，同时制取与混凝土同条件养护后在标准条件下养护到 28d 的试件，以检查混凝土的 28d 强度。

7.1.4 隧道施工

1. 混凝土冬季施工措施

(1) 合理选择外加剂种类和掺量。

外加剂的种类和掺量对工程质量、工程进度和工法的实施效果都起决定性作用，是关键因素。

(2) 原材料必须预热保温。

采用燃油型热风机提前预热砂、碎石，预热温度由设计熟料出机温度（不小于 7℃）经热工计算确定，但不宜低于 5℃，也不宜高于 40℃。

(3) 水预热是混凝土冬期施工的关键工序。衬砌混凝土采用锅炉预热，温度由热工计算确定，但不宜高于 60℃。喷混凝土用水采用锅炉加热，温度控制在 30℃左右。

(4) 加强施工过程和养护期间的防冻。提高混凝土出机温度，运输容器敷设保温材料，浇筑现场防风、混凝土熟料尽快入模，防止热量散失，保证入模温度不低于 5℃。尽可能提高环境温度、模板外敷设石棉电热毯、延长模养时间、混凝土未达到抗冻临界强度（5MPa）前不得拆模。

(5) 严格控制水灰比。

水灰比不宜大于 0.5，最高不超过 0.55，防止过多游离水结冰膨胀破坏混凝土。

(6) 增大密实度。

加强捣固，必要时掺加混凝土密实剂，从而增大混凝土的密实度，减少毛细孔，防止毛细孔积水、透水结冰膨胀破坏混凝土。

(7) 做好衬砌防排水工作。

根据地下水出露情况，设置排水盲沟；衬砌背后设置防水板；衬砌混凝土防渗强度等级不小于 S8，必要时掺加防水剂；防止地下水渗入而结冰膨胀破坏混凝土。

(8) 精心选择配合比。

(9) 混凝土浇筑。

混凝土浇筑前，清洁模板及钢筋。当环境气温低于 −10℃时，将直径大于或等于 25mm 的钢筋和金属预埋件加热至正温。混凝土应采用分层连续的方法浇筑，分层厚度不得小于 20cm。采用加热养护的整体结构,当混凝土的养护温度高于40℃时,应预先安排混凝土的浇筑顺序和施工缝的位置。喷射混凝土作业区的环境气温和进入喷射机的材料温度不低于5℃。已喷射混凝土的强度未达到5MPa前不得受冻。在洞内采用无烟煤火炉生火使环境升温,任何情况下,混凝土的浇筑温度均不得低于5℃。

(10) 混凝土养护与拆模。

混凝土开始养护时的温度应按施工方案通过热工计算确定,但不得低于5℃,细薄截面结构不宜低于10℃。混凝土与环境温差不得大于15℃。当温差在10℃以上,但低于15℃时,拆除模板后的混凝土表面采取临时覆盖措施。拆模时,混凝土强度要符合设计及规范的规定。

(11) 温度检测及监控。

建立温度监测体系,对施工环境温度、原材料温度、混凝土拌和料温度、混凝土入模温度、混凝土养护温度等进行监测。

(12) 冬季施工的混凝土除应按一般规定制作标准混凝土试件外,尚应根据养护、拆模和承受荷载的需要,增加与结构同条件的施工试件不少于2组,此种试件应在解冻后方可试压。

2. 其他防护保障

(1) 所有机械要加防冻液,运输设备安装防滑链,保证机械每天正常运转。

(2) 对便道进行维护,下雪时确保车辆运行不受影响。

7.2 雨期施工安排

(1) 项目经理部实行雨期干部值班制度,设兼职气象员负责搜集各级气象预报部门的气象资料,把天气预报情况与施工安排结合起来,为保证雨期施工的质量、安全、工期等做好信息保证。

(2) 进入雨期前,要详细调查施工范围内沟渠的来龙去脉,对进入施工现场的沟渠要进行截流,保证下雨时雨水不会汇流到施工场地内。

(3) 雨期施工要适当缩小工作面,尤其是路基土的施工,尽量做到当天摊铺,当天碾压成形,并随时完善地表水排泄系统,保证雨后无积水现象。

(4) 开挖槽后要找好地表水的出路,做好排水沟,保证雨水能及时排出。

(5) 施工现场的所有电气设备必须设置防雨罩具及漏电防护装置,临建和堆物与高压线之间要有足够的安全距离。避免漏电伤人事故。

(6) 雨后要及时排出和清理施工现场的积水、烂泥,以保证过往施工车辆的方便与安全。

(7) 进入雨期前,应对全体职工做好雨期施工安全注意事项的专题教育,尤其是要提醒施工人员雷雨天气不要在高压杆、大树等易遭雷击的物体下面避雨。

(8) 没有碾压成型的素土遭雨淋后,碾压前要测定其含水量,必要时要翻拌晾晒,以保证路基的质量。

(9) 加强对隧道地表的观测。

(10) 雨天在没有任何遮盖设施的情况下不能进行钢材的焊接施工,同时还应满足招标文件及相应规范的要求。

(11) 雨天施工浇筑混凝土时必须进行搭棚遮盖,避免雨水进入混凝土拌和料中,影响水灰比,降低质量。雨天在浇筑中及浇筑后,对砂石材料和混凝土必须有防雨措施以保护混凝土不受雨水的不利影响。

8 主要危险源辨识、应急预案及施工风险防范

8.1 主要危险源辨识

根据项目的特点以及对施工现场危害因素的识别，对以下危险性较大的分部分项工程制定措施：路基土石方开挖，路面工程，桥梁桩基础工程、墩台工程、箱梁架设工程、悬浇梁工程、桥面工程，临时用电等。重大危险源及控制措施见表 8-1-1。

表 8-1-1 重大危险源及控制措施表

序号	事故类别	施工活动	危险源	可能导致的伤害	风险等级	管理方式及对措施
1	高处坠落	路基高边坡施工	（1）脚手架搭设不牢固； （2）临边作业不系安全带	摔伤、死亡	4	（1）严格按照方案施工； （2）作业人员持证上岗且进行安全技术交底，脚手架验收合格后，方可投入使用
2	高处坠落	桥梁下部墩柱、台身、盖梁、台帽施工	（1）护栏、爬梯、踏板配备安装不规范； （2）高空作业不系安全带	死亡、重伤	4	（1）作业场地规范设置防护栏、爬梯，个人正确使用劳动防护用品； （2）现场工人进行安全技术交底和教育培训； （3）管理人员抓好现场管理
3	高处坠落	基坑作业	存在未设置防护栏、成孔未加盖、基坑开挖未设置专门安全通道现象	摔伤、死亡	4	（1）作业场地规范设置防护栏、爬梯； （2）现场工人进行安全技术交底和教育培训； （3）管理人员抓好现场管理
4	高处坠落 物体打击 坍塌	混凝土现浇施工	（1）没有对作业人员进行安全交底； （2）支架、护栏等临时设施搭设不符合安全管理规定； （3）高大模板的安装与拆除； （4）高空（临边）作业不系安全带	砸（摔）伤、死亡	5	（1）在施工前加强对施工人员的安全基本知识教育，要求严格按技术交底内容和操作规程施工； （2）对支架、临边防护等随时检查，消除隐患； （3）严格按照施工方案进行安装拆除工作，遵守危大工程旁站制度
5	机械伤害 高处坠落	预制梁运输、架设施工	（1）现场存在违章指挥、违章作业、违反劳动纪律的现象； （2）未按照运梁方案运输，梁板侧翻； （3）安全防护设备设施配备不符合要求； （4）特种设备未检验检测合格	砸（摔）、挤伤、死亡	5	（1）在施工前加强对施工人员的安全基本知识教育，要求严格按技术交底内容和操作规程施工； （2）严格按方案进行运输及架设； （3）各种机械设备专人专机，凡属特种设备，其操作负责人要按规定每周对施工现场的所有机械设备进行检查，发现问题及隐患及时解决处理，确保机械设备的完好，防止机械伤害事故的发生
6	物体打击 起重伤害	钢筋笼吊装作业	钢筋笼吊装时起重设备、升降设备安全部件失灵	砸、挤伤、死亡	4	各种机械设备专人专机，凡属特种设备，其操作负责人要按规定每周对施工现场的所有机械设备进行检查，发现问题及隐患及时解决处理，确保机械设备的完好
7	高处坠落 物体打击	跨线施工	（1）没有对作业人员进行安全交底； （2）未及时设置安全防护与警示标志	摔伤、死亡	4	（1）在施工前加强对施工人员的安全基本知识教育，要求严格按技术交底内容和操作规程施工； （2）规范设置安全防护与警示标志，并加强监督检查，及时消除隐患

续表

序号	事故类别	施工活动	危险源	可能导致的伤害	风险等级	管理方式及对措施
8	坍塌	脚手架、支架安拆作业	未按方案施工造成脚手架杆件部分严重扭曲变形或扣件的螺栓紧固不到位	摔（砸）伤	5	（1）严格按照方案施工； （2）对工程所用的相关施工材料进行严格把关，严禁不合格材料投入使用； （3）作业人员持证上岗且进行安全技术交底，脚手架验收合格后，方可投入使用
9	坍塌	开挖深度超过5米的基坑	未编制安全专项方案或未按照方案施工	砸伤、窒息死亡	4	（1）施工前进行勘察，摸清地质情况，制订专项施工方案； （2）严格遵守施工方案要求及操作规程要求
10	冒顶片帮	隧道开挖	（1）开挖方法不符合设计或方案要求； （2）洞口边、仰坡施工防护措施不足，未做排水系统； （3）使用不符合国家规范的支架材料； （4）安全步距超标	死亡、重伤、砸伤	5	（1）严格按方案施工，加强监督检查； （2）对相关施工材料严格把关； （3）做好安全技术交底，特种作业人员持证上岗
11	触电	临时用电	（1）未按照三相五线制进行临电布设； （2）漏电保护器等用电保护装置失灵或未穿绝缘鞋	电击伤害	4	（1）设置临时用电前，按规范、标准、规定对安装作业人员进行安全技术及操作规程的交底工作； （2）施工现场供电线路实行TN-S接零保护系统，按照三相五线制进行临电布设； （3）由持证件的专职电工，负责现场临时用电管理及安装拆除
12	火药爆炸	隧道施工、路基施工、桥梁施工	（1）隧道内存放民用爆炸物品； （2）使用非专用车辆运输民用爆炸物品； （3）作业人员未持证上岗	死亡、重伤、砸伤	5	（1）隧道内严禁存放任何易燃易爆物品； （2）使用专用车辆运输爆炸物品； （3）作业人员持证上岗且进行安全技术交底

8.2 应急预案

8.2.1 应急预案组织机构

应急预案组织机构如图 8-2-1 所示。

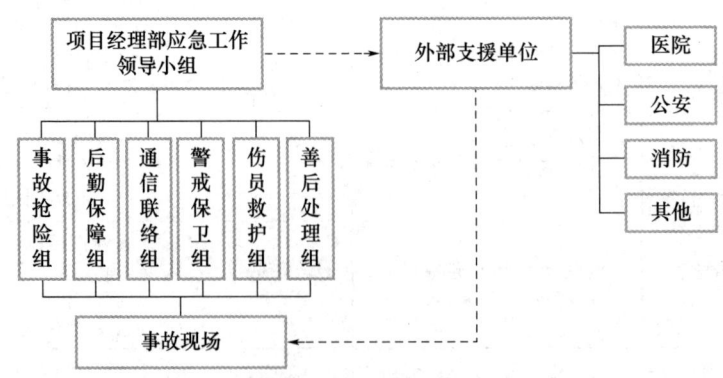

图 8-2-1 应急预案组织机构

8.2.2 各小组职责及联系方式

应急预案组织机构各小组职责及联系方式见表 8-2-1。

表 8-2-1　应急预案组织机构各小组职责及联系方式

小组名称	职责	组长及联系方式	组员及联系方式	备注
事故抢险组	组织实施抢险行动方案，协调有关部门的抢险行动及时向业主单位、公司报告抢险进展情况	×××	×××	
后勤保障组	负责协调财务保障、伤员运送保障、物资供应、车辆等保障工作，解决全体参加抢险救援工作人员的食宿问题	×××	×××	
通信联络组	负责对事故救援过程中的各职能小组进行协调指挥并做好联系社会、业主单位、公司救援力量的沟通工作	×××	×××	
警戒保卫组	保护事故现场、维护现场秩序、防止外来干扰、尽力保护事故现场人员的安全等；必要时组织人员的疏散	×××	×××	
伤员救护组	负责将事故现场的伤员情况及时报告给总指挥，按照专项应急预案中事故处置措施，对现场伤员进行简单处理（如包扎、心跳复苏等），对重伤员重点看护，条件许可下，及时送往医院	×××	×××	
善后处理组	负责做好对遇难者家属的安抚工作，协调落实遇难者家属的抚恤金和受伤人员的住院费问题；做好其他善后事宜	×××	×××	

8.2.3 应急响应程序

应急响应按下列程序和内容启动。

（1）生产安全事故应急办公室对事故信息进行分析，需处理的生产安全事故立即向生产安全事故应急管理领导小组报告，提出启动项目经理部级应急响应的建议。

（2）生产安全事故应急管理领导小组立即决定是否启动项目经理部级应急响应，如同意启动，则签发启动指令并宣布启动项目经理部级应急响应。

（3）项目经理部级应急响应启动后，生产安全事故应急管理领导小组通知事故单位应急管理机构，并根据事故情况派现场督导组，现场指导应急救援工作。各应急工作小组自动成立。

（4）项目经理部级应急响应启动后，各应急工作小组立即启动 24h 值班制，向集团公司、公司生产安全事故应急响应办公室及时续报事故信息，并按照"零报告"制度，形成每日情况简报，情况紧急时随时上报。

（5）各工作小组按照预案要求开展应急工作。

（6）协调落实其他有关事项。

发生Ⅳ级及以上事故时，项目经理部立即启动项目经理部级预案组织有关应急救援队伍和工作人员营救遇险人员，疏散、撤离、安置受到威胁的人员，控制危险源，标明危险区域，封锁危险场所，并采取其他防止危害扩大的必要措施，妥善保管有关物证，并按照规定及时报告。

事故现场有关人员应当立即报告项目负责人，项目负责人接到事故报告后立即报告所属单位负责人，并于 1h 内向事故发生地县级以上人民政府安全生产监督管理部门和负有安全生产监督管理职责的有关部门报告，同时启动应急预案，采取有效措施组织抢救，防止事故扩大，减少人员伤亡和财产损失。

报告事故应当包括下列内容。

1. 安全生产事故报告内容

(1) 事故发生单位及概况。

(2) 事故发生的时间、地点以及事故现场情况。

(3) 事故的简要经过。

(4) 事故已经造成或者可能造成的伤亡人数（包括下落不明的人数）、初步估计的直接经济损失及造成的社会影响。

(5) 已经采取的措施。

(6) 向相关单位及行政主管部门报告的情况。

(7) 其他应当报告的情况。

2. 突发环境事件和生态破坏事件报告内容

(1) 事故发生单位及概况。

(2) 事故类型，事故发生的时间、地点。

(3) 事故现场情况，发生原因、污染源、主要污染物质、人员受害情况及症状。

(4) 初步估计的直接经济损失及造成的社会影响。

(5) 已经采取的措施。

(6) 向相关单位及行政主管部门报告的情况及结案情况。

(7) 其他应当报告的情况等。

重大环境违法违规事件报告内容参照突发环境事件和生态破坏事件，应急指挥部接到事故目击者或小组成员的事故报告后，预案即为启动。

预案启动后由指挥长调配车辆，抢救组成员立即赶往事故现场，将现场情况及时汇报给应急指挥部，本着高效原则组织抢救，尽量减少事故造成的损失，抢救受伤人员。

现场发生安全生产事故，在应急小组快速组织抢救的同时，受伤者或附近人员尽力组织自救，现场人员保持头脑清醒，在第一时间施救，待抢救小组到达后提供及时、详细、准确的伤亡信息及救援措施，避免造成更大的经济、人员损失。

报告时间：事故逐级向上一级单位口头报告（如电话、短信报告）和书面报告，在事发 0.5h 内电话报告上一级单位，并在事发 1h 内书面报告上一级单位，根据应急处置情况，随时续报。

报告形式：口头报告（如电话、短信）和书面报告（传真、电子邮件等），以书面报告为准，发送传真或电子邮件时，应当确认对方已收到。

符合下列条件之一的，即满足应急终止条件。

(1) 引起事故的危险源或险情得到有效控制或消除。

(2) 现场抢救活动（包括人员搜救、处置等）已经结束。

(3) 被困人员安全离开危险区域并得到良好安置。

应急响终止程序：项目经理部级应急响满足终止条件时，由生产安全事故应急管理领导小组办公室向生产安全事故应急管理领导小组提出项目经理部级应急响终止建议；应急领导小组决定是否终止项目经理部级应急响状态，如确定终止响应，签署终止指令，并宣布解散有关应急工作小组，应急管理领导小组办公室通知有关单位。

8.2.4 应急处置措施

应急处置措施见表 8-2-2。

表 8-2-2　应急处置措施

序号	事故类型	处置措施	备注
1	物体打击	发生物体打击事故，马上组织抢救伤者，首先观察伤者的受伤情况、部位、伤害性质，如伤员发生休克，先处理休克。遇呼吸、心跳停止者，立即进行人工呼吸、胸外心脏挤压。处于休克状态的伤员要让其安静、保暖、平卧、少动，并将下肢抬高20°左右，尽快送医院进行抢救治疗	
2	坍塌事故	发生坍塌后，在造成人员被埋、被压的情况下，除立即逐级报告给主管部门之外，保护好现场，在确认不会再次发生同类事故的前提下，立即组织人员抢救受伤人员	
3	机械伤害	当施工人员发生机械伤害事故时，迅速确定事故发生的准确位置、可能波及的范围、设备损坏的程度、人员伤亡等情况，观察伤者的受伤情况、部位、伤害性质，急救人员尽快赶往出事地点	
4	高处坠落	发生高处坠落事故，马上组织抢救伤者，首先观察伤者的受伤情况、部位、伤害性质，如伤员发生休克，先处理休克。遇呼吸、心跳停止者，立即进行人工呼吸、胸外心脏挤压。处于休克状态的伤员要让其安静、保暖、平卧、少动，并将下肢抬高20°左右，尽快送医院进行抢救治疗	
5	火灾、爆炸	迅速扑灭火源和报警，及时疏散有关人员，对伤者进行救治。在扑救火灾的同时拨打"119"电话报警和及时向上级有关部门及领导报告	
6	山体滑坡、洪水、泥石流	当预报的洪水和泥石流有可能会对施工现场的设施、设备物资造成危害时，组织人员对不能撤离的设施（如便桥、龙门吊、架桥机、拌和设备、钻机等）进行加固，拆除电脑、电机等部件；将车辆设备撤离现场，尽可能地将各类物资撤离现场，在洪峰到来前至少10h将全部人员撤离安全区	
7	触电	首先要尽快使触电者脱离电源，然后根据触电者的具体症状进行对症施救。触电者未失去知觉时，让触电者在比较干燥、通风暖和的地方静卧休息，并派人严密观察，同时请医生前来或送往医院诊治。触电者已失去知觉时，使其舒适地平卧，解开衣服以利呼吸，四周不要围人，保持空气流通，冷天注意保暖，同时立即请医生前来或送医院诊治。若发现触电者呼吸困难或心跳失常，立即进行人工呼吸及胸外心脏挤压	

8.2.5　主要应急物资设备

主要应急物资设备见表 8-2-3。

表 8-2-3　主要应急物资设备

序号	应急物资类别	应急物资名称	型号	数量	单位	拥有单位	存放地点
1	工程设备类	挖掘机	×××	×××	台	项目部	×××
2		装载机	×××	×××	台	项目部	×××
3		挖掘机	×××	×××	台	项目部	×××
4	防护用品类	绝缘手套		×××	双	项目部	×××
5		反光背心		×××	件	项目部	×××
6		雨鞋		×××	双	项目部	×××
7		雨衣		×××	件	项目部	×××
8		救生圈		×××	个	项目部	×××
9		救生衣		×××	件	项目部	×××
10		救生绳		×××	米	项目部	×××

续表

序号	应急物资类别	应急物资名称	型号	数量	单位	拥有单位	存放地点
11	五金材料及急救物品	担架		×××	副	项目部	×××
12		医药箱		×××	箱	项目部	×××
13		铁镐		×××	把	项目部	×××
14		大锤		×××	把	项目部	×××
15		氧气袋		×××	个	项目部	×××
16	消防设施、设备	灭火器		×××	个	项目部	×××
17		消防铲		×××	把	项目部	×××
18		消防斧		×××	把	项目部	×××

8.2.6 应急救援措施

（1）事故发生初期，事故现场人员应积极采取应急自救措施，同时启动施工现场应急救援预案，实施现场抢险，防止事故的扩大。

（2）安全事故应急救援预案启动后，应急救援小组立即投入运作，组长及各成员应迅速到位履行职责，及时组织实施事故应急救援预案，并随时将事故抢险情况报告上级。

（3）事故发生后，在第一时间抢救受伤人员，这是抢险救援的重中之重。保卫部门应加强事故现场安全保卫、治安管理和交通疏导工作，预防和制止各种破坏活动，维护社会治安，对肇事者等有关人员应采取监控措施，防止逃逸。

（4）当有重伤人员出现时，救援小组应及时提供救护所需药品，利用现有医疗设施抢救伤员。同时拨打急救电话"120"呼叫医疗援助。其他相关部门应做好抢救配合工作。

8.2.7 应急救援预案清单

与项目有关主要安全紧急事故如下。

（1）坍塌。

（2）梁体浇筑、安装施工人员安全。

（3）高空作业安全。

（4）漏电触电危及人员安全。

（5）高温中暑。

（6）暴力干扰工程施工导致人员伤亡。

针对以上主要风险源，应急预案清单见表8-2-4。

表8-2-4 应急预案清单

序号	预案名称	备注
1	生产安全事故应急救援综合预案	
2	道路交通事故专项应急救援预案	
3	物体打击事故专项应急救援预案	
4	食物中毒事故专项应急救援预案	
5	防坍塌事故专项应急救援预案	
6	机械伤害事故专项应急救援预案	
7	火灾、爆炸事故专项应急预案	
8	高处坠落事故专项应急救援预案	

续表

序号	预案名称	备注
9	触电事故专项应急救援预案	
10	环境污染事故专项应急救援预案	
11	起重伤害事故专项应急预案	
12	现场处置方案	

8.2.8 应急救援培训与演练

项目根据重大危险源情况，每年至少组织两次应急演练。演练通过桌面推演、实战演习等多种形式开展，解决操作性、针对性、协同配合等问题，提升快速反应能力、应急救援能力和协同作战能力。各类演练均制订演练计划，对演练情况进行总结和评价，每次演练做好记录。根据演练的情况对应急救援预案进行评审，根据需要对预案进行修订和完善。

9 质量保证措施

9.1 质量管理组织机构

9.1.1 质量管理机构

为加强施工质量管理,做好技术先行,项目成立以项目经理、党支部书记为组长,项目总工程师、项目副总工程师、生产经理及其他班子成员为副组长,各职能部门及现场管理人员为组员的质量管理组织机构,明确各级管理职责,建立健全质量管理体系,并建立严格的考核制度。质量管理领导小组成员组成如下。

组长:×××。

副组长:×××、×××、×××。

组员:各部门负责人、质检工程师、专业工程师、试验负责人、测量负责人、现场技术员、资料员。

9.1.2 质量职责和权限

项目部项目经理对施工质量负主要领导责任,分管质量工作的班子成员负直接领导责任,其他班子成员对各自分管范围的质量工作负直接责任。

根据项目部主要领导、部门及岗位的工作范围,质量责任如下。

1. 项目经理的质量责任

(1) 项目经理是工程质量第一责任人,对所承建的工程质量负总责。

(2) 贯彻执行国家有关质量工作的法律、法规、政策、标准、规范以及公司质量方针、目标及管理制度,接受上级质量管理部门的工作指导。

(3) 组织建立质量管理体系,合理进行资源(人员、设备、资金等)配备,使体系有效运行,并在运行中不断改进。

(4) 根据公司质量方针目标,组织编制项目工程质量计划和具体实施措施。

(5) 组织编写项目施工组织设计,保证控制质量所需的资源配置。

(6) 指定并授权项目部领导班子成员负责质量管理日常工作。

(7) 负责加强全面质量管理,处理好成本、进度与质量的关系,在确保质量的前提下抓好进度和成本管理。

(8) 主持建立项目的激励机制,组织制定项目具体的质量奖罚办法。

2. 项目党支部书记的质量责任

(1) 项目党支部书记按照"党政同责"的原则,对项目质量管理工作负领导责任。

(2) 贯彻、执行党和国家的质量方针、政策、法令、法规及股份公司、集团公司、公司、项目部相关质量管理制度。

(3) 坚持"百年大计、质量第一"的方针,把确保工程质量作为思想政治工作的重点,发挥党组织的质量监督保障作用。

(4) 负责组织全员质量意识教育,监督落实质量培训计划。

(5) 参加或主持项目质量例会，总结项目质量工作情况，研究解决项目存在的重要的质量问题。

(6) 负责工程质量方面的对内对外宣传工作。

(7) 指导、协调工会、共青团组织开展群众性质量管理活动。

(8) 及时、如实报告施工质量事故。组织事故抢险和救援，配合事故的调查和处理。

3. 项目总工程师的质量责任

(1) 在项目经理领导下负责技术质量管理工作，对所承建的工程质量负全面技术责任。

(2) 主持编制项目施工组织设计和质量计划书，并组织贯彻施行。

(3) 负责制定质量创优技术措施并指导现场实施。

(4) 督促项目技术人员执行质量相关管理制度，对发现的问题及时采取纠正和预防措施，避免质量问题或事故重复发生。

(5) 组织编制关键工序和特殊过程作业指导书，明确相应的质量保证措施、检测和监控的方法。

(6) 负责计量管理工作，确保试验、测量设备满足预期使用要求，测量、试验数据准确可靠。

(7) 负责组织技术交底工作，明确质量职责和具体工艺要求。

(8) 审定质检、测量、试验方面的检测成果和试验报告。

(9) 审定推广新技术、新工艺、新材料、新设备的实施方案。

(10) 参加质量分析会并对质量问题提出技术解决措施；参与质量事故调查分析工作；参与工程质量验收工作。

4. 生产经理的质量责任

(1) 负责质量目标实施计划及创优规划中资源配备、现场质量职责和控制措施的落实。

(2) 参与编制工程适用的作业指导书、操作规程等施工指导文件。

(3) 对关键工序和特殊过程的施工实行重点管理和指导，保证工程质量受控。

(4) 督促劳务队伍按照项目质量管理体系要求进行施工。

(5) 按照业主单位对施工质量的意见和要求，组织落实改进措施。

(6) 参与质量事故或问题的调查处理。

(7) 参与工程质量验收。

5. 项目经理部各职能部门的质量职责

项目经理部各部门在项目经理和主管领导的领导下，根据国家有关法律、法规、标准和规范以及集团公司、公司和业主单位有关制度，开展质量活动，主要职责如下。

(1) 工程管理部的质量责任。

①贯彻执行国家及行业有关质量的法律、法规、标准、规范及集团公司、公司和业主单位有关质量管理制度。

②加强对施工全过程的技术质量控制，负责对已完分包工程的实际数量进行确认，作为控制分包工程结算进度的参考依据。

③认真贯彻执行分部或分项工程质量保证措施以及冬雨期施工的质量保证措施。落实创优策划、方案及措施。

④对已完工序、工程及时向技术质量部和监理单位进行报验，配合监理工程师做好检验、签认工作。

⑤参加项目月度质量检查和质量分析会，及时消除质量隐患，杜绝质量事故。发生质量事故时及时上报。

⑥参加上级单位组织的质量检查活动和发包方组织的交工验收工作，配合监理工程师进行质量检查和中间交工验收。

⑦负责施工过程质量检查，检查指导班组进行质量自检、互检、交接检工作。

(2) 技术质量部的质量责任。

①贯彻执行国家及行业有关质量的法律、法规、标准、规范及集团公司、公司和业主单位有关质

量管理制度。

②负责项目的工程施工质量管理工作，协助项目经理和项目总工程师建立并运行质量管理体系，参加编制施工组织设计、施工方案、关键工序和特殊过程作业指导书，负责编制项目质量目标和实施计划、创优规划、分部或分项工程质量保证措施以及冬雨期施工的质量保证措施。

③检查关键工序和所有隐蔽工程，对已完工序、工程及时进行复检，配合监理工程师进行质量检查和中间交工验收，参加上级单位组织的质量检查活动和发包方组织的交工验收工作。

④检查工程质量措施的实施情况，负责对已完分包工程的质量进行检验、确认，作为分包工程结算的依据。

⑤组织项目月度质量检查，召开质量分析会，对潜在的质量隐患及时制定预防措施，参加质量事故的调查、分析和处理。及时编制、上报有关工程进展、质量报表。

⑥负责工程质量创优管理及申报工作，落实创优目标及计划，编制创优方案。开展质量控制小组攻关活动，参加工法、专题论文撰写和技术总结等工作。

⑦开展有关的质量控制识别工作，评价出质量控制关键点，识别结果报项目安全环保部，并针对评价结果制订相应预防措施或管理方案。

⑧按照"四不放过"的原则参与质量事故和质量问题的调查、分析和处理，实施质量奖惩。

⑨监督检查关键岗位操作人员岗前培训和持证上岗情况、现场相关人员质量职责落实情况。

⑩参加项目部及公司、监理单位、业主单位等组织的质量检查。

⑪检查和指导采用新技术、新工艺、新材料、新设备及与质量密切相关的技术活动。

⑫负责收集、整理、审查施工质量检验记录，建立项目质量通病、质量事故、返工损失、交工验收等各类质量档案。

⑬参加交竣工验收并负责办理相关验收资料。

（3）安全环保部的质量责任。

①履行安全监督职能，对影响工程质量及服务质量的安全要素履行监管职责。

②参与项目临时设施、临时工程的质量安全验收。

③组织安全防护设施的质量安全验收。

④参与影响工程结构安全的工程质量验收。

（4）物资装备部的质量责任。

①负责原材料及生产设备采购质量控制。

②负责对供应商的业绩、资质进行调查和评价，选择并建立合格供应商名录。

③负责进货检验及相关记录建立，杜绝不合格的材料进场。

④负责生产设备技术状态鉴定、日常维护及保养。

⑤负责进场物资和设备的贮存、防护及质量状态标识工作。

⑥负责建立原材料发放和使用的追溯性记录。

⑦参加与原材料及设备故障有关的工程质量问题调查。

（5）经营管理部的质量职责。

①负责明确与施工相关合同中的质量目标、责任、要求和质量保证金金额。

②负责选择合格劳务施工商，对队伍资质、业绩、信誉和质量保证措施进行调查和评价。

③负责已完工程计量，对不合格工程不得计量。

（6）综合办公室的质量职责。

①负责各种质量文件、资料的收发、管理等工作，并检查监督执行情况。

②积极完成与质量体系有关的其他工作，为质量体系内外审人员提供食宿、交通、通信方便，保证内外审工作的顺利展开。

（7）财务会计部的质量职责。

①统筹安排，合理调配资金，使资金配置达到效益最大化。

②参与项目安全、质量、环保措施及奖惩制度的制定，保证必要的支出。

6. 项目经理部现场管理人员的质量职责

项目经理部现场管理人员，根据国家有关法律、法规、标准和规范，开展质量活动，其主要职责如下。

（1）质检工程师的质量责任。

①质检工程师对工程质量负直接监督责任。

②认真贯彻执行国家有关质量工作的法律、法规、标准、规范、施工合同技术条款及公司质量方针、目标和管理制度要求。

③协助项目经理和分管领导建立健全项目质量保证体系，执行质量管理相关规章制度。

④负责监督指导劳务队伍或班组质检员的工作，监督、检查、指导现场施工。

⑤建立质检工作记录、质量事故及返工损失台账，按时上报质量报表。

⑥对作业班组及技术人员检查合格的隐蔽工程、检验批、分项工程进行抽检和验收。

⑦发生下列情况之一时，有权行使纠正、停工、返工、经济处罚等。

a. 不按图纸施工，变更设计未经审批的工程。

b. 不按批准的施工工艺和操作规程作业。

c. 工程原材料、半成品、成品未经检验或不符合图纸或规范要求。

d. 未经检查的工序交接和施工质量不合格。

e. 隐蔽工程未经检查签认。

⑧负责对劳务队伍已完成的质量合格工程的计量审核。

⑨配合项目部试验检测或外部质量检查、检测部门的工作。

⑩参加质量事故的调查、质量分析会等工作。

⑪指导现场开展质量控制小组活动，督促小组及时完善活动记录，上报活动成果。

（2）施工技术员的质量责任。

①认真熟悉图纸、技术规范、施工工艺，负责向作业班组和人员进行现场技术交底。

②负责指导劳务队伍落实施工组织设计、施工方案、作业指导书及技术交底中相关质量措施。

③进行施工过程质量控制，指导现场施工活动，及时纠正现场存在的质量问题。

④负责对已完工程进行自检，参加质检工程师组织的内部质量验收，配合监理工程师进行质量检查，及时报验。

⑤负责协调作业班组进行工序质量自检、互检、交接检工作。

⑥协助测量及试验人员的相关工作。

⑦参加质量控制小组活动，指导现场运用"四新"技术。

⑧负责填写施工日志，详细记录施工质量状况和有关质量信息。

（3）测量员的质量责任。

①在项目总工程师的领导下负责项目测量工作。

②负责对测量仪器按规定周期进行检验与标定，建立测量仪器档案和台账。

③负责对测量仪器在搬运、保存、使用过程中的保管和维修。

④负责测量原始资料和记录的保存、归档。

⑤负责现场交桩，进行导线点、水准点的复测与加密，编制复测成果报告报监理工程师批准。

⑥负责对测量标志进行加固保护和检查复核，发现异常要及时校对和书面通知现场技术人员。

（4）材料员的质量责任。

①按照材料计划组织采购验收工作，配合进行供货单位的评价，对合格供方实施动态管理。

②负责材料进货检验、试验工作，杜绝不合格品使用。

③负责材料、半成品的保管、标识、收发工作，做到账、卡、物相符，并监督材料的使用。
④负责材料的管理并做好相关记录，负责材料的搬运、贮存、交付和维护工作。

9.2 质量保证体系

按照项目负责人组织施工，落实项目负责人质量终身责任制，建立完善的质量保证体系，成立专门质量组织机构，制定质量保证措施，确保质量目标的实现。推行全面质量管理，健全机构，制定职责范围，明确职责范围，明确工作方法，制定各种制度，如测量交接桩制、技术交底制、施工日志制、测量复核制、隐蔽工程检查制、验工签认制、工序验收交接制、混凝土浇筑分工挂牌负责制、钢筋试验制、混凝土配合比选试制、混凝土试件制作试验制、定期质量教育制、技术档案制、竣工资料编制等。质量保证体系如图 9-2-1 所示。

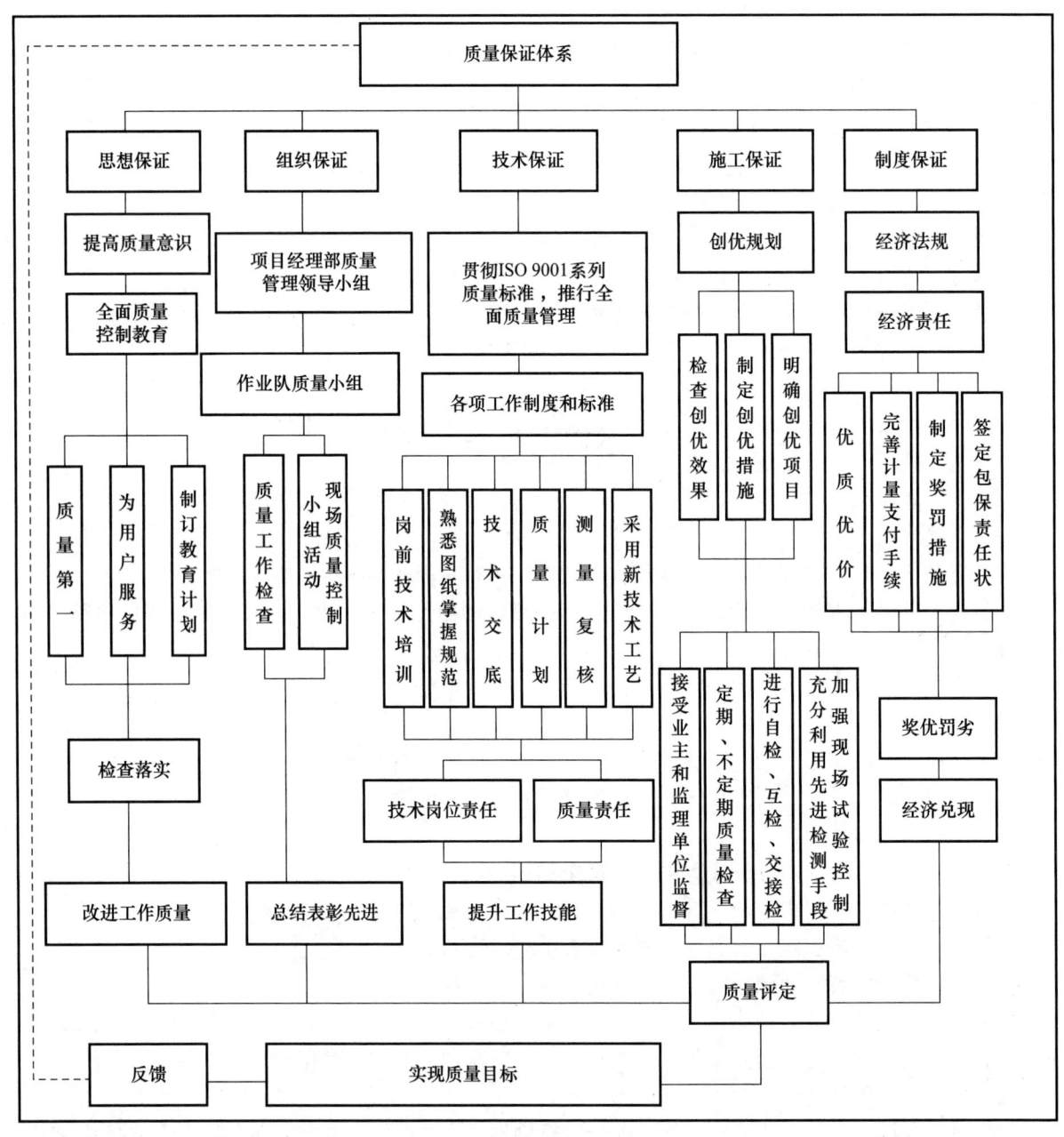

图 9-2-1　质量保证体系

9.3 质量管理制度

在正式施工以前,根据质量目标制订详细的质量计划和一整套完整的工作程序、管理制度及专项质量检验、验收制度,建立工程质量自检体系,把对质量具有重要影响的工作程序以制度形式固定下来,做到质量标准、工作标准、管理标准相协调,使质量工作纳入标准化体系。

9.3.1 质量奖罚制度

(1)依据国家的质量验收规范,制定详细的项目验收标准。各分部分项工程根据不同的施工进度按每一施工单元进行一次质量大检查,检查结果作为奖罚的依据。

(2)对于在交接检中,下一道工序班组发现上一道工序存在施工质量的情况,根据施工质量的严重程度对发现问题者给予奖励。

(3)通过质量监督核查追踪专题会的总结落实结果,对于严格按照质量要求和标准进行施工的单位和个人进行奖励,而对出现施工质量问题并整改不到位且达不到验收标准的单位和个人给予经济处罚,对于造成严重施工质量事故的单位和个人坚决予以清退出场,并追究相应责任。

(4)通过奖罚制度,使操作工人自觉地提高质量意识,不断提升施工管理水平,创建过程精品。

(5)将奖罚结果公示在宣传栏中,以达到鼓励先进、鞭策后进的目的。

9.3.2 图纸会审制度

(1)会审的目的:了解设计意图,明确质量要求,将图纸上存在的问题和错误、专业之间的矛盾等,尽最大可能地解决在工程开工之前。

(2)图纸会审内容:图纸会审时,先由设计单位进行设计交底,交代设计意图,重要及关键部位的做法和要求以及要达到的质量标准,新技术、新结构、新材料等情况,然后其他单位将施工图本身存在的差错、矛盾和有疑问的地方提出来,共同研讨,求得圆满的解决方案。

9.3.3 技术交底制度

对于特殊及重难点工序(挂篮施工、高墩施工、隧道施工),项目总工程师组织专业技术人员编制专项作业指导书。作业指导书中明确质量要求、操作方法和程序、环境限制条件、材料要求、人员技能要求、检测方法等内容,并在施工过程中加强检查,严格按作业指导书的规定进行操作。

9.3.4 领导干部带班作业办法

工程开工前,按照工程实际情况明确带班领导干部的责任范围,实行工点责任制。带班领导干部分管责任范围内工程的进度、质量、安全。

9.3.5 检验检测制度

1. 检验检测工作的原则

检验检测工作的原则见表 9-3-1。

表 9-3-1 检验检测工作的原则

序号	原则	内容
1	各负其责的原则	总工程师负责对试验工作做总体安排,明确各部门主要人员职责,并严格按职责奖惩
		各专业项目副经理在人力物力上支持试验工作

续表

序号	原则	内容
1	各负其责的原则	物资准备部对供应物资的质量负责
		各专业施工部要对各自负责的专业施工质量负直接责任
2	试验原则	工程需要进行的试验项由实验室负责检测并出具结果，部分可委托有资质能力的实验室进行试验
		凡规定必须经复验的原材料，必须先试验，合格后才能使用

2．检验检测管理及内容

（1）试验工作的管理。

所有施工试验及进场原材料的复试必须在监理单位的监督下，见证试验，要求试验取样、制样必须有监理单位的见证人、试验人员或物资准备部及专业分包试验人员共同参加。

依照现行规范或业主、监理单位的要求进行施工试验和进场原材料复试。非见证的复试试验，也严格按取样规定的要求操作。

（2）试验工作的主要内容。

根据工程的实际情况，以下须做见证试验，主要检测项目如下。

原材料：钢筋、钢筋焊接、水泥、粉煤灰、砂、石子、沥青、外加剂、钢材等。

路基：原地面压实度检测，填料的标准击实、液塑限、颗粒缝隙、CBR值，无机结合料的标准击实、灰剂量检测，路基压实度检测、弯沉值检测几何尺寸等。

路面：路面基层、无机结合料配合比、颗粒级配、压实度、灰剂量检测、厚度、无侧限抗压强度、几何尺寸等。

路面面层：沥青混合料配合比、矿料级配、沥青含量、空隙率、稳定度、流值、厚度、压实度、平整度、渗水系数、构造深度、几何尺寸等。

桥梁：混凝土、砂浆配合比、标准养护强度、同条件养护强度、现场回弹强度、碳化深度、保护层厚度、结构尺寸、桩基完整性、桥梁动载静载等。

隧道：混凝土、砂浆配合比、结构物强度、保护层厚度、钢架间距、断面尺寸、锚杆拉拔、平整度、衬砌空洞、防水板焊缝等。

3．主要试验资料

试验委托单、委托登记台账、试验记录、试验台账、试验报告、专项试验报告单、不合格材料台账。

9.3.6 过程三检制度

（1）在施工中严格执行三检制度（表9-3-2），不合格的产品不得进入下一道工序施工。对于质量容易波动、容易产生质量通病或对工程质量影响较大的工序和环节要加强预控、中间检查和技术复核工作，以保证工程质量。

表9-3-2 三检制度

序号	项目	内容
1	自检	对于施工质量可以进行全过程跟踪，能够及时整改，不需做预先鉴定的分项工程，如钢筋绑扎、钢筋连接、模板、钢结构焊接、二次结构、装饰等，在施工完后均需由施工班组自检，如符合质量验收标准要求，由班组长填写自检记录表
2	互检	经自检合格的分项工程，由质量工程师组织施工班组进行互检，对互检中发现的问题，施工班组应认真及时地予以解决
3	专检	所有分项工程、隐检、预检项目，必须按程序，作为一道工序，邀请专业工程师进行质量检验评定

(2) 项目领导班子落实人员，制定措施，具体负责整个工程的质量和质量检查，其职责范围为检查各项质量措施的实施，深入施工现场，以预防为主，认真做好对每一道工序的质量复评，督促施工班组做好自检、互检、交接检，认真开展班组质量管理活动，参加技术交底、工序交底，对不按图施工、违反验收规范的班组和个人，要责令停工，并及时进行纠正。

9.3.7 首件认可制度

每项首件工程施工前，应由项目总工组织编制首件工程施工方案，并按程序报批。首件工程施工方案实施前进行技术交底，根据建设单位或设计文件、地方标准等要求召开技术交底会。首件工程施工后，应及时召开总结会，必要时，邀请设计、监理、业主单位参加，并应及时编制首件工程施工报告。

首件工程施工报告经批复同意，确定参数、改进措施，重新正式交底后，方可正式转入全面施工。

9.3.8 成品保护制度

项目严格按成品保护方案做好成品保护工作。

项目施工管理人员合理安排施工工序，减少各工序之间的交叉作业。上下道工序之间做好交接工作。下一道工序施工不得污染、损坏上一道工序产品。

9.3.9 质量例会、会议及讲评制度

质量例会、会议及讲评制度见表9-3-3。

图9-3-3 质量例会、会议及讲评制度

序号	项目	内容
1	每月生产例会质量讲评	项目部每周召开生产例会，项目经理把质量讲评放在例会的重要议事议程上，除布置生产任务外，还要对上周工地质量动态做全面的总结，指出施工中存在的质量问题以及解决这些问题的措施。并形成会议纪要，以便在召开下周例会时逐项检查执行情况。对执行好的专业分包单位进行表彰，对执行不力者要提出警告，并限期整改
2	每月质量检查讲评	每月底由工程部对施工进行实体质量检查，然后由质量员写出本月度施工质量总结报告提交工程部，再由工程部汇总，并结合质量奖罚制的检查情况，以月度质量管理情况简报的形式发至项目经理部有关领导

9.3.10 专项方案审批制度

分项工程开工前，由工程部相关专业工程师组织编制分项工程的专项施工方案，方案编制完成后由项目总工程师组织有关人员评审，特殊工序施工方案必须经公司或工程专家顾问团评审，经修改后报监理单位审批，危险性较大的工程严格按照《公路工程施工安全技术规范》（JTG F90—2015）要求，组织专家论证，评审通过后，方可施工。

9.3.11 原材料检验制度

严把原材料进场质量关。实行市场准入制度，在合格供应商（厂家）范围内进行招标，重要材料和半成品实行驻厂（场）监造。加强地材质量检验，杜绝不合格材料进入工地；对各种机械、设备按照采购合同文件的要求，严格进行验证，确保其技术状态良好，运转正常。

9.3.12 质量责任追究制度

建立质量责任追究制，从项目经理部到工程作业队实行领导责任终身制。质量目标层层分解，终身责任，一级包一级，一级保一级，从严格技术把关入手，抓好全过程的质量管理。

9.4 质量检查与验收

9.4.1 质量检查划分

工程质量检查分开工准备、施工过程和竣工验交检查三个阶段。

（1）开工准备检查内容主要包括质量管理规章制度、创优规划和质量保证措施、施工组织设计、质量教育计划、技术交底和培训计划、原材料检测试验报告、关键工序和特殊过程作业指导书、控制质量的预防措施。

（2）施工过程检查内容主要包括产品标识、过程标识（隐蔽工程检查签证和质量检验评定）、施工工序质量控制、现场实物工程质量、与质量控制有关的记录和质量教育、技术培训实施情况等。

（3）竣工验交检查内容主要包括实物工程强度和外观尺寸是否符合设计要求，质量指标是否符合验标规定，完成数量和部位是否与设计相符，质量记录的准确性、完善性和可追溯性等。

9.4.2 工程质量检查制度

1．定期检查

项目部每月对在建工程进行一次全面的实物工程质量和内业资料检查，检查形成检查记录，并将质量检查结果通报各施工单位，作为验工计价的依据。对存在的问题要制定纠正或预防措施，限期完成整改。

2．不定期检查

（1）项目领导要经常深入施工现场，特别是对重点工程和关键部位，要认真检查，严格监督。

（2）隐蔽工程应由质检员检查合格后，邀请监理工程师复查，签认合格后，方准进行下一道工序施工。

（3）专职质检员必须对关键工序和特殊过程，进行旁站监督和检查。

3．检查方法

质检员进行质量检查时，应当采用仪器测试和目测检查相结合的方法进行，并形成检查记录。对发现的问题，要做到"四有"，即有分析、有措施、有落实、有验证，禁止不合格品转入下一道工序。

9.4.3 工程质量等级评定

（1）已完工的检验批、分项、分部工程的施工质量，由现场工程师会同质检员、监理工程师进行检验评定，单位工程的质量等级由项目部组织评定，并自评质量等级，报有关部门核定。

（2）质量技术部负责人应抽查质量检验评定的正确性，对不符合检验标准要求的予以纠正。

9.4.4 验工质量检查签证

验工质量检查签证是控制工程质量的重要手段，由专职质检员负责检查签证，未经质量检查、监理人员签证的工程项目和数量，计划统计和财务部门不得予以计价和拨款。

有下列情况之一者，不予验工质量检查签证。

（1）工程质量不合格须返工或待处理的。

(2) 混凝土、砂浆强度及填土压实密度未按规定进行试验,或试验报告不能判定其质量状态者。
(3) 由施工错误造成返工或处理而增加的工程量。
(4) 缺少应具备的隐蔽工程检查证或未经检查签证合格者。
(5) 成品、半成品、原材料未进行进货检验和试验合格者。
(6) 未办变更设计手续,擅自变更设计的。

9.5 质量控制措施

9.5.1 质量保证措施

质量保证措施见表9-5-1。

表 9-5-1 质量保证措施

序号	保障内容	保证措施
1	组织保证	严格执行"政府监督、施工监理、企业自检"的项目管理体制
2	制度保证	推行全面质量管理,设置质量管理点,成立质量管理小组,运用PDCA[Plan(计划)、Do(执行)、Check(检查)、Act(处理)]原理对工程质量进行调查分析和改进提高
3	资源保证	(1) 人力资源:配备经验丰富的质检工程师、质检员,落实质量管理措施。 (2) 物资资源:按照产品控制程序和物资管理规定对材料的采购、检验、仓储、领用等进行严格管理,确保用于项目的所有原材料均符合设计及规范要求。 (3) 设备资源:根据工程需要配备足够的检测仪器设备,保证工程检测和测量数据的准确性
4	过程控制	(1) 编制工序质量检验表,严格执行工序检验、报验制度,做好施工质量过程控制。 (2) 认真做好施工原始记录和质量评定资料的签认整理、归档工作,完善质量责任追踪档案。 (3) 加强质量检查和监控,实施质量奖罚,消除质量隐患。 (4) 实施质量分析会制度,分析质量问题发生的原因并制定整改措施,做好质量通病的预防治理工作
5	首件制	实行首件工程认可制度,对首件工程的各项工艺、技术和质量指标进行综合评价,确定最佳工艺、建立样板工程,以指导后续工程施工,预防和纠正后续生产中可能产生的质量问题
6	质量创优	根据质量创优策划目标,做好"样板引路"工作,把创优工作分解到施工过程中,加强过程资料收集,为工程创优申报做好基础工作

9.5.2 具体工程质量保证措施

根据相关管理规定对关键性的施工工序和隐蔽工程等采取标明位置和时间的隐蔽工程进行拍照、录像。可采用电子设备拍照、录像,可做高清处理,留好影像资料,做好存档备查工作。

9.5.2.1 路基工程施工质量保证措施

路基工程施工质量关键点分析及控制措施见表9-5-2。

表 9-5-2 路基工程施工质量关键点分析及控制措施

工程部位	施工内容	序号	项目	关键点分析	质量保证措施
道路工程	路基	1	软基处理	软基处理质量不合格可能导致路基不均匀沉降，直接影响主体路基质量	（1）清除淤泥应清除至排水沟以下，换填垫层地面宽度应满足设计要求。 （2）对于一般路基，在清除淤泥后宜全部回填水稳性好的材料，如材料有困难，则可回填水稳性好的材料至地下水位，以上可以回填砂性土。 （3）对于浸水路基，清除淤泥后全部换填水稳性好的材料。 （4）为了保证路堤的稳定性以及减少不同软基处置路段或软基与非软基的差异沉降，可铺设一层土工格栅。 （5）软土、沼泽区采用换填的路基，其填筑、压实的施工及检验应遵照《公路路基施工技术规范》（JTG/T 3610—2019）的相关规定。 （6）严格按技术规范和设计要求将基底范围内地表土层的树根、草皮、腐殖土等彻底清除，基底需要处理的按设计要求认真处理，并经监理工程师现场检查签认后进行下一道工序施工。 （7）严控填料质量和压实工艺，切实解决压实不均匀问题。对埋设的沉降观测设备按预定频率及精度进行观测，从而得到地基沉降-时间-荷载变化曲线，通过对曲线的分析计算来调整、修改设计，如预留沉降量、预压时间、滞留沉降期等，并以调整后的设计去指导施工，再利用施工过程中反馈回来的信息不断进行重新调整、修改设计并指导施工，以达到有效控制工后沉降及沉降速率的目的
		2	路基填筑	填筑质量不合格可能导致路基不均匀沉降，直接影响主体路基质量	（1）路基填料最大粒径和最小强度（CBR）值必须满足设计规范的要求。原材料必须经过试验检测，不合格的不得直接用于路基填筑。 （2）路基填筑选用典型路段进行工艺试验，取得相关参数指导后续施工。 （3）施工过程按照"三阶段、四区段、八流程"进行。 （4）路基填筑厚度、层数、碾压必须严格控制，及时试验检测，合格后，方可进入下一道工序。 （5）大规模施工前需选取典型路段，通过试打获得合理工艺参数。 （6）路面排水采用自然漫流式，做好临时排水工作，防止雨期雨水浸泡路基。 （7）路基填筑完成后，进行堆载预压，预压期3个月。以计算分析出不同路基填高、代表路段及软土地质情况下软基处理方式稳定性及工后沉降
		3	挖方路基施工	开挖方式和排水施工为关键点	（1）挖方路基最好避开雨期施工，施工前应对自然边坡的稳定性进行调查，做好临时排水设施，避免雨水冲刷坡面，影响边坡稳定。 （2）一般土质路堑施工。 ①路堑开挖前应先进行截水沟的开挖施工，同时根据土质情况做好截水沟的防渗处理。可作为路基填料的土方应分类开挖使用。 ②土方开挖应自上而下进行，不得乱挖超挖，严禁掏底开挖。 ③开挖至零填、路堑路床后，应尽快进行路床施工，如不能及时进行，宜在设计路床顶标高以上预留至少30cm厚保护层。 ④土质路基开挖应根据地面坡度、开挖断面、纵向长度及出土方向等因素，结合土石方调配，选用安全、经济的开挖方式。 （3）石质边坡施工。 ①石方开挖应根据岩石的类别、风化程度、岩层产状岩体断裂结构、施工环境等因素确定开挖方案。 ②爆破作业必须符合《爆破安全规程》（GB 6722—2014）的规定，爆破施工组织设计按相关规定进行报批。 ③石方开挖严禁采用硐室爆破，近边坡部分应采用光面爆破或者预裂爆破。 ④挖方边坡应从开挖面向下分段整修，每下挖2～3m宜对新挖的边坡刷坡，同时清除危石及松动石块。 ⑤石质路床的边沟应与路床同步施工

9 质量保证措施

续表

工程部位	施工内容	序号	项目	关键点分析	质量保证措施
道路工程	路基	4	高填方路基施工	高填方路基分层填筑，压实度达到设计要求是保证高填路基质量关键点	(1) 在高填方路基施工过程中，在严格按照分层填筑、分层压实的基础上，补强压实采用冲击式压路机和液压式压路机补压或者强夯。在桥涵台背及挡土墙10m范围内用液压式压路机，施工面纵向长度小于100m的补强压实路段采用液压式压路机，其他补强压实路段采用冲击式压路机。 (2) 为了保证路堤的稳定性，在冲击碾压补强以后，并在路床顶部铺设2层土工格栅（采用双向钢塑格栅，抗拉强度不小于50kN/m，断裂延伸率不高于3%），以保证路面结构的长期稳定性，格栅间距0.3m，土工格栅应满铺且进行反包，其锚固长度不小于2m。 (3) 高填方路基施工建议先行施工，留出足够的时间对高填方路基进行预压，修筑路面前，应保证不少于一个雨期的自然沉降时间。压实应遵循先轻后重、先稳后振、先低后高、先慢后快的原则，且压实度应满足压实度要求。 (4) 高填方路基宜优先采用强度高、水稳定性好的填料，应水平分层、分层填筑、分层压实。同一水平层路基全宽应采用同一种填料，不得混合填筑。 (5) 每种填料的松铺厚度应以现场使用的材料、压实机具组合、压实工艺、压实速度、压实遍数等工艺参数试验确定。 (6) 填料分几个作业段施工时，接头部位如不能交替填筑，则先填路段，应按1:1坡度分层留台阶；如能交替填筑，则分层相互交替搭接，搭接长度不小于2m。 (7) 在透水性不好的压实层上填筑透水性较好的填料前，应在其表面设2%～4%的双向横坡，并采取相应的防水措施。不得在透水性较好的填料所填筑的路堤边坡上覆盖透水性不好填料
		5	深挖路基施工	开挖支护方式、爆破控制、临时防护为关键点	(1) 深挖路基施工要做好土石方开挖与支挡加固工程施工的有机结合和进度协调，采用"分级开挖、分级支护"的原则，自上而下，开挖一级加固防护一级，工序衔接紧凑，严禁一挖到底或超前开挖1~2级再回头做加固防护工程。对于地质情况不好的段落应做到跳槽开挖。 (2) 土石方开挖严禁大爆破施工，靠近路堑设计边坡时如需爆破，应采用控制爆破或光面爆破的方法。对深路堑及顺层路堑边坡进行开挖，特别是特殊设计、防护的路段，应优先选用预裂爆破、光面爆破、小型排炮微差爆破等控制爆破技术。靠近边坡面的两列炮孔，特别是靠顺层边坡的一列炮孔，宜采用松动爆破，严禁使用大爆破或掏底法施工。 (3) 因为标段所处地段雨期持续时间较长，在施工过程中应做好安排，做好地面排水工程，同时密切注意天气预报，做好边坡坡面的临时防护工作（如在坡面铺设防水塑料薄膜和修建临时排水沟），防止雨水冲刷坡面
		6	路基与结构物相接质量控制	过渡段路基沉降不均匀	过渡段路基填筑采用满足规范要求填料，施工时对填料进行抽样复查。加强基底处理，经检查验收合格后再进行上层填筑。配置小型压实机具，技术、试验人员跟班作业，对涵侧等压路机压不到的部位进行单独处理，确保无填筑死角
		7	路基岩溶处理	路基岩溶的处治方法为关键点	岩溶微弱发育地段不进行处理，岩溶弱发育、强烈发育地段需进行处理。 (1) 导流：深而窄的溶洞不便采用洞内加固时，采用钢筋混凝土盖板加固，如靠近边沟，同时应防止边沟水的渗漏。 (2) 跨越：路基通过溶洞或岩溶水时，跨越和施工条件较好时，采用跨越方法。 (3) 堵塞：路堑边坡上的干溶洞，洞内用片石填塞，洞口用干砌片石铺砌、砂浆勾缝或浆砌片石（30cm厚）封闭。 (4) 压浆：基底为蜂窝麻面状结构或顶板薄、岩石破碎的暗溶洞，采用压浆处理。采用凿岩机钻孔，压注水泥砂浆、纯水泥浆或水泥-水玻璃双液浆。 (5) 路基分层填筑：路基处理完成后进行路基分层填筑。填筑方法与一般路基填筑方法相同

9.5.2.2 路面工程施工质量保证措施

路面工程施工质量关键点分析及控制措施见表9-5-3。

表 9-5-3　路面工程施工质量关键点分析及控制措施

工程部位	施工内容	序号	项目	关键点分析	质量保证措施
道路工程	路面	1	底基层、基层	原材料、压实质量为关键点	（1）严格控制原材料的进场，做到每批次检验，发现问题应禁止使用。 （2）按设计要求配齐各类摊铺和压实机具，严格按照规程操作，现场技术人员旁站，确保压实质量
		2	面层	原材料、运输、透层和黏层、伸缩缝为关键点	（1）严格控制原材料的进场，做到每批次检验，发现问题应禁止使用。 （2）冬季气温较低时，应计算好出厂温度，防止沥青混凝土到达现场时低于设计施工温度。 （3）透层和黏层施工前先用空压机和钢刷将下承层彻底清扫干净，并报请监理工程师对已准备好的工作面进行全部检查，得到批准后方可浇洒。 （4）按设计要求的位置设置伸缩缝，水泥混凝土路面每日施工结束后，必须设置横向施工缝

9.5.2.3 桥梁工程施工质量保证措施

1. 桩基施工质量保证措施

桩基施工质量关键点分析及控制措施见表9-5-4。

表 9-5-4　桩基施工质量关键点分析及控制措施

工程部位	施工内容	序号	项目	关键点分析	质量保证措施
钻孔、冲孔灌注桩	桩基成孔施工	1	钻孔、冲孔灌注桩成孔质量控制	成孔的质量直接影响桩身混凝土的完整性，影响桩基的受力性能和桥梁结构的安全稳定性	（1）选用不分散、低固相、高黏度的淡水泥浆进行护壁，防止塌孔。 （2）选用冲击钻机，并在钢护筒内钻杆设置1道导向装置，钻头上方布置一节筒形导向装置，并将钻头适当配重以控制钻进过程的垂直度，可以有效地控制钻孔桩垂直度。选用回旋钻时在钻机底部垫上枕木，调平钻机。严格保证钻机水平，保证成孔垂直度。 （3）在成孔过程中，应根据土层取样及时通知业主、设计和监理单位三方共同确定土样是否与设计相符。 （4）控制终孔标高，同时应注意对超深尺度的把握。 （5）制定清孔和水下混凝土浇筑的专项施工工艺并严格组织实施，严禁采用超钻代替清孔。 （6）施工前逐孔进行钻孔探气、放气，安装仪表进行监测，加大泥浆比重和黏度以平衡气压
	钢筋笼施工	2	钢筋套筒连接质量控制	套筒质量差、丝头加工不合格、套筒连接不紧密等，使结构主筋不能达到设计的受力要求，结构安全存在隐患	（1）应用套筒连接接头时应有有效的形式检验报告，接头加工前应对不同钢筋厂家的钢筋进行接头工艺检验，合格后才能正式施工。 （2）按批次审查进场套筒合格证并取样检测。 （3）严格执行作业人员的考核制度，操作人员必须持证上岗。 （4）采用"长线法"工艺结合滚扎直螺纹对接工艺进行钢筋笼的对接。钢筋笼四周设置定位装置，以确保保护层厚度满足要求。加工好的钢筋笼要求分节、分类编号。 （5）定期对接头加工机构进行检查，对损耗件进行更换。 （6）连接过程中必须使用专用扭力扳手或其他经批准的专用拧紧设备，拧紧至规定的扭力力矩值。 （7）按验收批进行接头的现场检验，不合格的应进行处理
	混凝土浇筑施工	3	水下混凝土灌注质量控制	浇筑混凝土过程中出现堵管、断桩、钢筋笼上浮等问题，直接影响桩身质量，施工过程中严格控制	（1）严格控制混凝土的质量，严格按照相关技术规定设计配合比，选择合理的水泥强度等级，采取在混凝土拌和物中掺混合材料或减水剂等技术措施，以改善混凝土拌和物的和易性，保证混凝土坍落度满足要求，防止堵管。 （2）严格控制导管的埋深，防止导管露出混凝土，形成断桩。 （3）混凝土生产系统可靠，能满足浇筑强度要求。 （4）浇筑过程中，在钢筋笼上设置吊环，将吊环固定在钢护筒上，防止混凝土灌注过程中骨架浮起或位移。 （5）对桩身混凝土完整性进行检测，对存在质量问题的与设计单位联系，确定处理方案

2. 承（桥）台施工质量保证措施

承（桥）台施工质量关键点分析及控制措施见表 9-5-5。

表 9-5-5　承（桥）台施工质量关键点分析及控制措施

工程部位	施工内容	序号	项目	关键点分析	质量保证措施
桥梁承台施工	大体积承台施工	1	大体积混凝土裂缝及耐久性控制	混凝土耐久性和裂缝是保证设计使用寿命的关键	（1）优化配合比设计：采用适中水胶比、大掺量矿物掺合料、性能优良的外加剂、含碱量低的水泥，尽量降低胶凝材料用量，配制出高抗裂的混凝土。 （2）减少氯离子含量，不使用碱活性的集料，对原材料生产、运输和搅拌等工序进行监管，防止有氧化镁或硫酸盐等膨胀集料混入。 （3）原材料温度控制：水泥采现场储存和倒仓的措施降低温度，粉煤灰、矿粉和砂料仓遮阳；外加剂遮阳覆盖；拌和水采用加片冰或制冷水措施。 （4）浇筑温度控制：高温季节采取喷淋措施冷却粗骨料。 （5）承台分区分层浇筑，通过控制混凝土入模温度和布设冷却水循环系统，有效控制混凝土温度裂缝的产生。 （6）混凝土养护控制：覆盖土工布蓄水养护，采取喷涂养护剂、贴塑料薄膜并喷洒水雾保湿养护等措施。 （7）浇筑过程控制浇筑厚度，振捣密实；在底部、中部及表层埋设温控片，随时对其温度进行监测，核心温度不超过65℃，内外温差不超过25℃
	承台施工	2	模板制作及安装	模板的制作精度及模板的安装直接影响混凝土外观质量	（1）模板应具有足够刚度、强度以保证其受力要求，确保多次周转不变形，模板拼接处要求严密、平整、不漏浆、拆除方便。为了保证混凝土的外观质量，模板间的接缝应采用适当的塑纸衬平，模板与模板间一定要接平。 （2）模板在安装前，要在模板上涂刷足够隔离油或脱模剂，但不得沾污钢筋，以后每次使用前都要铲除残剩于模板上的混凝土，并且涂刷隔离油或脱模剂，同样不得沾污钢筋。 （3）模板由专业模板厂家设计制作，模板材料均采用钢模，保证浇筑混凝土质量
		3	钢筋加工及绑扎	钢筋加工精度和钢筋绑扎是否满足图纸要求，是承台质量控制重点	（1）承台施工前对承台钢筋尺寸进行复核，确保下料尺寸无误，保证承台保护层厚度满足要求。 （2）钢筋加工严格按施工图下料，并根据要求选择机械连接或焊接。钢筋连接强度均满足规范要求。 （3）严格按施工图纸进行绑扎，间距误差控制在允许范围内。钢筋绑扎必须牢固，特别是箍筋角与钢筋的交接点均应扎牢，对必要地方应用电焊焊接加强。绑扎钢筋时，钢筋直接放在基础垫层上，并将预埋钢筋与基础底层钢筋和上层钢筋焊接牢，外露基础的钢筋用两道环箍（同桩的箍筋）扎牢固定，确保主筋位置的准确
		4	混凝土浇筑	混凝土的浇筑	（1）浇筑时可采用泵送或吊车配合料斗的方式浇筑混凝土，浇筑施工时保证出料口与浇筑面之间的距离小于2.0m，防止混凝土离析；振捣时保证不漏振、过振；每层浇筑厚度以30cm为宜，以后每层浇筑振捣必须插入下层混凝土中5～10cm深。混凝土浇筑时必须连续、均衡进行。 （2）作业队必须委派数量足够、责任心强、经验丰富的混凝土工作业，确保混凝土振捣密实，不得漏振、过振，尤其对于钢筋密集处。混凝土密实的标志是混凝土停止下沉，不再冒出气泡，表面平坦、泛浆，如振捣后混凝土面有泌水，应吸除泌水，从而确保分层浇筑混凝土的连接质量

3. 墩身施工质量保证措施

墩身施工质量关键点分析及控制措施见表 9-5-6。

表 9-5-6　墩身施工质量关键点分析及控制措施

工程部位	施工内容	序号	项目	关键点分析	质量保证措施
桥梁下部	现浇墩身施工	1	墩身垂直度控制	墩身垂直度控制直接影响到墩身承载力和美观	(1) 模板严格按照图纸设计，并建模计算，保证其刚度，满足要求。 (2) 在大型钢结构加工厂进行加工，预拼并验收合格后运至施工现场。 (3) 采用全站仪和垂球观测、控制模板垂直度，混凝土浇筑前，在模板上设置临时监测点供混凝土浇筑前和浇筑后观测使用。 (4) 混凝土浇筑过程中严格控制混凝土浇筑速度，安排专人负责观测模板变化。模板外侧设置铅锤，在浇筑过程中检查、调整模板。 (5) 设置揽风绳对模板进行加固，防止倾斜或倾覆
		2	外观质量控制	外观质量影响工程的总体质量和评定，对控制结构耐久性也会产生影响	(1) 科学设计配合比，控制混凝土的泌水率，提高混凝土工作性能。 (2) 采用透水模板布，消除混凝土表面砂线、气泡、砂斑等质量通病。 (3) 模内浇筑分层厚度不超过 30cm、高差不超过 5cm，均匀布料，布料高度不超过 1m，振捣密实。 (4) 养护期结束后对构件外露面进行覆盖，防止二次污染
		3	预埋件施工质量控制	影响后续工程施工，诱发混凝土劣化，影响混凝土耐久性	(1) 安装位置正确、无缺漏。 (2) 严格按设计要求安装并固定牢固，加强检查、复查。 (3) 做好预埋件防腐
	预制墩身	4	预制墩身安装工程质量控制	预制墩身安装精度及连接是保证结构安全的重要指标	(1) 立柱采用灌浆套筒连接的预制拼装施工工艺。 (2) 承台与立柱间采用高强砂浆垫层，按规定的配合比进行砂浆的配置，砂浆料搅拌完成后，将搅拌桶直接倾倒于承台凿毛面，用铁板刮平垫层砂浆，铺浆完成后，在每根承台预留钢筋上套上止浆垫，止浆垫略高于浆液面。 (3) 立柱垂直度控制，由两台经纬仪在两个方向同时监测校核立柱中心标记。立柱就位后，采用四台手动顶升液压杆来校正立柱的垂直度，垂直度校正误差为 1mm

4. 盖梁施工质量保证措施

盖梁施工质量关键点分析及控制措施见表 9-5-7。

表 9-5-7　盖梁施工质量关键点分析及控制措施

工程部位	施工内容	序号	项目	关键点分析	质量保证措施
桥梁下部	现浇盖梁施工	1	支架搭设质量控制	支架搭设控制直接影响到盖梁承载力和美观	(1) 支架严格按照图纸设计，并建模计算，保证其刚度，满足要求。 (2) 支架严格按照设计图纸进行安装，支架搭设完成后，经监理工程师验收合格方能投入使用。 (3) 混凝土浇筑前对支架进行预压，通过预压消除支架非弹性变形，并根据支架预压数据进行预拱度设置，保证盖梁浇筑完成后线形和设计线形保持一致。 (4) 采用全站仪控制支架搭设标高，保证盖梁浇筑后符合设计标高。混凝土浇筑前，在模板和支架上设置临时监测点，供混凝土浇筑前和浇筑后观测使用。 (5) 混凝土浇筑过程中严格控制混凝土浇筑速度，安排专人负责观测模板变化。在浇筑过程中检查、调整模板
		2	钢筋绑扎质量控制	盖梁骨架片钢筋及箍筋的绑扎直接影响盖梁的承载力	(1) 施工前对承台钢筋尺寸进行复核，确保下料尺寸无误，保证承台保护层厚度满足要求。 (2) 钢筋加工严格按照施工图纸下料，并根据要求选择机械连接或焊接。钢筋连接强度均满足规范要求。 (3) 严格按施工图纸进行绑扎，间距误差控制在允许范围内。钢筋绑扎必须牢固，特别是箍筋角与钢筋的交接点均应扎牢，对必要地方应用电焊焊接加强
		3	外观质量控制	外观质量影响工程的总体质量和评定，对控制结构耐久性也会产生影响	(1) 科学设计配合比，控制混凝土的泌水率，提高混凝土工作性能。 (2) 采用透水模板布，消除混凝土表面砂线、气泡、砂斑等质量通病。 (3) 模内浇筑分层厚度不超过 30cm、高差不超过 5cm，均匀布料，布料高度不超过 1m，振捣密实。 (4) 养护期结束后对构件外露面进行覆盖，防止二次污染

5. 现浇梁施工质量保证措施

现浇梁施工质量关键点分析及控制措施见表9-5-8。

表9-5-8 现浇梁施工质量关键点分析及控制措施

工程部位	施工内容	序号	项目	关键点分析	质量保证措施
桥梁上部	现浇箱梁	1	满堂支架施工质量控制	满堂支架或少支架搭设及基础施工是影响现浇梁质量关键因素	（1）搭设支架所用的钢构件应符合国家有关的标准和要求。支架结构应具有足够的承载力和整体稳定性，对支架的承载力和稳定性必须进行检查核算，支架基础必须具有足够承载力，不得出现不均匀沉降。 （2）支架法施工应预留施工预拱度，确保梁体线形符合设计要求，浇筑混凝土，养护，混凝土强度和弹性模量满足设计要求后，方可进行预应力张拉、管道压浆、端头封堵施工。 （3）简支梁强度满足设计要求后，方可拆除梁底模及支架。 （4）梁底模及支架卸载顺序，严格按照从梁体挠度最大处支架节点开始，逐步卸落相邻节点，当达到一定卸落量后，支架方可脱落梁体
		2	线形控制	线形平顺性直接影响整座桥梁的质量和美观	（1）对支架进行预压，获得线形控制参数。 （2）施工现场中采集必要的数据，通过参数辨识后，对理论值进行修正计算，最后对模板标高进行调整。 （3）施工过程中对这些参数进行识别和预测，对于重大的设计参数误差提请设计单位进行理论设计值的修改，对于常规的参数误差通过优化进行调整
	连续刚构现浇梁	3	连续梁0号块施工质量	0号块施工质量直接影响整个连续梁质量	（1）编制0号块施工专项方案。 （2）对托架进行预压，并详细记录预压结果作为立模板参数
		4	挂篮施工质量控制	挂篮选型及自身质量是影响现浇梁质量关键因素	（1）挂篮进场后按照设计要求进行预拼装，安排专职人员进行检查验收。 （2）委托权威机构对挂篮焊缝进行探伤检查，合格后方可使用。 （3）挂篮按设计要求进行安装，锚固钢筋需进行试验检测，确认其具有足够安全系数。 （4）编制合理预压方案对挂篮进行预压，以监控数据作为模板标高调整参数。 （5）施工过程中对梁和挂篮进行检测，综合测量数据为下一个块段施工提供参考依据。 （6）定期进行保养，所有部件、机件、螺栓等应有防雨、防水、防锈蚀的设施和措施，保证其稳定性。 （7）施工过程中进行线形监控，保证线形平顺、美观
		5	预应钢绞线设置质量控制	张拉预应力钢绞线提高强度，预应力张拉直接影响箱梁的受力	（1）钢绞线进场应分批验收，除对其质量证明书、包装、标签和规格等进行检查外，还要在使用前进行抽样检验，经检查合格后才能使用。 （2）锚具进场验收时，对锚具型号、数量及适用于何种强度等级的预应力钢材，确认无误后按规定进行检验，经检验合格后，方可在工程中应用。 （3）为了确保张拉力的准确性，设备每6个月或张拉300次以后进行一次校验。弹簧测力计的校验期限不宜超过2个月。在使用之前所有的张拉设备均进行校验和配套标定。在使用过程中，根据需要重复进行必要的标定以进行校验。施加预应力所用的机具设备及仪表应由专人使用和管理，并应定期维护和校验。 （4）预应力筋预留孔道的尺寸与位置应正确，孔道应平顺，端部的预埋钢垫板应垂直于孔道中心线。管道应采用定位钢筋固定安装，使其能牢固地置于模板内的设计位置，并在混凝土浇筑期间不产生位移。 （5）张拉前，应对预应力钢筋按规范要求做试验，张拉前必须对构件端部预埋件、混凝土、预应力孔道进行全面检查，如发现有蜂窝、裂缝、露筋、空洞及孔道穿孔等缺陷，须按有关规定采取措施，端部的预埋钢板一定要垂直于孔道中心线。 （6）工程预应力筋采用应力应变双控制，即张拉吨位和延伸量双控；实际伸长量不得大于理论伸长量的6%，也不得小于理论伸长量的6%，否则应停下检查、分析原因，采取相应措施后，方可继续张拉
		6	线形控制	线形平顺性直接影响整座桥梁的质量和美观	（1）对挂篮进行预压，获得线形控制参数。 （2）施工现场中采集必要的数据，通过参数辨识后，对理论值进行修正计算，最后对模板标高进行调整。 （3）施工过程中对这些参数进行识别和预测，对于重大的设计参数误差提请设计单位进行理论设计值的修改，对于常规的参数误差通过优化进行调整

续表

工程部位	施工内容	序号	项目	关键点分析	质量保证措施
伸缩缝		7	伸缩缝安装质量控制	伸缩缝破坏会造成路面坑槽，影响行车安全，伸缩缝橡胶条脱落挤死会挤坏梁头	(1) 按批次审查进场的伸缩装置合格证等相关质量证书并经验收后安装。 (2) 安装前检查预留接口的宽度、深度及预埋连接件等，对不符合要求的进行处理；对预留接口的连接处进行必要的除锈、油污去除；检查梁与梁之间的缝隙是否符合安装温度的要求。 (3) 安装时应根据当时气温，计算安装缝宽。 (4) 伸缩装置的安装，应防止扭曲及其他的变形，严格控制由于伸缩方向的误差及横向伸缩等原因而造成梳齿之间的间隙偏差。 (5) 为防止过往车辆及行人损坏伸缩缝，应采取封闭式施工

6. 预制梁施工质量保证措施

预制梁施工质量关键点分析及控制措施见表 9-5-9。

表 9-5-9 预制梁施工质量关键点分析及控制措施

工程部位	施工内容	序号	项目	关键点分析	质量保证措施
桥梁上部结构	T梁、小箱梁、空心板预制及安装	1	T梁、小箱梁、空心板预制	T梁、小箱梁、空心板的预制质量直接影响整桥成桥质量	(1) 建设标准化预制厂。 (2) 预制梁板的外观是桥梁外观质量的重要部分，模板制作全部在专业模板厂加工。模板设计时，考虑足够的强度、刚度，而且能够达到在安装和混凝土施工等情况下不变形的目的。 (3) 对模板及钢筋进行检查，满足要求后请监理工程师进行验收，混凝土浇筑加强振捣，不能触及波纹管，以免造成管道脱节、位移、弯曲或局部出现凹陷、孔道堵塞等现象。 (4) 预制场梁体采用喷淋系统进行养护，用土工布或塑料布将梁板全部覆盖养护。 (5) 按照设计要求进行张拉，真空压浆。 (6) 先张法空心板施工质量控制要点： ①预应力筋在张拉过程中，为确保施工安全，应在台座两端设置安全防护网，防止预应力筋断裂后对作业人员造成伤害。 ②对张拉所使用的工具锚和夹片要逐个检验并经常检查更换，张拉机具要经常维修保养，张拉设备要按规定定期进行检验校正，千斤顶和油表必须配套使用。正常情况每张拉 200 次或使用 6 个月时应重新进行检验，合格后方可使用。 ③混凝土浇筑过程中，插入式振动棒不得撞击钢绞线和模板，一定要垂直向下插入，严禁向模板内侧斜插，以防引起气囊上浮。 ④空心板放张结束后应尽快架设安装，防止存梁时间过长引起起拱值过大，当因其他原因存梁超过 5 个月时，应预先在梁板顶增加荷载，确保起拱值控制在设计规定的范围以内
		2	T梁、小箱梁、空心板移运质量控制	预制梁运输过程很可能产生变形、倾覆，直接影响安装甚至使用功能	(1) 预制梁采用运梁车运至施工现场。 (2) 采用钢丝绳和手拉葫芦对梁进行固定，注意钢丝绳的固定位置，应选择箱梁受力安全位置。 (3) 运梁车在通过安装好的预制梁时应平稳、匀速通过，其最高时速不能超过 5km/h
		3	T梁、小箱梁、空心板架设	预制梁架设质量影响成桥主体质量	(1) 提前对垫石标高及预留孔位置进行复测，发现问题及时整改。 (2) 架设前测放出梁中线并用墨斗弹线标记。 (3) 设置临时支座，安装前仔细检查验收。 (4) 架设完成后及时做好临时固定工作，防止梁体倾覆。 (5) 湿接缝面凿毛彻底，并清理干净。 (6) 湿接缝采用土工布覆盖，加强养护

7. 挂篮悬臂现浇施工质量保证措施

挂篮悬臂现浇施工质量关键点分析及控制要点见表 9-5-10。

表 9-5-10　挂篮悬臂现浇施工质量关键点分析及控制要点

工程部位	施工内容	序号	项目	关键点分析	质量保证措施
桥梁上部	挂篮悬臂现浇	1	托架搭设	托架体系是否满足相关规范要求	(1) 预埋钢板加工注意预埋钢板厚度，平面尺寸是否符合要求。 (2) 注意锚固筋直径及材质是否符合要求；注意锚固筋根束、间距、锚固筋长度是否符合要求。 (3) 注意预埋钢板在焊接后是否平整；注意预埋钢板安装位置是否正确。 (4) 牛腿钢板安装位置应符合要求，观察上下牛腿是否在一条垂直线上。 (5) 牛腿钢板与预埋钢板间焊缝长度、厚度等质量符合设计要求。 (6) 分配梁、承重梁型钢型号采用国家标准规定的材料，经过检验合格后进场
		2	悬浇施工		(1) 悬浇箱梁施工前，应编制悬浇箱梁施工专项技术方案，0 号块支架、边跨现浇支架、挂篮应经专项设计、验算，通过报相关单位、部门审批，获准后方可实施。 (2) 挂篮在拼装时必须加好后锚系统，后锚位置尽量靠近主梁后锚销子，平均距离不能大于 1.0m；后锚粗钢筋张拉螺母必须紧固，挂篮后锚使用的竖向预应力钢筋必须符合相关技术标准要求，并经过试验检验合格后，方可使用。 (3) 挂篮初步拼装完成后必须进行仔细检查验收，应详细检查挂篮后锚系统（含挂篮主桁后锚以及底篮后锚）、主桁系统、悬吊系统（含顶升系统）、行走系统安装的正确性和稳固性。 (4) 底篮前后横梁在焊接吊带吊耳时，要注意吊耳位置，对加工和拼装误差引起吊带位置的偏移进行调整。另外，焊缝质量及长度要满足设计要求。 (5) 墩顶梁段宜采用分层浇筑完成，将两次浇筑混凝土的龄期控制在 7d 以内，并采取有效的温控措施，防止出现混凝土的开裂。 (6) 悬臂浇筑施工应对称、平衡地进行，两端悬臂上荷载的实际不平衡偏差不得超过设计规定值，严格参照监控单位所提供数据指导现场施工。 (7) 悬臂浇筑的施工过程控制遵循变形和内力双控的原则，且以变形控制为主。 (8) 预应力钢束的张拉，采用张拉力和伸长量双控法，所有预应力孔道灌浆均应采用真空辅助压浆技术，确保压浆饱满
		3	混凝土外观	混凝土工程外观质量差	(1) 严格控制混凝土各类原材料的质量，优化施工配合比，混凝土拌和均匀且和易性良好。 (2) 模板安装前打磨除锈，均匀涂刷性能良好的脱模剂，拆模龄期符合操作规程要求。 (3) 模板及其支架应支撑牢固，接缝严密，尺寸准确；混凝土严格按 30cm 分层厚度进行浇筑，自由倾落高度不得超过 2m，如超过，要采取串筒、溜槽等措施下料。 (4) 混凝土应分层振捣，为保证上下层混凝土结合良好，振捣棒插入下层混凝土 5~10cm，每层混凝土均匀振捣至混凝土面不再显著下沉，气泡不再泛出为止
		4	大体积混凝土	混凝土质量控制	(1) 在保证混凝土强度及耐久性的前提下，采用低水化热的水泥，在混凝土中掺加一定的粉煤灰减少水泥用量。 (2) 采用骨料堆场加遮阳棚，以降低骨料温度。严格控制骨料的针片状颗粒含量，优化骨料级配，以减少水泥用量，降低水化热，同时要尽量降低砂、石的含水量，严格控制含泥量。 (3) 在炎热季节施工时，采取降低原材料温度、减少混凝土运输时吸收外界热量等降温措施。 (4) 混凝土内部预埋管道，进行水冷散热。 (5) 混凝土浇筑时，尽可能采用分层浇筑。 (6) 及时覆盖保温、保湿材料进行养护，并加强测温管理

8. 钢箱质量控制措施

（1）钢箱梁吊装。

①吊装要点。

分段分片钢箱梁运输到桥位后，选用合适吊车将钢箱梁箱体放置到桥墩永久支墩和临时支墩上，为防止第一和最后一段钢箱梁吊装后发生倾斜，在永久支墩位置设立临时支撑点，保证钢箱梁吊装落钩时钢箱梁稳定。在吊装前应充分考虑吊车的摆放位置，在吊装过程中应由专人指挥，并用测量仪器同步进行校核。

在现场吊装时，吊车站为基础应进行处理，如在回填地段，回填时应该多用水泥块并用机械压实，防止基础不稳、下沉，造成不安全后果。吊装时考虑温度因素对钢箱梁变形的影响，根据设计温度，确定活动支座的纵向定位。

②线形控制。

钢箱梁的线形控制首先应在工厂内进行，吊装前，在桥墩永久支墩和临时支墩上设置控制点和线，并在钢箱梁上相应地设置控制点和线。钢梁安装时，中线和纵向距离通过预先在支墩上设的控制点和线与钢梁上设置的点和线相对应来控制，同时用测量仪器同步进行监控，钢箱梁的标高则通过桥墩和临时支墩上安置的千斤顶来调节控制，中线、纵向距离和梁的标高调整好后，在接头处用码板将各小段连接牢固，然后进行每段箱体接头处的焊接，以保证钢箱梁线形的流畅。

（2）钢箱梁分段调整。

钢箱梁分段调整分为两个阶段：一为吊装时的调整；二为吊装就位的调整。调整内容包括梁面标高、前后位置及整体平面线形。

①钢箱梁分段吊装时调整。

a. 钢箱梁轴线控制。

先根据坐标在桥墩、支墩上准确地放出轴线和桥梁中心线。

钢箱梁在吊装就位时离支座约50mm时，精调钢箱梁，让钢箱梁上中心线和轴线对应上桥墩上的各线。

复查各线的重合度，在支座四面安装限位码后吊车缓慢松钩就位，在松钩过程中要随时注意各线的偏移。

b. 钢箱梁标高控制。

根据设计单位给出的高程表，准确地计算出各临时支墩处各支点的高程。

根据各支点高程在临时支墩顶安装调整槽钢，各支点安装完成后重新用经纬仪复查高程。

钢箱梁吊装后在箱梁初步定位好，用水平仪复查钢箱梁顶板高程，如有偏差重新调整。

c、钢箱梁中心线、前后位置控制。

在临时支墩上放出钢箱梁中心线，在钢梁吊装定位时要对准其中心线。

②钢箱梁分段吊装后调整。

利用临时支撑的工字钢横梁做支撑，用千斤顶顶升或偏移。

（3）工地安装基本要求。

①安装前应在充分考虑现场场地情况以及施工安装的机械起重能力后作出合理的现场吊装方案。安装应尽量提升起吊能力，减少现场拼接段数。

②钢构件安装程序，必须保证结构的稳定性和不发生永久变形，并能保持或及时校正结构的预拱度和平面位置。

③钢构件在工地矫正、制孔、组装、焊接以及涂漆等，质量要求均应符合设计技术要求中的有关规定。

④钢箱梁在运输和安装过程中被破坏的涂漆等，应按照设计要求中有关规定，在安装完毕后涂面层漆。

⑤安装前应对墩顶高程、中线及每孔跨径进行复测，不超过允许偏差红线方可安装。

⑥在临时支墩支架如有汽车通行，汽车通行孔的两边支架应设保护桩，夜间应用光标标明行驶方向，同时加强交通管理，防止车辆撞击临时支架。

⑦支架安装完毕后，应对其平面位置、顶部标高、节点及纵横向稳定性进行全面检查，符合要求后，方可进行下一步工作。

⑧施工场地内管线两侧各5m范围为施工禁止区域，严禁堆放物品及车辆碾压。在禁止区域设置

明显标记。

⑨临时吊点根据吊装设备考虑，临时吊点应位于纵横隔板处，与顶板焊接连接（熔透），不在隔板位置处的应进行加强，其强度等同隔板位置，具有足够的刚度、强度和稳定性。

⑩临时吊点在钢箱梁安装完成后应予以割除，割除分两次切割，第一次切割作为预热用，第二次完全切除，切割不能伤及母材，切割后的剩余高度一般不超过10mm。切割后，用砂轮打磨，并进行探伤。

9. 桥面系质量控制措施

1）桥面铺装

（1）梁板顶面必须进行凿毛、清洗，梁板顶面不得污染。

（2）安装好的钢筋网应搭设操作脚手板，不得直接在钢筋网上行走。

（3）混凝土浇筑布料要均匀，避免水泥浆过分集中而出现表面收缩裂缝。

（4）混凝土初凝后不得用砂浆或混凝土进行薄层贴补。

（5）夏季施工，应避免在高温时段施工，以防出现干缩裂缝。冬季施工，应采取有效保温措施，以防混凝土冻害。

2）桥梁栏杆

（1）防撞护栏放样须保证桥面净宽，放样的同时须标记护栏检查线。

（2）护栏模板安装及钢筋绑扎宜使用定位模架，以提高钢筋保护层合格率。

（3）模板安装，封头模板应垂直于水平面，上下对齐、不错位。

（4）护栏倒角曲面处应加强混凝土振捣，护栏顶面宜进行压光处理，保证顶面棱角圆顺。

3）伸缩缝

（1）梁端间隙内不得有混凝土块、木块、废弃钢筋等杂物。

（2）加强伸缩缝贮存、运输、起吊等物流环节的管理，防止损坏、变形。

（3）伸缩装置处不得积水。伸缩缝前应增设一个泄水孔，防止桥面纵向盲沟在此积水，泄水孔应采用向下直排式，防止堵塞。

（4）采取有效措施，锚牢或粘贴牢固倒水U形槽。

10. 涵洞、通道工程施工质量保证措施

涵洞、通道工程施工质量关键点分析及控制措施见表9-5-11。

表9-5-11 涵洞、通道工程施工质量关键点分析及控制措施

工程部位	施工内容	序号	项目	关键点分析	质量保证措施
涵洞工程	涵洞、通道、盖板、圆管涵施工	1	涵洞、通道、盖板、圆管涵、倒虹吸	盖板和墙身、倒虹吸是关键点	（1）在浇筑前，仔细检查墙身和盖板的尺寸。 （2）涵洞墙身和盖板现浇筑时，备齐运输罐车，连续进行。 （3）预制盖板时，检查上下面，斜交涵洞注意斜交角的方向，避免发生反向错误。 （4）倒虹吸采用钢筋混凝土圆管，设置竖井和防淤沉淀井。特别注意严密封闭管节接头及进水口砌缝，防止漏水。填土覆盖前做灌水试验，符合要求后方可填土。竣工后，及时盖上进出水井
		2	浆砌圬工设施	浆砌圬工砂浆不饱满、通缝等；圬工几何尺寸不准确。直接影响圬工质量评定	砌石圬工采用挤浆法施工，严禁使用灌浆法；片石尺寸符合规范要求，砂浆饱满，丁顺相间，上下层接缝大于8cm，统一平缝压槽，质检人员现场旁站，严格检查。严格控制砂浆配合比，机械拌和。严格按设计位置、几何尺寸施工，并经常复核。严格按设计位置、间距设置泄水孔。质检人员要逐一清点、检查

9.5.2.4 隧道工程施工质量保证措施

隧道工程施工质量关键点分析及控制措施见表9-5-12。

表9-5-12 隧道工程施工质量关键点分析及控制措施

工程部位	施工内容	序号	项目	关键点分析	质量保证措施
隧道	开挖支护	1	开挖	超欠挖控制及光面爆破为关键点，隧底清理为关键点	(1) 编制钻爆专项方案，并随时修正，指导施工。 (2) 严格控制超欠挖在合格范围内。 (3) 对初支断面按频率进行扫描。 (4) 隧底虚渣清理必须干净、不得有积水
		2	超前支护	管棚及小导管安装角度及注浆效果为关键点	(1) 拱架上严格按设计做好导向措施。 (2) 方向角允许偏差为2°，孔口距允许偏差±50mm，孔深允许偏差0~50mm。 (3) 采取可行的止浆措施
		3	拱架	拱架加工及安装质量为关键点	(1) 每种类型拱架均由技术人员放样大样图，按图加工，并预留外放量。 (2) 拱架采用加工场集中加工，出场前进行试拼。 (3) 安装时测量人员跟班，确保安装位置准备，拱架背后均需填塞密贴岩层
		4	锚杆	锚杆孔钻设及注浆为关键点	(1) 锚杆钻孔采用锚杆钻机确保沿径向成孔。 (2) 严格按设计及规范检查孔深、孔位。 (3) 摸索合适注浆压力，确保注浆饱满度
		5	喷混凝土	喷混凝土厚度及初支背后密实度为关键点	(1) 埋设厚度标志，确保初支厚度。 (2) 摸索风压大小控制回弹量，保证喷混凝土平整度。 (3) 不断变换喷射角度，确保拱架背后密实
	仰拱	6	仰拱	钢筋绑扎、仰拱尺寸和弧度、中心排水管为关键点	(1) 施作仰拱混凝土时将基底清理干净，并且注意及时排水。 (2) 严格按设计和规范要求绑扎钢筋，并严格执行三检制度。 (3) 仰拱与填充分开浇筑，仰拱一次成型，设置弧形模板保证止水带施工符合设计要求。 (4) 严格控制中心排水管安放标高，保证排水通畅，且位于隧道中心线上，符合设计要求
	防排水	7	防水板	防水板焊缝质量为关键点	(1) 防水板挂射避免水平焊缝。 (2) 每条焊缝进行充气检测
		8	透水盲管	盲管接头处理及出水口为关键点	(1) 严格检查盲管接头连接质量，确保连接可靠。 (2) 出水口保证通畅，采取通水法进行检查
	二次衬砌	9	钢筋	钢筋套筒连接及保护层控制为关键点	(1) 精确控制下料长度，确保套筒连接质量。 (2) 钢筋绑扎时，随时测量，安装足够垫块保证保护层厚度
		10	混凝土	混凝土连续性及混凝土养护为关键点	(1) 混凝土浇筑时，配备足够的罐车、拌和设备，确保混凝土连续性，并制定应急措施。 (2) 台车上安装喷洒养护设施，确保养护质量
	不良地质处理	11	岩溶处治	处置方法为关键点	(1) 当隧道遇到岩溶危害时，可按其隧道产生的影响情况及施工条件，应用超前地质预测、超前探水预报、综合物探等措施，制订超前注浆堵水、岩溶暗河、突水涌泥处置动态施工方案。 (2) 对于岩穴及填充物的处理，可根据综合物探及超前预报成果，确定岩溶洞穴大小及与隧道的空间关系，根据具体情况，采用回填、堵塞、加固、注浆、支撑桩、跨越处理等措施，保证结构和施工安全。对于岩溶及高压水的处理，为防岩溶突然袭击和保护水资源，施工中采用综合地质预测预报及超前探测工作，再根据具体情况，采取注浆堵水及限量排放的原则，保证地下水的平衡和生态免遭破坏，确保施工和结构安全。 (3) 隧道穿越岩溶地区的施工，对溶洞，根据其形态大小、与隧道的空间关系，有无地下水、有无充填物及充填物性质等，可采取注浆、换填、封堵、加固、清除、跨越，加强衬砌等一种或者多种措施综合处理，同时加强施工风险和防灾救援设计。再根据具体情况，采取注浆堵水及限量排放的原则，保证地下水的平衡和生态免遭破坏，确保施工和结构安全

9.5.2.5 防护工程施工质量保证措施

边坡施工质量关键点分析及控制措施见表 9-5-13。

表 9-5-13 边坡施工质量关键点分析及控制措施

工程部位	施工内容	序号	项目	关键点分析	质量保证措施
防护工程	边坡防护	1	排水设施施工质量	截水沟和排水为关键点	严格按设计标高放样测量、保证纵坡符合设计图纸，施工前清理基底确保沟底平顺
		2	框格梁施工质量	锚杆、锚索为关键点	（1）经实验室检测，框格梁混凝土强度达到设计要求后才可以张拉锚索/锚杆。 （2）锚索/锚杆张拉时严格按照张拉规程操作，确保张拉的有效性。 （3）张拉完成后应在规定时间内完成注浆，现场技术员旁站，确保注浆饱满

9.5.2.6 交安工程施工质量保证措施

1. 打入式波形梁护栏质量控制关键点

（1）材料质量控制是确保波形梁护栏施工质量的关键，选择一个重约守信、有实力的供货商显得尤为重要，项目部需加强每一车次的进场材料的自检工作，对立柱、护栏板、小件材料（防阻块、螺栓、柱帽等）的外形尺寸、材料厚度、镀锌层厚进行严格、有代表性的检查，发现问题应坚决执行退货处理，有问题的材料坚决弃用，同时应根据设计及规范要求频率对所有材料委托有资质的单位进行外检，严把材料质量关。

（2）立柱施工时，对立柱无法打入的路段，应采用先钻孔后打入的方式进行处理，严禁切割立柱变更设计桩长。立柱打入偏位时应将其全部拔出，用路基土回填压实后重新打入。打入时遇到石头应前后避让。打桩时控制好锤高和锤速，使立柱受力均匀，避免损坏。

（3）施工时应严格控制立柱的平面位置、垂直度与间距，这样才能保证护栏板安装的精度与整体线形减少挂板的修整工程量。

（4）护栏板安装要平顺、连续，所有搭接应按交通流的方向拼接。安装过程中利用波形梁的长圆孔调整梁的上下位置，顺直后拧紧所有螺栓。严格控制柱的高程和位置，托架位置也要准确。端头应按图纸尺寸用模压成型，不得出现施工差错。护栏板端头搭接方向必须与行车方向一致。

2. 标志贴膜及安装质量控制要点

（1）贴膜基材处理：刚出厂的铝板、不锈钢板，其表面十分光滑，不利于粘贴，需用 400～500 号砂纸以圆弧状方向进行打磨。粘贴前，必须用脱脂溶剂进行擦洗，用清水冲洗干净，并经干燥处理。

（2）反光膜开卷或裁切作业环境：反光膜应在温度（25±3）℃、相对湿度 30%～50% 的环境下放置 24h 以上，方可进行作业。要确保作业场所和作业工具的清洁。裁切反光膜建议操作人员戴上丝质或棉质手套，以免损伤或污染反光膜表面。裁切后的反光膜要摆放在平整、光滑的平台上，平台面积要大于所裁切反光膜面积。若暂不使用时，应套上塑料袋并扎紧袋口，防止吸湿。同形状、同尺寸的膜必须堆放整齐，控制堆放高度不超过 3cm，不要加压任何重物。长度 3m 以上、面积较大的反光膜，应紧密卷在纸管上（纸管内径不小于 100mm），用三处胶带固定后竖直放置在塑料托架上，以免产生"隧道"现象。应尽快使用完已打开的反光膜。未使用完的反光膜，应拉紧膜的边缘卷到原先的纸管上，并用胶带固定三处以上，在纸管两端安上塑料支架，套好塑料袋后重新放回原来的纸箱内，也可以在反光膜纸管中央穿一根铁棒，水平放置在专用货架或竖排在塑料托架上。禁止将未用完的反光膜直接扔在地上或斜靠在墙上。

（3）底膜拼接时，上膜须压接下膜，压接宽度不应小于 5mm。当采用平接时，其间隙不应超过 1mm。距标志板边缘 50mm 之内，不得有接缝。底膜粘贴应紧密、平整，无明显划伤、破损、皱褶、裂纹，色泽应均匀一致，同一板面上反光膜粘贴方向应一致，避免出现反光不均匀现象。字符膜粘贴应与设计图纸、相关标准要求完全一致。字正、边直、角圆，位置正确，粘贴牢固，板面清洁。板面字体字符均符合规范要求。制作字母小样时应保证字符间隙均匀。字符边框间隙宽度不足时，可适度缩小字符宽度及间隙，字符高不变。国标类图案依据自制模板按比例缩放，专项设计图案应依据设计文件办理，并符合相关标准的要求。

（4）标志牌、标志架安装前，施工技术人员应对标志牌的图案、尺寸、材料进行再次检查确认。同时对标志立柱的规格、尺寸及焊接、防腐处理的质量进行检查。

（5）安装悬臂、门架标志横梁时应预拱，预拱度按跨径大小调整。标志安装应先进行钢结构安装，再进行标志牌安装。具备整体吊装条件的可先进行标志架拼装、标志牌安装，再进行整体吊装。

（6）标志架安装应校正立柱垂直度，必要时可在上下法兰间支垫钢板，最后用水泥砂浆对上法兰与基础之间的缝隙进行封闭，保证安装牢固可靠。

（7）柱式标志不应侵入公路建筑限界以内，标志内侧边缘铅垂线距路面或土路肩边缘不得小于25cm。悬臂、门架式标志下缘距路面的高差，至少按该道路规定的净空高度设置，允许偏差均为（0，+100）mm。同时检测路面最不利处悬臂、门架式标志牌下缘距路面的净空高度，要求在净空限界外0～10cm。

（8）标志板安装后应平整，夜间在车灯照射下标志板底色和字符应清晰明亮，颜色均匀，不得出现明暗不均的现象，影响对标志的认读。标志的位置、数量及安装角度应符合要求。

3. 标线质量控制要点

（1）热熔性标线材料的选用。施工前检查机械，根据沥青路面材料情况、不同季节，选用与路面材料、季节相匹配的标线材料；选用耐热性好、具有良好耐裂解性的材料，选用具有抗紫外线能力的添加剂。标线涂料不宜长期储存，在出厂一年以内施工效果较好，不可将不同颜色、不同厂家的产品混用。施工前应检查机械、斗槽，确保处于正常状态。

（2）选择良好的施工环境。热熔性标线施工，要求在天气连续晴朗24h以后，施工环境温度10℃以上（20℃以上最佳）；施工时须确保路面干燥，且应将路面杂物清除干净。

（3）标线涂料搅拌要均匀，施工温度控制在180～230℃，应保证涂料流动性良好，并且涂料不能烧焦。标线涂料厚度：水泥混凝土路面按1.5～2.0mm控制；沥青路面按1.8～2.0mm控制。

（4）为解决热熔性标线夜间反光不良的通病，玻璃珠选用、撒布、嵌入标线深度等方面要严格控制：玻璃珠要选用粒径1.2～2mm，透明度好、折射率大、成圆率高（70%以上）、杂质少的；玻璃珠撒布量按标线涂料20%左右控制，此用量反光效果最好，尽量采用机械撒布。大风天气要设置防风设施，以确保均匀；玻璃珠以半嵌入标线为佳，为达此目的，应保证涂料流动性良好。

9.5.2.7　绿化工程施工质量保证措施

项目质量控制应贯穿项目实施的整个过程，即包括采购质量控制、施工质量控制等，只有采用全过程的质量管理，才能控制项目的各个环节，取得良好的质量效果。

1. 采购质量控制

物资装备部是采购的管理和控制部门，应编制"物资采购控制程序"来确保采购的货物符合采购要求。

（1）采购前期。

应根据不同的采购产品对项目实现过程的影响以及对最终产品的影响，将物资分类。

物资装备部应根据物资的重要性组织评价，拟定合格的供应商，然后根据合同约定，由业主单位或者自行确定供应商。对供应商的评价和选择应考察供应商单位资质、经验、履约能力、售后服务能力等，并应保持持续的跟踪评价，减少因采购而导致的风险。

项目经理部、物资装备部负责确定采购要求，在与供应商沟通之前，确保规定的采购要求是充分和适宜的。

（2）物资加工过程。

要求供应商按照采购货物的特点建立并严格执行质量管理体系，物资装备部按照有关条款对各供应商的质量管理体系进行审核。

对于供应商承担的质量职责,项目经理部要在与供应商达成的采购合同中给予明确。

(3) 采购物资的验证。

在采购合同中应明确物资验证方法,验证工作由物资装备部组织。

根据国家、地方、行业对各种物资的规定,物资重要性的不同,确定对物资的抽样办法、检验方式、验证记录等。

对验证中发现不合格品的,应编制《不合格品控制规定》并按规定进行处理。

(4) 材料进场检验。

进场材料供货商应提供材料的合格证明;材料进场后物资装备部连同质检部门对进场材料进行检验,不合格材料不得投入使用。

2. 施工质量控制

(1) 施工前管理。

①建立完善的质量组织机构,规定质量保证体系中有关人员的质量职责。

②对施工过程中可能影响质量的各因素,包括各岗位人员能力、设备、仪表、材料、施工机械、施工方案、技术等因素进行管理。

③对施工工作环境、基础设施工等进行质量控制。

(2) 施工过程中管理。

①项目经理部应编制《产品标识和可追溯性管理规定》,对进入现场的各种材料、成品、半成品进行标识。

②进入施工现场的各种材料、成品、半成品必须经质量检验人员按物资检验规程进行检验,合格后才可使用,项目经理部应编制《产品的监视和测量控制程序》并执行。

③在施工过程中若发现不合格品,其评审处置应按《不合格品控制规定》执行。

④编制《监视和测量装置控制程序》,对检验、测量和试验设备进行有效的控制,确保其处于受控状态。

⑤对参与项目的人员进行考核,对施工机械、设备进行检查、维修,确保能够符合施工要求。

⑥在施工过程中,对施工过程及各环节质量进行监控,对质量关键控制点进行严密的监控。

⑦对于施工过程中出现的变更应制定相关的处理程序。

⑧应编制《施工质量事故处理规定》,对发生的质量事故进行处理。

⑨施工过程严格执行三检制度,确保工程实体的质量。

(3) 测量管理。

①执行测量复核签认制;在测量工作的各个程序中实行双检制度。

②各工序范围内的测量工作,测量组应自检复核签认,分工衔接上的测量工作,由测量组进行互检复核和签认。

③测量组组织对控制网点进行复核测量,经项目技术部门主管现场进行检查签认,合格后报监理工程师审批。

④项目技术负责人和技术部长要对测量组测量复核签认制进行检查,并做好检查记录。

(4) 测量记录与资料管理的规定。

①测量记录与资料必须分类整理、妥善保管,作为竣工文件的组成部分归档。

②控制测量,每项单位工程施工测量必须分别使用单项测量记录本。

③一切原始观测值和记录项目在现场记录清楚。记录中不准连环更改,不合格时应重测。

④测量组设专人管理原始记录和资料,建立台账,及时收集,按控制测量、单位工程分项整理立卷。

⑤内业计算前应复查外业资料,核对起算数据。计算者、复核者要签认。

（5）测量仪器工具的使用和保管。

①测量组对测量工具具有使用权和负有保管责任。

②测量仪器在使用前到国家法定计量技术鉴定机构，对测量仪器、工具进行检定。

③测量仪器使用时，采取有效措施，达到其要求的环境条件，条件不具备时不得架立、使用仪器。仪器架立后司仪人员应专心守护，不得擅自离开。

④测量组应建立仪器总台账、仪器使用及检定台账。

⑤为理顺工程建设阶段计划管理中业主、监理单位之间的关系，明确计划管理机制和职责范围，加强计划管理和监控，实现合同约定的完工目标。

9.5.3 质量通病防治措施

9.5.3.1 路基质量通病及预防措施

质量通病：填土路基 CBR 值达不到设计要求。

预防措施：换填符合要求的材料；对原材料进行改良，使之符合设计或规范要求。

质量通病：砌体石料强度达不到设计要求。

预防措施：加强对材料验收人员工作责任心的教育，使其提高认识和强化责任心，杜绝不合格石料进场；强化质检力度，将已进场的不合格石料清除出场，对已使用的不合格石料进行返工。

质量通病：砂、石规格不符合要求或级配、含泥量等指标不符合要求；水泥检测的部分指标不符合要求。

预防措施：加强对进场砂、石、水泥原材料的检验，不合格的砂、石、水泥材料禁止进场；制定和完善原材料进场检验管理制度，明确各部门的管理职责，落实相关管理人员的岗位责任，理顺部门资料和信息接口，使之满足实际施工需要。

质量通病：路基顶面起皮、空鼓。

预防措施：平整作业前将路基填料含水量控制在比最佳含水量大1~2个百分点，平整作业尽量安排在早晚气温较低时间段并尽量缩短平整作业时间。

质量通病：路基顶面出现"弹软"松散。

预防措施：路基填料要避免使用天然稠度小于1.1、液限大于40、塑性指数大于18、含水量大于最佳含水量2个百分点的土。一定要注意不能用两种不同性质的土进行混填施工，特别是不能用透水性差的土壤包裹透水性好的土壤；路基填料补充水分时注意不要在一个位置洒水停留时间过长；雨后及时对积水坑进行排水；路基平整、碾压前及时检查，对局部含水量过大的部位进行换填处理；对局部的"弹簧"路基可以在不影响行车及道路安全的情况下对过湿土进行翻晒、掺配，待含水量合适后碾压成型，可掺生石灰翻拌或直接挖除换填适宜的土壤进行碾压成型。

质量通病：路基承载力不足，路面结构层早期损坏。

预防措施：路基施工按设计要求进行超宽填筑；控制碾压工艺，保证机具碾压到边；认真控制碾压顺序，确保轮迹重叠宽度和段落搭接超压长度；增加路基边缘带压实遍数，确保边缘带碾压频率高于或不低于行车带。

质量通病：挖方路基边坡滑塌。

预防措施：工程技术人员要仔细审核设计图纸，详细勘查施工现场地质、地形情况，如有不符合设计要求情况的及时地向监理、业主和设计单位提出；在施工前一定要向施工人员进行施工技术交底，要严格按照图纸和设计施工，严格遵守施工规范，严禁违章施工。

质量通病：路基回弹弯沉值达不到设计要求。

预防措施：平整碾压时一定要控制好含水量；在进行填筑施工时一定要注意不要将不适宜材料填入路基中，一旦发现混入要及时清除。

质量通病：桥头接线路基与桥台的沉降量不同常引起桥头跳车现象，为公路施工中之通病。

预防措施：回填材料采用透水性好、压缩性小的材料；采取分层压实措施，软土路基先做处理，再回填透水性填料。

9.5.3.2 桥梁质量通病及预防措施

1. 孔底沉渣预防措施

孔底沉渣是影响桩承载能力的重要因素，对水下灌注桩桩底沉渣厚度有明确要求，但在施工过程中常有不少桩的桩底沉渣仍满足不了此要求，究其原因，主要是由于泥浆性能不符合要求。影响钻孔灌注桩成桩质量的泥浆的性能指标主要是比重和黏度，若泥浆过稀，则携渣能力不够，若泥浆过稠，则孔壁会形成一层厚厚的泥皮，无形之中减小了桩径。泥浆的比重、黏度根据地下水位高低和地层稳定情况等进行确定，如地下水位较高，容易坍塌，泥浆比重、黏度可大些，但不宜过大，比重以 $1.1\sim1.2$、黏度为 $18\sim25Pa\cdot s$ 为宜。钻孔结束后，在进行一次清孔的同时不断地补充新鲜泥浆，将孔内含砂量大、性能差的泥浆置换出来；二次清孔时宜采用泵吸反循环清孔，若采用正循环清孔，要排出岩渣和泥团，须加大泥浆比重和黏度，且清孔的速度要慢。钻孔完毕后由监理人员对终孔进行验收，根据钻杆和钻头或测绳的总长度和上部剩余长度检查终孔深度；要严格检测钻杆和钻头或测绳长度的准确性，杜绝以超深来抵消孔底淤积。认真检查，采用正确的测绳与测锤；一次清孔后，如不符合要求，要采取措施：如改善泥浆性能，延长清孔时间等。在下完钢筋笼后，再检查沉渣量，如沉渣量超过规范要求，进行二次清孔。二次清孔可利用导管进行，准备一个清孔接头，一头可接导管，另一头接胶管，在导管下完后，提离孔底 $0.4m$，在胶管上接上泥浆泵直接进行泥浆循环。

2. 孔壁坍塌预防措施

孔壁坍塌一般是由预防未料到的复杂的不良地质情况、钢护筒未按规定埋设、泥浆黏度不够、护壁效果不佳、孔口周围排水不良或下钢筋笼及升降机具时碰撞孔壁等因素造成的，易造成埋、卡钻事故，应高度重视并采取相应措施予以解决。首先，按规定埋设钢护筒，保证孔口排水良好，下设钢筋笼及升降机具要防止偏斜；其次，在特殊地层钻进要求采用优质冲洗液护壁，同时也可采用正循环钻进、反循环排渣的做法来抑制不稳定段地层的坍塌；最后，在不稳定地层中，换浆不要过早，可在下完钢筋笼后进行二次清孔时替换掉高比重泥浆后，及时灌注混凝土，缩短沉渣时间，以保证桩身质量。在松散易塌的土层中，适当埋深护筒，用黏土密实填封护筒四周，使用优质的泥浆，提高泥浆的比重和黏度，保持护筒内泥浆水位高于地下水位。搬运和吊装钢筋笼时，防止变形，安放要对准孔位，避免碰撞孔壁，钢筋笼接长时要加快焊接，尽可能缩短沉放时间。成孔后，待灌时间一般不大于 $3h$，并控制混凝土的灌注时间，在保证施工质量的情况下，尽量缩短灌注时间。

3. 扩径和缩径预防措施

扩径、缩径都是由成孔直径不规则及其他不良地质现象引起的，扩孔一般是由钻头振动过大、偏位或孔壁坍塌造成的，缩孔是由于钻头磨损过大、焊接不及时或地层中有遇水膨胀的软土、黏土泥岩造成的。缩径会减小桩的竖向承载力，而扩径会增加成本，应采取有力措施予以控制。为避免扩径的出现，现场人员检查钻机是否固定、平稳，要求减压钻进，防止钻头摆动或偏位，在成孔过程中还要求徐徐钻进，以便形成良好的孔壁，要始终保持适当的泥浆比重和足够的孔内水位，确保孔内泥浆对孔壁有足够的压力，成孔尤其是清孔后督促施工单位尽快灌注水下混凝土，尽可能缩短孔壁在小比重泥浆中的浸泡时间；为避免缩径的出现，钻孔前技术人员详细了解地质资料，判别有无遇水膨胀等不良地质条件的土层，如有，要求施工人员采用失水率为 $3\sim5mL/30min$ 的优质泥浆进行护壁，经常对钻头的直径进行校正，钻头直径一般比所需成孔直径小 $20\sim25mm$。采用优质泥浆，降低失水量。成孔时，加大泵量，加快成孔速度，在成孔一段时间内，孔壁形成泥皮，则孔壁不会渗水，亦不会引起膨胀，或在导正器外侧焊接一定数量的合金刀片，在钻进或起钻时起到扫孔作用。如出现缩径，采用上下反复扫孔的办法，以扩大孔径。

4. 桩头质量预防措施

有关规范规定在凿除桩顶浮浆层后，保证设计的桩顶标高及桩身混凝土质量。在钻孔灌注桩施工中要想保证桩头的质量，控制好最后一次灌注量，凿除浮浆高度后保证暴露的桩顶混凝土达到设计强度值，这就要求灌注混凝土的高度要超过桩顶标高。在实际施工中，超灌量控制不当是经常存在的问题，超灌量过大，造成浪费，超灌量不足，桩头质量不能得到满足。另外，在开挖桩头检测时发现，由于桩顶混凝土与孔内泥浆有直接接触，里面有时会裹有泥砂和浮浆等杂质，对桩头质量产生极大影响。技术人员重视影响桩头质量的因素，要求施工人员采取如下控制措施：①严格控制成孔工艺，清孔彻底，采用正确的水下混凝土灌注工艺，使钻渣、泥皮被顶起至桩顶，在桩头形成较厚的浮浆层；②施工中测准混凝土上升面标高；③确定合理的超灌量，根据浮浆层厚度及桩顶标高附近的工程地质情况，宜取 0.8～1.0m 的超灌高度；④清孔泥浆要满足要求，灌注混凝土前要进行孔底泥浆取样，孔底 50cm 范围内的泥浆比重不大于 1.25、黏度不大于 28Pa·s；⑤在混凝土灌注过程中，尽量少上下活动导管，导管埋深要在 2～6m 范围。先将场地夯实平整，轨道枕木宜均匀着地；安装钻机时要求转盘中心与钻架上起吊滑轮在同一轴线，钻杆位置偏差不大于 20cm。在不均匀地层中钻孔时，采用自重大、钻杆刚度大的钻机。进入不均匀地层、斜状岩层或碰到孤石时，钻机要调到慢挡。另外，安装导正装置也是防止孔斜产生的简单有效的方法。钻孔偏斜时，可提起钻头，上下反复扫钻几次，以便削去硬土，如纠正无效，于孔中局部回填黏土至偏孔处 0.5m 以上，重新钻进。

5. 声测管通病及预防措施

质量通病：声测管被堵现象，导致检测部门无法按既定的检测方案开展检测工作。预防措施：根据对各个施工项目部的调查与总结，经过多种接法进行统计，总结出采用相应的接法能有效地防止堵管情况出现。每节钢筋笼采用通长的声测管，尽量不要有接头，防止在钢筋笼运输及沉放过程中焊缝开裂，导致漏浆堵管。

管口最好采用钢板焊接封闭，严禁使用土工布、木块等塞堵。在填埋及开挖施工时，有现场管理人员指挥作业，防止挖掘机碰断声测管。

6. 锚垫板质量通病及预防措施

质量通病：锚垫板面与孔道轴线不垂直或锚垫板中心偏离孔道轴线，锚环没放入锚垫板的定位槽内，夹片没有对齐、没摆均匀等，造成局部应力集中，影响锚固效果。预防措施：施工技术交底全面制定具体工艺要求，并进行示范演练；锚垫板安装仔细对中，垫板面与预应力束的力线垂直；锚垫板埋设加固牢靠，确保在混凝土浇筑过程中不会移动；安装夹片时，利用 O 形橡胶圈将其套住、摆匀、对齐并轻轻敲入锚孔中；加强施工过程质量监控，责任落实到人，张拉前再进行一次全面检查，不合格的返工。

7. 预应力质量通病及预防措施

质量通病：预应力张拉时，锚垫板下混凝土变形开裂或下陷，致使无法施加预应力，造成返工损失、拖延工期。预防措施：严格按照设计图纸要求施工，确保锚区的几何尺寸、平面位置与方向符合要求；加强锚区混凝土的振捣，必要时采用小直径振捣棒操作；锚垫板有足够的厚度以满足其刚度要求；混凝土的抗压强度与龄期达到设计或规范要求后，方可进行张拉；锚区混凝土遭破坏后，要彻底剔凿、清理，按设计要求重新施工。

8. 隧道质量通病及预防措施

质量通病：爆破后岩面坑洼严重，超欠挖严重。预防措施：施行光面爆破和预裂爆破技术，准确确定围岩光面爆破技术参数，准确布置炮眼位置，严格控制装药量，加强技术培训，强化管理，规范操作。

质量通病：锚杆数量、长度不足，未按要求注浆或安装药卷，未与岩面垂直。预防措施：钻锚杆孔前，定出孔位，做出标记，锚杆安装前对孔深、锚杆长度进行检查，施工后使用仪器进行探测检验，施工中按照施工要求注浆饱满，压力符合设计要求，药卷充填饱满，使用锚杆机或多臂凿岩机进行钻孔，保证钻孔方向。

质量通病：喷混凝土脱层隆起，混凝土喷射层与岩面不黏结，混凝土喷层之间黏结不好。解决措施；清除松动岩石，清除受喷面浮渣杂物，对喷水、淋水、集中出水点的受喷面采用凿槽、埋管措施进行引导疏干处理，喷射混凝土前进行试喷，确定风压与喷射距离之间的协调关系。

质量通病：锚杆砂浆灌注不饱满。预防措施：严格按设计孔深钻孔；压浆前用压力风、水冲净孔眼，严格按工艺注浆，控制好砂浆的配合比，孔内注浆从孔底开始，均匀连续进行，中途不得中断，采用带排气装置的锚杆。

9.5.3.3 高边坡滑坡防治措施

地表排水：对滑坡体以外的地表水，要拦截引离；滑坡体上的地表水要注重防渗，并尽快汇集引出。地下排水：排除滑坡地下水的工程措施有渗沟、平孔等。

减重：减重是在滑坡后部挖除一定数量的滑体而使滑坡稳定下来的措施。它适用于推动式滑坡或由错落转化的滑坡，并且滑床上陡下缓，滑坡后部及两侧的地层稳定，不致因为刷方引起滑坡向后及向两侧发展。一般情况下，滑坡减重只能减小滑体的下滑力，不能改变其下滑的趋势，因此减重常与其他整治措施配合使用，可采用重力式抗滑挡土墙、抗滑桩、预应力锚固等防治措施。

坡面防护工程：对已开挖的边坡工程及时进行防护，施工完一级防护一级，预防二次灾害发生。

9.5.3.4 混凝土外表质量差通病及预防措施

混凝土外表质量差是混凝土工程中的通病，表现形式主要有接缝凹凸不平、气泡孔多、颜色不一致、线条不顺直。预防措施主要有以下几点。

（1）接缝处模板拼装要严密，采取加劲加强，保留一节模板不拆，下一节模板在保留模板上接长，接处用腻子灰刮平，贴透明胶纸，可起到有效的预防作用。

（2）气泡孔多的预防，调整配合比掺入粉煤灰，采用适宜的外加剂，减少用水量，加强振捣，可起到有效的预防作用。

（3）颜色不一致的预防。首先，颜色不一致一般是因为采用了不同的原材料，如不同厂家、不同牌号的水泥；其次，是因为模板褪色，如铁锈、油漆；最后，是污染了脱模剂，如废机油等。针对各种原因采取相应的预防措施。

（4）外轮廓线条不顺直的预防。首先，模板须由专业厂家加工，保证线条顺直，轮廓清晰；其次，模板安装准确、牢固，防止模板移位；最后，注意对拆模时间的掌握及拆模时对混凝土外表及轮廓的保护，防止混凝土表面被黏脱、缺边、掉角等现象的出现。

9.5.3.5 混凝土强度的质量控制措施

控制混凝土的强度从源头抓起，严把材料关，开工前物资主管对混凝土的原材料水泥、砂、石进行详细调查，对各个生产厂家和料源地的生产能力、质量、价格等情况进行充分考察，初步选定生产厂家和料源地。

项目经理部实验室对初步选定的砂、石料源地进行取样试验，对砂、石料的级配、针片状颗粒含量、最大粒径、含泥量、强度（压碎值）等指标进行检测，水泥具有出厂合格证和质量保证单，并对水泥的主要性能指标委外进行检测，经检测合格后，工地实验室通知物资部门按规定程序进行采购。

工地实验室根据混凝土设计强度等级、集料最大粒径、泵送坍落度要求、原材料情况进行配合比初步设计，然后进行试拌，对初步配合比进行调整，以确定理论配合比。理论配合比确定后，同时报监理单位和公司中心实验室审核，经批准后才能作为最终的理论配合比。

混凝土拌和前，试验人员测定骨料中的含水量，换算成施工配合比，当含水量有显著变化时，依据检测结果及时调整用水量和骨料用量，混凝土拌和严格按施工配合比搅拌均匀。

为确保混凝土各组分的计量准确，混凝土拌和前，试验人员对计量设备进行零点校核，同时还定期进行检定；在搅拌工序中，作业人员严格控制混凝土搅拌的最短时间，工班长负责对混凝土的搅拌时间进行抽查，每一工作班至少抽查两次。

混凝土搅拌完成后，试验人员在搅拌地点和浇筑地点对混凝土坍落度进行取样检测，最终以浇筑地点的检测结果为准。当发现坍落度不满足要求时，由试验人员进行调整，严禁通过向混凝土内加水的方式提高坍落度。

工地负责人根据搅拌地点和浇筑地点的距离和交通路线情况，合理配置混凝土罐车的数量，确保混凝土运输适应混凝土凝结速度和浇筑速度的需要，运至浇筑地点的混凝土不离析、不分层，坍落度符合规定要求。

混凝土浇筑前，质检工程师对模板、钢筋、保护层和预埋件进行检查，检查合格后，报监理工程师检查签认。

混凝土浇筑时现场设总指挥，对浇筑过程进行统一指挥，前盘、后盘分工负责，责任到人。混凝土严格按浇筑工艺进行控制，浇筑分区分段，按规定的层厚、顺序、方向进行浇筑，对钢筋和波纹管密集的地方加强振捣，防止漏振，技术人员跟班检查和指导，关键部位和接口位置由领工员或工班长负责和协调，以确保混凝土振捣密实。

混凝土浇筑完成后，在收浆后尽快予以覆盖和养护，养护设专人进行，每天洒水次数以能保持混凝土表面经常湿润状态为度，混凝土的养护时间一般为7d，可根据空气的湿度、温度和水泥品种及掺用的外加剂等情况，酌情延长或缩短。

严格控制混凝土的拆模时间，混凝土拆模根据实验室通知，不可过早拆模以致影响混凝土强度的增长。

9.5.3.6　承台等大体积混凝土温度裂缝控制措施

大体积承台混凝土施工时容易产生裂缝，由于混凝土体积大，聚集的水化热大，在内部散热慢，会引起混凝土因温度变化和收缩导致出现有害裂缝。因此要控制大体积混凝土的浇筑质量，就要防止有害裂缝的产生。具体措施如下。

1. 优化混凝土配合比

选用低热矿渣硅酸盐水泥，其水化热较普通硅酸盐水泥水化热低10%左右，选定水泥品牌后，进行水泥水化热测定试验，测出实际水化热。

粗骨料选用级配良好的碎石，含泥量不大于1.0%，细骨料尽量选用天然砂，含泥量不大于3.0%，以降低水泥用量。

采用双掺技术，即同时掺加粉煤灰和高效减水剂，可有效地降低单位混凝土水泥用量并延缓温升峰值出现的时间。

2. 进行各项检算

选定混凝土配合比后，根据施工条件对施工阶段大体积混凝土浇筑块体的温度、温度应力及整浇长度进行检算，保证施工方案的正确性。同时根据计算结果确定各项温度指标和制定详细的温度监测方法、冷却措施和养护措施。

3. 材料降温

炎热季节施工，骨料堆均遮盖防止日晒，如混凝土入模温度过高，则在使用前用冷水冲洗砂石料，强制降温，然后拌和时调整用水量。

水泥棚要四周通风，保持棚内阴凉，水泥均用出厂10d以上的，不使用刚出厂的散装水泥，可避免水泥本身的高温导致混凝土入模温度偏高。

4. 机具降温

拌和前要用冷水冲洗配料机和搅拌机，输送前冲洗输送泵，输送时要用草袋覆盖泵管，防止日照高温。

5. 分层浇筑

采用分层连续浇筑，层厚30cm，可充分利用混凝土层面散热，同时便于振捣，易保证混凝土的浇筑质量。但要在前层混凝土初凝之前将次层混凝土浇筑完毕，防止层间冷缝发生。

埋设循环冷却水管，在混凝土中预埋循环冷却管，利用管中循环冷水的流动带走混凝土内部产生的水化热。决定冷却效率的主要因素是管间距、进水温度、水流速度和通水持续时间。在水管外覆盖一层混凝土后即开始通水，在混凝土温度达到峰值并开始下降后停止通水。水管采用 $\phi 50mm \times 2.5mm$ 的薄壁钢管，水管接头采用丝扣套筒连接。在混凝土施工前，水管系统要经过通水试压，仔细检查每一个接头，确保管路不漏水。在混凝土浇筑和钢筋绑扎过程中，不得损坏管路，以确保供水的连续性。

进行温度监控，在承台混凝土浇筑前，在测点预埋热电偶做测温元件，用电子测温仪进行温度测量监控。选用 WZCT-10 型热电偶作为测温元件，测温元件的分布按冷却钢管在每层中部及四边角分布 5 个，选用数显的电子测温仪（量程 0~150℃）作为二次仪表。承台混凝土温度监测点的布置以真实地反映混凝土体的温度分布场、降温速度、冷却效果为原则。

承台混凝土各测点温度的监测频率。在混凝土浇筑初期保持每天三次，待混凝土体内温度变化缓慢后可降低测温频率。

根据测温结果指导冷却系统工作及养护工作，确保混凝土体中心温度与表面温度差值不超过规范规定的 20℃，其中混凝土的表面温度以混凝土外表以内 50mm 处的温度为准。

9.6 创优措施

9.6.1 创优目标分解

项目创优目标分解见表 9-6-1。

表 9-6-1 项目创优目标分解

创优类别	具体分项	基础成果项目	数量
质量创优	省级质量管理小组	工程建设协会质量控制（QC）成果	×
	国家级质量管理小组	中国施工企业管理协会国家级 QC 成果	×
	实体质量	×××工程建设优质结构工程	×
科技创优	施工工法	×××工程建设协会省级工法	×
		中国公路建设行业协会部级工法	×
	专利	发明专利	×
		实用新型专利	×
	科技论文	非核心期刊	×
		核心期刊	×
	微创新	×××工程建设新技术开发应用（微创新）成果	×
		中国公路建设行业协会微创新成果	×
		中国施工企业管理协会微创新成果	×
	科技成果	×××工程建设科技成果	×
		中国公路建设行业协会科技成果	×
BIM 应用	省级 BIM 技术应用	×××工程建设协会匠心杯 BIM 技术成果（施工组）	×
	国家级 BIM 技术应用	中国施工企业管理协会 BIM 奖（施工组）	×
		成果总数	×

9.6.2 创优保证措施

（1）加强质量意识教育，树立全员精品意识。

教育广大职工处理好创优与工期、创优与效益、创优与个人收入、创优与企业信誉及发展的关系，增强全体参建职工的质量意识和创优观念，充分发挥每一名员工的主观能动性和积极性，开展群众性创优活动。

（2）成立以项目经理为组长、总工程师为副组长的创优领导小组，质检部门具体负责工程的质量管理和创优工作，生产管理部门协助工作，从机构、人员和制度方面形成完善、务实、高效的质量内控网络，紧紧围绕创优目标，高起点、高标准，切实抓好创优规划的安排和落实。

（3）建立定期和不定期的施工质量检查制度。

根据制定的详细创优目标和工程实际进度，对所有工程项目的施工及时进行检查；严格按照规范标准认真详细检验，关键部位按照比现行规范高一个等级的标准要求进行检验。建立细致的创优档案，及时记录各项目创优的进度、安全、质量等实际情况，为落实创优规划所确定的创优目标提供必要详细数据，以便及时指导和管理。

（4）做好技术培训，加强科技攻关，推进工程技术创新，开展质量控制活动，消除质量通病。

（5）建立激励机制，奖优罚劣，优质优价，鼓励创优。

推行各级承包责任制，各级签订责任状，并根据创优规划目标的落实情况，实行严格的奖优罚劣制度。对没有达到创优标准的工序或分项工程，按照"四不放过"的原则，组织分析原因，并制定整改和预防措施，以整改本道工序和指导其他项目的相应工序的操作，从细处、从源头保证创优目标的实现。

（6）加强技术工作，强化方案优化，合理进行施工组织安排，做到标准明确、重点突出、技术交底清楚、施工指导切实具体。

编制实施性施工组织设计和单项工程施工作业指导书，制定工程项目的施工方法、工艺流程、工艺标准、质量标准，施工中严格执行，确保操作标准化，保证每一道工序达到高标准、高质量。

（7）细化措施，责任到人。将各项目、各分部、各分项工程，各施工工序，各环节等创优标准确定并落实到各具体负责的作业队，明确作业队长、技术负责人、作业工班的责任。

（8）依靠科技，合理配置资源。积极依靠本单位在人才、技术、设备等各方面的优势，配置具有丰富施工和管理经验的人才及精良的施工机械设备，不断提高产品质量。

（9）抓好试验及测量基础工作，确保各种原材料符合工程要求，确保工程位置、结构尺寸准确无误。

（10）坚持开工必优、样板先行。施工中保证每个分项工程以优质为标准，全部质量合格，并树立样板项目，以样板工程带动全面。

9.6.3 检查、验收及其相关标准

根据设计文件及业主单位要求制定质量管理目标。

9.7 质量管理措施

9.7.1 质量保证指导原则

（1）首先建立完善的质量保证体系，配备高素质的项目管理和质量管理人员，强化"项目管理，以人为本"。

（2）严格过程控制和程序控制，开展全面质量管理，树立创过程精品、令业主满意的质量意识，使工程成为公司具有代表性的优质工程之一。

（3）制定质量目标，将目标层层分解，质量责任、权力彻底落实到个人，严格奖罚制度。

（4）建立严格而实用的质量管理和控制办法、实施细则，在工程项目上坚决贯彻执行。

（5）严格样板制度、三检制度、工序交接制度和质量检查和审批制度等。

（6）广泛深入地开展质量分析、质量讲评，大力推行"一案三工序"的管理措施，即"施工方案、

监督上道工序、保证本道工序、服务下道工序"。

(7) 利用计算机技术等先进的管理手段进行项目管理、质量管理和控制，强化质量检测和验收系统，加强质量管理的基础性工作。

(8) 大力加强图纸会审、图纸深化设计、详图设计、综合配套图的设计和审核工作，通过确保设计图纸的质量来保证工程施工质量。

(9) 严把材料（包括原材料、成品和半成品）、设备的出厂质量和进场质量关。

(10) 确保检验、试验和验收与工程进度同步；工程资料与工程进度同步；竣工资料与工程竣工同步；用户手册与工程竣工同步。

9.7.2 组织保证措施

根据质量保证体系，建立岗位责任制和质量监督制度，明确分工职责，落实施工质量控制责任，各负其责。根据现场质量体系结构要素构成和项目施工管理的需要，建立由公司总部服务和控制，项目经理领导、项目总工程师组织实施的质量保证体系，项目副经理进行中间控制，区域和专业责任工程师进行现场检查和监督，从而形成项目经理部管理层、专业管理层到作业班组三个层次的现场质量管理职能体系，进而从组织上保证质量目标的实现。

9.7.3 加强过程质量预控

(1) 项目开工之初，编制项目策划、创优计划、质量检验计划等。

(2) 加强对图纸、规范、标准的学习，及时与设计单位沟通。

项目从开工就立即组织技术人员、现场施工管理人员以及操作班组的主要工程技术人员进行图纸和规范的学习，做到熟悉图纸和规范要求，严格按图纸和规范施工，同时也给图纸多把一道关。在学习过程中及时找出图纸存在的问题，将信息反馈给设计单位。

(3) 施工前编制施工组织设计、专项施工方案、措施交底。

施工前编制施工组织设计、专项施工方案、措施交底等用以指导工程的施工。在编制时结合工程实际，掌握施工组织战略的指导性、方案战役的部署性、交底战斗的可操作性，做到三者互相对应、相互衔接、相互交圈，层次清楚、严谨全面，符合规范，使之真正成为施工中可以遵循依靠的指导文件。

(4) 注重对劳务分包队伍的选择。

选择具有一定资质、信誉好且与公司长期合作的、成建制的有良好表现的劳务分包队伍参与工程的施工，建立完整的管理和考核办法，对分包队伍进行质量、工期、信誉和服务等方面的管理和考核。从根本上保证项目所需劳动者的素质，为实现工程质量目标奠定坚实的基础。

(5) 做好培训和交底。

增强全体员工的质量意识是创过程精品的首要措施，项目将定期组织质量讲评会，同时组织到创优内外部单位进行观摩和学习，并邀请上级质量主管领导和专家进行集中培训和现场指导；项目还应做好规范、标准和技术知识的培训工作，促使项目人员的素质不断提高，从人的因素上消除质量问题产生的源头。

项目对劳务队伍主要管理人员也要进行施工质量管理培训，对班组长及主要施工人员，按不同专业进行技术、工艺、质量综合培训，未经培训或培训不合格的分包队伍不允许进场施工。项目责成分包建立责任制，并将项目的质量保证体系贯彻落实到各自施工质量管理中，督促其落实各项工作。

(6) 加强合同的预控作用。

合同管理贯穿工程施工经营管理的各个环节，应特别注重分包的选择，比较各分包方价格、工期、质量目标，细化合同的内容，将对分包的质量要求写入合同中，合同内容力求全面严谨，权责明确，不留漏洞。

(7) 严格选择材料供应商，加强材料进厂检验。

模板加工与制作、钢筋原材料、预拌混凝土、加工成品等均应采用全方位、多角度的选择方式，以产品质量优良、材料价格合理、施工成品质量优良为材料选型、定位的标准。材料、半成品及成品进场要按规范、图纸和施工要求严格检验，不合格的立即退货。

9.7.4 加强过程控制，实行首件工程认可制，创过程精品

1. 严格按方案施工

对每个方案的实施都要通过方案提出→讨论→编制→审核→修改→定稿→交底→实施几个步骤进行。

施工中有了完备的施工组织设计和可行的施工方案以及可操作性强的措施交底，保证全部工程整体部署有条不紊，施工现场整洁规矩，机械配备合理，人员编制有序，施工流水不乱，分部工程方案科学合理。施工操作人员严格执行规范、标准的要求，将有力地保证工程的质量和进度。

2. 坚持样板引路

分项工程开工前由项目经理部的责任工程师，根据专项方案、措施交底及现行的国家规范、标准组织分包单位进行样板分项（工序样板、分项工程样板、样板段等）施工，样板工程验收合格后才能进行专项工程的施工。同时分包单位在样板施工中也接受了技术标准、质量标准的培训，做到统一操作程序、统一施工做法、统一质量验收标准。

3. 实行三检制度和检查验收制度，执行过程质量控制程序

在施工过程中坚持"监督上道工序、保证本道工序、服务下道工序"，做好自检、互检、交接检；遵循分包自检、总包复检、监理验收的三级检查制度；进行工序管理，认真做好隐蔽工程的检测和记录。

4. 实行挂牌制度

实行技术交底挂牌，施工部位挂牌，操作管理制度挂牌，半成品、成品挂牌制度，以明确责任。

5. 实行质量例会、质量会诊制度，加强对质量通病的控制

定期由质量总监主持，由项目经理部的施工现场管理人员和技术人员参加，总结前期项目施工的质量情况、质量体系运行情况，共同商讨解决质量问题应采取的措施，特别是质量通病的解决方法和预控措施，最后由项目总工程师以月度质量管理情况简报的形式发至项目经理部有关领导、各部门，简报中对质量好的分包方要给予表扬，对需整改的部位注明限期整改日期。

6. 加强成品（半成品）保护

由于各工种交叉频繁，对于成品和半成品，容易出现二次污染、损坏和丢失，影响工程进展，增加额外费用，应制定成品（半成品）保护的措施，并设专人负责成品（半成品）保护工作。

在施工过程中对易受污染、破坏的成品和半成品要进行标识和防护，由专门负责人经常巡视检查，发现现有保护措施损坏的，要及时恢复。

工序交接时要采用书面形式由双方签字认可，由下一道工序作业人员和成品保护负责人同时签字确认，并保存工序交接书面材料，下一道工序作业人员对防止成品的污染、损坏或丢失负直接责任，成品保护专人对成品保护负监督、检查责任。

7. 奖罚制度

在工程施工中实行奖惩公开制，制定详细、切合实际的奖罚制度和细则，贯穿工程施工的全过程。由项目质量总监负责组织有关管理人员对在施作业面进行检查和实测实量。对严格按质量标准施工的班组和人员进行奖励，对未达到质量要求和整改不认真的班组进行处罚以利于提高质量。

9.7.5 推行全面质量管理，抓住质量管理关键点

以 ISO 9001：2000 认证为本，以全面质量管理为基础，切实推行全面优质管理。

全面优质管理主要追求卓越领导、行业导向、持续改进、全员参与。

全面优质管理涉及"全面",绝不留"禁区",整个项目部内的每一环节、每一功能、每一级别、每一制度、每一过程、每一做法,都要以提供优质精品及服务最佳为原则,绝不容许任何部门和个人置之度外。

推行质量控制小组的有效活动,攻克技术难关,对工程质量通病,一是预防,通过技术交底单,明确其具体做法,加强督促、检查与验收;因地制宜地采取预防措施。二是治理,对出现质量达不到要求的坚决返工,无条件否决。

9.7.6 现场材料质量管理监控

现场材料分为甲供材料和自行采购材料两大部分,在材料管理方面做如下要求。

1. 材料采购控制

(1) 根据项目施工进度计划编制材料进货计划表,并注明物料的名称、规格、数量、送货日期、送货方式、供应单位、检验标准和验证方式、加工定制物料的规范、图样、检验规程等技术文件名称和适用版本,同时在采购物料时,根据类别和对工程质量影响的程度,对分供商进行评价。

(2) 根据分供商的质量保证能力、支付能力和社会信誉度等,必要时可进行产地取样、抽验等,并填写供方评价表,确保物料的质量,同时对分供商定期或不定期地进行评价调整。

(3) 当建设单位(业主单位)要求对供应物料进行验证时,物资采购部门必须提供必要的条件进行配合。

(4) 对于非使用于构成工程实体部位所需的材料,主要指砂、石、砖,尚未收到检验结果而做"紧急放行"处理的,必须由项目施工负责人报告项目经理或同级技术负责人同意后,方可使用,材料员对材料的使用部位做好记录。

2. 产品标识和可追溯性控制

(1) 按采购文件、产品质量保证书、合格证清点复核进场材料,按品名、规格、数量、厂名与供应单位、交接地点、交货日期做好记录,填写可追溯性的记录表,入库定位采用标签挂牌,并辅以记录的方式进行标识或维护原有标识。

(2) 在施工过程中,施工员要做好已完成的分部分项工程转序的施工日记,对投入施工后不改变其原始形态的产品,继续维持其原有标记,并注意防护,对构配件利用施工日记记录其部位、施工人员、施工日期、施工质量等。对投入施工后立即改变其原始形态或被隐蔽的产品,利用施工日记记录其施工用料、施工部位、施工人员、施工日期、施工质量等,必要时技术复核和隐蔽工程验收单也可作为产品的标识。

(3) 对工程施工中所用水泥、钢筋、焊条、焊剂及焊药、骨料、外加剂、防水材料、新材料、新产品等,必须保持产品在施工流程中的原始凭证、质量记录相一致,每个或每批产品有唯一标识,以保证其可追溯性。

3. 检验和试验控制

(1) 材料员按采购文件组织物料进场,由保管员收集、验证进场物料的产品质量保证书、产品合格证、物料试验报告,并按规定移交质量资料。

(2) 材料采购部门按规定对重要物料如钢材、水泥、砌体、防水材料及其他需要复验的物料,指派专人按规定的方法取送验,其余物料只查验合格证明文件和进场目测检验。

(3) 按规定方法对物料进行检验和试验,并填写检验和试验报告记录,根据验证结果进行标识和记录,将合格品投入施工。

4. 建立和健全材料采购管理制度

(1) 建立和完善材料采购人员的岗位责任制,以及定行、定岗、定责、定分考核的办法。

(2) 建立计划采购供应制度,严禁盲目采购。

(3) 制定材料消耗储存定额，做到材料有计划地采购，库房有计划地发料。
(4) 抓材料采购合同，建立以项目经理为主的领导分工负责制。
①坚持质优、价格合理与就近购买的原则，进行审查论证。
②严格执行材料进库前的质量验收制度，合同签字经审查论证与认可后购进，入库时依据产品质量保证书等严格进行数量、质量验收。
③严格控制付出货款的占用期限。
④严格票据审核、审批制度。
⑤严格索赔制度，在购货合同上明确索赔条款。

5. 加强计量器具管理及现场管理
(1) 加强对计量工作和计量器具的管理，对进入现场的各种材料要加强验收、保管工作，减少材料的缺方亏吨，最大限度地减少材料的人为和自然损耗。
(2) 现场计量器具必须确定专人保管、专人使用。他人不得随意动用，以免造成人为损坏。
(3) 损坏的计量器具必须及时申报修理调换，不得"带病"工作。
(4) 计量器具要定期进行校准、鉴定，严禁使用未经校准的量具。
(5) 要严格实行配合比的过磅计量，且计量准确，杜绝配合比不准所造成的水泥、砂石料的浪费。
(6) 加强材料的平面布置及合理码放，防止堆放不合理所造成的损坏和浪费。
(7) 施工现场设专人分拣，并及时分拣、回收、利用。
(8) 搞好限额领料工作，按照限额领料方法和限额领料考评标准的要求认真落实，严格做到"先算后干"。
(9) 用经济手段做好材料管理，签订材料管理目标责任书，严格执行材料节奖超罚制度。

9.7.7 质量管理制度

建立健全"政府监督、发包人负责、社会监理、企业自检"的四级质量保证体系，制定并落实质量管理制度和办法，严格实行开工前的施工组织设计审批制度，技术质量安全交底制度，"五不施工""三不交接"制度，工序三检制度，隐蔽工程检查签证制度，跟踪检测制度，原材料、成品和半成品验收制度，原材料、成品和半成品保管制度，原始资料的积累和保存制度和质量保证奖惩制度。

1. 技术质量交底制度
(1) 施工组织设计审批后，项目经理在开工前召集项目全体施工管理人员召开施工组织设计交底会议，由项目技术负责人介绍工程特点、难点、主要施工方法、施工进度、施工平面布置、安全生产、文明施工和其他项目管理措施以及现场规章制度等。
(2) 技术交底执行三级技术交底制度，应结合具体操作部位细致、全面地进行，同时以书面形式交底，要求字迹清楚、内容完整，并具有针对性。不同部位、不同工艺、不同工种、季节性施工均要分别予以交底，并要有交底人、被交底人、单位工程负责人签字。
(3) 针对特殊工序要编制有针对性的作业指导书，每个工种，每道工序应进行各级技术交底。各工种班组长接受交底后，应组织工人进行认真讨论，保证施工意图正确无误地得到贯彻，加强施工人员质量教育，强化质量意识。
(4) 未经技术交底的分部分项工程不得任意施工。

2. 三检制度
(1) 自检。
①操作人员在操作过程中，必须按相应的分项工程检验批质量验收记录进行自检，经自检达到质量标准和质量控制目标并经组长验收后，方可继续施工。
②班组长对所施工的分项工程必须按相应的分项工程检验批质量验收记录的检查内容，在施工过程中逐项地检查班组成员的操作质量，并认真填写自检记录，经自检达标后方可提请工长组织质量

验收。

③工长除督促班组认真自检、填写记录，为班组创造自检条件外，还要对班组操作质量进行中间验检查。在班组自检达标且有自检记录的基础上，逐项地进行检查，经检查达标后，方可提请单位工程负责人组织专职质量检查人员进行质量检验。

④项目经理必须认真地组织专检人员、有关工长、班组长进行分项工程质量核验，专检人员在核验时要先查阅班组自检记录，无班组自检记录时不予质量核验评定。

⑤项目经理在未经专检人员核验的分项工程，或虽经核验未达标时不得安排进入下一道工序，否则要追究责任直至罚款。

（2）互检。

①工种间的交接检：在上一道工序完成后下一道工序插入前，项目经理必须组织交接双方工长、班组长进行交接检查，由交方工长填写工种交接检查表。经双方认真检查并签证后，方可进行下一道工序施工。未经交接检或虽交接检但未达到要求的分项工程，接方可拒绝插入施工。

②成品保护交接检：各种成品均应与下一道工序办理成品保护交接检查表进行交接签证。进行下一道工序施工的单位在施工前，必须对已完成的成品进行保护，在施工过程中始终要防止成品、半成品损坏（或污染）。上一道工序出成品后如不向下一道工序办理成品保护手续，如果发生成品损坏、污染、丢失等问题，由做下一道工序的单位承担后果。

（3）专检。

①所有分项工程、隐检项目、预检项目必须按程序作为一道工序，提请专检人员进行质量检验评定。未经专检人员进行检验评定的项目，或虽经检验评定未达到质量标准的项目不得进入下一道工序，对违反此规定的责任者专检人员对其进行罚款。

②专检人员进行分项工程质量核验之前要先查阅班组自检记录是否符合要求，无自检记录或其不符合要求时，不予进行核验，以促进班组质量管理工作，对有自检记录的分项工程，在核验评定时应会同项目经理、组织工长、班组长共同进行，并依专检人员核验评定的质量等级为准。

③专检人员在核验评定分项工程质量等级时必须按质量标准等认真检查严格把关，应认真检查原材料、成品、半成品的质量是否符合要求，并主动协助工长、班组长搞好质量管理和工程质量。要注重抓薄弱环节、抓重点部位、抓防止质量通病及抓隐检、预检等工作。

3. 质量检查审批制度

（1）质量检查程序。

（2）隐蔽工程检查。

凡属隐蔽工程项目，首先由班组、项目经理部逐级进行自检，自检合格后应报监理工程师并签发隐蔽工程验收证明书。

对建设工程施工质量实施影像管理，承包人自检合格后进行拍摄或照相，及时通知监理工程师进行核查，核查合格后，方可下一道工序施工。

为了保证隐蔽工程的施工质量，在关键部位实行技术人员旁站制度。

4. 工程质量奖罚制度

遵循"谁施工、谁负责"的原则，对操作人员进行全面质量管理和追踪管理，强化奖罚制度的落实。

若各分包单位在施工过程中违反操作规程，不按图施工，屡教不改或发生了质量问题，有权对分包单位进行处罚，处罚形式为整改停工、罚款直至解除合同。

5. 竣工图的编制、审核、移交制度

（1）业主单位除按规定提供规定数量的图纸外，还应提供三套图纸作为编制竣工图之用。

（2）业主单位指定的各分包单位根据设计单位的设计变更、书面指示、技术核定单编制竣工图，并及时汇总到总承包方。

(3) 根据市档案管理文件的要求，对各分包单位编制的竣工图进行审核、汇总装订成册。

(4) 工程竣工后，将竣工图和工程技术资料一并交给业主单位。

(5) 竣工图的图面应整洁，文字、符号一律采用碳素墨水书写，字迹端正清楚，编绘者和审定者均应在竣工图上签字盖章。

6. 工程技术资料管理制度

(1) 在施工全过程中积累的原始记录和资料，均按统一规定的各类统一表格填写、汇总。

(2) 设专职资料员，定期收集各横向部门、各分包单位提供的各类表格和资料，按目录汇总、审核、装订，供建筑师和市质监站检查。

(3) 应按要求提供各阶段工程进度的照片，并作为资料归档备案。

9.7.8 技术保证

调集责任心强、业务能力强、施工经验丰富、敬业的专业技术人员组成以总工程师为首的技术管理系统。项目经理部设工程部，各工程队设施工技术室。确立总工程师负责制，提前谋划审核图纸，精确测量定位，严格掌握施工技术规范、工程验收评定标准。推广新工艺、新技术在工程中有效实施，最终达到规范要求的质量标准，提高工程质量。

1. 路基施工质量保证

(1) 严格控制填料松铺厚度，确保碾压密实与均匀。

(2) 严格按设计要求控制填料的粒径和含水量，过湿或过干时，采取翻晒或洒水措施。

2. 基层施工质量保证

(1) 基层集料级配满足要求，配料准确，摊铺时掌握好松铺厚度，路拱横坡符合规定，粒料拌和均匀，不出现粗细颗粒离析。

(2) 采用保湿养护，不使基层表面干燥。

(3) 不允许运输设备在已完成未养护到期的铺筑层上通过。

(4) 拌和厂离摊铺地点较远时，混合料在运输时覆盖，以防水分蒸发；卸料时注意卸料速度，防止离析；运到现场的混合料确保及时摊铺，现场存放时间不超过2h。

(5) 下承层表面摊铺前采取洒水润湿。

(6) 未经压实的混合料被雨淋后均清除并更换。

(7) 严禁压路机在已完成或正在碾压的路段上调头和急刹车。

(8) 基层在养护期间保持一定湿度，时间不少于7d。养护期间封闭交通。

3. 面层施工质量保证

(1) 沥青的加热温度、矿物加热温度、沥青混合料的出厂温度，保证运到施工现场的温度均应符合要求，所有过度加热即沥青混合料出厂温度超过规范规定高限的30℃时，混合料应予废弃。拌和后的混合料必须均匀一致，无花白、粗细料离析和结团现象，已经离析或结成团块或在运料车辆卸料时滞留于车上的混合料，以及低于规定铺筑温度或被雨水淋湿的混合料予以废弃。

(2) 沥青混合料摊铺前对摊铺机进行检测，并将其工作状态达到最佳，保证沥青混合料摊铺后平整度达到要求。

(3) 压路机不能在未碾压成型或未冷却的路段上转向、制动或停留。同时，采取有效措施，防止油料、润滑脂、汽油或其他杂质在压路面时或停放期间落在路面上。

4. 桥梁工程

(1) 桩基。

①钻孔桩施工应符合《公路桥涵施工技术规范》(JTG/T 3650—2020)。

②所有钻孔灌注桩均需在钢筋笼周边内侧设置预埋检测管，待成桩后用超声波检测成桩质量，施工时应确保检测管内通畅无污物。声测管兼作桩底后压浆用的压浆管，在声测试验结束后进行压浆施

工。压浆施工完成后,需将所有声测管压浆灌实。

③桩基施工前,对施工图和地质报告进行详细、全面的了解,确保工程质量。施工钻孔时应做好地质层面记录,如发现地质情况与地质详勘报告有较大出入或遇到特殊情况,应及时与建设、设计、勘察、监理等相关单位联系,并妥善地加以解决。

④桩基施工前应对场地范围内的相关构筑物、管线进行全面的核实,摸清地下管线和构筑物的实际情况,施工单位应根据有关部门的要求对管线进行搬迁和保护。如发现现状管线以及其他地下构筑物与桥梁工程存在冲突或施工危险,应及时通知监理单位、建设单位及设计单位,不应盲目施工。

在施工前,探明地下管线实际位置,编制详细的管线专项保护和监控方案,取得管线管理单位认可后,方可施工。

靠近保护管线一侧的钻孔灌注桩应先施工,埋深较深的管线应采用长护筒、护筒不拔出的方法,确定管线具体位置,尽量避免震动和挤土效应对管线的影响。

⑤桩基采取桩长和持力层土样力学指标双控的原则,施工中应根据地质情况调整桩长,保证桩尖置于详勘地质报告推荐的持力层,达到设计要求的深度;现场取样桩底岩土的力学指标必须高于或等于详勘地质报告中相应岩土的力学指标,否则应加长桩长至合适的持力层,桩基工程量按实计算。钻孔桩要求清孔干净,桩基孔底沉淀物厚度小于10cm。

⑥浇筑桩基水下混凝土时,应保证导管埋入混凝土有足够的深度,避免发生断桩事故,并防止孔壁坍塌。钻孔桩的上端为重点检查部位,钻孔灌注桩桩顶标高须高于设计标高,高出的高度不应小于1m,桩顶凿除预留部分后,无残余松散层或薄弱混凝土层。

⑦钻孔灌注桩的承载能力与施工质量、施工工艺、施工周期直接有关,孔底沉渣及孔壁的泥皮情况将直接影响到桩端阻力和桩侧摩阻力的发挥,应合理控制泥浆配比,做好成孔后的清洗工作,控制泥皮厚度和孔底沉渣。

⑧钢筋笼在制作安装运输过程中应采取措施防止产生不可恢复的变形,并设置保护层垫块。吊装入孔时不得碰撞孔壁,灌注混凝土时应采取措施固定其垂直位置。

⑨桥台桩应待道路专业地基处理完成后(达到规定的要求和时间),方可施工。

(2)墩台施工。

墩台顶的支承垫石以及挡块、落水管等构造应严格按设计施工图提供的数值设置,并保证支座面水平和支座顶面清洁,特别是需要采取有效措施严格保证落水管的通畅。注意桥台中搭板、伸缩缝、防撞护栏等相应预埋件的设置。

①模板支撑。

为确保立柱外观质量,建议采用整体大块钢模板、涂塑模板、模板布等工艺。模板与支架必须有足够的强度和刚度,支架基础必须加固,并注意温度变化、支架变形对墩台的不利影响,防止混凝土初凝时变形过大而产生裂缝。立柱、盖梁要采用塑料薄膜进行养护。模板的施工应满足《组合钢模板技术规范》(GB 50214—2003)中关于模板施工的要求。

②钢筋。

a. 立柱、盖梁箍筋(除焊接封闭箍筋外)应做成135°弯钩伸入混凝土核心,以满足结构的抗震要求。相邻箍筋的弯钩接头在纵向必须错开布置。

b. 施工时应采取措施,保证立柱主钢筋铅垂放置。

c. 立柱主筋与接头预埋钢筋焊接时,同一截面焊接接头不得超过50%,且错开1m以上。立柱顶、底的箍筋加密段范围内不应进行纵向钢筋的连接。

③其他。

a. 立柱与承台结合面处混凝土应凿毛、清洁后,方可浇筑;墩身与承台连接的第一段龄期差不宜超过5d,以减少刚度突变带来的混凝土收缩裂缝。立柱和承台的龄期差不宜大于10d。

b. 立柱垂直偏差:$0.15\%H$,且不大于10mm。

c. 部分桥墩和承台属大体积混凝土，其水化热量大，施工中应采取可靠措施防止混凝土内外温差过大产生裂缝，施工中应考虑相应的工艺技术措施（如采取在混凝土内掺加适当粉煤灰、控制水泥用量、降低混凝土的入模温度、对承台进行"内散外蓄"养护等有效办法），控制混凝土的内外温差在25℃以内，防止混凝土内外温差过大产生裂缝，并按规范要求做好混凝土的养护工作。

d. 分期浇筑混凝土时，施工缝的位置和处理方式应满足《公路桥涵施工技术规范》（JTG/T 3650—2020），还应注意控制相邻两次混凝土浇筑的龄期差，同时应控制水灰比，降低骨料温度，减少模板与混凝土之间的摩阻力，加强养护，控制拆模时间等，以减少混凝土收缩及水化热对结构的影响，避免收缩和水化热裂缝的产生。

e. 结构中所有普通钢筋应按照施工图要求准确加工安装和定位，严格保证各类钢筋的净保护层厚度。

f. 承台内的立柱预埋插筋及其箍筋必须正确，须对立柱纵横向中心距离进行复测，以免造成偏差而对今后上部架梁造成困难。承台内墩柱预埋钢筋伸出长度须按钢筋接头的要求确定，若外露时间较长，则须采取防锈保护措施，墩柱施工前均须对其进行除锈。

g. 混凝土浇筑振捣必须密实，特别是墩顶支座位置附近等钢筋较密的部位采用合适的振捣器，确保混凝土密实度。

h. 桥台混凝土浇筑应在混凝土初凝前一次浇筑完成。为防止混凝土收缩徐变过大，浇筑前施工单位必须进行配合比试验，选用合适、可靠、经鉴定的外加剂，以确保混凝土强度。若采用泵送混凝土，坍落度控制在（12±2）cm。泵送混凝土在运输过程中不得停止搅拌，防止混凝土离析。桥台施工时，不要遗漏栏杆、伸缩缝等预埋件。

i. 部分桥墩位置和桥台前后的地基要先进行地基处理和清淤回填，地基处理完成并达到规定时间后再进行墩台桩基施工。地基处理、清淤回填和台后填土要求，具体详见道路专业相关图纸。

j. 承台施工时注意墩身钢筋的预埋，预埋时应保证钢筋定位准确。

承台浇筑混凝土前，全部支架、模板和钢筋预埋件应按图纸要求进行检查，并清理干净模板内杂物，用清水冲洗干净，不得有滞水、锯末、施工碎屑和其他附着物质，未经监理工程师检查批准，不得在结构任何部分浇筑混凝土。

支座垫石顶面必须水平，图纸中给出了支座垫石厚度或支座系统总高度，应核对无误后施工。

（3）盖梁施工。

①全桥盖梁采用钢模板，以确保混凝土外观质量，模板与支架必须有足够的刚度，支架基础必须加固，并注意温度变化、支架变形对盖梁的不利影响，防止混凝土初凝时变形过大而产生裂缝。支架搭设不得影响地面施工便道（运梁道路）交通，并应考虑防撞措施。盖梁混凝土浇筑应在混凝土初凝前一次浇筑完成。盖梁同墩柱交界处应注意新老混凝土接合，在浇筑盖梁混凝土前，应仔细清除柱头浮浆，接触面凿毛、冲刷干净。

②钢筋尺寸以施工放样为准。必须保证骨架钢筋焊接质量和位置。

③为防止混凝土收缩徐变过大，应严格控制水灰比、混凝土水泥用量及坍落度，浇筑前各进行配合比试验，选用合适、可靠、经鉴定的外加剂，以确保混凝土强度。若采用泵送混凝土，坍落度控制在10cm左右。泵送混凝土在运输过程中，不得停止搅拌，防止混凝土离析。盖梁混凝土浇筑应在混凝土初凝前一次浇筑完成。

④混凝土浇筑必须密实，特别是在盖梁端部尺寸较小，构造较复杂，施工单位应采用合适的振捣器，确保混凝土密实度。混凝土浇筑由跨中或悬臂端向支点浇筑。所有盖梁的混凝土必须在初凝前一次浇完。

⑤任何盖梁在浇筑混凝土前，必须复核墩顶标高，在确保标高无误后方可浇筑混凝土。

⑥盖梁混凝土浇筑后必须加强养护，防止产生混凝土收缩裂缝等。

10 工期保证措施

10.1 进度管理组织机构

成立以项目经理、党支部书记为组长,有关人员参加的工期保证领导小组。健全岗位责任制,从组织上、制度上、防范措施上保证总工期的实现。落实工期进度目标责任制,从影响工期因素入手,制定控制工期的措施,落实工期阶段性目标,确保工期目标的实现。项目工期保证领导小组如下。

组长:×××。

副组长:×××、×××、×××。

组员:项目其他成员。

各部门职责:

项目经理负责组织协调内外、上下各方面的工作关系,确保项目的顺利进行。合理组织劳动力、机械等资源,协调和控制各专业的施工进度。确保施工进度始终处于受控状态。项目副经理、总工程师分别在施工指挥、技术保障、物资保障、资金保障方面协助项目经理做好施工管理工作。技术质量部负责方案的制订。工程管理部负责工程进度计划及反馈。物资装备部负责按照施工进度计划要求及时提供合格的物资、器材等。

机务部负责按照施工进度计划要求及时提供机械设备,并保障机械设备运转状态良好等。财务会计部及时提供资金,保证资金及时到位。经营管理部及时统计工程量,及时计量,并编制可行的进度计划,确保施工按进度计划实行,要求完不成进度计划的队伍予以增加机械、人员等。安全环保部负责安全、环保等项目的监督检查,以确保施工顺利进行。实验室负责及时提供材料的测试标准,并统一组织人员进行测试,对施工中需要进行的测试进行跟踪测试。

工期保证体系如图 10-1-1 所示。

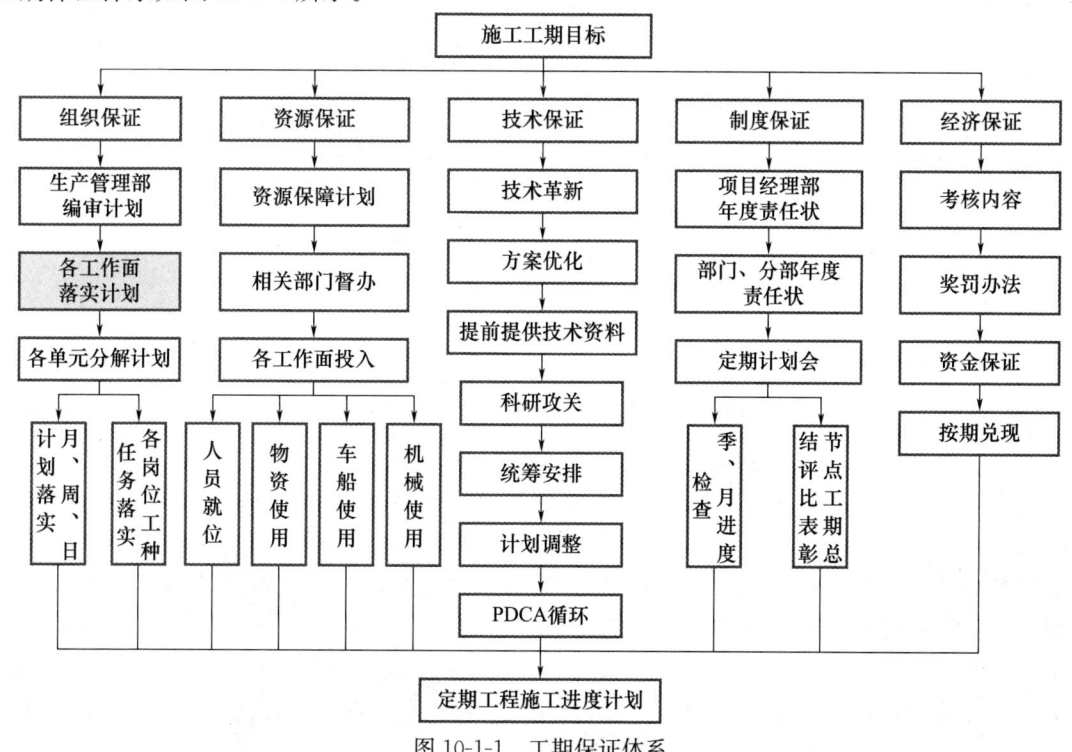

图 10-1-1 工期保证体系

10.2 关键线路、关键节点工期保证措施

建立严密的组织机构是进度计划保证的关键所在，为了保证各关键线路分项工程工期节点的实现，特制定如下保证措施（表10-2-1）

表10-2-1 关键线路工期保证措施

序号	项目名称	保证措施
1	组织保证	建立关键线路、关键节点组织机构，保证各工区各关键线路上各分项工程工期节点的实现
2	资源保证	（1）做好工程前期的准备工作，确保工程尽快赶上正常施工进度。 （2）根据工程材料的需求和供应特点，主要材料的市场调研情况、影响材料供应的关键因素等，制订采购方案，提早进行采购策划。 （3）抽调具有类似工程设计、使用经验、技术业务精湛的各专业技术、管理及操作人员，充实项目经理部及各工区
3	技术保证	（1）针对工程特点，组织技术超前策划。确保有足够的时间提前研究解决方案，就重大技术问题制订计划，明确解决目标、解决途径、解决方法。按规定制订必要的专家评审计划，及时组织专家评审。突破制约工程建设的关键环节。 （2）优化施工组织设计及细化分项工程方案，做好典型施工，发现问题，总结经验，为尽早地展开大规模流水作业创造条件。 （3）优化技术方案，引入先进的新设备、新工艺、新技术、新材料，提高工效
4	制度保证	（1）工期计划执行分级编制、分级审批制度，各级工期计划必须通过各级审批后，方可实施。各级工期计划发生重大调整时，必须重新审批。 （2）根据工期进度计划，每天召开生产会并且定期或不定期召开工期例会，检查工期计划执行情况及存在问题，协调解决影响工期的各个问题，对工期滞后的项目提出解决方案及纠偏措施，部署下一阶段工期计划。 （3）出现对工期产生较大影响的变故时，应及时对时间进行如实、准确的记录，并请相关责任人或监理等进行书面签认，以便在工期调整时提供可靠的分析依据。 （4）定期或不定期对工地进行巡查，核实工程实际进展情况，查找可能对工期造成影响的各种隐患（安全、质量、环保、资源隐患）。 （5）产生不可抗力因素等对工期造成较大影响时，按照合同文件规定，在规定期限内向业主、监理单位提出工期变更的申报，获批后及时调整工期计划
5	经济保证	（1）设立项目资金专用账户，保证做到专款专用。随时监控项目资金状况，保证项目资金链处于良好状况。 （2）选配财务经验丰富的会计师，主持工程资金的筹集和合理使用。 （3）本着节约型管理的原则，从简生活设施开支，削减办公用品的不必要支出和压减非正常的招待费等不合理花销。全力保障有限资金用于工程和职工的工资发放，若出现资金紧张情况，项目部会主动、多方面、多渠道筹措资金，以保证工程正常施工

10.3 工期保证措施

10.3.1 管理措施

优化的实施性施工组织设计和科学先进的施工方案是工程顺利开展的关键，也是确保工期的前提。为此，抽调了一批有桥梁、特殊路基施工经验的技术人员组成筹备组，编制实施性施工组织设计，通过加强施工计划和施工方案、施工工艺的科学性、先进性，提高设备的先进性和配套合理性，运用网络技术和系统工程原理，综合分析工程的技术特点、难点和现场的实际情况，编制详细、切实可行的实施性施工组织设计。通过进行多方案综合比选，选择最优方案，使工程施工做到点线明确、轻重分明、计划可靠、资源配置合理，确保直线工期，实现快速施工。采用科学合理的施工工艺、先进的施工机械设备，根据本标段关键性工程的特点，建立科学先进的监控量测、施工辅助等作业生产线，对进度指标进行有效控制，缩短各关键工序的耗时，压缩直线工期，保证总体目标工期实现。

10.3.2 建立技术中心管理系统

用网络化计算机技术，针对施工重难点，建立技术中心管理系统。通过各方面施工信息和各项数据的汇总，就施工的科学性、安全性和快捷性及时提出可靠的施工建议，并迅速修正施工参数和资源配置，达到始终以最科学、最安全的方法和工艺、以最快捷的施工速度完成施工，确保工期目标，实现快速施工。

10.3.3 建立工作推进机制

建立健全工作例会制度，每月 10 日、20 日、30 日召开安全、生产旬例会，季度质量现场会，年度工作会议等，集中解决施工过程中存在的突出问题，制定对策措施和责任分配，落实相关部门的责任，部署推进下一步工作。

10.3.4 加强网络计划管理

用系统工程原理，采用项目、网络管理软件，对工程重点、难点和控制工期的工序进行认真分析研究，做出网络图，通过网络图抓住关键线路。对工程重难点施工加大技术攻关力度，同时，使施工计划做到日保旬、旬保月、月保年。在保证安全、质量的前提下，合理安排作业层次，控制各重点作业循环时间，利用各时段的有利时机加快施工进度。

10.3.5 确保物资供应、运输、试验和管理

根据项目工程所需的材料种类多、数量大、运输难、工期紧等特点，需提前做好施工材料的需求计划，使材料按时进场，是确保施工工期的重要环节。具体措施如下。

（1）认真研究业主单位下发的文件及施工图纸，准确地确定需求物资的技术要求，派出专职采购人员与有关厂商落实订单和供货日期、运输方式等事宜，抓准抓早抓落实。

（2）成立材料运输供应小组和试验小组，做好施工现场的材料管理，特别是分类和报验工作，并由项目经理部统一配送至各施工队。

10.3.6 全方位做好施工机械设备保障

合理配置施工机械，充分发挥机械性能，对主要施工机械设备提前会同有关厂家针对施工组织设计要求的情况进行协商，做到上场不久即可投入使用，其他设备做好调配计划，并对计划调配的设备进行维修保养，做到上场即可投入使用。

10.4 技术措施

10.4.1 路基工程技术保证措施

建立保证工期的组织机构，组织专业化的机械施工作业队伍，配齐足够数量的路基工程施工机械。健全岗位责任制，从组织上、制度上、防范措施上保证路基施工工期目标的实现。

紧前安排施工。在施工准备后即展开施工，强化施工的调度指挥与协调处理工作，派专人进行施工现场的调度指挥工作，并签订工期保证包保责任状，避免因其指挥协调处理不及时而延误工期。

狠抓路基工程施工各道工序的衔接，在工序的施工方法和人员组织及机械设备的配置上突出科学性、合理性，认真及时地解决各工序间平行作业、交叉作业的干扰和矛盾，狠抓各道工序工程质量一次达标和各道工序的施工安全，确保不出任何安全质量事故，以利于工程施工顺利进展。严密组织施工，精心安排工序，保证均衡生产。

10.4.2　桥涵工程技术保证措施

(1) 与地方或相关单位积极联系,解决征地拆迁等事宜,争取早日进场开工。
(2) 控制性工程、重点工程做好动态施工组织设计,并按施工组织设计合理调整资源配置,保证其施工工期服从全线计划工期。
(3) 对结构新、施工难的工程,根据工程特点,制订多种施工方案进行论证比选,选择可行、施工时间短的方案实施。
(4) 对水上工程尽早做好施工材料、设备的准备,争取利用第一个枯水期大好时机进行基础及下部工程施工。
(5) 对工期紧的工程,采用先进设备、先进工艺。

10.4.3　隧道工程技术保证措施

在接到开工通知书后,缩短施工准备期,尽快开工。制定切实可行的内部合同管理制度,提高施工人员的工作积极性。提前签订好材料与机械设备配件的购买合同,保证施工期间材料供应充足,机械设备完好,争取早日开工。

采用先进的探测设备加强地质超前预报工作,提前制订施工方案和预案。在不良地质地段施工,精心编制施工方案,确保其科学合理,在实践中不断优化。

加强施工过程中的监控量测,加强施工资料的收集、整理、归纳、分析和信息反馈,为施工提供指导依据。多工序平行流水作业,加快工程施工进度。

采用机械化施工,投入数量足够、状态良好的机械设备和足够的机械操作人员,机械配套、性能好、效率高,同时配备优秀的技术人员,有效地保证施工生产的顺利进行。

建立严密的组织机构是进度计划保证的关键所在,为了保证各关键线路分项工程工期节点的实现,应建立符合项目工程特点的组织机构。

10.5　劳动力措施

10.5.1　劳务班组的管理措施

(1) 项目部建立奖罚管理制度、劳务人员工资结算审批制度、加气管理制度、员工培训制度等,对劳务人员进行有效管理。
(2) 项目部设专职的劳务管理人员。
(3) 项目部在劳务用工时,严格进行签证管理,制定零星用工管理办法、材料领用控制措施,加强现场文明施工管理,使各作业层施工做到工完料净。

10.5.2　劳动力供应保障措施

10.5.2.1　劳动力选择

(1) 劳动力素质:为保证现场施工质量,需根据工程的特点,选用素质较高、有类似工程施工经验的劳动力,并通过现场短期培训不断提高劳动力的综合素质。
(2) 劳动力数量:根据工程的规模和施工技术特性及进度安排,按比例配备一定数量的劳动力,既避免窝工,又不出现缺人现象,使得现有劳动力得以充分利用。
(3) 劳动力组织形式:建立适合工程特点的精干、高效的劳动力组织形式,做到管理到位、人员调动灵活且能降低管理费用。
(4) 根据工程的特点,结合公司的实际情况,调遣具有较高施工技术水平和丰富施工经验的施工队。

(5) 合同签订后，即派项目负责人、施工员、项目技术负责人及部分施工人员进驻现场，并与建设、监理单位协调施工方案，做好工作节点的交接工作。

(6) 施工人员：将派驻施工经验丰富、施工技术熟练、安全意识及综合素质水准高的施工人员进驻现场施工。

10.5.2.2　劳动力基本要求

(1) 遵纪守法，身体健康，年龄满足国家法律法规要求。

(2) 经过专门技术培训并经考核合格，特殊工种持有相关部门认可的上岗证等。

10.5.2.3　劳动力计划保证措施

(1) 在正式施工前，由项目经理部统一组织对劳动力进行岗前培训，明确设计内容、技术要求、施工工艺、操作方法和质量标准，劳动力经培训合格后持证上岗。

(2) 在劳动力进场时和各分项工程施工前对劳动力进行安全教育，树立安全第一的思想，并对危险工种、危险区域操作进行专项安全技术交底。在施工中开展劳动竞赛、技术比武和安全评比等活动，提高劳动力整体施工水平。利用施工间隙进行法治宣传，教育施工人员遵章守纪，保障社会治安。

(3) 根据工程实际需要，各施工队、工种之间相互协调，由项目部统一调度，合理调配劳动力，减少窝工和劳动力浪费现象，同时，随工程进展，在统一安排、调度下，多余的劳动力尽快安排退场。

(4) 增强全体员工的质量意识是创精品工程的首要措施。工程开工前针对工程特点，由项目技术负责人负责组织有关部门及人员编写项目的质量意识教育计划。计划内容包括公司质量方针、项目质量目标、项目创优计划、项目质量计划、技术法规、规程、工艺、工法和质量验评标准等。通过教育提高各类管理人员与施工人员的质量意识，并贯穿到实际工作中去，以确保项目创优计划的顺利实现。项目各级管理人员的质量意识教育由项目经理部项目技术负责人及安全负责人负责；施工操作人员由项目技术负责人组织教育，现场责任工程师及专业监理工程师要对分包单位进行教育的情况予以监督与检查。

10.5.2.4　组建高技工等级的劳动力队伍

(1) 落实工程劳动力队伍，按劳动力计划表配备人员。施工队组之间要建立以规范标准为尺度的比、学、赶、帮关系，形成人人钻研专业技术工艺和操作规程，讲究职业道德的风气。

(2) 劳动力队伍完全是经过多年培训，以优胜劣汰的原则经过磨炼而保存下来的精干人员，其劳动力队伍主体由特殊工种如电工、焊工、架子工等组成。他们常年接受公司三级教育，均具有很强的质量、安全专业技术操作水平和创新意识。这支队伍经常接受艰巨任务，勇于攻坚，屡创佳绩，采用新技术行动迅速。为公司创出先进的施工工艺标准和工法。他们被誉为企业的骄傲。有他们从事工程施工，必定会创出优质精品工程，必定将工程创优落实到始终，落实在整个施工过程中，他们将实现公司及建设单位的理想和期待。

10.5.2.5　劳动力动态管理配备

(1) 劳动力实行专业组织，按不同工种、不同施工部位来划分作业班组，提高操作的熟练程度和劳动生产率，以确保工程施工质量和施工进度。凡现场施工人员，均持证上岗，特殊工种必须持有劳动部门颁发的上岗证件进行操作。

(2) 根据工程各阶段施工重点，及时调配相应专业劳动力，实行动态管理。

(3) 劳动作业人员进场前，项目管理人员要对工人进行有关的法律、安全、技术交底。项目经理部制定各项制度，对进场人员进行广泛的宣传教育，使其具备较高素质，达到上岗作业合格要求。

10.6 材料措施

(1) 按生产计划编制材料供应计划,积极与业主和供货单位联系,超前订货加工,并备有足够的库存量,保证工程物资供应。
(2) 派专门的队伍对施工进场道路进行养护,保证物资运输车辆的畅通。
(3) 雨期施工中,要超前考虑季节影响,施工现场准备足够的物资和人员,将雨期对施工的影响降低到最低限度。
(4) 做好物资设备的采购、储备和供应工作。机电物资设备部负责工程项目物资设备的采购供应,做到渠道畅通、质量优良、供应及时,以满足施工生产需要。
(5) 加强对施工关键设备的设计、制造、运输、组装、调试等环节的控制,派专业技术人员驻厂,在制造质量上把好关,对每一制造工序逐项验收,避免因返工耽误工期。
(6) 对消耗量大的材料,选择两家以上的大厂产品同时供应(甲供材料除外),防止出现意外而断货。建立充足的仓库和储料场,根据市场情况,提前做好材料储备。

10.7 机械设备措施

(1) 按施工方案中的作业线配备数量充足、机况完好、搭配合理的机械设备,承担施工任务。
(2) 加强对施工设备管、用、养、修的动态管理,提高机械设备使用率,使机械设备安全、高效、低耗地运行。
(3) 建立一支技术精、能吃苦的机械修理队伍,提高机械设备的完好率,保证各机械化作业线的正常作业。
(4) 认真按生产计划编制机械配件计划,超前订货加工,并备有足够的库存量,保证机械配件供应。

10.8 经济措施

1. 执行专款专用制度
(1) 专款专用,防止施工中因为资金问题而影响工程的进展,充分保证劳动力、机械的充足配备,材料的及时进场。
(2) 随着工程各阶段控制日期目标的完成,及时支付各作业队伍的劳务费用,为施工作业人员的充足准备提供资金保证。
(3) 按工期节点设立奖罚制度,提前或按期完成给奖励,拖期给予处罚。

2. 所有收支执行预算管理制度
(1) 施工准备期间,编制项目施工过程现金流量表,预测现金流量,对资金做到平衡使用、以丰补缺,避免资金无计划管理。
(2) 施工期间,每月25日前提前报下月的资金需求计划,提前筹措资金。
(3) 量入为出,合理使用工程款,以保证施工进度为指导,优先保证关键工序和工人工资的用款需要。

3. 按工期节点设立奖罚制度
(1) 提取一定比例的资金用作奖励基金。
(2) 以进度计划的工期节点为标准,提前或按期完成给予奖励,拖期给予处罚。

4. 开展劳动竞赛
比质量、比速度、比安全,对于施工质量好、进度快、保障安全的施工班组和个人给予奖励,以调动生产工人的积极性。

10.9 资金措施

(1) 设立项目资金专用账户,保证做到专款专用。随时监控项目资金状况,保证项目资金链处于良好状况。

(2) 选配财务经验丰富的会计师,主持工程资金的筹集和合理使用。

(3) 本着节约型管理的原则,从简生活设施开支,削减办公用品的不必要支出和压减非正常的招待费等不合理花销。全力保障有限资金用于工程和职工的工资发放,若出现资金紧张情况,项目部会主动、多方面、多渠道筹措资金,以保证工程正常施工。

10.10 加强对外协调

加强同相关方面的联系和协调,谋求工程施工良好的外部环境,增进同业主单位、监理单位、设计单位的联系与汇报。要加强与交通、供电、供水、环保、公安等部门以及工地邻近单位和居民的联系与协调,争取理解和支持,确保施工生产顺利进行。

10.11 其他措施

10.11.1 网络滚动计划控制

在总进度计划控制下,编制二、三级计划,并按计划配置资源,实行以天保周(或旬)、以周(或旬)保月、以月保季、以季保年的多级进度计划管理体系,保证进度计划的合理性和可实施性。网络滚动计划定期调整,以确保工期目标的顺利完成。网络滚动计划控制流程如图10-11-1所示。

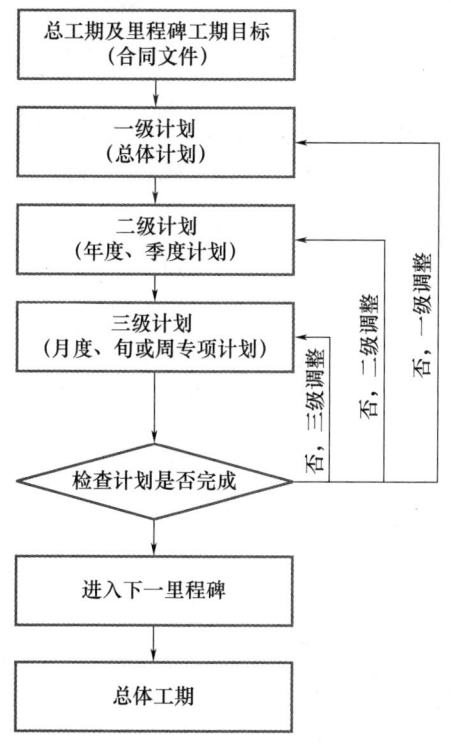

图 10-11-1 网络滚动计划控制流程

10.11.2 开展 PDCA 循环

施工前精心策划,严格进行过程控制,并重视信息反馈及分析,积极开展 PDCA 循环,加强进度计划动态管理。根据变化及时调整计划,使之符合施工实际,满足节点工期、里程碑进度及总体工期目标。PDCA 循环工作图如图 10-11-2 所示。

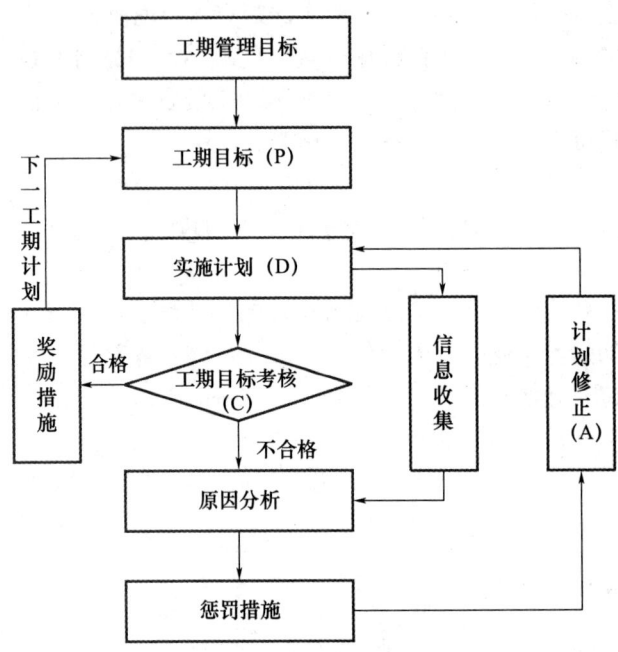

图 10-11-2　PDCA 循环工作图

11 安全保证措施

11.1 安全管理组织机构

根据公司规章制度以及法律法规文件要求项目成立安全生产领导小组，小组由项目经理、项目党支部书记担任组长。安全生产领导小组在项目的整个实施过程中，负责项目各项安全管理工作，针对性地对本标段的危险源以及重要环境因素进行识别与评价，对潜在的危险源进行排除，并教育、告知项目部全体人员做好施工安全三级交底。项目实施过程中，安全生产领导小组定期进行安全检查，随时进行安全抽检，及时排除发生和未发生的一切安全隐患。将安全检查结果纳入个人绩效考核目标并制定相应的奖罚措施。项目安全管理组织机构如图 11-1-1 所示。

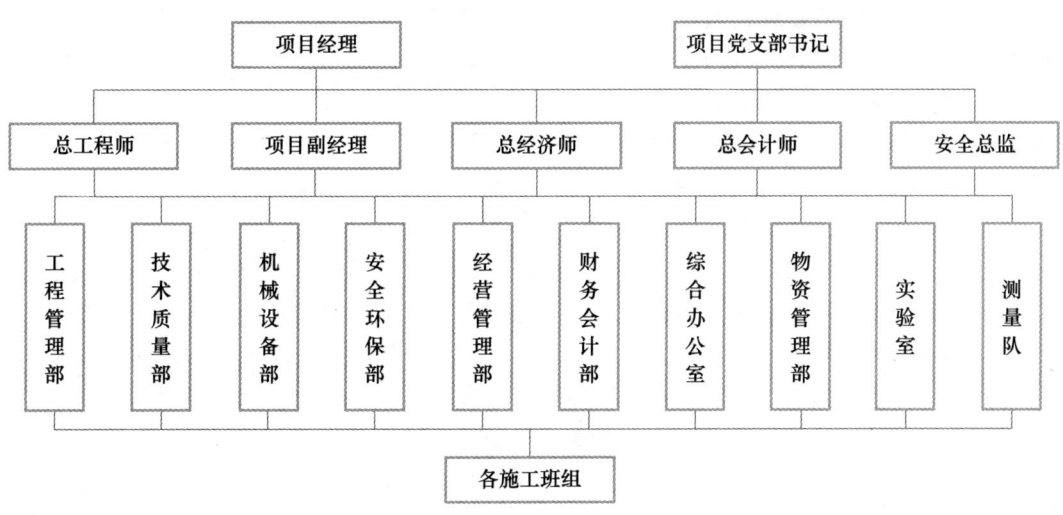

图 11-1-1 项目安全管理组织机构

11.2 安全保证体系

严格执行《中华人民共和国安全生产法》《建设工程安全管理条例》。坚持以人为本，以安全生产法规为纲，以"管生产必须管安全""谁主管，谁负责"为原则，以安全生产教育为先导，以施工安全责任制为核心，完善"三控三重"（自控、互控、监控，重奖、重罚、重教育）机制，建立可靠的安全保证体系。切实抓好组织保证、工作保证和制度保证的实效，促使施工安全有序可控，确保实现安全目标。

11.3 安全管理制度

11.3.1 安全生产责任制

建立健全安全生产责任制。从项目经理到生产工人的安全管理系统做到纵向到底，一环不漏；各职能部门和人员的安全生产责任制横向到边,人人有责。项目经理是安全生产的第一责任人。现场设置的安全机构专职负责所有员工的安全和治安保卫工作及预防事故的发生。

严格遵守国家及地方有关安全生产的法律法规的规定,认真执行工程承包合同中的有关安全要求。

坚持"安全第一、预防为主、综合治理"和坚持"管生产必须管安全"的原则,加强安全生产宣传教育,增强全员安全生产意识,建立健全各项安全生产管理机构和安全生产管理制度,配备专职及兼职安全检查人员,有组织、有领导地开展安全生产活动。各级领导、工程技术人员、生产管理人员和具体操作人员,熟悉和遵守各项规定,做到生产与安全同时计划、布置、检查、总结和评比。

按照项目工程特点,组织制定工程实施中的生产安全事故应急救援预案;如果发生安全事故,按照《国务院关于特大安全事故行政责任追究的规定》以及其他有关规定,及时上报有关部门,并坚持"四不放过"的原则,严肃处理相关责任人。

11.3.2 领导带班制度

项目领导带班制,是指负责值班的领导,对本工作日(当日8时至次日8时)内本单位全过程所有作业活动进行现场监督管理的制度。

(1)值班表必须明确规定每个工作日的带班领导,不得出现人员遗漏和空缺。
(2)带班领导的主要职责包括以下几点。
①监督检查各项安全生产规章制度的执行和落实情况。
②检查作业现场的安全生产状况。
③督促检查安全生产中出现的不合格项的整改落实情况。
④针对本班次的安全生产情况进行合理的安排布置。
⑤组织处理本班次中出现的紧急情况和安全事故。
(3)领导带班必须与工人同时上班、同时下班,不得迟到、早退或中途离岗。
(4)每日值班领导必须与下一工作日值班领导进行工作交接,要求做好记录,签字确认。
(5)严禁领导值班空岗。确有特殊原因无法当班时,必须向项目经理请假,并安排其他领导值班。
(6)当班领导必须严格履行工作职责和内容,认真做好当班中的各项安全生产工作。
(7)领导带班的工作范围包括本单位所有作业现场和人员。

11.3.3 三级管理制度

项目实行安全生产三级管理,即一级管理由项目经理负责,二级管理由各级专职安全监察人员负责,三级管理由班组长负责,并在各作业点设共青团安全监督岗。施工现场按施工人员的1‰~3‰配置专职安全管理人员,项目部设专职安检工程师,施工队设专职安全员,班组设兼职安全员,全员参与管理。

在工程项目施工前,由各管理层之间结合施工内容签订针对性强的施工安全协议书,明确双方各自的安全责任。严格执行施工安全协议书和经批准的施工计划,遵守安全规定,互相监督,协调配合,尽职尽责,堵塞漏洞,消除不安全因素。

11.3.4 安全事故报告、调查处理和责任追究制度

在生产和工作过程中发生的因工死亡、重伤和轻伤事故,均应列入职工伤亡事故报表内统计。职工发生非因工伤亡事故和由公司负主要责任造成企业职工以外人员的伤亡事故,企业职工在国有公路上发生的汽车交通伤亡事故,均应列入伤亡事故月报表内统计。发生职工轻伤、重伤、死亡事故时,必须按"四不放过"(事故原因没有查清楚不放过,事故责任者没有严肃处理不放过,广大职工没有受到教育不放过,防范措施没有落实不放过)原则对安全事故进行处理。任何单位和个人不得隐瞒事故和任意改变事故性质。各单位安全质量管理委员会负责事故处理或报批处理结案工作,对事故责任人

进行处理，按劳动人事管理权办理；事故单位有关责任领导人因安全事故受到行政处罚的，列入干部政绩考核内容，当年内不得评先、晋级和加薪，并将处罚决定在本单位通报。触犯刑律的交司法部门处理。

11.3.5 安全生产检查制度

11.3.5.1 开工前的安全检查

主要内容包括：施工组织设计是否有安全措施，是否签订施工安全配合协议，施工机械设备是否配齐安全防护装置，安全防护设施是否符合要求，施工人员是否经过安全教育和培训，施工方案是否进行交底，施工安全责任制是否建立，施工中潜在事故和紧急情况是否有应急预案等。

11.3.5.2 定期安全生产检查

项目经理每月组织一次由有关职能部门的负责人和项目专职安全员参加的安全生产大检查，并积极配合上一级进行专项和重点检查；架子队每旬进行一次检查；班组每日进行自检、互检、交接检。

11.3.5.3 经常性的安全检查

安全工程师、安全员日常巡回安全检查。使用事故易发点检查表每日进行检查，检查重点包括施工用电、机械设备、脚手架工程、模板工程、焊接作业、季节性施工等。

11.3.5.4 专业性的安全检查

针对施工现场的重大危险源，项目经理部专职安全员负责对施工现场的特种作业安全、现场的施工技术安全进行检查。设备管理人员负责对现场大中型设备的使用、运转、维修进行检查。

11.3.5.5 季节性、节假日安全生产专项检查

夏季检查防洪、防暑、防雷电措施落实情况；冬季检查防煤气中毒、防火、防滑措施落实情况；春秋季检查防风、防火措施落实情况；节假日加班及节假日前后安全生产检查。

11.3.5.6 气候性安全生产专项检查

在接报如6级以上大风、暴雨预警时安排专职安全检查员对各项生产设施和施工机械进行全面检查，对工程施工过程中的安全设施和安全隐患进行全面检查，同时对所有员工进行专项安全教育。

11.3.5.7 安全检查记录

定期按施工安全检查标准进行检查、打分、评价；班组每日的自检、交接检以及经常性安全生产检查，可在相应的工作日志上记载、归档或使用安全检查记录表；专业性安全检查，季节性、节假日安全生产检查，使用安全检查记录表或事故易发点检查表。

11.3.5.8 隐患整改

隐患登记、分析：各种安全检查查出的隐患要逐项登记，根据隐患信息，对安全生产进行动态分析，从管理上、安全防护技术措施上分析原因，为加强安全管理与防护提供依据。

整改：检查中若查出隐患，应发隐患整改通知书，以督促整改单位消除隐患，隐患整改通知书要定人、定时、定措施进行整改。

复查：被检查单位收到隐患整改通知书后应立即进行整改，整改完成后将隐患整改反馈单报回检查组并及时通知有关部门进行复查。

销案：有关部门复查被检查单位隐患整改合格后，在隐患整改反馈意见单或检查台账上签署复查意见，复查人签名，即行销案。

11.3.6 安全生产例会制度

定期组织召开与安全生产管理、安全有关的专项工作会议，对安全工作进行计划、布置、检查、

总结、评比。

11.3.7 安全标准工地建设

开工前，项目经理部制定并颁布安全标准工地建设规范文件，使安全标准工地建设活动标准化、规范化。

11.3.8 安全交接班制度

领工员、作业班组向下交班时，交接安全生产情况及注意事项。

11.3.9 安全事故报告和处理制度

按照项目工程特点，组织制定工程实施中的生产安全事故应急救援预案。如果发生安全事故，按照《国务院关于特大安全事故行政责任追究的规定》以及其他有关规定，及时上报有关部门，并坚持"四不放过"的原则，在深入调查的基础上，写出事故的调查报告，找出原因，总结教训，制定切实的防范措施，严肃处理相关责任人。

11.3.10 安全设计制度

针对施工过程中隐患多的工点或工序，在编制施工组织设计或施工方案时，同步进行安全防护方案的设计，并由项目总工程师组织有关人员进行审查，并报监理和建设单位审批后执行。

11.3.11 安全生产考核奖惩制度

根据国家及公司的安全管理规定，实行干部安全生产"一票否决"制度，出现过安全事故的相关责任人将不得提拔使用，同时设立相应的奖惩办法，通过经济与行政手段的有效结合，安全生产与干部职工切身利益的紧密挂钩，定期考核兑现，使干部全面加压、职工全员负载，达到施工现场安全生产有序可控。真正做到建制先行，检查全程，奖罚分明。

11.3.12 安全专项资金使用制度

安全生产费用按有关规定使用，建立专用账户，实行专款专用，并全部用于合同范围内的安全生产。根据标段工程实际情况，制订工程分阶段的安全防护方案和专款专用使用计划，根据工程进展及现场的安全施工要求，及时调查和落实专款使用计划；如有不可抗因素，导致安全防护费用的增加，则按实际情况在工程款中增大此项费用的比重，以确保工程施工安全。

11.3.13 班前安全讲话制度

作业班组进入工点施工作业前由班组长和安全员进行班前讲话，交代有关安全注意事项。

11.3.14 安全操作挂牌制度

工序和设备的主要安全操作规程悬挂于工地，在危险处设置警示牌提醒作业人员。

11.4 安全保证措施

11.4.1 组织保证措施

建立项目安全保证体系，逐级签订安全承包合同，实行一岗双责制度。安全保证体系如图11-4-1所示。

11 安全保证措施

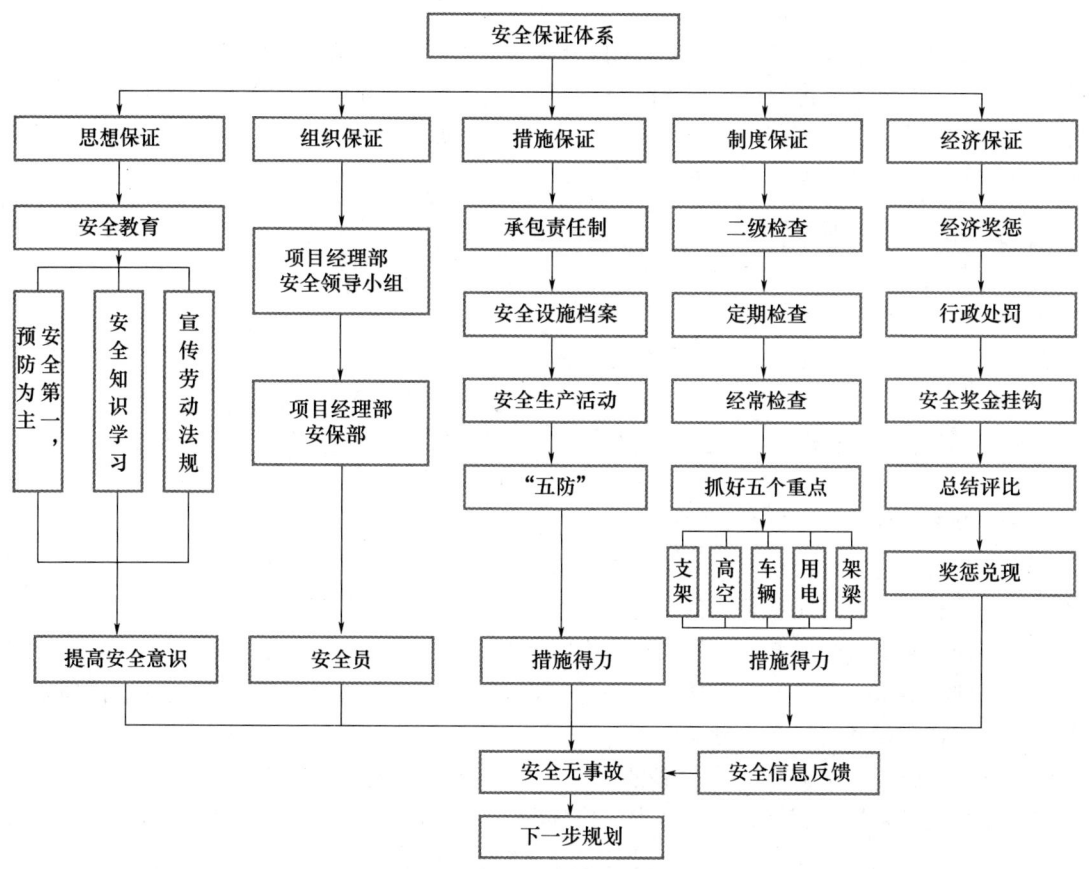

图 11-4-1 安全生产保证体系

11.4.2 制度保证措施

项目部将结合项目实际情况，建立健全安全管理制度（表 11-4-1）。

表 11-4-1 安全管理制度

序号	制度名称	序号	制度名称
1	安全生产责任制	11	危险品安全监督管理规定
2	安全生产责任制落实考核评价办法	12	分包工程安全管理规定
3	安全生产领导小组工作和安全生产例会管理办法	13	交通安全监督管理规定
4	安全教育培训管理办法	14	生产安全应急管理办法
5	安全生产费用管理办法	15	安全环保事故报告和调查处理办法
6	负责人施工现场带班生产办法	16	生产安全事故责任追究及处罚办法
7	危险作业安全许可管理办法	17	临时设施验收安全管理办法
8	职业危害因素与危险源辨识评价及分级管理办法	18	职业病危害防治管理办法
9	机械设备设施安全管理规定	19	安全操作规程
10	消防安全管理规定		

11.4.3 经济保证措施

安全生产费用按有关规定执行,建立专用账户,实行专款专用,并全部用于合同范围内的安全生产。根据标段工程实际情况,制订工程分阶段的安全防护方案和专款专用使用计划,根据工程进展及现场的安全施工要求,及时调查和落实专款使用计划;如有不可抗因素,导致安全防护费用的增加,则按实际情况在工程款中增大此项费用的比重,以确保工程施工安全。

11.4.4 技术保证措施

11.4.4.1 施工机械安全措施

施工机具、车辆和设备由专人管理和操作,做到"三定"(定人、定机、定岗位)、"三好"(管好、用好、维修好)、"四会"(会使用、会保养、会检查、会排除故障)、"四懂"(懂管理、懂结构、懂性能、懂用途),车辆、设备按有关规定进行保养,确保其性能处于完好状态,符合安全技术要求,满足施工需要。

特种机械设备管理:特种设备安装前,使用部门先确定具有国家相应安装许可的单位负责安装工作,开工前应按照规定向特种设备安全监察部门办理开工告知手续。任何部门不得擅自安装未经批准的特种设备。安装完成后,向有关特种设备检验检测机构申报验收检验。

对各类特种设备进行注册登记:特种设备在投入使用前或者投入使用后 30d 内,由单位生产部特种设备安全管理员负责向市、区质量技术监督部门办理注册登记。登记标志以及检验合格标志应当置于或者附着于该特种设备的显著位置。

特种设备安全管理人员明确所有设备的安装位置、使用情况、操作人员、管理人员及安全状况,并负责制定相关的设备管理制度和安全技术操作规程。

特种设备安全技术档案管理是为特种设备安全运行提供技术保障的唯一可追溯的技术文件。各相关责任人均给予高度重视和妥善保管。当需调阅特种设备技术档案资料时,档案管理责任人严格照章办事,履行调用借阅手续并由相关领导审批后,方可交给资料借阅人。

11.4.4.2 现场用电、防火、防汛安全措施

做好现场管理及安全用电、防火、防汛工作。现场管理有序,道路畅通,材料堆放整齐。现场用电须有专职电工负责。防护、防火设施按规定配置且完好有效,安全标牌齐全且符合规定。雨期成立防汛小组设专人值班,并加强与气象部门的联系。

施工临时用电由项目部的专业电工班来完成,电工做好个人的安全防护,熟悉本工种的安全操作规范,电工持证上岗,为了施工人员的安全,配电箱内规范安装有效的保护装置,施工机械做到"一机一闸一保护",现场使用的电缆电线符合规范,电工对现场用电设施进行经常检查、维护、保养,发现问题及时处理,凡进入现场的施工人员,对用电设施加以爱护,不得拆除和乱接乱拉乱扯施工用电,用电班组或施工队架空架高用电线路,不得随意拖地,用电设备的接、拆均由专业电工来完成。临电 TN-S 系统重复接地不少于 3 处。

11.4.4.3 路基工程施工安全保证措施

(1) 对临时便道做好养护维修,保持路况良好。在公路交叉处做好施工预告、设立限速标志;运输繁忙地段,设立专人指挥交通;对司机进行经常性的安全教育,避免在运输过程中出现车辆交通事故。

(2) 土石方施工中,现场设专人指挥、调度,确定合适的机械车辆走行路线,并设立明显标志,防止相互干扰碰撞,机械填筑作业要留有安全距离。制定作业程序和运行路线,确保协调施工,安全生产。填土区边缘设置安全标志。

(3) 非机械操作人员不得爬乘挖掘机、装载机、自卸车等土方施工机械,机械操作人员严格遵守

安全规范，按程序操作，文明驾驶，礼貌行车。严禁机械带病运转，超负荷作业，夜间作业应有足够的照明设备，工作视线不清时不得作业。

（4）进行边坡防护作业时搭设牢固的作业平台，防止作业人员从高处滚落。

（5）从事边坡刷方工作，在开工前检查坡面有无裂纹和可能坍塌的迹象以及坡面危石、危土是否清除干净。对可以处理的立即处理。凡不能处理且对施工安全有危害的，立即向施工领导人汇报，采取妥善的方法予以处理。

（6）挖掘土方自上而下，禁止挖悬空土。

（7）在刷坡石方或处理山坡活石、危石时，将可能砸坏行车设备和行人的石块打碎后放下，必要时按规定进行防护和封锁施工。

（8）深路堑施工专项安全措施。

①主要安全风险因素。

a. 土质路堑，桩及挡土墙开挖时，挡土墙基坑易积水，引起路堑边坡失稳，溜坍。

b. 高边坡、堑顶有建筑的深路堑具有极高的安全风险，爆破开挖可导致山体滑坡、边坡溜坍和堑顶建筑破坏等。

c. 雨期施工，排水系统不完善，造成地表水下渗、冲刷边坡，造成山体滑坡、边坡溜坍和堑顶建筑破坏等。

d. "一刷到底"的施工方式和开挖后防护加固措施无法及时到位，边坡长期暴露的现象存在，造成边坡溜坍等。

②处理措施。

a. 一般避开雨期，必须坚持"分层开挖、分级防护"的施工程序，及时封闭边坡形成防护能力，坚决禁止"一刷到底"的施工方式和开挖后防护加固措施无法及时到位，边坡长期暴露的现象存在。

b. 施工前先清除坡面的危岩落石，做好系统临时或永久排水工程，防止降水和地表水浸润山体；边坡开挖必须自上而下，分级开挖和分级及时加固防护，加固措施为锚固措施时，必须施工完成达到设计要求后，方可开挖下级边坡。

c. 施工至桩顶平台后进行锚固桩开挖。锚固桩的施工采用跳桩开挖，路堑高边坡、顺层、滑坡、堑顶有建筑地段采用跳2桩开挖，浇桩强度满足要求后再进行下一批桩的施工；边坡锚索设代表性锚头应力监测装置。锚索桩地段，在锚索施工完成并达到龄期要求和设计要求后，方可开挖锚索1.5m以下的桩前土方。

d. 人工挖孔桩开挖桩孔时，必须采取孔壁支护，挖一层支护一层；桩孔必须设置应急软爬梯和安装机械通风设备；基坑口周围1m内不得堆积土渣及机具；每日开工前必须检测井下有毒、有害气体，有害气体超标时严禁人员下井。孔内电缆、电线必须采用防水线，并有防磨损、防潮、防断保护措施。夜间作业应悬挂警示灯；挖孔暂停时，孔口必须加盖。

e. 施工必须设置有效的排水措施，避免表水对开挖边坡产生冲刷或浸泡，严禁浸泡坡脚，以免引起边坡溜坍、失稳。避免雨期施工，如在一个旱季不能完成的工程，应在雨季来临前对已开挖的堑坡做好边坡加固与防护工程，以免岩土体边坡遇水软化，引发坍滑。

f. 堑顶外侧荷载不能影响边坡稳定，堑顶顶面安设机械、堆放料具和弃土等必须在安全距离1.5m以外。

g. 该类高风险工点必须单独建立边坡变形监测剖面和监测分析系统，进行位移、沉降和爆破能量监测和边坡变形监测剖面和监测分析，及时发现问题，及时解决问题。

11.4.4.4 路面工程施工安全保证措施

施工地段必须用安全警示带或栏杆围起，竖立醒目的"禁止通行"或"绕道行驶"等标志，并设值勤人员维护交通和行人秩序。

（1）沥青操作人员均应进行体检，凡患有结膜炎、皮肤病及对沥青有过敏反应者，不宜从事沥青作业。

（2）从事沥青作业人员，皮肤外露部分均需涂抹防护药膏。工地上应配有医务人员。

（3）沥青操作工的工作服及防护用品应集中存放，严禁穿戴回家和进入集体宿舍。

（4）沥青加热及混合料拌制宜设在人员较少、场地空旷的地段。产量较大的拌和设备，有条件的应增设防尘设施。

（5）凡是参加沥青路面施工的操作人员，必须熟悉和掌握沥青的性能、特点，按规定穿戴好工作服、风帽、口罩、风镜、手套、厚皮底工作鞋等各种防护用品，严禁穿凉鞋、布鞋、短袖衣、短裤、裙子等。

（6）乳化沥青洒布车作业。

①洒布现场应设专人警戒。

②施工现场的障碍物应清除干净。

③洒油时作业范围内不得有人。

④施工现场严禁使用明火。

⑤检查机械、洒布装置及防护、防火设备是否齐全有效。

⑥采用固定式喷灯向沥青箱的火管加热时，应先打开沥青箱上的烟囱口，并在液态沥青淹没火管后，方可点燃喷灯。加热喷灯的火焰过大或扩散蔓延时，应立即关闭喷灯，待多余的燃油烧尽后再行使用。

⑦喷灯使用前除进行检查外，应先封闭吸油管及进料口。手提式喷灯点燃后不得接近易燃品。

⑧满载乳化沥青的洒布车应中速行驶。遇有弯道、下坡时，应提前减速，尽量避免紧急制动。行驶时，严禁使用加热系统。

⑨驾驶员与机上操作人员应密切配合，操作人员应齐全配戴防护用品，注意自身安全。作业时，在喷洒乳化沥青方向 10m 以内不得有人停留。

（7）沥青混合料拌和设备作业。

①作业前，热料提升斗、搅拌器及各种称斗内不得有存料。

②配有湿式除尘系统的拌和设备，应检查其除尘系统的水泵及其他部件是否完好，保证喷水量稳定且不中断。

③卸料斗处于地下底坑时，应防止坑内积水淹没电器元件。

④拌和机启动、停机必须按规定程序进行。点火失效时，应关闭喷燃器油门，待充分通风后再行点火。需要调整点火时，必须先切断高压电源。

⑤液化器点火时，必须认真检查减压阀及压力表，使其完好可靠，方可使用。燃烧器点燃后，必须关闭总阀门。

⑥连续式拌和设备的燃烧器熄火时应立即停止喷射沥青。当烘干拌和筒着火时，应立即关闭燃烧器鼓风机及排风机，停止供给沥青，再将含水量高的细集料投入烘干拌和筒，并在外部卸料口用干粉或泡沫灭火器进行灭火。

⑦混合料拌和站的各种机电设备（包括使用微电脑控制的进料设备），在运转前均需由机工、电工、电脑操作人员进行仔细检查，确认正常完好后才能合闸运转。

⑧机组投入运转后，各部门、各工种都要随时监视各部位运转情况，不得擅离岗位。

⑨运转中严禁人员靠近各种运转机构。

⑩运转过程中，如发现有异常情况，应报机长，并及时排除故障。停机前应首先停止进料，等拌鼓、烘干拌和筒等各部位卸料完后，才可提前停机。再次启动时，不得带荷启动。

⑪搅拌机运行中，不得使用工具伸入滚筒内掏挖或清理。需要清理时，必须停机。如需人员进入搅拌鼓内工作，鼓外要有人监护。

⑫料斗升起时，严禁有人在斗下工作或通过。检查料斗时，应将保险链挂好。

⑬拌和站机械设备需经常检查的部位应设置铁爬梯。采用皮带机上料时，贮料仓应加防护。
⑭关机后，应清除皮带上、各供料斗及除尘装置内外的残余积物，并清洗沥青管道。

(8) 沥青混合料摊铺作业。

①驾驶台及作业现场要视野开阔，清除一切有碍工作的障碍物。作业时无关人员不得在驾驶台上逗留。驾驶员不得擅离岗位。
②运料车向摊机卸料时，应协调动作，同步进行，防止互撞。
③换挡必须在摊铺机完全停止时进行，严禁强行挂挡和在坡道上换挡或空挡滑行。
④熨平板预热时，应控制热量，防止因局部过热而变形。加热过程中，必须设专人看管。
⑤驾驶力求平稳，不得急剧转向。弯道作业时，熨平装置的端头与路缘石的间距不得小于10cm，以免发生碰撞。
⑥用柴油清洗摊铺机时，不得接近明火。

11.4.4.5 桥梁工程施工安全保证措施

1. 钻孔桩施工安全保证措施

做好钻孔场地的平整夯实、防排水工作。钻机安装时，机架垫平，保持稳定，不得产生位移或沉陷，钻架顶端用缆风绳对称张拉，地锚牢固。钻孔时，钻速不得过快或骤然变速；孔内弃土不得堆积在钻孔周围。停钻后，钻头提出孔外安全放置，孔口遮盖防护。

钻机用钢丝绳符合要求，使用时设专人检查维修。凡未施工的孔口均要加防护盖。钻孔桩在施工前，技术人员要根据设计图认真复核施工区域内的工程、水文地质资料，掌握地质、水文资料的情况，制订安全施工方案。

2. 承台基坑施工安全保证措施

(1) 开挖深度不小于3m或虽小于3m但地质条件和周边环境复杂的基坑（槽）支护、降水工程，应编制专项安全施工方案，由公司技术负责人审批后，报总监审批后实施；三级及以上深基坑土方开挖、支护、降水工程，编制专项安全施工方案，经专家评审，并经修改补充的方案经总监批准后实施，同时应报建设单位、安全生产监督管理部门备案。

(2) 施工前建立作业人员、管理人员、外来参观人员的培训制度，做到全员安全培训。

(3) 作业人员在潮湿环境下，采用低压供电和防潮式漏电开关。

(4) 所有电焊工、起重设备操作工等特种作业人员持有有效资格证上岗作业，并接受监理单位检查、复核。

(5) 基坑开挖前应对基坑开挖深度3倍范围内的建筑物、构筑物、道路、地下管线等进行调查，对邻近高速公路、河道防汛墙或有特殊要求的结构物，根据风险评估报告，并结合相关主管部门要求执行。

(6) 基坑开挖应遵循"分层开挖、先撑后挖、严禁超挖"的原则。

(7) 基坑内应设安全梯或土坡道等攀登设施，夜间施工时必须配置好照明设备，并在危险处设隔离栅、防护网等防护设施，确保施工人员和机械设备安全。

(8) 基坑顶面应在开挖前做好防、排水设施，排水措施有效。深基坑施工应采用坑外降水措施，防止邻近建筑物危险沉降。

(9) 在基坑深度1倍范围内不应堆放建筑材料、设备设施和土方。基坑在开挖前对基坑四周设置符合规范的安全栏杆并挂设绿色密目网和配置标准的登高设施，严禁登高设施搭设在钢支撑上。

(10) 加强基坑及周边地下管线的监测工作，土方、支撑、降水等施工应服从统一指挥，做好信息化施工，并根据监测信息及时调整施工方案。

3. 墩柱施工安全保证措施

(1) 熟悉掌握本工种专业技术及规程。

(2) 年满18岁，经体格检查合格后，方可从事高空作业。

(3)距地面 2m 以上，工作斜面坡度大于 45°，工作地面没有平稳立脚的地方或有震动的地方，视为高空作业。

(4)防护用品要穿戴整齐，裤脚要扎住，戴好安全帽，严禁穿拖鞋，不准穿光滑的硬底鞋。要有足够强度的安全带，并应将绳子牢系在坚固的建筑结构件上或金属结构架上，不准系在活动物件上。

(5)登高前，施工负责人应对全体人员进行现场安全教育。

(6)检查所用的登高工具和安全用具，必须安全可靠，严禁冒险作业。

(7)高空作业区地面要划出禁区，设置密目网围挡，并挂上警示牌。

(8)靠近电源（低压）线路作业前，应先联系停电。确认停电后方可进行作业，并应设置绝缘挡壁。作业者最少离开电线（低压）2m 以外。禁止在高压线下作业。

(9)高空作业所用的工具、零件、材料等必须装入工具袋。工作完毕应及时将工具、零星材料、零部件等一切易坠落物件清理干净，以防落下伤人，上下大型零件时，应采用可靠的起吊机具。

(10)处处注意危险标志和危险地方。

(11)严禁上下同时垂直作业。

(12)严禁坐在高空无遮拦处休息，防止坠落。

(13)各种升降材料的设备严禁上下载人。

4. 盖梁施工安全保证措施

(1)钢筋施工场地应满足作业需要，机械设备的安装要牢固、稳定，作业间应对机械设备进行检查。

(2)半成品等应按规格、品种分别堆放整齐，制作场地要平整，工作台要稳固，照明灯具必须加网罩。

(3)钢筋调直及冷拉场地应设置防护挡板，作业时非作业人员不得入内。

(4)钢筋切断机作业前，应先进行试运转，检查刃口是否松动。运转正常后，方能进行切断作业。切长料时应有专人把扶，切短料时要用钳子或套管夹牢。不得因钢筋直径小而集束切割。人工断料，工具必须牢固。切断小于 30cm 的短钢筋，应用钳子夹牢，禁止用手把扶，并在外侧设置防护箱笼罩。

(5)人工搬运钢筋时，步伐要一致；当上下坡或转弯时，要前后呼应，步伐稳健、慢速；要注意钢筋头、尾的摆动，防止碰撞物体或打击人的身体；要特别防止碰、挂周围和上下的电线及管线；上肩扛钢筋或卸料时要互相打招呼，注意安全。

(6)焊接钢筋时，电焊机应设在干燥、通风良好的地点，周围严禁存放易燃、易爆物品。焊接时要有专业电焊工（持证人员）按设计和规范要求进行焊接。

(7)绑扎钢筋，不得站在钢筋骨架上操作和攀登骨架上下；在高处绑扎和安装钢筋，注意不要将钢筋集中堆放在模板或脚手架上，必须搭设操作平台，操作人员要采取设置安全网的防护措施。

(8)起吊钢筋和钢筋骨架时，要有专业指挥人员进行现场指挥，参加吊装的起重工要掌握作业的安全要求，其他人员要有明确分工；吊装作业前必须严格检查起重设备各部件的可靠性和安全性，并进行试吊，现场必须搭设工作平台，拉设安全网。吊装过程中下方禁止站人，必须待钢筋骨架降落到离基准面 1m 以内方准靠近，就位支撑好方可摘钩。作业人员应注意脚下是否有杂物，防止绊倒被钢筋碰伤。

(9)在高处绑扎和安装钢筋时，注意不要将钢筋集中堆放在模板或脚手架上；应尽量避免在高处修整、扳弯粗钢筋，在必须操作时，要配挂好安全带，选好位置，人要站稳；在高处安装骨架，必须搭设脚手架，无操作平台时，需挂好安全带。

(10)安装绑扎钢筋时，钢筋不得碰撞电线，并与其有一定的安全距离。在夜间施工需使用移动式灯具时，其电压不应超过 36V。

(11)起重、吊装指挥人员必须持证上岗；作业人员应经过培训，考核合格、取得操作证，并持证上岗。

（12）在吊装前，操作人员应对施工现场作业场地、作业环境、道路、架空线路、建筑物、调运对象的质量和特征等进行全面了解、熟悉。

（13）作业时要为起重、吊装作业提供足够的工作场地，有六级及以上大风或大雨等恶劣天气时，应停止起重、吊装作业。

5. 预制梁施工安全保证措施

（1）在钢筋密集处作业时，钢筋绑扎与电焊尽量不要同时作业，确需同时作业时，应有防护措施，以防电弧光击伤眼睛或焊渣烧伤。

（2）制定模板施工中的各种检查制度，明确各施工作业班队的作业任务及该作业工种的安全要求；各作业班队的主要负责人要明确自己的安全职责；现场的安全负责人要制定值班制度，使其责任明确。

（3）混凝土振捣棒使用前检查各部位连接牢固，旋转方向正确，清洁；混凝土振捣时，操作人员必须戴绝缘手套，穿绝缘鞋，防止触电；振捣工必须懂得振捣器的安全知识和使用方法，保养、作业后及时清洁设备；振捣器接线必须正确，电机绝缘电阻必须合格，并有可靠的零线保护，必须装设合格漏电保护开关。

（4）起重安装作业时，应确定工作步骤、施工方法及安全措施。起重安装作业前应清除工地及所经道路的障碍物，做到工地整洁、道路畅通。

（5）起吊重物时，吊具捆扎应牢固，应挂钩防滑落。捆扎有棱角或利口的物件时，吊具应垫以铁瓦、橡胶、麻袋等物。起吊物件时，应有防止物件摆动的措施。

（6）机械设备进入作业地点后，施工技术人员应向机械设备操作人员进行施工任务及安全技术措施交底。施工机械设备操作人员应熟悉作业环境和施工条件，听从指挥，遵守现场安全规则。

（7）张拉所用的预应力钢绞线除按规定要送检外，还要检查其外观，杜绝使用外观有裂纹或已受损的钢绞线，预应力钢绞线应采用砂轮切割机，场地内严禁动用电焊设备，防止电焊弧击伤钢绞线，造成钢绞线在张拉时断裂伤人。

（8）张拉时，张拉区域周围应设置明显的警示标志和标牌，并安排专人对张拉区域进行警戒，严禁非操作人员进入张拉区；张拉或退锚时，张拉两端严禁站人，并在两端设置挡板等安全保护设施，挡板应距所张拉钢筋的端部 1.5~2m，且应高出最上一组张拉钢筋 0.5m，其宽度应距张拉钢筋两外侧各不小于 1m，以防预应力筋拉断或锚具、夹片弹出伤人。

（9）门吊设备进场前必须出具合格证书，必须经过国家有关部门的检测方可投入安装使用。

（10）门吊设备拼装完成进行吊装作业前必须严格检查起重设备各部件的可靠性和安全性，并进行试吊。

（11）进入施工现场的人员，必须戴安全帽，凡在 2m 及以上高处作业无可靠防护设施时，必须正确使用安全带，恶劣气候条件下，禁止拆除作业。

（12）拆除门吊时应设置警示标志，禁止非操作人员通行和地面施工人员进入拆除区域，并有专人负责指挥。

（13）在预制场设置专职安全员，在开工前对进场工人进行安全教育，严把各工种工人进场关，从事吊装作业的人员必须持有相关的作业操作资格证书方能上岗。

（14）起吊物体要捆扎牢固，吊钩应挂在物体的重心上。吊重行走时，重物离地不要太高，严禁重物从人头上越过，工作间隙不得将重物悬在空中。

（15）在起吊中，由于故障造成重物下滑时，必须采取紧急措施，向无人处下放重物。

（16）吊装作业时，地面应坚实平整，支脚必须支垫牢固。指挥人员应随时观察吊臂、吊物旋转半径内有无障碍物，预防吊物和吊臂碰撞其他施工结构、机具或施工人员，防止事故的发生。

（17）架桥机纵向运行轨道两侧规定高度要求对应水平，保持平稳。前、中、后支腿各横向运行轨道要求水平，并严格控制间距，三条轨道必须平行。

（18）由于架桥机属桥梁安装大型专用设备，架桥机作业必须明确分工，统一指挥，要设专职操作人员、专职电工和专职安全检查员。要有严格的施工组织及措施，确保施工安全。人员基本条件如下。

指挥员 1 名：熟悉桥梁结构及起重工作的基本要求。熟悉架桥机的结构、拼装程序、操作方法和使用说明书中的要求，并具有一定的组织能力，熟悉指挥信号，责任心强。

电工 1 名：能看懂架桥机电路图并能按图接线，能在工作中迅速排除故障，责任心强，业务熟练，反应敏捷者。

液压工 1 名：熟悉液压系统的基本知识和使用及维修技能，能正确操作和排除有关故障。

起重工 3 名：具有多年从事起重工作的经历，责任心强，具备一定的力学知识，熟悉起重机操作规程和安全规程，工作认真负责，一丝不苟。

辅助工 3 名：具有一定的文化知识，身强力壮，吃苦耐劳，肯钻研业务。

(19) 架桥机安装作业时，要经常注意安全检查，每安装一孔必须进行一次全面安全检查，发现问题要停止作业并及时处理后才能继续作业。不允许机械设备带故障工作。

(20) 架桥机天车携带混凝土梁纵向运行时，前支腿部位要求用手拉葫芦（5t）与横移轨道拉紧固定，加强稳定性。

6. 现浇梁施工安全保证措施

(1) 地基处理要满足基底设计承载力的要求，对于软弱地层，先清除软土后进行压实，换填满足设计要求的填料，并采取防冲刷措施。

(2) 基底坡度不能大于设计要求，纵横向坡度较大时采用台阶，且横向坡度不小于3%自然排水坡。

(3) 支架刚度不能低于设计要求。采取枕木（或方木）、混凝土等垫块增大支架的受力面积，垫块下面要垫平、垫实。支架安放在垫块中心上，采取插销等固定设施防止移动，并密贴于垫块上。支架安装从两端或中间开始，支架的中心线、各支架间距、垂直度等满足设计及规范要求。安装完一层支架，用横向钢管进行连接；安装好两排以上支架后，用钢管纵向连接，从而增强支架的整体性和稳定性。上一层支架检查合格后，才能进行下一层的支架安装。拆除支架时要按安装时的顺序反向进行，拆下的支架及时堆码摆放整齐，以便下一环施工。

7. 挂篮悬臂现浇施工安全保证措施

(1) 挂篮悬灌高空作业，注意安装避雷设施。在大风季节，注意监控，适时停止挂篮移位等工作。

(2) 起吊设备起吊时，严禁起吊超过规定质量的构件，起吊过程中设专人负责指挥，塔吊机械与桥墩连接，确保抗风能力。

(3) 上下爬梯焊接牢固，经常出入的通道搭设顶棚。

(4) 模架安装过程中，严格按照吊装施工规范进行作业，要经常调整水平、垂直偏差，防止整体失衡。

(5) 模板拆除严格按规定程序进行，场内设立禁区标志。拆除模板先拴牢吊具挂钩，再拆除模板。操作平台上，不得多人聚集一处，严禁向下乱抛掷模板、钢筋、螺丝、工具等，下班时应清扫和整理好料具。

(6) 各工序的施工严格遵守各项安全管理规定和安全操作规范。

(7) 混凝土灌注时，减速漏斗的吊具、漏斗及串角挂钩和吊环均要确保稳固可靠。

(8) 桥梁悬灌施工过程中，挂篮的底模和侧模下挂安全网，并在底模前横联处加设工作平台，以确保施工安全。施工过程中严格控制悬灌期间两端的不均匀荷载。挂篮移动前，要仔细检查吊车和倒链装置，确认安全后方可移动，移动时要由专人指挥，分工明确，步调统一。后锚既要保证挂篮滑行，又要保证挂篮的安全，并由专人检查。

(9) 跨公路桥梁在施工时需架设防护网，防止坠物。

8. 钢箱梁底部施工安全保证措施

(1) 箱梁安装以后，底板下面的纵横接缝需要贴衬垫、打磨、除锈、做防腐喷涂。采用安全方案：在柱墩上的混凝土横梁上或者贝雷梁支撑上拴钢丝绳，形成索道，铺竹跳板。

(2) 翼板焊接时，在翼板下架设钢丝绳索道，铺跳板，并在焊接位置制作接物篮，防止焊接时掉火花或者其他杂物，保证焊接安全。

9. 改扩建桥梁拼宽施工安全保证措施

(1) 在钢筋密集处作业时，钢筋绑扎与电焊尽量不要同时作业，确需同时作业时，应有防护措施，以防电弧光击伤眼睛或焊渣烧伤。

(2) 制定模板施工中的各种检查制度，明确各施工作业班队的作业任务及该作业工种的安全要求；各作业班队的主要负责人要明确自己的安全职责；现场的安全负责人要制定值班制度，使其责任明确。

(3) 混凝土振捣棒使用前检查各部位连接牢固，旋转方向正确，清洁；混凝土振捣时，操作人员必须戴绝缘手套，穿绝缘鞋，防止触电；振捣工必须懂得振捣器的安全知识和使用方法，保养、作业后及时清洁设备；振捣器接线必须正确，电机绝缘电阻必须合格，并有可靠的零线保护，必须装设合格漏电保护开关。

(4) 起重安装作业时，应确定工作步骤、施工方法及安全措施。起重安装作业前应清除工地及所经道路的障碍物，做到工地整洁、道路畅通。

(5) 起吊重物时，吊具捆扎应牢固，应挂钩防滑落。捆扎有棱角或利口的物件时，吊具应垫以铁瓦、橡胶、麻袋等物。起吊物件时，应有防止物件摆动的措施。

(6) 机械设备进入作业地点后，施工技术人员应向机械操作人员进行施工任务及安全技术措施交底。施工机械设备操作人员应熟悉作业环境和施工条件，听从指挥，遵守现场安全规则。

(7) 张拉所用的预应力钢绞线除按规定要送检外，还要检查其外观，杜绝使用外观有裂纹或已受损的钢绞线，预应力钢绞线应采用砂轮切割机，场地内严禁动用电焊设备，防止电焊弧击伤钢绞线，造成钢绞线在张拉时断裂伤人。

(8) 张拉时，张拉区域周围应设置明显的警示标志和标牌，并安排专人对张拉区域进行警戒，严禁非操作人员进入张拉区；张拉或退锚时，张拉两端严禁站人，并在两端设置挡板等安全保护设施，挡板应距所张拉钢筋的端部 1.5~2m，且应高出最上一组张拉钢筋 0.5m，其宽度应距张拉钢筋两外侧各不小于 1m，以防预应力筋拉断或锚具、夹片弹出伤人。

(9) 门吊设备进场前必须出具合格证书，必须经过国家有关部门的检测方可投入安装使用。

(10) 门吊设备拼装完成进行吊装作业前必须严格检查起重设备各部件的可靠性和安全性，并进行试吊。

(11) 进入施工现场的人员，必须戴安全帽，凡在 2m 及以上高处作业无可靠防护设施时，必须正确使用安全带，恶劣气候条件下禁止拆除作业。

(12) 拆除门吊时应设置警示标志，禁止非操作人员通行和地面施工人员进入拆除区域，并有专人负责指挥。

(13) 在预制场设置专职安全员，在开工前对进场工人进行安全教育，严把各工种工人进场关，从事吊装作业的人员必须持有相关的作业操作资格证书方能上岗。

(14) 起吊物体要捆扎牢固，吊钩应接在物体的重心上。吊重行走时，重物离地不要太高，严禁重物从人头上越过，工作间隙不得将重物悬在空中。

(15) 在起吊中，由于故障造成重物下滑时，必须采取紧急措施，向无人处下放重物。

(16) 吊装作业时，地面应坚实平整，支脚必须支垫牢固。指挥人员应随时观察吊臂、吊物旋转半径内有无障碍物，预防吊物和吊臂碰撞其他施工结构、机具或施工人员，防止事故的发生。

(17) 架桥机纵向运行轨道两侧规定高度要求对应水平，保持平稳。前、中、后支腿各横向运行轨道要求水平，并严格控制间距，三条轨道必须平行。

(18) 由于架桥机属桥梁安装大型专用设备，架桥机作业必须明确分工，统一指挥，要设专职操作人员、专职电工和专职安全检查员。要有严格的施工组织及措施，确保施工安全。人员基本条件如下。

指挥员 1 名：熟悉桥梁结构及起重工作的基本要求。熟悉架桥机的结构、拼装程序、操作方法和使用说明书中的要求,并具有一定的组织能力,熟悉指挥信号,责任心强。

电工1名:能看懂架桥机电路图并能按图接线,能在工作中迅速排除故障,责任心强,业务熟练。

液压工1名:熟悉液压系统的基本知识和使用及维修技能,能正确操作和排除有关故障。

起重工3名:具有多年从事起重工作的经历,责任心强,具备一定的力学知识,熟悉起重机操作规程和安全规程,工作认真负责,一丝不苟。

辅助工3名:具有一定的文化知识,身强力壮,吃苦耐劳,肯钻研业务。

(19) 架桥机安装作业时,要经常注意安全检查,每安装一孔必须进行一次全面安全检查,发现问题要停止工作并及时处理后才能继续作业。不允许机械设备带故障工作。

(20) 架桥机天车携带混凝土梁纵向运行时,前支腿部位要求用手拉葫芦(5t)与横移轨道拉紧固定,加强稳定性。

10. 桥梁拆除施工安全保证措施

(1) 施工现场实行封闭式管理。施工中严格贯彻"安全第一,预防为主,综合治理"的方针,所有参加施工特殊工种人员必须持证上岗,严格遵守本工种操作规程,严禁违章指挥、违章操作,保证施工中的安全。

(2) 施工前须全面了解拆除工程的图纸和资料,并根据结构拆除施工特点,进行实地勘察,严格按照经审批的施工方案施工。施工中必须有两名以上安全员执勤。

(3) 在施工现场划定拆除施工危险区域。对有可能影响公共安全和行车安全的区域,在施工前采取可靠的安全防护措施。

(4) 当施工中出现或发生险情及异常情况时,应立即停止施工,组织有关技术人员查明原因,及时排除险情;当发生安全事故时要立即组织抢救,同时要保护事故现场,并立即向有关部门报告。

(5) 构件分段拆除,严禁立体交叉进行拆除作业。水平作业时,各工位之间应有一定的安全距离。

(6) 使用机械拆除时,放置机械设备的场地必须稳固并保证足够的承载力。

(7) 在梁板底部拉设防护网,应搭设安全通道和防坠落平台,防止在切割施工时混凝土块及杂物坠落。

(8) 梁板及防撞护栏切除时,在硬路肩内侧放置反光锥,保证桥梁切割施工与过往施工车辆行车安全,并在桥头的两端放置左(右)导行标示牌和夜间警示灯,提醒车辆注意安全。

(9) 防撞护栏切除后顺直摆放在桥面做防护,并贴夜间反光贴,对于已经破除防撞护栏的段落,全部使用水马做防护,内侧摆放反光锥做警示。

11. 桥面系施工安全保证措施

(1) 桥面铺装。

①在桥梁边缘设置临边防护设施及警示牌。

②桥面清理的垃圾禁止随意向桥下倾倒,收集至固定存放点,集中清运。

③雨中进行电焊作业必须有隔雨防护措施。

④桥面施工小型机具较多,由专业电工做好用电规划、布置、检修作业。

(2) 桥面栏杆。

①采用移动式支架拆、装模板时,移动支架必须经过验算,设置足够配重,并进行抗倾覆稳定验算。

②护栏施工作业人员必须正确佩戴防坠落安全防护用品。

③雨中进行电焊作业须有防雨措施。

④施工中严禁向桥下抛掷物品。

(3) 伸缩缝。

①施工现场应安排专职安全管理人员,戴安全员袖标,专门负责施工现场封闭施工、各类警示标志设置、日常安全监督管理。

②伸缩缝施工时，应封闭交通，并分左右幅施工，做好安全警示标志。
③夜间施工应保证充足的照明条件，严禁使用碘钨灯。
④及时对机械进行检查，防止机械漏油污染路面。
⑤桥面破除和清扫的废渣、杂物等，放置在彩条布上，及时清运至指定的地点弃放，严禁由桥上向桥下抛弃杂物。

11.4.4.6 隧道工程施工安全保证措施

1. 开挖安全技术措施

（1）贯彻"不坍就是进度"的指导思想和"安全第一，预防为主"的指导方针，正确处理好进度、质量、安全三者之间的关系，做好开挖面施工安全保证措施，杜绝塌方。

（2）在洞口段、断层破碎带、浅埋段及其他Ⅳ、Ⅴ级围岩地段，施工前制订详细的切实可行的施工方案和作业指导书。

（3）做好超前地质预报工作，采用地质调查、物探、超前地质钻探等综合预报手段对开挖面前方的地质情况做出详细的预报。每个开挖工班配一名工程师跟班，确保各种措施、技术交底的落实，保证标准化作业。开挖过程中，配备有经验的地质工程师，24h轮流值班，及时掌握地质变化，监控指导现场施工。

（4）根据设计图纸的要求做好超前注浆加固围岩或起到注浆堵水的作用。

（5）不良地质段隧道施工时，严格遵循"先治水、短开挖、弱爆破、强支护、勤量测、早封闭"的施工原则，防止塌方。

（6）施钻人员到达工作面后，首先检查工作面是否处于安全状态。支护、拱顶是否稳定，如有松动危石予以清除后再进行作业。

（7）操作人员必须互相配合，并保持必要的安全操作距离。

（8）司钻工钻孔前，对风钻和工具做如下检查，不符合要求的立即修理或更换：机身、螺栓、卡套、弹簧和支架是否正常完好。管路是否良好，连接是否牢固。钻杆是否弯曲、带伤，防止作业时断钎伤人。湿式凿岩的供水装置是否良好。

（9）风钻钻孔时，将支架安置稳妥。在钻孔台架上打眼时，先检查台架及斜撑是否稳定，平台上是否铺满板，外侧的防护栏杆是否牢固，防止高处坠落。

（10）严禁在残眼中继续钻孔，严禁在打眼的同时装药。不得在工作面拆卸、修理风钻。风钻打眼，开孔时用较短的钻杆，其长度不超过0.8~1m。钻头未入岩壁前，风门不宜开大。操作时做到退钎子与风钻一条线，司钻工要在风钻的左侧方，严禁骑着气腿操作风钻，钻眼时先开水后开风，停钻时先关风后关水。

（11）用风镐开挖时工作前检查气压及风镐的连接。工作中，要防止空打，卡钎时不可猛摇风镐，及时更换磨钝的镐钎，发现滤风网被污物堵塞，需及时排除。

（12）两工作面接近贯通时，按规范要求，两端加强联系，确保统一指挥、安全施工。两工作面相向开挖，相距20m时必须停止一方掘进，由另一方掘进贯通，另一方爆破时必须通知对方。

2. 爆破作业安全技术措施

（1）爆破作业时统一指挥：根据施工条件，洞内每日放炮次数、开挖作业循环时间要有明确规定；警戒要统一行动；起爆顺序应由里向外，里面的人员撤出前，禁止放炮。

（2）爆破器材加工，在洞外远离洞口50m以外的加工房工作台上操作。除洞外土石方用电雷管外，洞内用非电雷管。装配起爆管时必须先试验。计算引线长度，每批分卷进行。导爆管凡管径过粗、管体压扁、破损锈蚀、加强帽歪斜者，严禁使用。加工好的起爆管分段装入木箱内，防止混段（不准把段数标签失落）。

（3）汽车运送爆破器材时遵守下列规定：炸药与雷管分别由木板车厢运入洞内，车厢垫胶皮，只准平放一层。必须由爆破工专人护送，其他人员不得搭乘。运送途中要显示红灯与鸣笛。汽车排气孔加防火罩。炸药与雷管不准同车运送。

（4）装药时严禁火种，无关人员和机具等均撤离到安全地点。周边眼间隔装药，用胶布包扎在竹片上固定牢实。

（5）洞内大断面开挖，雷管段数多、装药量大时，爆破指挥人员先明确分工，自上而下分区分段装药各负其责，防止混段和漏装，禁止超量装药。

（6）遇有下列情况禁止装药：作业面照明不足，工作面岩面破碎未及时支护，可能有大量涌水的地段。

（7）装药完毕，工作面所有的机具、材料撤离，经检查无漏装，炮口堵塞完后进行网络连接，网络连接好后，专人检查是否合格，经确认连接无误即可起爆。

（8）爆破器材的领取必须由有合格证的人员办理，一定要账物相符、双方签字。每次装药完毕后未用完的爆破器材立即退回库房，并办理清库签字手续。

3. 装渣及运输安全技术措施

（1）各种运输设备不得人货混装，装载机不准载人。

（2）机械装渣时，坑道断面尺寸满足装载机安全运转要求。

（3）装渣时，运渣车辆停稳并制动，启动前鸣笛。

（4）洞内运输车辆限速行驶。作业地段正常时每小时小于10km，会车时时速小于5km，成洞地段行驶时速小于20km，会车时时速小于10km。

（5）在衬砌台车（或作业台架）作业地段设置"慢行"标志，台车（台架）两端设置红色显示灯。

（6）洞内车辆行驶遵守下列规定：严禁超车，会车时空车让重车，重车减速行驶。同向行驶，前后两车间距离至少为20m，洞内能见度差时，加大间距。洞内车辆相遇或发现有行人时，改用小光灯或近光灯。车辆启动前瞭望或鸣笛，进出隧道口时鸣笛。洞内车辆倒车必须开灯、鸣笛或专人指挥。车辆在使用前详细检查，不得带病行驶。

（7）洞内车辆行驶时，施工人员遵守下列规定：行人走两侧人行道，不与机械车辆抢道；不扒车追车和强行搭车。

（8）进洞车辆及内燃机选用带净化装置或低污染的柴油机，汽油车辆及机械不得进洞作业。

（9）洞外卸渣场地按设计要求修建和管理，并在渣堆边缘内80cm处设置挡木及提醒标志，以防车辆翻沟。

（10）车辆运行前保持良好机况、照明刹车良好。

（11）在洞口、交叉路口、斜井与正洞交叉口和狭窄的施工场地，设置"缓行"标志，必要时专人指挥交通；洞内每隔200m设醒目的交通标志，洞外既有公路或便道转弯处或陡坡处设置醒目、温馨的安全标识；在施工中保证道路质量，由综合班按标准养护。洞内车辆、机械停放处，设置足够的照明，并设置红色警戒灯。

（12）工地设专职机械管理和维修人员，分工负责机械设备各项工作，建立严格的机械设备管、用、养、修制度，并切实执行，实行奖罚制度，使设备经常处于良好状态。

（13）汽车及走行机械，严格执行"三不超"（不超速、不超载、不超劳）、"五不开"（无证、无令、带病、病车、酒后不开）、"三勤三检"制度。

（14）在弃渣场安排推土机或装载机经常推渣，推渣时渣场尽端留适当的渣堆，并安排人员对自卸汽车进行卸渣指挥，确保自卸汽车卸渣安全。

（15）为保证运输作业能正常、安全进行，特别制定提高机械设备完好率的具体措施。

（16）编制机械安全技术操作规程，组织专人深入现场，督促检查机械设备安全工作情况，发现问题及时纠正，消除隐患，使机械设备能安全、优质、高效、低耗地运行。杜绝违章指挥、违章操作、违反劳动纪律等行为。

（17）严格执行交接班制度。认真填写交接班记录，做到力保"十字作业"。交班清楚后，接班人检查移交的运转、维修、油耗等记录情况及设备情况，并开车试运转，确认正常后，方能进行工作。

(18) 施工人员先进行岗前安全培训并经考核合格后上岗。对施工中违反操作规程的人员不仅要进行安全处罚，还责令其重新学习，并进行考核。加强日常对驾驶人员的教育培训，加强作息时间的管理，加强各种管理制度的落实，保证装渣、运输安全。

4. 支护、衬砌安全技术措施

(1) 隧道开挖后及时进行支护，支护质量达到设计规定标准。

(2) 施工期间，现场值班负责人员每天同安全质检人员对开挖面地质以及各部支护情况进行一次检查。不良地质地段每班检查一次，当发现支护变形或损坏时立即加固处理并做详细记录。

(3) 量测人员发现量测数据有突变或异变时，及时向技术负责人或现场负责人汇报，并采取应急措施或通知施工人员暂时撤离危险地段。

(4) 钢拱架不架立于虚渣或活动石上，软弱围岩地段基底夯实加设钢垫板楔紧。锚杆支护，孔深、间距、方位必须满足设计要求，注浆要饱满，初喷混凝土的厚度不小于4cm。

(5) 洞内支护，坚持"随挖随支护"的原则，支护紧跟开挖面；如遇石质破碎、风化严重时，采取先护后挖措施，并尽量缩小支护工作面。

(6) 喷射支护前，清除危石及松动石块，喷射手配戴防护用品；机械各部完好正常，保持压力正常，喷浆管喷嘴严禁对人放置。

(7) 随着隧道各部开挖工作的推进，及时进行衬砌，特别是洞门口段衬砌尽早施工，地质不良地段的衬砌尽早完成。

(8) 二次衬砌前铺设防水层。工作台架下净空必须符合设计要求。工作台架承载质量不超过要求。台车两端设栏杆和上下人员的梯子。

(9) 铺设防水层台架及模板台车距作业开挖面有足够的安全距离，爆破时要防止空气波冲破防水层。工作台架、衬砌台车就位后，用卡轨器固定在轨道上，防止溜车。

(10) 衬砌台车使用时遵守下列规定：台车上不得堆放料具。工作台上铺满木板，并设安全栏杆。拆除混凝土输送软管前，停止混凝土泵的运转。两端挡头板安装牢固。衬砌台车、工作台架上施工用照明用电线路每天要进行一次检查，确保电线绝缘良好，防止电线破损、漏电伤人。

5. 通风与防尘安全技术措施

(1) 加强通风，以确保洞内氧气含量、风速、新鲜空气达到规定的卫生标准。把粉尘浓度、有害气体含量降低到允许标准以内。

(2) 压入式通风进风口设在洞外，避免污染的空气进入洞内。洞内风管悬挂在侧壁上，安装平顺，接头严密，出风口距掌子面不大于30m。

(3) 通风机停止运转时任何人员不得扛木料、钻杆等靠近通风软管行走或在软管旁边停留，不得将任何物品放在风管或管口上。

(4) 隧道施工中采取综合防尘措施，在凿岩和装渣工作面上做好防尘工作：放炮前后进行喷雾与洒水。出渣前用水淋透渣堆和喷湿岩壁。在压入式通风出风口，放置喷雾器，防尘用水保持清洁。

6. 洞内用电及照明安全技术措施

(1) 洞内作业地段照明电压36V，成洞地段220V。

(2) 洞内照明、动力电力线路悬在两侧墙上，安装在同一侧时分层架设，电线悬挂高度距人行地面：400V以下不小于2m，6~10kV不小于3.5m。

(3) 洞内检修、搬迁电气设备（包括电线电缆）时切断电源，并悬挂"有人工作，不准送电"的警告牌。

(4) 操作洞内电气设备，符合下列规定：非专职值班电气设备人员，不得操作电气设备。操作高压电器主回路时，戴绝缘手套，穿绝缘靴并站在绝缘板上。手持高压电气设备的操作手柄和在工作中要接触的部分保持绝缘良好，使用前做绝缘检查。低压电气设备加触电保护器。电气设备的检查和调整，由专职维修电工进行操作。

（5）洞内外开关箱设在安全位置，并有防雨防水措施，有保护接零或接地装置，实行一机一闸。箱内无杂物，有门有锁。

（6）洞内作业面有足够的照明。开挖作业地段，每平方米不小于15W；未成洞地段每隔6m，成洞地段每隔10m安装60W照明灯一盏。

（7）隧道内的照明灯光保证亮度充足、均匀及不闪烁，根据开挖断面的大小、施工工作面的位置确定高度。隧道内照明用电线路均使用防潮绝缘导线，并按规定的高度用瓷瓶悬挂在高处，不得放在地上。隧道内的用电线路和照明设备设专人负责检修管理，检修电路与照明设备时切断电源。在潮湿及漏水隧道中的电灯使用防水灯口。

7. 不良地质地段安全技术措施

隧道施工中可能出现围岩失稳、突水、突泥、塌方、变形等地质灾害，在施工中主要采取以下安全措施。

（1）施工中加强地质预报工作。认真进行超前地质预报和超前探水，杜绝突水。

（2）隧道开挖过程中成立专职地质组，配备专职地质工程师，做好地质描述和超前地质预报，提出对策和措施。施工工程师指导和督促各种措施、技术交底的落实，保证标准化作业。开挖过程中，地质工程师轮流值班，及时发现地质变化情况，制订特殊地段的施工方案和可靠的措施并严格实施，监控指导现场施工，科学组织、合理安排、严格管理，确保安全。

（3）通过超前地质预报、施工中地质素描、炮眼钻进速度变化、炮孔出水异常现象等对前方地质情况做出判断，制定相应的施工方法和合理的支护参数，围岩变形增大时加强支护。地质不良地段按照"先支护、后开挖、短进尺、弱爆破、快封闭、勤量测"的原则施工。

（4）加强施工监控量测信息反馈，为施工提供及时、准确的信息，及时对指导施工的技术方案进行调整，保证施工安全进行。

（5）对浅埋、偏压等地形、地质条件较差的隧道洞口、洞身段先预加固围岩后再开挖，视地质条件可采用地表砂浆锚杆、地面预注浆、水平旋喷桩、锚固桩等加固围岩，框架锚杆或骨架护坡等加固边仰坡；根据具体围岩情况设置洞口长管棚、洞身长管棚、超前双层小导管、超前单层小导管等超前支护措施，以减少洞口边仰坡开挖和保证进洞安全。

（6）含瓦斯的隧道要安排专人负责瓦斯浓度的监控量测，按规定采用防爆机具设备进洞施工，大功率通风机施工通风，双回路电源供电。

8. 邻近既有重要构筑物施工

为避免隧道施工爆破诱发地质灾害，防止隧道开挖期间的落石掉块、飞石对既有构筑物的影响，着重采取以下措施。

（1）新建隧道采用微振爆破技术进行开挖，短进尺、多台阶进行开挖，爆破采用浅钻孔、密布眼、少装药、间隔微差起爆等措施，降低爆破振动对既有构筑物及设备的影响。

（2）新建隧道爆破施工时，对既有构筑物的振动速度进行监测，振动速度值以不超过2cm/s为宜，根据既有构筑物振动速度来确定新建隧道爆破的炮眼长度、炮眼数量、装药量、起爆间隔时间等参数，以达到微振爆破的目的。

（3）对既有构筑物进行专人监测，并在远离工点处设置望哨，建立安全预警机制，并做好相应的物资储备。

（4）洞口开挖过程中，通过多次试爆，选择合理的爆破参数，遵从"宁散勿飞"的爆破原则，尽量避免产生飞石，并在既有构筑物附近设置防护排架等保护设施，以降低爆破对既有构筑物安全的影响；隧道施工前，编制专项施工方案，并由建设单位组织有资质的单位进行专项安全评估，在征得业权部门的施工许可后，组织隧道施工。

9. 逃生、救援通道措施

在Ⅳ、Ⅴ级围岩地段预先设置逃生设施（如逃生管道或其他救援设施），并配置专人做好预测、监测、检查及报警工作,保证逃生、救援通道的畅通,确保施工安全。逃生管道设置于边墙角处,管道采用壁厚不小于10mm的 $\phi800$mm 的承插钢管(钢管长6~8m/节,钢管间采用安全可靠套管连接,套管长度不小于2m),从衬砌工作面布置至距离开挖面20m以内的适当位置,管内预留工作绳,方便逃生、抢险、联络和传输各种物品。承插钢管纵向连接可采用链条等,防止坍塌时将钢管冲脱。逃生管道在二次衬砌台车移动就位过程中,临时拆除时逐节拆除,严禁一次拆除到位,以随时确保逃生管道的效用。逃生管道在经过掘进台阶时,按顺延台阶布置,可安装135°转接接头顺延,其管道架空高度和长度以不影响施工并便于开启逃生窗口为宜。

11.4.5 其他保证措施

(1) 设立以项目经理、总工程师以及安全总监为决策层,安全环保部为主要部门,其他职能部门及各作业队为实施单位的安全生产管理机构。

(2) 项目开工前,编制实施性安全技术措施,安全操作规程、细则、制度。定期对特殊工种进行安全生产教育及考核,并持证上岗。

(3) 制定安全生产条例及奖惩措施,严禁违章作业和违章指挥。遵守劳动纪律,坚守劳动岗位。

(4) 制定安全生产管理及安全检查制度,对检查中发现的安全问题,建立登记、整改、消号制度,定人、定措施、定经费、定完成日期。

(5) 建立突发事件处置预案,成立应急救援小组,组织事故应急救援演练。

(6) 专项安全保证措施见表11-4-2。

表11-4-2 专项安全保证措施

序号	保障内容	保证措施
1	用电安全	(1) 照明:照明电线用绝缘物固定,导线不得随地拖运或绑在脚手架上。照明灯具的金属外壳必须接零。 (2) 配电箱、开关箱:使用BD型标准电箱,电箱内开关电器必须完整无损,接线正确,电箱内应设置漏电保护器,选用合理的额定漏电动作电流进行分级匹配。配电箱应设总熔丝、分开关,动力和照明分别设置。金属外壳电箱应做接地或接零保护。开关箱与用电设备实行一机一闸保险。 (3) 架空线:架空线必须设在专用电杆(水泥杆、木杆)上,严禁架设在树或脚手架上,架空线应装设横担和绝缘子。 (4) 接地接零:接地采用角钢、圆钢或钢管,其截面不小于48mm²,一组二根接地之间间距不小于2.5m,入土深度不小于2.5m,接地电阻符合规定,电杆转角杆、终端杆及总箱、分配电箱必须有重复接地。 (5) 用电管理:安装、维修或拆除临时用电工程,必须由电工完成,电工必须持证上岗,实行定期检查制度,并做好检查记录
2	高空作业安全	(1) 所有进入施工现场的人员必须戴好安全帽,并按规定配戴劳动保护用品或安全带等安全工具,作业人员不得穿拖鞋、硬底易滑鞋进入施工现场。 (2) 高空作业台车、平台应结实稳固,设置必要的护栏及防护网;作业机具放置稳妥,防止滑落,禁止抛掷;上下层交叉作业时,上下层之间应设置密孔阻燃型防护网罩加以保护。施工平台应挂配醒目的安全警示牌,夜间施工必须有充足照明
3	交通组织安全保证措施	(1) 成立交通协调小组,编制交通组织方案,落实现场交通管理工作。 (2) 确保施工现场临时交通安全设施的完整、有效,做好日常维护工作。 (3) 制定突发事件应急预案,配备相应的应急物资和施救机械设备等,成立应急救援小组,协助有关部门做好事故现场的交通疏导工作
4	吊装作业安全	(1) 成立起重安全作业领导小组,负责起重作业安全措施的落实。认真审定施工计划、施工方案及安全措施,现场做好安全把关工作,解决起重施工中可能影响安全的问题。 (2) 现场设置警戒区域,安排专人进行监控,无关人员禁止进入吊装区域。 (3) 在吊装前明确起重吊装安全技术要点和保证安全的技术措施。 (4) 起重司机必须经过培训并持有效驾驶证及起重吊装特种作业证,参加吊装的人员经体格检查合格,在开始吊装前进行安全技术教育和安全技术交底。 (5) 吊装作业过程中,要对龙门吊、架桥机进行严格检查,必须由专人进行指挥,使用的吊机必须具备相应的特种设备证书,相关作业人员必须持证上岗。钢丝绳、卡环、吊点必须严格按照方案控制,严禁以小代大,吊点棱角处使用胶皮或木片包角处理。 (6) 吊机作业过程中严禁一边提升物件一边穿走。 (7) 吊装作业严格执行起重吊装"十不吊""十不准"相关规定。 (8) 编制触电事故专项应急预案

续表

序号	保障内容	保证措施
5	机械作业安全	(1) 各类机械应持技术性能牌和上岗操作牌。驾驶、指挥人员必须持证上岗，驾驶员应做好例保和记录。挖掘机、起重机的保险、限位装置必须齐全有效。各类安全（包括制动）装置的防护罩、盖齐全可靠。 (2) 必须严格执行定期保养制度，做好操作前、操作中和操作后设备的清洁润滑、紧固、调整和防腐工作。严禁机械设备超负荷使用、带病运转和在作业运转中进行维修。 (3) 机械设备夜间作业必须有充足的照明
6	雨期作业安全	(1) 适时调整施工安排，主动规避风险。 (2) 制订详细的雨期施工组织技术方案，编制雨期施工作业指导书，制定防洪抗汛预案。 (3) 施工现场及时排出积水，加强对支架、脚手架和土方工程的检查，防止倾倒和坍塌。对处于洪水可能淹没地带的机械设备、材料等做好防范措施，施工人员要做好安全撤离的准备。长时间在雨期中作业的工程，根据条件搭设防雨棚。施工中遇有暴风雨暂停施工。 (4) 加强对临时施工便道的维护与整修，确保其路面平整、无坑洼、无积水
7	冬季作业安全	(1) 加强对各类机械设备、运输工具的保养，加注防冻液，雨雪天气加挂防滑链条。 (2) 做好冬天防火工作，配备足够的消防器材。 (3) 冬季施工前，对职工宿舍、办公室、看守房等设置取暖设备的场所，进行全面检查，并落实责任人，杜绝火灾及煤气中毒事件发生

（7）安全生产管理要素见表11-4-3。

表11-4-3 安全生产管理要素

序号	管理要素	主要管理内容
1	领导和承诺	遵守法律、法规及相关要求，贯彻落实业主安全生产方针；层层分解、落实安全生产责任；正确履行自身安全生产职责，积极参与、支持各项安全生产活动；提供必要的资源和手段，确保安全生产目标的制定和实现；定期主持管理评审工作，确保安全生产管理体系有效运行
2	组织结构、资源和文件	建立组织管理机构，明确职责；配置满足体系运营需要的资源；通过培训等手段获得进行有效管理的能力；建立文件体系和管理制度，支持管理方案和程序、记录体系的运行情况；保持和传输各种内外部信息
3	健康、安全与环境方针	制定并管理安全生产方针；制定并量化安全生产目标；分解和管理目标
4	策划	建立项目安全生产判别准则；进行危险源辨识和风险分析、风险评价，确定危害和影响，建立注册表；确定针对具体危害的管理目标和准则；制定风险削减措施。 安全生产活动策划：教育培训、应急演练、会议、报告、检查、标识、宣传、记录等；编写安全生产工作方案计划书。 针对目标或特定的活动进行策划，形成管理方案或计划，并定期进行评审。 编制安全生产程序、指南、手册等的编写计划
5	实施与运行	制定并落实安全生产管理总则；配置并完善安全生产相关设施；建立并推行安全生产控制程序、工作程序、工作指南、操作规程；制订并实施应急救援计划、突发事故处置方案；确定安全生产技术和工具的具体应用方法和计划并实施；实施安全生产活动计划；实施安全生产评审计划；对安全生产计划变更进行管理；跟踪项目实施过程，策划与之相联系的安全生产管理活动并组织实施
6	检查和纠正	实施安全生产检查计划；监控安全生产管理体系运行状况；监督安全生产管理流程、管理制度、作业计划书、作业指导书、操作手册执行情况；分析并发布安全生产数据报告；提出建议并组织落实。 跟踪项目的各项活动，任何活动进行时，均按照安全生产管理体系的要求进行安全生产管理。 监测、记录不符合状况，制定纠正措施并实施；对事故进行调查、处理、报告
7	管理评审	实施评审计划；发布管理评审报告；组织内外审工作；发布外审报告。 检查和评价安全生产体系是否按预定要求运行；验证总体管理是否符合安全生产管理体系的要求；评价安全生产管理体系的适宜性、充分性和有效性，实现安全生产管理体系的持续改进

11.5 安全培训教育

在全体员工中开展经常性安全生产教育。项目经理部每月、项目作业队每周召开一次安全生产例会，总结上季度（月、周）安全生产情况，布置下季度（月、周）安全生产措施，并在例会上学习安全生产的规章制度。

坚持班组每周一安全学习活动，学习安全操作规程，总结上周安全生产情况，研究本周生产安全措施。

工程将使用当地部分劳务工，对劳务工人或新工人进行上岗前的技能和安全基本知识培训教育，取得上岗证后方可上岗，并以"师带徒"的形式在实践过程中熟练技能和安全操作规程。特殊工种工人经培训考试合格，取得上岗证后，方能上岗操作。

参加施工的人员，具有劳动安全管理部门颁发的安全生产许可证，接受安全技术教育，熟知和遵守本工种的各项安全技术操作规程，定期进行安全技术考核，合格者方能上岗操作。对于从事电气、起重、建筑登高架设作业、焊接、机动车驾驶等特殊工种的人员，经过专业培训，获得安全操作合格证后，方准持证上岗。

11.6 职业健康措施

11.6.1 职业健康安全目标

从业人员上岗职业健康体检率100%；有毒有害作业场所监测率100%；从业人员职业健康普及率100%；无职业病发生；特殊工种持证上岗率100%。

在项目建设过程中建立完善的职业病预防规章制度，并定期组织对各个建设环节进行经常性的检查。加强作业场所有毒有害气体、粉尘、噪声的检测和治理，达到国家和行业卫生标准，为作业人员提供符合安全卫生标准的劳动保护设施和个人防护用品，从源头控制职业病。

11.6.2 职业健康安全管理体系

项目经理部成立职业健康安全保障领导小组，负责整个项目的职业健康安全保障工作，着重从施工人员的安全防护与卫生保健等方面加强落实。

11.6.2.1 职业健康安全组织机构

职业健康安全组织机构如图11-6-1所示。

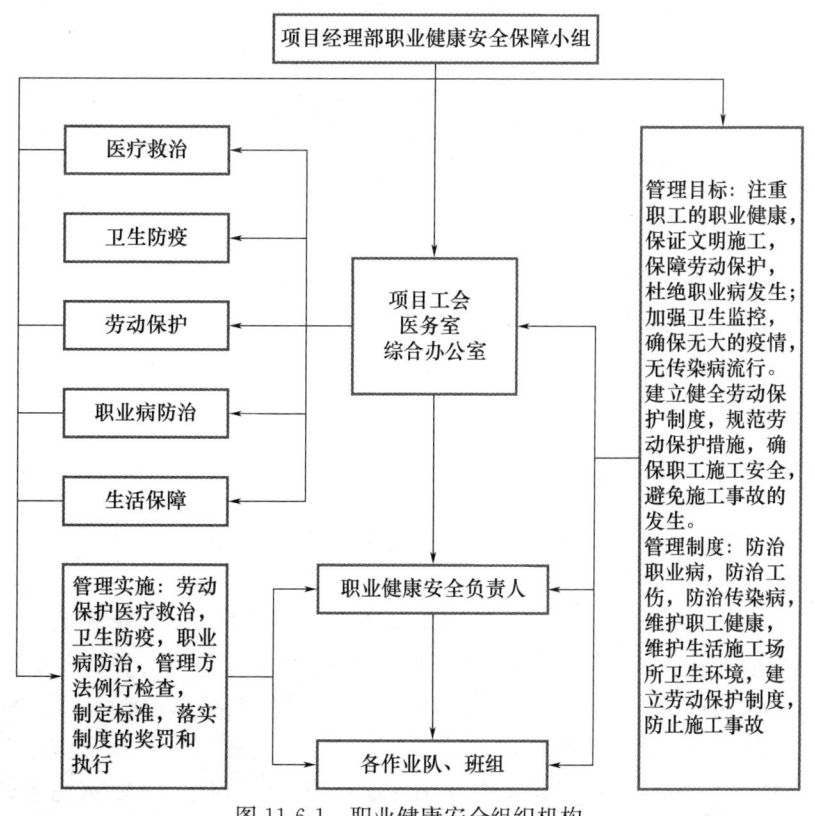

图11-6-1 职业健康安全组织机构

11.6.2.2 职业健康安全保证体系

职业健康安全保证体系如图11-6-2所示。

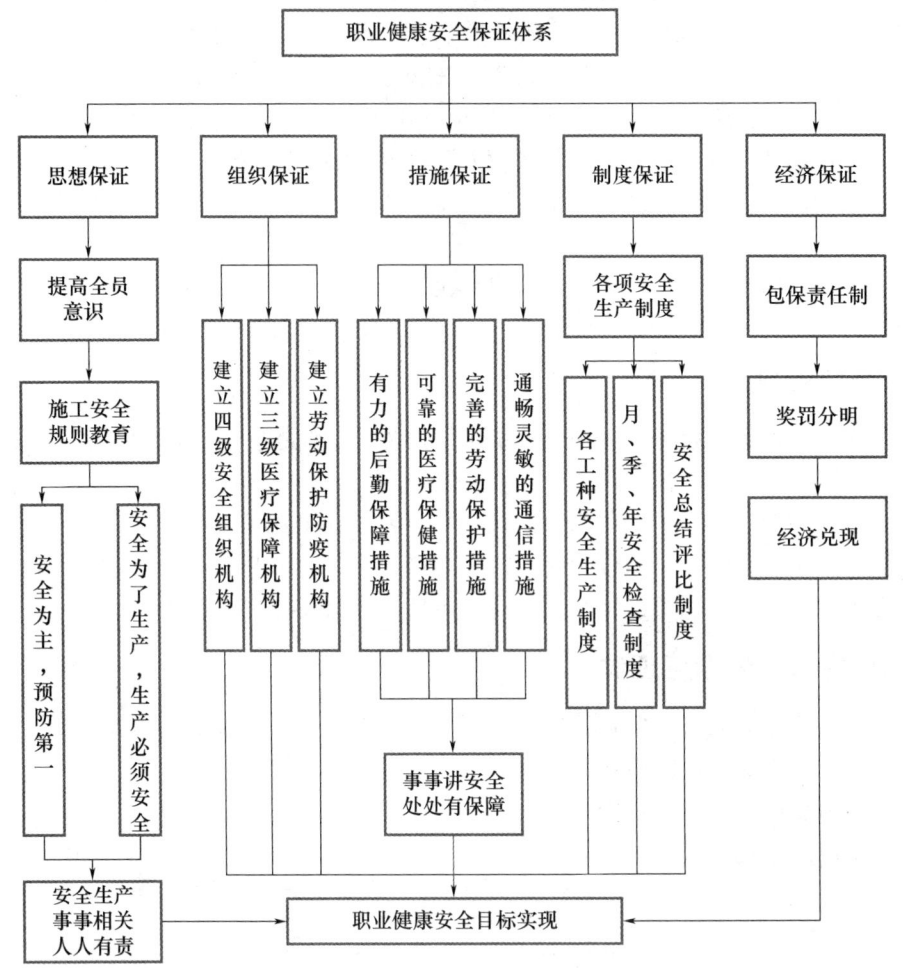

图 11-6-2 职业健康安全保证体系

11.6.3 劳动保护措施

(1) 配备必要的劳动防护用品。
(2) 建立劳动保护岗位责任制，逐级签订劳动保护承包责任状，明确分工，责任到人。
(3) 做好劳动保护技术交底工作。
(4) 严格按劳动保护制度施工。

11.6.4 医疗卫生保护措施

(1) 项目经理部联系医务所作为项目后备医务。能进行现场急救包扎和常见病治疗，编印职工健康手册，定期为施工人员进行体检。

(2) 与当地防疫站一起定时检查传染病疫情状况，及时采取措施，将疫情消灭在萌芽之中，杜绝传播。无工地医务室的工点，医务人员每周最少两次到工地巡诊及消毒并设置医药急救箱。

(3) 根据生活区内人员情况，设置厕所及沐浴室。生活区内水沟应派专人定时清理，确保畅通。厕所设有化粪池和冲洗设备，每天有人清扫。现场及生活区内有充足的开水供应，严禁饮用生水。做好防暑降温工作，在高温下作业，除确保工地现场开水供应外，还应因地制宜地增加盐水及降温消暑饮用品。工地调度要合理安排高温季节作业时间和作业项目，采取降温措施，工会组织要按规定发放防暑降温用品，保护员工健康。

11.6.5 职业病防治措施

(1) 做好作业人员防护措施。

(2) 做好工作场所防护措施，噪声不得超过允许的最高分贝数；加工车间设置饮水和洗手设备；产生大量一氧化碳等有害气体的场所，应备有防毒救护用具；易燃易爆和有毒有害等危险作业场所应设置相应的防护设施、报警装置、通信装置、安全标志以及在紧急情况下进行抢救和安全疏散的设备；对于易燃易爆的材料专门妥善保管，还配备足够的消防设施，所有施工人员都应熟悉消防设备的性能和使用方法。

(3) 加强职工的定期体检，积极预防。

(4) 合理安排作息时间，科学劳动。

11.6.6 卫生防疫

11.6.6.1 卫生防疫体系

项目部成立防病防疫小组，统一领导和指挥，建立完备的医疗服务和疫情监测体系，配备必要的医药用品、消毒、测温、通风等设施设备，加强疫情防控工作。医疗卫生保证体系如图 11-6-3 所示。

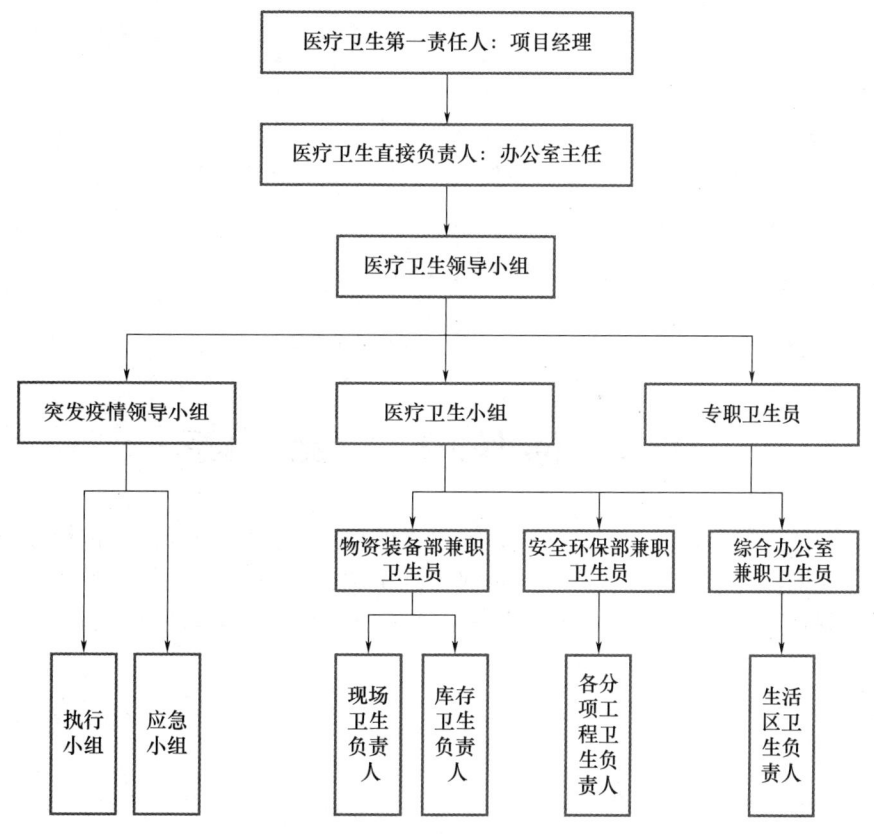

图 11-6-3　医疗卫生保证体系

11.6.6.2 卫生防疫措施

项目经理部确立明确的医疗卫生目标，坚持"预防为主，防治结合"的方针，成立防病防疫领导小组，项目经理为第一责任人，坚决杜绝流行性疾病的发生，保证施工任务的顺利完成。

12 环境保护和绿色施工措施

12.1 环境保护和绿色施工组织机构

成立以项目经理、项目党支部书记为组长的环境保护领导小组,项目部成立安全环保部,配备环境管理人员,负责项目日常环境管理工作,组织施工人员学习环保知识,强化环保意识,使大家认识到环保工作的重要性和必要性。环境保护领导小组如图 12-1-1 所示。

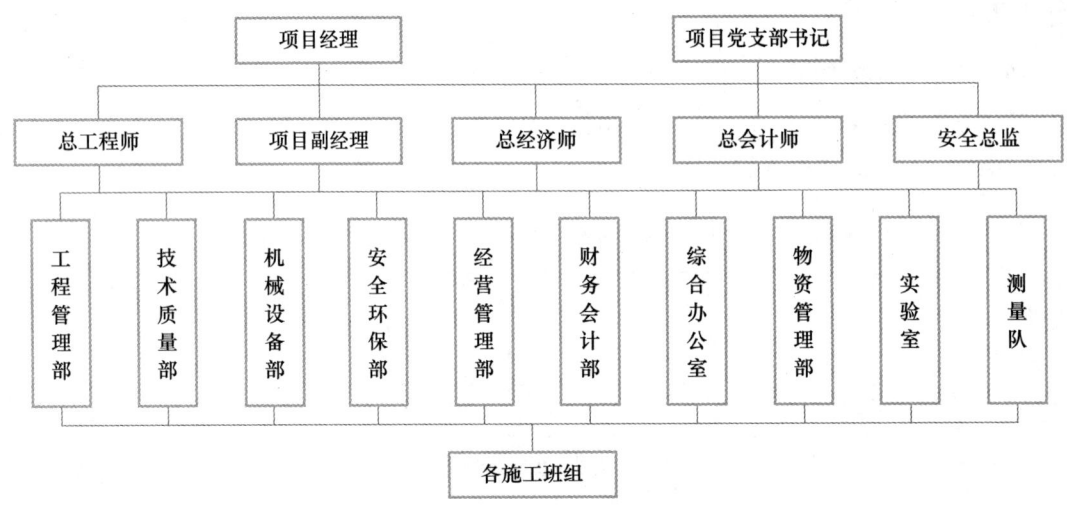

图 12-1-1 环境保护领导小组

12.2 环境保护和绿色施工体系

建立健全环境保护体系,贯彻国家和省有关环境保护的法律法规,定期不定期地召开环境保护会议,研究项目环境保护工作,发现问题,及时处理解决。坚持"管生产必须管环保"的原则,建立健全岗位责任制,从组织上、制度上、经济上保证施工环境满足国家规定标准和当地环保部门标准。

环境保护体系如图 12-2-1 所示。

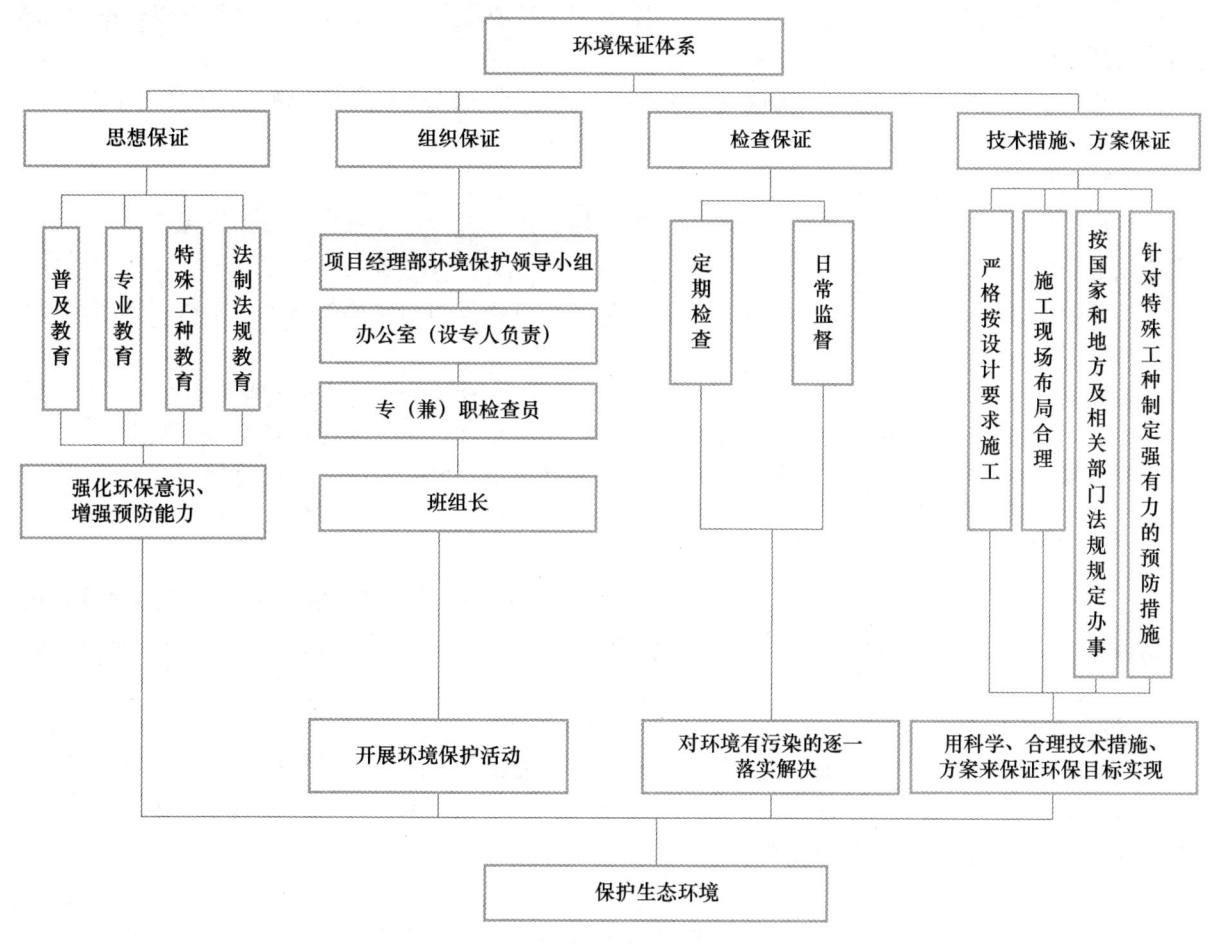

图 12-2-1　环境保护体系

12.3　环境保护和绿色施工制度

环境保护和绿色施工制度见表 12-3-1。

表 12-3-1　环境保护和绿色施工制度

序号	制度名称	序号	制度名称
1	能源因素与环境因素评价管理办法	4	安全环保事故报告和调查处理办法
2	职业健康安全环保检查考核办法	5	环境保护管理办法
3	职业健康安全环保奖惩办法	6	节能环保监测监督管理办法

12.4　环境保护和绿色施工措施

环保原则：保护优先，做到最大限度的保护，不破坏就是最大的保护。组织各分部制定以下环境保护措施。

1. 环境保护法规的学习与教育

施工前对全体员工及施工人员进行环境保护法规和动植物保护的教育和培训，成立领导小组专人负责环保计划的落实，明确保护责任。

2. 一般规定

（1）在工程施工中，采取有效措施预防和消除因施工造成的环境污染，对工程范围以外的土地及植被进行严格保护。

（2）遵守国家和地方所有关于控制环境污染的法律和法规，以及相关部门颁发的标准规范。

3. 路基施工环境保护措施

路基填挖施工过程中还应做到以下几点。

（1）施工中不随意占用和破坏施工现场附近的土地、道路、绿地以及各种公共设施场所；不影响人们进出通行的道路和正常的活动。

（2）路基挖方施工时，不应破坏截水沟与路基挖方开口线之间的原地表植被，以最大限度地保护自然环境。

（3）路基及取土场清表土应进行集中堆放，妥善保存，后期用于路基边坡、取弃土场的植被恢复。

（4）弃土场的位置与高度应保证自身稳定，不得影响附近建筑物、交通和环境等，必要时加设挡护、排水或采取其他措施。路基弃土堆放规则，按设计要求进行整平碾压，不随意倾倒，并按设计要求进行排水、防护和绿化施工。

4. 桥梁施工环境保护措施

施工场地选址在闲置或废弃的荒地，场地附近的树木尽量给予保留，确实无法保留的尽量移植。施工前先对场地上的原生植物进行移植，施工结束后，对施工场地覆盖表土，并利用原生植物进行恢复。

5. 路面施工环境保护措施

加强施工机械的检修，严格进行施工管理，减少施工机械的跑、冒、滴、漏，避免机械油污染。

加强路面养护及交通管制工作，保持施工路面的干净、整洁。基层、底基层养护结束后，及时收集处理覆盖用材料，避免对周围环境造成污染，沥青混合料废料集中处理，严禁随意抛洒。

6. 施工噪声防治

施工噪声防治措施主要用来保护公路沿线声环境敏感点，如农村居住区等，采取以下防治措施。

（1）机械加工点远离居民集中区或其他声环境敏感点。

（2）严禁夜间安排噪声很大的机械施工。

（3）合理安排高噪声施工作业时间，避开敏感时段。

（4）注意保养施工机械，使机械维持最佳工作状态，使噪声维持最低噪声水平。

（5）配备便携式声级计，以对施工点尤其是敏感点处噪声级进行常规监测。

7. 大气污染防治

大气污染防治的重点仍然是环境敏感点，采取以下防治措施。

（1）配备洒水车，对施工便道和稳定土拌和站进行洒水处理，以减轻扬尘污染。

（2）易洒落粉状物料的堆场，应采取防风遮盖措施，以减少扬尘。

（3）砂和石灰等易洒落散装物料的运输，采用封闭性好的自卸汽车并采取覆盖措施，尤其在干旱大风天气，以减少扬尘。

（4）沥青混凝土拌和站应采用全闭式、排放达标的沥青搅拌设备，设在开阔空旷的下风向处。严禁在大风条件下进行易起尘的施工作业。

8. 公众干扰防治

公众干扰防治采取以下防治措施。

（1）确保公路施工行为不破坏沿线的公众服务设施。

（2）装备临时供电、通信、供水以及其他装置。

（3）利用现有道路进行施工物资运输的，应进行合理的规划并同当地政府或主管部门进行协调以避免现有道路的交通堵塞。

(4) 在每一个施工现场的入口设置一个公示牌，写明工程承包者、监理单位以及当地环保局的热线电话号码和联系人的姓名，以便群众受到施工带来的噪声、大气污染、交通以及其他不利影响时与有关部门进行联系。

9. 公众健康与安全

为了公众健康和安全，采取以下措施：

(1) 对施工人员进行疾病控制等知识的教育，尤其是一些疫情、传染病等。

(2) 为施工工人提供必要的自我保护装备，例如安全帽、耳塞、防尘面罩以及其他安全防护装置。

(3) 对沿线群众的安全采取有效的防护措施。在施工场地和其他作业地点设置围栏禁止公众通行；当公路在公众集中区进行施工时，采取有效的保护措施。

10. 水源保护措施

本工程沿线水资源极度匮乏，地下水较深，施工用水可利用沿线嘎查、村县大口井等。

该水系附近施工时应对水源进行特别保护，不改变水流方向，不压缩过水断面，更不堵塞、阻隔水流。取弃土场远离河流附近，不得破坏水源林、护岸林。油料、化学品等不堆放在河边，防止雨水冲刷进入水体。加强生活污水处理，各施工营地建设化粪池、垃圾堆放站及沉淀池，不将生活污水和生活垃圾直接排入河道水体中。钻孔灌注桩施工设泥浆池，经沉淀后的泥渣集中外运。

11. 施工场地

按照安全、环保、文明、适用的原则进行施工营地的建设，并做到以下几点。

(1) 施工营地应设置化粪池并对其进行定期清理。

(2) 施工场地的固体废物，将其送到指定的弃土场进行处理。

(3) 确保饮用水达到国家饮用水水质标准。

(4) 随时保持施工营地的整洁、卫生、有序。

12.5 水土保持保证措施

对周边水系以疏导引流为主，不截断、堵塞。在施工准备期将施工场地内表层种植土剥离后堆放，施工完毕后，用于临时用地的复耕和植被恢复、绿化施工。具体还要做到以下几条。

(1) 在施工过程中严禁破坏用地界以外树木和其他植被。

(2) 施工中建造临时沉淀池尽量减少被扰动土壤的水土流失情况。

(3) 筑路或切割地形时，将对切割的坡面进行护坡处理或植草绿化。

(4) 在暴雨来临前不能实施永久性防护措施处，在动土点或其他易于发生水土流失的地点用草垫加以防护。

(5) 施工临时占地，应将原有表层熟土收集起来统一堆置，并播散草籽防止土壤养分流失，待施工完毕恢复和整理这些熟土。

(6) 应尽可能早地恢复取土坑，不要等施工结束后再对取土坑进行恢复。

12.6 绿色施工措施

12.6.1 绿色施工原则

(1) 绿色施工是建筑全寿命周期中的一个重要阶段。实施绿色施工，应进行总体方案优化。在规划、设计阶段，应充分考虑绿色施工的总体要求，为绿色施工提供基础条件。

(2) 实施绿色施工，应对施工策划、材料采购、现场施工、工程验收等各阶段进行控制，加强对整个施工过程的管理和监督。

12.6.2 绿色施工总体框架

绿色施工总体框架由施工管理、环境保护、节材与材料资源利用、节水与水资源利用、节能与能源利用、节地与施工用地保护六个方面组成。这六个方面涵盖了绿色施工的基本指标，同时包含了施工策划、材料采购、现场施工、工程验收等各阶段指标子集。

12.6.3 绿色施工管理

1. 组织管理

(1) 建立绿色施工管理体系，并制定相应的管理制度与目标。

(2) 项目经理为绿色施工第一责任人，负责绿色施工的组织实施及目标实现，并指定绿色施工管理人员和监督人员。

2. 规划管理

(1) 编制绿色施工方案。该方案应在施工组织设计中独立成章，并按有关规定进行审批。

(2) 绿色施工方案应包括以下内容。

①环境保护措施，制订环境管理计划及应急救援预案，采取有效措施，降低环境负荷，保护地下设施和文物等资源。

②节材措施，在保证工程安全与质量的前提下，制定节材措施。如进行施工方案的节材优化，建筑垃圾减量化，尽量利用可循环材料等。

③节水措施，根据工程所在地的水资源状况，制定节水措施。

④节能措施，进行施工节能策划，确定目标，制定节能措施。

⑤节地与施工用地保护措施，制定临时用地指标、施工总平面布置规划及临时用地节地措施等。

3. 实施管理

(1) 绿色施工应对整个施工过程实施动态管理，加强对施工策划、施工准备、材料采购、现场施工、工程验收等各阶段的管理和监督。

(2) 应结合工程项目的特点，有针对性地对绿色施工做相应的宣传，通过宣传营造绿色施工的氛围。

(3) 定期对职工进行绿色施工知识培训，增强职工绿色施工意识。

12.6.4 环境保护技术

1. 扬尘控制

(1) 运送土方、垃圾、设备及建筑材料等，不污损场外道路。运输容易散落、飞扬、流漏的物料的车辆，必须采取措施封闭严密，保证车辆清洁。施工现场出口应设置洗车槽。

(2) 土方作业阶段，采取洒水、覆盖等措施，达到作业区目测扬尘高度小于1.5m，不扩散到场区外。

(3) 结构施工、安装阶段，作业区目测扬尘高度小于0.5m。对易产生扬尘的堆放材料应采取覆盖措施；粉末状材料应封闭存放；场区内可能引起扬尘的材料及建筑垃圾搬运应有降尘措施，如覆盖、洒水等；浇筑混凝土前清理灰尘和垃圾时尽量使用吸尘器，避免使用吹风器等易产生扬尘的设备；机械剔凿作业时可用局部遮挡、掩盖、水淋等防护措施；高层或多层建筑清理垃圾应搭设封闭性临时专用道或采用容器吊运。

(4) 施工现场非作业区达到目测无扬尘的要求。对现场易飞扬物质采取有效措施，如洒水、地面硬化、围挡、密网覆盖、封闭等，防止扬尘产生。

(5) 构筑物机械拆除前，做好扬尘控制计划。可采取清理积尘、拆除体洒水、设置隔挡等措施。

2. 光污染控制

(1) 尽量避免或减少施工过程中的光污染。夜间室外照明灯加设灯罩，透光方向集中在施工范围。

(2)电焊作业采取遮挡措施,避免电焊弧光外泄。

3. 水污染控制

(1)施工现场污水排放应达到国家标准《污水综合排放标准》(GB 8978—1996)的要求。

(2)在施工现场应针对不同的污水,设置相应的处理设施,如沉淀池、隔油池、化粪池等。

(3)污水排放应委托有资质的单位进行废水水质检测,提供相应的污水检测报告。

(4)保护地下水环境。采用隔水性能好的边坡支护技术。在缺水地区或地下水位持续下降的地区,基坑降水尽可能少地抽取地下水;当基坑开挖抽水量大于 50 万 m^3 时,应进行地下水回灌,并避免地下水被污染。

(5)对于化学品等有毒材料、油料的储存地,应有严格的隔水层设计,做好渗漏液收集和处理。

4. 土壤保护

(1)保护地表环境,防止土壤侵蚀、流失。因施工造成的裸土,及时覆盖砂石或种植速生草种,以减少土壤侵蚀;对于因施工造成容易发生地表径流土壤流失的情况,应采取设置地表排水系统、稳定斜坡、植被覆盖等措施,减少土壤流失。

(2)沉淀池、隔油池、化粪池等不发生堵塞、渗漏、溢出等现象。及时清掏各类池内沉淀物,并委托有资质的单位清运。

(3)对于有毒有害废弃物如电池、墨盒、油漆、涂料等,应回收后交有资质的单位处理,不能作为建筑垃圾外运,避免污染土壤和地下水。

(4)施工后应恢复施工活动破坏的植被(一般指临时占地内)。与当地园林、环保部门或当地植物研究机构进行合作,在先前开发地区种植当地或其他合适的植物,以恢复剩余空地地貌或科学绿化,补救施工活动中人为破坏植被和地貌造成的土壤侵蚀。

5. 建筑垃圾控制

(1)制订建筑垃圾减量计划。

(2)加强建筑垃圾的回收再利用,力争建筑垃圾的再利用和回收率达到30%,建筑物拆除产生的废弃物的再利用和回收率大于40%。对于碎石类、土石方类建筑垃圾,可采用地基填埋、铺路等方式提高再利用率,力争再利用率大于50%。

(3)施工现场生活区设置封闭式垃圾容器,施工场地生活垃圾实行袋装化,及时清运。对建筑垃圾进行分类,并收集到现场封闭式垃圾站,集中运出。

6. 地下设施、文物和资源保护

(1)施工前应调查清楚地下各种设施,做好保护计划,保证施工场地周边的各类管道、管线、建筑物、构筑物的安全运行。

(2)施工过程中一旦发现文物,应立即停止施工,保护现场并通报文物部门,协助做好工作。

(3)避让、保护施工场区及周边的古树名木。

12.6.5 绿色公路建设

1. 表土利用

清表前,统计全线清表土工程量及类别,详细制定清表土流失防治措施,确定存放位置,统一进行规范管理。具体如图 12-6-1、图 12-6-2 所示。

在工程建设中,对主线路基、取弃土场、临时场站区进行清表施工,大量的表土有待收集和控制。绿化施工时,清表土被利用于绿化工程。

2. 保护土地资源

规划临时便道时,将便道设置于红线内,减小临时占地面积。

在取土、弃土之前,先规划好取弃土后的恢复方案,根据以后的恢复方案指导取土、弃土工作。统筹土方调配,有效减少取弃土场设置,进一步节约土地资源,保护沿线植被与自然环境,实现公路与环境景观协调(图 12-6-3)。

图 12-6-1 表土集中收集

图 12-6-2 表土利用

图 12-6-3 绿色公路

13 文明施工保证措施

13.1 文明施工组织机构

成立以项目经理、项目党支部书记为组长的文明施工领导小组（图13-1-1），项目部成立安全环保部，配备环境管理人员，负责项目日常环境管理工作，组织施工人员学习环保知识，强化环保意识，使大家认识到文明施工的重要性和必要性。

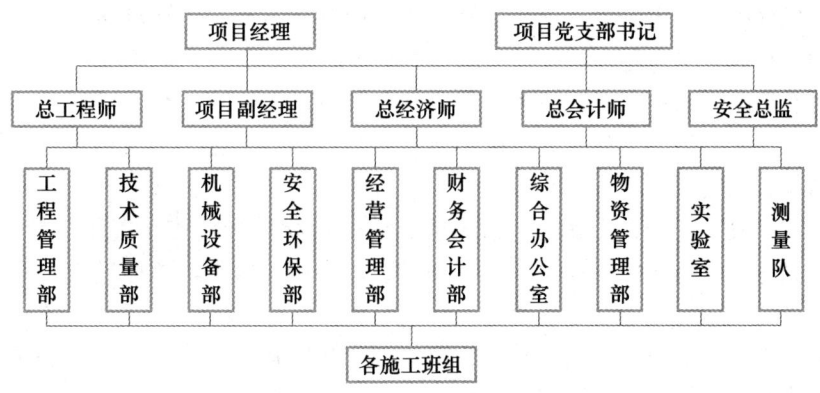

图13-1-1 文明施工领导小组

13.2 文明施工保证体系

工程项目经理部成立以项目经理为组长，项目总工程师为副组长，各部门组成的文明施工领导小组。严格按招标文件中文明施工管理规定中的要求执行。文明施工保证体系如图13-2-1所示。

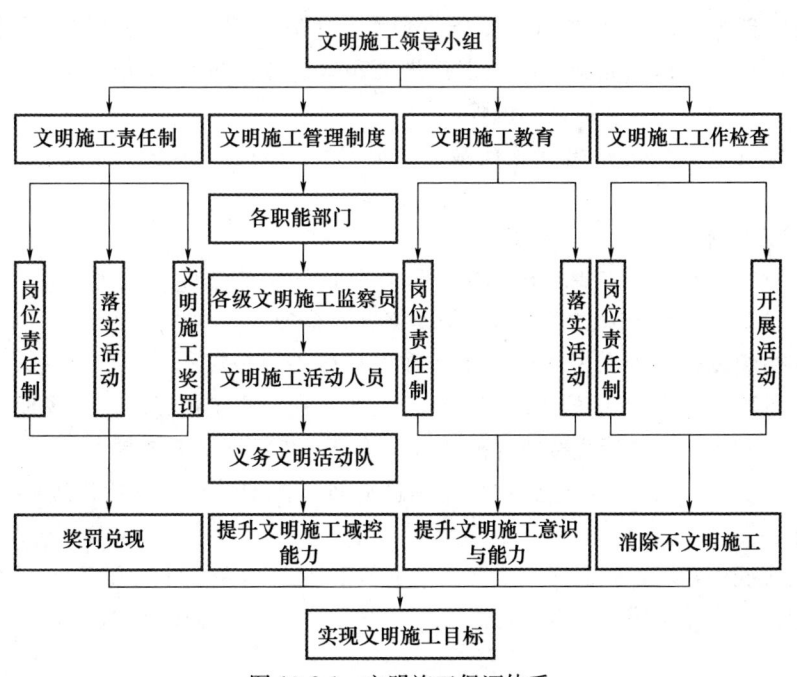

图13-2-1 文明施工保证体系

13.3　文明施工措施

1. 施工现场管理措施

从工程上场开始，就把文明施工当作一件大事来抓，强化施工现场管理。施工现场内的所有设施严格按经批准的施工组织设计平面布置图修建，生产和生活设施合理布局。施工现场四周设置排水沟，及时完成"三通一平"，创造良好的施工环境，建设文明工地。施工现场内加工场地、预制场地、材料堆放场地采用混凝土硬化。水电管线按照规范架设，生产、生活区分开布置。

建立文明施工责任区，划分区域、明确管理人，实行挂牌制，做到现场清洁整齐划一。

施工现场设置醒目的安全警示标志、安全标语，作业场所有安全操作规章制度图。临时场地布置科学合理，机具、材料堆放有序，布局合理，无造成污染的现象；夜间设红色警示灯。现场有排水设施，并由专人提前做好施工区内的排水工作。桥梁施工中钻孔桩等产生废液的作业，及时清理，运至业主单位指定的地点排放，不得随地排放，以减少对水源的污染。

施工现场内所有道路均采用砂砾石路面并安排专人进行道路维修工作，确保将施工车辆对周围环境的污染降低至最低；所有施工垃圾均集中在一起运至指定地点；施工中占用的征地界外土地在施工结束后进行彻底清理、恢复。

对进场的材料、机具、安全禁令标志、配电箱、消防器材等严格按布置图位置进行堆放、设置，堆放设置要做到整齐有序，材料挂设标识牌，注明名称、品种、规格、检验状态。每天由专职文明施工管理员负责检查。

施工现场场地平整，道路坚实畅通，设置相应的安全防护设施和安全标志，周边设排水设施；人行通道的路径避开作业区，设置防护设施，保证行人安全。施工现场临时水电派专人管理，杜绝长流水、长明灯。

在施工操作地点和周围保持清洁整齐，做到活完脚下清，工完场地清，丢洒的砂浆、混凝土及时清除。

砂浆、混凝土在搅拌、运输、使用过程中，做到不洒、不漏。

施工现场严禁乱堆垃圾及杂物。在适当的地点设置临时堆放点，并定期外运，并且采取遮盖防漏措施，运送途中不得遗撒。

施工现场悬挂"四牌三标"，悬挂时要齐全、美观、整齐，按照规定的材料、式样、颜色、内容等标准格式统一加工制作。严格按照施工组织设计平面布置图划定的位置堆放成品、半成品及原材料。所有材料分类存放、堆码整齐，并悬挂标识牌。

针对施工现场情况设置宣传标语和黑板报，并适时更换内容，切实起到表扬先进、促进后进的作用。

2. 施工驻地保证措施

施工实现规范化、标准化，工程驻地实现"四化"达标，即驻地容貌规范化、文体活动群众化、工地宿舍公寓化、员工食堂餐馆化。施工场地全面规划，合理布设。

按批准的施工组织设计平面布置图修建生产和生活设施，合理布局。施工现场四周设置排水沟，及时完成"三通一平"，创造良好的施工环境，建设文明工地。施工现场内加工场地、预制场地、材料堆放场地采用混凝土硬化。水电管线按照规范架设，生产、生活区分开布置。

现场办公室或值班室，墙面悬挂（张贴）现场总平面布置图、施工形象进度图、组织机构、工作职责、工作制度图。

施工作业人员应统一着装，佩戴安全头盔。各种岗位人员佩戴胸卡，施工负责人、质量、安全检查人员佩戴红色袖标。坚守岗位，职责清楚。

3. 现场机械管理措施

开工前，编制车辆与机械设备文明驾驶守则，制定各种车辆、机械的操作规程，加强车辆与机械的维修与保养。配备专职的设备管理员，负责现场的机械管理维修、保养，建立机械账卡，严格执行机械操作规程。

保持机械状况的良好，清洁、无灰尘。机械的标记、编号明显，安全装置可靠。

在拌和站和使用的搅拌机、砂浆机等旁设置沉淀池，不得将污水直接排放。

装运建筑材料、土石方、建筑垃圾等的车辆采取覆盖措施，确保行驶途中不污染道路和环境。